经济瞭望译丛

MINIMUM WAGES

David Neumark William L. Wascher

最低工资

政策效应与新共识

（美）戴维·纽马克 威廉·L. 沃斯切 著

王年咏 郭虹霞 译

东北财经大学出版社
Dongbei University of Finance & Economics Press
大连

辽宁省版权局著作权合同登记号：图字06-2012-19

图书在版编目（CIP）数据

最低工资：政策效应与新共识 / （美）纽马克（Neumark，D.），沃斯切（Wascher，W.L.）著；王年咏，郭虹霞译.—大连：东北财经大学出版社，2016.3
（经济瞭望译丛）
ISBN 978-7-5654-2268-3

Ⅰ.最… Ⅱ.①纽…②沃…③王…④郭… Ⅲ.工资制度-研究 Ⅳ.F244.2

中国版本图书馆CIP数据核字（2016）第037194号

东北财经大学出版社出版发行
大连市黑石礁尖山街217号 邮政编码 116025
教学支持：（0411）84710309
营 销 部：（0411）84710711
总 编 室：（0411）84710523
网　　址：http：//www. dufep. cn
读者信箱：dufep @ dufe. edu. cn
大连图腾彩色印刷有限公司印刷

幅面尺寸：170mm×240mm 字数：310千字 印张：23
2016年3月第1版 2016年3月第1次印刷
责任编辑：李 季 吉 扬 责任校对：贺 力
封面设计：冀贵收 版式设计：钟福建
定价：58.00元

献给娜伊和艾坦——

你们今天提了个好问题吗？（戴维·纽马克）

献给玛丽琳（威廉·L. 沃斯切）

缩略词对照表

AFDC（Aid to Families with Dependent Children） 未成年子女家庭抚养补助

AETS（Adult Education and Training Survey） [加]成年人教育与培训调查

BLS（Bureau of Labor Statistic） [美]劳工统计局

BHPS（British Household Panel Survey） [英]英国住户面板调查

CPS（Current Population Survey） [美]人口现状调查

March CPS

EITC（Earned Income Tax Credit） 所得税抵免

EOPP（Employment Opportunities Pilot Project） 就业机会试验计划

FLSA（Fair Labor Standard Act） 公平劳工标准法案

FTEs（Full-Time Equivalents） 全职当量

ILRR（*Industrial and Labor Relations Review*） 《产业与劳工关系评论》

LFS（Labour Force Survey） [英]劳动力调查

MSAs（Metropolitan Statistical Areas） 城市圈统计区

NES（National Establishment Survey） 全国机构调查

NLSY（National Longitudinal Survey of Youth） 全国青年纵览报告

NLSYM（National Longitudinal Survey of Young Men） 全国年轻人纵览报告

NWOs（NonWorker Organizations） 非工人的组织

ORG（Outgoing Rotation Group）交流小组

PSID（Panel Study of Income Dynamics）收入动态长期跟踪调查

致　谢

我们感谢Dan Aaronson，Dale Belman，Jared Berstein，Carolina Briones，Mike Campolieti，Kenneth Couch，Wendy Cunningham，David Fairris，Fernado Galinda-Rueda，Harry Holzer，David Lee，Andrew Leigh，William Maloney，Alan Manning，Tom Michl，Michael Reich，Joseph Sabia以及四位匿名评审人对本书原稿深具教益的评论，尤其要感谢Jennifer Graves和Smith William对本书的悉心编辑与倾力帮助。Scott Adams，Wendy Cunningham，Olena Nizalova，Mark Schweitzer以及Lucas Siga与我们合作从事了本书部分内容的研究，让人感念至深。纽马克在克利夫兰联邦储备银行做访问学者期间曾获得资助，且从中受益良多。在撰写我们研究发现的非技术性摘要以便散发给更广大受众时，就业政策研究所（EPI，华盛顿特区）以及求实研究所（Show-Me Institute，密苏里州圣路易斯市）向纽马克提供了部分资金。从就业政策研究所获得的唯一研究资助主要支持纽马克撰写有关最低工资与劳动所得税收抵免方面的2007年工作论文，本书第3、5章阐述了这些成果。

本书第3章是我们更为详尽的一篇著述的缩写与更新，这篇著述是：Neumark，David，and William L.Wascher.2007.Minimum Wages and Employment. *Foundations and Trends in Microeconomics* 3，nos.1−2：1−182。

本书所有观点均为作者的个人见解，不代表美联储、加州公共政策研究所以及我们供职机构或研究资助机构的观点。

致谢

[illegible]

内容提要

最低工资在发达国家和发展中国家已经存续了100多年。1938年美国通过了《联邦最低工资法》，此后，美国不定期地提高最低工资的标准，扩大最低工资的覆盖面。2008年，美国2/3的州和哥伦比亚特区所确定的最低工资标准均高于联邦最低工资标准，众多其他地方立法机关都制定了相应的"生活工资"法。近些年来，最低工资成为公众耳熟能详的话题、政界纷争论辩的焦点，经济学家们围绕最低工资的成本与收益也进行了激烈交锋。本书中，戴维·纽马克（David Neumark）和威廉·L. 沃斯切（William L. Wascher）系统考察了最低工资之经济效应的证据。通过整合他们近20年的研究、评述其他学者的同类研究，纽马克和沃斯切剖析了最低工资对就业和工时、劳动技能获取、工资和收入分配、长期劳动力市场表现、诸多价格以及宏观经济的影响。他们认为仅仅关注最低工资的就业效应的常规视野过于偏狭，故而本书作者对最低工资进行了视野更开阔、以实证为基础的全面探究，以期增进决策者对最低工资的成本与收益的认识。

基于对各类证据的综合解读，纽马克和沃斯切认为最低工资并没有实现其倡导支持者设定的主要目标。最低工资减少了低技能工人的就业机会，从而削减了他们的劳动所得；最低工资不是有效的减贫方式，而且，部分地导源于人力资本的吸纳量下降，它们对于工资水平和劳动所得的长期效应似乎为负。两位作者指出，要提高低技能工人的工资，决策者必须另辟蹊径，并向贫困家庭提供可被接受的生活标准。

目　录

第1章 导 论

1.1 关于最低工资的争议

最低工资一直是近一个多世纪以来公共政策的核心议题。最低工资政策肇始于19世纪90年代的新西兰和澳大利亚，1909年扩展至英国，并在此后20年扩大至美国近1/3的州。1938年，作为《公平劳工标准法案》（FLSA）的构成之一，美国国会通过了《联邦最低工资法》。此后，众多其他工业化国家以及部分发展中国家先后推行了这种形式或那种方式的最低工资政策。由此导致的结果是，截至20世纪90年代，全球各地100多个国家都执行了最低工资政策，国际劳工组织（ILO）还将最低工资设定为国际劳工的标准之一（国际劳工组织，2006）。

最低工资的设立初衷是为了阻遏制造业“血汗工厂”的蔓延。这些“血汗工厂”雇佣了大量的妇女和少年，但向他们支付的工资却低于正常水平。同时，人们通常认为，这些工厂的雇主们拥有压倒此类工人的不对等的议价优势，因而，设定最低工资就可以确保这些工人获得“公正”的劳动薪资。随着时间的推移，最低工资的拥护者们日渐倡导采用最低工资来助力个人或家庭实现自立，最低工资立法的覆盖面也因此逐渐扩大到男性以及绝大多数低收入职业领域的工人。

最低工资政策对应的诸多目标被广泛视为一种权利，也是切实适宜的。然而，最低工资能否有效实现这些目标，却鲜有共识。尽管美国民众对最低工资政策的反响异常热切，但自导入之日起，最低工资政策在政治界就一直广遭热议、纷争不息。此外，经济学家们通常不大支持最低工资政策，他们自最低工资政策论争之初便指出，最低工资必将导致潜在的工作职位损失。最低工资领域的经济学研究已持续数十年，但其成本与收益的政策论争一直延续至今。

1.2 我们对最低工资的研究

“最低工资研究委员会”（1981）那篇内容详尽的研究报告发表后，20世纪80年代对最低工资经济效应的研究基本停滞。这篇标杆式的研究报告囊括了当时在美国工作的全球劳动经济学名家的若干研究。在我们即将完成研究生学业的那个十年间，我们通常得到的学术建议是，要另辟蹊径，别再触碰最低工资；因为，那篇委员会报告或在此报告之前发表的其他研究似乎覆盖了最低工资领域所有必须了解和探究的论题。

然而，20世纪80年代末，当我们供职于美国联邦储备委员会，并密切关注劳动力市场的发展动向时，我们对越来越多的州立法机构设定高于联邦标准的最低工资水平的事实倍感诧异[1]。因为，我们认为，最低工资水平的这种州际差异为完善最低工资如何影响就业方面的早期论据提供了绝佳机遇。早期的证据主要依托于集合时间系列数据（aggregate time-series data），这就导致有效评估最低工资的就业效应面临重重困境；原因在于，联邦最低工资变动幅度小，而且缺乏在最低工资提高之前经济运行本应如何变化的有效反例信息。借助这一州际最低工资出现差异的机遇，我们在对最低工资就业效应的最初研究中，构建了各州最低工资与劳动力市场条件的截面时间系列面板数据，从而将最低工资不变的州用作最低工资提高各州的有效比对组。

当然，我们或许并不是唯一拥有这一构想的经济学家，《产业与劳工关系评论》在“研讨专题”栏目中发表的一组早期论文，开启了研究最低工资的就业效应的新热潮。这波通常被称为“最低工资新探究”的研究热潮持续迅猛，随后围绕这一论题发表了100余篇论文，研究对象既包括美国——美国各州最低工资水平的差异仍是政策场景中最显著的特征，也包括其他工业化国家和发展中国家。

20世纪90年代中期，我们开始将研究重心从最初的最低工资的就业效应，扩展至最低工资政策的其他后果。扩展研究视野导源于我们秉持的观点，即仅仅掌握了用以剖析最低工资的就业效应的证据，仍不足以消解事关最低工资的就业效应的政策论争。原因在于，最低工资即便削减了低技能群体的就业量，引致其他成本，但也会带来其他可以抵消失业效应的正向收益。

这一探究为我们指明了两个面向。首先，既然有证据表明最低工资对青年劳动力市场具有重大影响，由此自然引发的问题是最低工资对青年人还有哪些其他影响。例如，如果最低工资减少了就业量，那它是否会鼓励青年人因工作机会减少而在校继续深造，或促使青年人掌握更多的技能，以便将他们的劳动生产率提高到不因最低工资提高而被挤出劳动力市场的新水平？反过来说，更高的最低工资是否会诱使部分青少年或年轻人离校就业，以期因法定最低工资提高而谋得一份支付更高薪水的工作？类似地，设定最低工资是不是阻止众多公司向年轻工人提供培训，从而控制未来加薪的一大缘由？最后，最低工资对于获取工作技能会产生哪些长期影响？我们的早期研究关注了这些问题，但正如对最低工资的就业效应的分析一样，20世纪80年代末期各州最低工资水平的更大差异，为我们获取用于分析最低工资各种效应的新证据——论理也是更佳的证据——提供了良机。

我们研究采用的第二个面向是我们认为在政策视角上特别重要的一个维度。因为，我们认为设定最低工资的主旨是帮助低收入家庭提高收入。这就意味着，提高最低工资决策的主要判定标准是，如此行事是否会对家庭收入分配有所裨益——减少贫困，或提高处于分配底端的收入。同样地，这一问题在“最低工资新探究”浪潮兴起前即已纳入研究视野，但已有证据极为有限，而且含混不明。

1.3　本书的结构安排

本书阐释了近20年来最低工资领域的研究发现。它整合并提供了我们在近30篇论文中所积累的各类证据，全面探讨了涉猎我们论析主题的其他研究成果，也考察了攸关最低工资论争的其他论题。我们在大部分篇幅中倚重来自美国的证据。但只要有可能，我们也对其他工业化国家和发展中国家进行探究。

本书第2章是最低工资简史。本章考察了19世纪末期最低工资在澳大利亚和新西兰的缘起，但论述的重心主要是研究最低工资在美国的流变，以及与实施最低工资政策的诸多努力相伴随的法律与政策挑战。此外，本书概述了经济学家们围绕最低工资诸多效应的早期争论和研究，这一论争在很大程度上昭示了这一领域在当代研究中的若干议题与问题。

第3章重点考察最低工资研究与论争中的核心命题——最低工资的就业效应。在简要阐述最低工资与就业理论之后，我们概述了1992年《产业与劳工关系评论》专题研讨会所发起的当代研究中的主要文献。这些文献涉及面很广，故而我们将探究内容限定于我们的研究论题，以及我们认为最重要的或最具说服力的、从更多主要研究中获取的论据[2]。

第4章转向解析最低工资的分配效应，并以最低工资与个人工资分配之间的关系为开篇。最近数十年来美国工资不平等的急剧上升将这一议题提升至前沿命题，学者们纷纷探究最低工资——特别是联邦最低工资水平的总体停滞——是否导致了工资不平等上升。此外，研究最低工资对工资分配的影响有助于增进我们对最低工资何以影响劳动力市场的理解，也为考察最低工资对家庭收入分配的影响提供了铺垫。

第5章剖析最低工资的家庭收入分配效应。我们首先分析低工资工人与低收入家庭之间的关系。尽管人们早已意识到，低收入工人与低收入家庭绝非同义词，但我们依旧考察了最新证据，以辨析在多大程度上获得最低工资的工人集中于低收入家庭。然后，我们考察那些在实证方法上大多可与最低工资的就业效应类文献相媲美的证据，但关注的重点是最低工资何以影响家庭收入。本章分析主要解析的问题——尽管并不限于这一问题——是提高最低工资能否减少贫困。

最低工资对在校教育或职业培训的或有影响，以及最低工资对获取技能的其他潜在影响，是第6章论证的主题。我们首先考察最低工资对在校教育的直接效应，考察重点既包括其总体影响，也包括最低工资对不同技能群组的影响差异。例如，我们将拷问最低工资提高是否不恰当地减少了那些已经辍学的青少年的就业机会，探究那些受更高的最低工资诱惑而退学的高技能工人是否会在劳动力市场上取代辍学的中学生。然后，我们考察最低工资对职业培训的影响，这一主题与就业状况不受最低工资影响但雇佣条款可能由此生变的个人息息相关。由于最低工资对职业培训和在校教育（以及因就业机会削减而引发的前述劳动力市场经历）的影响可能产生时效更为长久的后果，我们还提供了证据来辨析在工人的工资已经升至最低工资水平之上后，最低工资对工人的工资和收入的长期影响。

我们的著述，以及事实上绝大多数研究最低工资的论著，侧重考察最低工资对单个工人和家庭的影响。然而，部分研究涉及的主题还涵盖了最低工资对公司利润、价格水平和通货膨胀等更为广泛的经济效应，第7章探讨了这类证据。

第8章的论述主题从最低工资如何影响工人和经济运行等问题，转向最低工资的政治经济学问题。也就是说，我们摒弃了最低工资乃横空出世之强制规定的粗鄙之见，转而考察那些左右政治家们（和其他人）支持或反对提高最低工资的诸多因素。作为这一探究的重要构成，我们还剖析了即便遭到许多经济学家反对（他们当然不是一致反对），最低工资仍备受欢迎的原因。最后，我们还探讨了强制性地板工资的最新形态——“生活工资”，它仅在城市施行，且覆盖的工人群组更窄。在简要评述生活工资的诸多影响的证据后，我们考察了类似的政治经济学问题，探究生活工资法律为何乘势而起，而且呈现出独特形态。

最后，我们在第9章总括了我们的证据，提炼了结论性思考，提出了公共政策启示。

1.4 研究思路与主要结论

我们在本书通篇中强调，最低工资的经济效应之类的问题必须借助实证分析来求解。经济理论在针对最低工资的潜在效应提出可供检验的假说上极具价值；而且，在这一意义上，它有助于指导实证分析。然而，经济理论很少能就最低工资对我们所考察的各种后果的影响作出明确预测；同时，在大多数情况下，它根本无法进行预测。而且，即使各种理论预测是明确无疑的，它们也很少能让我们得知效应的数值。因此，在本书中，我们着力用数据来客观地揭示最低工资的不同效应，铺陈它们对于公共政策以及增进我们理解劳动力市场运行的相应启示。

基于我们的广泛研究，以及对他人研究的认真研读，我们围绕攸关最低工资之政策论争的若干后果，得出了如下四点结论：第一，最低工资削减了低技能工人的就业机会，对于那些直接受最低工资影响的低技能工人而言，更是如此。第二，尽管最低工资缩减了工资分配差距，但由于受最低工资上升影响最大者的就业和工时（employment and hours）

下降[①]，此更高水平的最低工资通常会降低而非提高最低技能工人的薪资收入。第三，从净效应看，最低工资未能削减贫困，或有助于低收入家庭，它主要是在低收入家庭之间进行收入再分配，从而有可能加剧贫困。第四，最低工资对工资和收入具有负向的长期效应，这部分导因于最低工资妨碍了人力资本的消纳。后面两个结论，关乎最低工资的收入分配效应及其对技能获取的影响，主要是根据美国的证据而得出的；相应地，我们的结论最适于有效评估美国的各类最低工资政策。

我们不揣刍荛地亮明这些结论，是因为我们坚信这些结论立足实证，有据可查。然而，读者诸君在垂读本书中将逐渐明了，最低工资领域众多层面的研究是以歧见频现、纷争不断为特征的。因此，我们绝不奢望本书的所有读者均完全认同我们的观点。但无论读者诸君是否服膺于我们的分析，倘若本书能受评为在即已成为范畴深广的显学领域做了全面而客观的研究，则我们的夙愿尽偿，善莫大焉。

① 原著屡屡出现此类词汇。本书将emloyment and hours，reduced hours，hours effects，hours worked中的hours均译为“工时”，将working time、workweek译为“工作时间”、“每周工作时间”——译者注。

第2章　美国的最低工资史

2.1　引　言

从政策执行及其与经济研究的交互作用看，美国的最低工资具有漫长而又壮阔的历史。在本章中，我们将回顾在20世纪里促成当今的最低工资法律的诸多政治、立法和经济进展，我们还会探究此前数代经济学家们是如何求解最低工资的经济效应问题。

本章的目的有二。首先是介绍过去一个世纪以来的最低工资简史。就这一目的而言，我们上溯最低工资的起源至19世纪末期，描述了最低工资在美国从20世纪初旨在保护妇女的一组极不完善的州级立法，演化为当今覆盖面广且形成联邦、各州、各地三级最低工资法体系的历程。其中，我们着力考察了最低工资的早期支持者所面临的政治与法律挑战，剖析了导致全国最低工资政策逐步引入并将其作为1938年《公平劳工标准法案》（FLSA）之构成的系列事件，解析了由此引发的关于进一步提高最低工资、扩大其覆盖面的若干政治辩论。此外，我们还辨析了过去20年间导致各州和地方最低工资立法不断扩展的政治、经济背景。

其次，我们跟踪经济学家们剖析最低工资法利弊的持续论述。读者诸君在阅读本书后续章节时将轻易发现，当今经济学家们争论不休的诸多关键论题在经济学文献中都有漫长的历史。例如，最低工资导致工作职位减少的潜能就曾是20世纪初期和《公平劳工标准法案》通过期间经济学家们探究的核心议题；而且，我们认为，像当今的情势一样，早期那些论争过分强调了这一议题。类似地，从早期文献中可以发现，围绕本书第3章所述最低工资对劳动力市场的政策含义，学者们提出了各种思路的理论观点——尽管表述通常不太正式。这些理论观点不仅包括John Bates Clark和其他古典经济学家所倡导的竞争模型，而且包括效率工资模型、买方独家垄断模型以及劳动力市场行为的非新古典主义表达式。

目前用来分析最低工资的许多实证方法，以及伴随这些方法的若干关切，在研究最低工资若干效应的早期文献中也有迹可循。其中，最为明显的例证是，早在1915年，美国劳工统计局的经济学家在研究俄勒冈州最低工资的效应（Obenauer and von der Nienburg，1915）时，就采用了“最低工资新探究”的主要分支之一所采用的案例研究法。与此相似，1938年引入联邦最低工资后，1940年初，学者们针对特定行业的最低工资效应发表了许多双重差分估计结果。此外，实证研究严谨性方面引发的若干担心——例如，用于收集数据的调研方法是否科学，用于试验的控制组是否恰当，最低工资可能存在的滞后效应，以及其他事项——与我们在后续章节提出的许多担心大致相当。

因此，我们认为，对最低工资的政治学和经济学进行简要的历史概述，有助于铺垫本书的后续论述。我们希望，在阅读随后的章节时，读者能够掌握相应的历史背景，并借此观照更为新近的最低工资研究。

2.2 现代最低工资的起源

大部分关于最低工资效应的研究均聚焦于美国，然而，第一部最低工资法律却是其他国家制定的——其中，新西兰于1894年以及澳大利亚于1896年制定的法律尤其令人瞩目。新西兰的最低工资法是《工业调解仲裁法案》的副产品，根据该法案成立的“地区调解委员会”可以仲裁工业劳工纠纷。地区调解委员会的主要职责是促成雇主联盟和工会之间的和解，但也被授权拟定包括最低工资水平在内的雇佣条款，并在必要时，将这些条款的适用范围扩大到属于同一行业但不是雇主联盟会员的其他雇主[1]。结果，新西兰于1899年确立了全国最低工资标准，旨在防止出现雇主无偿雇佣儿童或学徒的情形。

与此形成对照的是，在澳大利亚，最低工资由各州确定，并采取两种基本形式。1896年，维多利亚州成立了一系列“工资委员会”，每个委员会由某个特定行业内人数相等的雇员和雇主代表组成，并由公正的第三方代表担任主席。这些委员会可共同商讨适于该行业的最低工资率，由此达成的最低工资随即成为该州该行业所有雇主必须遵循的硬性约束。随后，南澳州（1900年）、昆士兰州（1908年）、塔斯马尼亚州（1910年）依次采纳了这一模式。新南威尔士（1901年）和西澳州（1902年）等其他各州则仿效最初的新西兰模式，即最低工资是雇主联盟与工会之间强制仲裁结果的一部分。维多利亚州最初动议的法案仅覆盖了妇女和儿童，但在获准通过前，该法律的修正案已将成年男性纳入覆盖之列。与此类似，澳大利亚的所有其他各州立法伊始便将男性和女性纳入《最低工资法》的保护之列。

1909年，英国采用了澳大利亚维多利亚州“工资委员会”的模式，但起初仅将这一模式应用于“血汗”问题（其标准由英国行业委员会根据劳动条件确定，主要特征是工资率极低、劳动时间过长和/或工作环境不卫生）被认为特别严重的四个行业，即：链条生产、蕾丝修整、纸张和硬纸板盒生产，以及裁缝业[2]。1913年，另有四个行业（糖果和防腐食品业、制衣业、空心器皿业和棉麻刺绣业）设立了行业委员会（亦即英国的工资委员会）；电力洗衣店拟成立一个行业委员会的提议被议会否决。像澳大利亚大多数地区一样，英国的行业委员会由数量相等的雇主代表与工人代表组成，另有与两者毫无关系的政府派任官员。类似地，英国的最低工资覆盖了男性和女性，并因行业、性别、年龄和经历而异。

20世纪初期，美国的“血汗工厂”广被关注，进而推广至对妇女和儿童工作条件的关切。因此，对最低工资的研究兴致很快就传递到大西洋这边。Prasch（1999）、Waltman（2000）、Leonard（2005）和其他学者通过追溯发现，美国的最低工资政策萌生于20世纪初期的进步运动①，更具体的源头则是美国劳工立法协会和妇女领导的全国消费者联盟（其理事会在1909年公开支持为妇女设定最低工资）的不懈努力[3]。进步运动时期的改革家总体拥护自由市场体制，但他们同时相信，如果政府干预能够增进市场功能，政府就应该果断出手。就设定最低工资而言，进步运动者的观点是，雇主较之低工资工人——尤其是妇女和儿童——所拥有的议价优势，通常导致公司制定的工资水平低于这些雇员的生产力能够保障的应有水平。而且，许多进步运动者认为，每个人都有权享有“生活工资”以确保体面的生活标准，一些人甚至还认为，强制施行最低工资将提高劳动生产力，增进公司的效率（Prasch，1999）[4]。

尽管进步运动付出了持续不懈的努力，政治家们却对推行联邦层面的此类改革似乎了无兴趣，部分原因在于，立法者认为设定最低工资将违背《第十四条修正案》规定的契约订立自由[5]。与此相反，以1912年马萨诸塞州颁行最低工资立法为肇始，各州迈出了将最低工资引入美国的第一步；随后，其他各州纷纷效仿。截至1923年，美国15个州、华盛顿特区和波多黎各地区制定了最低工资法（见表2-1）。

美国诸州的最低工资法律在很多方面效仿先前澳大利亚和英国所颁行

---

① 进步运动：美国在1900—1917年间兴起的，旨在消除19世纪最后25年工业生产井喷式激增时期所产生的许多社会弊端的各种改革运动，其内容包括争取妇女选举权、反托拉斯运动、救济穷人和改善工人待遇等——译者注。

表2-1　《公平劳工标准法案》颁行前的最低工资立法

州　名	立法年份	主要条款
马萨诸塞	1912	各类委员会设定不同的最低工资率； 执法受制于公共舆论而非法律制裁
俄勒冈	1913	委员会强制设定最低工资；违者处以罚款及监禁
犹　他	1913	州府法令规定最低工资；违者处以罚款及监禁
明尼苏达	1913	俄勒冈州模式
内布拉斯加	1913	马萨诸塞州模式
威斯康星	1913	俄勒冈州模式
加利福尼亚	1913	俄勒冈州模式
科罗拉多	1913	马萨诸塞州模式（1913—1916）；后改用俄勒冈州模式
华盛顿	1913	俄勒冈州模式
阿肯色	1915	犹他州模式
堪萨斯	1915	俄勒冈州模式
亚利桑那	1917	犹他州模式
华盛顿特区	1918	俄勒冈州模式
得克萨斯	1919	俄勒冈州模式
北达科他	1919	俄勒冈州模式
波多黎各	1919	犹他州模式
南达科他	1923	犹他州模式
纽约州及另七州	1933—1936	犹他州模式

资料来源：Douglas，1919；Nordlund，1997；Thies，1991。

的最低工资法的总体框架。但这些州的立法者也尽量反复推敲该法的条款，减少该法与美国法律体制的冲突。例如，在大多数情形下，由于深信各级法庭很可能驳回那些设定成年男性最低工资的相关法律，最低工资法的适用对象仅限于妇女和儿童。类似地，为消解立法权或将被行政当局僭取的宪政担忧，这些州通常设立一个中央最低工资委员会，而不是像国外那样按行业成立独立的工资委员会（Douglas，1919）[6]。

然而，各州的最低工资立法也存在重要差别。有鉴于此，Douglas（1919）和Nordlund（1997）将这些法律划归三类模式：马萨诸塞州模式、俄勒冈州模式、犹他州模式。马萨诸塞州模式被内布拉斯加州和科罗拉多州采用，它在绝大多数方面是三者之中最为薄弱的。在此模式下，遵守法律主要出于自愿（故而法律遵守度很低），公司付薪标准低于最低工资水平的唯一后果就是负面公众形象，要么是位列薪资低于法定最低标准的雇主黑名单，要么是从守法公司的光荣榜上除名（Broda，1928，第34页）。另外，法律要求制定合理最低工资率的各类委员会必须同时兼顾雇员要求与雇员所在行业的财务状况。Lucas（1924）指出，由此形成的结果是，通常设定的最低工资水平较低；在市场工资高出最低工资之前，众多公司经常藐视法律[7]。

在诸州推行最低工资所采用的模式中，俄勒冈州模式很快便最受推崇；它与马萨诸塞州模式的相同之处在于，它仰仗工资委员会和监察委员会来设定各行业的最低工资。但它与马萨诸塞州模式有两大不同：第一，各类工资委员会和监察委员会据以设定合理最低工资的唯一标准是“生活必需成本”（Douglas，1919，第707页）。第二，最低工资法是有法必依、执法必严，违法雇主必将接受罚款和监禁等制裁。

最低工资立法的第三种模式——犹他州模式——与当今的法律最为相似。这一模式最突出的特征是，最低工资是由州府法令，而非工资委员会和监察委员会确定的。另外，这一模式采用“统一标准法”，也就是同样的最低工资率适用于州内所有行业，但对儿童和实习生设定不同的工资率。Douglas（1919）指出，这一模式消除了行政机构可能僭取立法权的宪政担忧，但它在设定最低工资率时缺乏灵活性，也因此屡遭非议。

尽管采取了不同的特定模式，州立最低工资法很快遭到了雇主们的抵制，进而定期在法庭上遭遇挑战。最低工资法反对者的基本论调是，它妨碍了雇主们自由签订契约的宪政权利，剥夺了他们的私有财产（也就是利润），而且无须履行正当的法律程序。相比之下，最低工资法的拥护者们则认为，维护公民健康和福利等公共利益高于此类宪政关切，因此应该授权各州施行最低工资法。

各地法院对用以攻击早期最低工资立法的初始法律挑战之反应不尽相同。一些州的低等法院支持这类法律条规，另一些州的法院则宣布它们违宪。此外，低等法院的裁决常常被上诉驳回。然而，大多数州施行的最低工资法仍延续至20世纪20年代初期，这主要得益于1917年美国最高法院终审塞特勒诉奥哈拉案（*Settler v. O'Hara*）案件时，以4：4的投票结果裁定俄勒冈州最低工资法合法有效。

1923年，情势突变。美国最高法院在终审艾德金斯诉哥伦比亚区儿童医院一案（*Adkins v. Children's Hospital*）后，裁定哥伦比亚特区的《最低工资法》违反宪法，因为它违背了宪法《第五修正案》中的正当程序条款。这一裁定以5：3的表决生效，招致了最低工资拥护者的广泛批评。尽管如此，艾德金斯案判决后，其他数州的最低工资法也被推翻，由此导致其他州府削减了最低工资法的执法力度，以免引发更多的法庭诉讼。Thies（1991）指出，截至20世纪20年代末，最初17个最低工资法的命运是：7个被宣布违宪，5个遭废黜或名存实亡，剩余5个则为应付可能遭遇的法律行动，进行了多次订正，进而基本上失效。

2.3 经济学家的早期观点

对于最低工资法的合理性，早期经济学家各持己见。John Bates Clark秉持的新古典立场是与其经济分析的理论范式相一致的，他认为“我们可以肯定的是……提高最低工资率，就其本身而且不存在新增劳动力需求而言，都将会减少受雇工人的数量”（1913，第290页）；然而，他也承认，如果最低工资率“能根据单个工人的生产能力来确定”，那么“某一水平的最低工资对于消解当前普遍存在的部分最棘手事务，是显而易见完全合法的”（第292页）。然而，根据Leonard（2003）的研究，Clark显然赞同更高的生产力是在长期内提高低技能工人收入的唯一有效途径，而且最低工资仅在工人受雇于非竞争劳动力市场时才全然合理[8]。同一时期的其他著名经济学家包括Lee Smith（1997）和Taussig（1916），也以类似方式强调了最低工资将削减低技能工人就业机会的经济学理论[9]。

进步运动的经济学家对劳动力市场的这一特征提出了质疑，对工资决定于工人的生产力的假说尤为反感。例如，Sidney Webb（1912）辩称，雇主通常根据工人的生存需求设定工资，从而更有动机雇佣那些生存需求更少、技能最差的工人（比如，靠人供养的妇女和儿童）。在他看来，要防止对低技能工人的肆意盘剥，就必须设定最低工资。而且，他还相信，最低工资可以鼓励那些愿意接受最低工资的工人更加努力工作并提高自身能力，也会促使雇主减少经营活动中的其他非效率环节[10]。Prasch（1999）认为，20世纪初期其他著名的进步主义经济学家，包括Henry Rogers Seager和John Common，秉持同样的观点，部分支持者——例如Filence（1923）——甚至认为，提高最低工资将增强消费者的购买力，从而刺激总需求[11]。此类论调至今仍然备受瞩目，例如，在劳动力市场的各种效率工资模型中（Rebitzer和Taylor，1995），在公式表达有欠完善的论断——提高最低工资可以增强家庭部门的购买力，增进经济发展——中，可以窥见此类观点。

许多经济学家基于理论推导，针对新的最低工资政策的合理性表达了各自看法，但此类文献几乎没有经验证据的支撑；有鉴于最低工资仅在新近刚刚导入，这一现象不足为奇。但这绝不意味着，学界对于评估最低工资的实际效应毫无兴趣。例如，以在本州引入最低工资法之合理性为调研主旨的纽约州工厂调查委员会，在向英国各行业委员会发出的调研问卷中，就含有英国最低工资的各种效应问题[12]。此外，包括各州和联邦机构所做调研在内的数项研究，考察了最低工资法生效前后的妇女工资分布数据，结果表明最低工资法提高了部分州的妇女工资；但在众多其他各州中，相关证据不太明确，且常常显示许多妇女的工资仍然低于最低工资水平。许多此类研究的结论是新的最低工资法对于妇女就业几乎毫无影响，但 Thies（1991）指出，大部分此类结论要么毫无统计根据，要么似乎与各位作者所报告的就业类型自相抵牾[13]。

就这一点而言，由 Obenauer 和 von der Nienberg（1915）执笔的《劳工统计局关于俄勒冈最低工资法若干效应的研究报告》，通常被视为最重要的实证研究最低工资的早期文献[14]。为完成此项研究，劳工统计局收集了 1913 年 3 月和 4 月即俄勒冈州引入最低工资法之前大约 5 个月，以及 1914 年 3 月和 4 月亦即俄勒冈州最低工资法生效后大约 5 个月，该州 40 家零售商店的就业、工资和销售额的数据[15]。这项研究的执笔作者提醒道："受到影响的妇女数量……实在太少，而且她们调适的时间……实在太短，故而本项研究结果除了揭示变动趋势外，暂无其他用途。"（第 7 页）。此外，这一分析也因 1914 年经济萧条以及法律缩短妇女法定工作时间的影响而更显复杂。尽管如此，两位作者仍得出结论：最低工资法对于提高妇女工资具有积极作用，对于妇女就业人数下降几乎没有或完全没有影响（他们将这一下降归咎于经济萧条）；但他们确实掌握了证据发现许多商店雇佣青少年（他们可以给付更低的最低工资）来取代那些就职于更低技能职位的成年妇女[16]。

2.4 《公平劳工标准法案》

由于缺乏可供以证明最低工资导致妇女就业职位大量损失的关键证据，美国相关各州继续依托可有效规避各种法律挑战的方式，多方探寻施行最低工资法的具体途径。1933 年，纽约州颁行《"公平"工资法》（不是《"生活"工资法》）；随后 2 年内其他数州纷纷效仿（Nordlund，1997，第 25~26 页）。然而，各级法院随即认为，这些法律实际上就是

1923年便被驳回的哥伦比亚特区最低工资法；1936年美国最高法院裁决纽约州《“公平”工资法》违宪后，大部分此类法律即告失效[17]。

与此同时，大萧条所引发的经济难题激发了在联邦层面制定最低工资立法的兴趣。1933年，作为“罗斯福新政”的一部分，罗斯福总统签署了《国家工业复苏法案》（NIRA）；除其他规定外，这一法案强制雇主接受“每周工作35~40小时，每周最低工资12~15美元”的条款（Grossman，1978，第23页）。此外，由劳工部长Frances Perkins领导的劳工部，召集各州最低工资政策管理者以及支持最低工资政策的各界代表举行“会议”，以期达成各州之间统一的最低工资条款。然而，美国最高法院于1935年裁定《国家工业复苏法案》违宪。这一裁定以及最高法院拒不支持各州最低工资法，使得许多原本执行《国家工业复苏法案》所规定的工资水平与工作时长的雇主们戛然而退。

1936年11月再次当选总统后，罗斯福重新恢复了推行联邦最低工资的诸多举措。为从总体上更好地反制最高法院对新政诸多项目的抵制行为，他威胁将在最高法院“安插”六位新增法官。不久，最高法院以5：4的投票结果支持华盛顿州最低工资法。罗斯福总统威胁在最高法院安插法官与最高法院改变其最低工资立场之间是否存在因果关系，历史学家们至今仍有巨大分歧。然而，实际情形则是，1936年投票驳回纽约州最低工资法的法官Owen Roberts，却投票支持华盛顿州最低工资法，从而促使了联邦最高法院转变有关最低工资法的立场[18]。结果，罗斯福总统终止了在最高法院内“安插”法官的提议。

无论如何，由于最高法院自此不再妨碍最低工资立法，1937年，美国国会开始考虑拟制定一份劳工标准法案的法律提案，这一法案的内容包括设定每小时40美分的联邦最低工资，以及成立在经过评估后可提高特定行业最低工资水平的五人委员会[19]。这份初始提案在三个方面备受争议。首先，许多南方的国会议员希望为南部地区设定更低的最低工资水平，以反映南部地区更低的生活成本，并借此抵消南部地区高于其他地区的货运成本。其次，许多工会领袖尤其是美国劳工联合会（AFL）的领袖，由于担心法案建议设立的五人工资委员会将干预劳资双方的契约谈判，希望从法案中排除那些被集体谈判力量覆盖的工人。最后，美国劳工联合会和部分国会议员反对五人工资委员会，转而建议任命一位管理专员，并为所有行业设定法定最低工资[20]。

数次立法努力付诸东流，罗斯福总统施加巨大压力，以及一轮又一轮的拟制草案和重新拟制草案——最终促使1938年6月国会批准、罗斯福签署了一份折中的法案，即《公平劳工标准法案》。《公平劳工标准法案》规定，初始的最低工资为每小时25美分，第二年提高至每小时30美分，1945年必须涨到每小时至少40美分[21]。此外，该法案还在劳工部下设专司这一项目管理的工资工时局。法案没有考虑各地的地区差别，但经过由管理专员任命的行业委员会评估、同意后，各行业可以设定不同的最低工资。最后，只有那些从事跨州业务（广义的界定）的公司必须遵守这一法律。许多行业——尤其是零售业和农业——完全享有法律豁免权。事实上，根据某些估计，《公平劳工标准法案》最初仅仅覆盖了大约20%的美国劳动力，而且只有大约30万工人从每小时25美分的最低工资新法规中受益（Grossman，1978，第29页）[22]。

《公平劳工标准法案》中的最低工资条款在几个重大方面有别于此前各州最低工资法中的同类条款。第一，这些条款同时适用于男性和女性，而非仅限于女性；第二，违反《公平劳工标准法案》的相关条款者，将被处以罚款、监禁，不付薪资者还将加罚损害赔偿，这与在执行中力避法律挑战的脆弱的各州立法形成了鲜明对比；第三，法案确立的全国最低工资消除了大部分各州早期各自立法所导致的州际最低工资差别。尽管如此，由于数量众多的工人不在这一联邦法律的保护之列，罗斯福总统及劳工部长Perkins均相信，各州的最低工资法仍能发挥应有的作用（Nordlund，1997，第49页）。

毫不足奇的是，《公平劳工标准法案》的合宪性几乎立即对各级法院形成了巨大挑战。在意识到他们做出的裁决终将上诉至最高法院后，低等法院的法官们几乎不再浪费时间去辩论《公平劳工标准法案》的合法性。而且，到了1940年，最高法院本身（因矫枉过正）也要求助于此法反对者们的司法主张（Nordlund，1997，第52页）。提交最高法院终审的第一个案件（United States v. Darby）提出的问题是，国会能否将《公平劳工标准法案》的适用对象扩展至那些为跨州业务而生产商品，但不承担跨州商品实际运输的公司雇员。第二个上诉至最高法院的案件提出的关键问题是，宪法是否允许国会授权一位管理专员去设定最低工资。在这两宗案件中，最高法院拒不推翻《公平劳工标准法案》，否则该法的合宪性将就此断送（Nordlund，1997，第55页）。

2.5 边际主义者的论争

像20世纪初期的情形一样，《公平劳工标准法案》通过后，经济学家们围绕最低工资的或有效应再次展开了辩论，其中最为著名的当属20世纪40年代的“边际主义者”论争。与Clark、Webb和其他人论争的内容相似，这场论争的主要议题是劳动力市场的最适理论模型。其中，George Stigler（1946）和Fritz Machlup（1946）坚决维护新古典（或边际）模型，这一模型认为最低工资削减了低技能工人的就业量。Stigler承认，如果最低工资能使雇员工作更勤奋，最低工资也可能不会导致就业量减少，甚至在买方独家垄断亦即“雇主对于支付给特定素质的劳动力的工资率具有相当程度的控制力”的情形下（1946，第360页），还会增加就业量。但他以“不太可能”（第359页）以及全国最低工资与劳动力市场的买方独家垄断模型所要求的“劳动条件的多样性完全不符”为由，排除了前一效应。此外，他认为行业层面的数据含义是“（1）低工资行业是竞争性行业；（2）这类行业的工资占加工成本与利润之和的比例高于高工资行业”（第359页）。因此，他的结论是“最低工资对总就业水平具有负面影响的假设成立”（第362页）。

与此相反，Lester主张，竞争性低工资劳动力市场的理论模型是不正确的。他特别强调“在决定企业雇佣量上，市场需求的作用远远大于工资率”（1946，第81页），而且，“在当前的条件下，要让一家加工环节多元的工厂经理……算出每一生产要素的边际成本与边际收益并使两者相等，那是完全不合实际的”（第75页）。为例证这一点，他援引了他在1945年所做的南部制造业调查，这一调查表明只有15%的受访者认为工资是就业水平的决定因素；他认为，这一结果“对于传统边际理论的有效性及其赖以建立的各个假设提出了重大质疑”（第81页）。

在随后的辩论中，双方固守己见、僵持不下。Machlup（1946）对Lester的调查提出了批评；他指出，这一调查存在反馈率低、答卷含糊不清以及调研工具失当等瑕疵，因此，“即便是最完整、最可信以及最高明的答问，也无法形成重大发现”。最根本的是，Machlup断言，只要所有雇主的集体行动结果符合新古典理论的预测——Friedman（1953）后来用更一般的术语对此论断进行了详细论述[23]，那么单个雇主是否真的理解并进行那些隐含在利润最大化目标中的边际核算，实则与新古典模型的适用性问题毫无关系。

然而，Lester拒不让步。他坚称，“Machlup的招认和掺杂导致（边际主义的）教条疲弱无力、杂乱不堪”，而且“Stigler将‘金钱’边际主义严格应用于劳动力市场……也只能使其更加难以置信”（1947，第135页）。在他看来，“像对待商品市场一样来为劳动力市场构建模型”本来就是不对的（第146页）；毕竟，“一家公司会因一系列非市场原因而提高工资，比如‘公平观’和‘正义观’，生活成本上升，传统和习俗，维系历史关系，免遭违反行业规范指责的安全热望，公众情感，等等”（第147~148页）。因此，“如果我们的思维局限于边际主义者的心智模式，那就无法合理解释各家单个公司的工资–就业关系”（第148页）。

本轮争辩极其激烈的原因之一是关于最低工资效应的严谨实证研究太少。除了针对单个工商人士所做的调查外，Lester（1946）指出，1941年美国劳工部的一项研究发现，1937年10月到1941年2月期间，尽管最低工资对南部地区每小时收入的影响更大，南部若干低工资行业（男性棉衣业及木质家具业）的就业增速高于北部地区的同类行业。此外，他还指出，在木材家具制造业中，较之最初时薪为35美分或高于35美分的工厂，1937年时薪低于35美分的南部工厂的就业增量更大。然而，Machlup对这些比较不屑一顾，理由是它们“几乎毫无用处，因为我们根本无法消除其他若干重要变量所带来的同步伴生效应”（1946，第548页）[24]。而且，Kennan（1995）指出，其他研究所得的结果与联邦最低工资政策推行以来的负向就业效应更为吻合。例如，Moloney（1942）研究南方棉籽行业后发现，最低工资导致工厂更多地使用能节省劳力的机器，从而降低了就业水平。类似地，Hinrichs（1940）和Douty（1941）发现，引入最低工资政策后，工资水平最低的无缝袜厂的工作时数与就业数量出现了相对下降，这表明这类工厂更多地使用自动编织机和弹性收口配件。然而，这些研究招致了像Machlup遭遇过的那样批评。

2.6 《公平劳工标准法案》下最低工资的演变

《公平劳工标准法案》规定，1945年10月前逐步将最低工资提高到每小时40美分。但由于各个行业委员会纷纷倡导，加之管理专员频频首肯，《公平劳工标准法案》涉及的所有行业均早早地在此期限之前将最低工资提高到每小时40美分（Nordlund，1997，第52页）。然而，最初的《公平劳工标准法案》并未规定可将最低工资提高至每小时40美分以上，加之又没有制定新的法律修正案，故而20世纪40年代绝大部分时期的实际最低工资是下降的。

第二次世界大战结束后，公众和立法者的注意力再次转向国内经济。杜鲁门政府和国会的民主党人着手推动提高最低工资水平，并将《公平劳工标准法案》的覆盖对象扩大到数量更多的工人；与此同时，各行业的代表们再次强调关注最低工资上升的潜在成本。在对最低工资的合理水平及其覆盖面进行深入辩论后，1949年下半年，《公平劳工标准法案》的第一轮重大修正案得以签署。这些修正案将最低工资提高至每小时75美分，但对法案的覆盖面仅仅作了微调，将航空运输业纳入其中。

20世纪50年代和60年代最低工资水平的接续变化基本遵循了类似的模式（见表2-2和图2-1）。名义最低工资在数年保持不变，但通货膨胀却使实际最低工资下降。然后，经过广泛辩论，国会通过新的法律修正案，提高最低工资水平。例如，1955年的修正案将1956年的最低时薪提高至1.00美元；1961年的修正案规定，同年9月的最低时薪提高至1.15美元，1963年9月起的最低时薪再升至1.25美元；1966年的新法案将最低工资提高到1967年的每小时1.40美元和1968年的每小时1.60美元，后者一直保持到1974年。

表2-2　　美国联邦最低工资的立法历程

生效日	最低工资（美元）	覆盖面	其他变革
1938年10月24日	0.25		
1939年10月24日	0.30		
1945年10月24日	0.40		
1950年1月25日	0.75	扩大至航空运输业	
1956年3月1日	1.00		
1961年9月3日	1.15	扩大至年营业额超过100万美元的零售业和服务业	1961年修正案新覆盖工人的最低工资为1.00美元

续表

生效日	最低工资（美元）	覆盖面	其他变革
1963年9月3日	1.25		
1964年9月3日			1961年修正案新覆盖工人的最低工资为1.15美元
1965年9月3日			1961年修正案新覆盖工人的最低工资为1.25美元
1967年2月1日	1.40	扩展至公立学校、疗养院、洗衣店、建筑业以及每年雇佣劳动力人工超过100个人-日的农庄；将豁免守法义务的公司营业额降至50万美元及以下	1966年修正案（1967年生效）新覆盖工人的最低工资为1.00美元
1968年2月1日	1.60		1966年修正案新覆盖工人的最低工资为1.15美元
1969年2月1日		将豁免守法义务的公司营业额降至25万美元及以下	1966年修正案新覆盖工人的最低工资为1.30美元
1970年2月1日			1966年修正案新覆盖工人的最低工资为1.45美元
1971年2月1日			1966年修正案新覆盖工人的最低工资为1.60美元
1974年5月1日	2.00	扩展至联邦、各州、地方政府职员（1976年美国最高法院裁决取消了后两者）	1966年修正案新覆盖工人的最低工资为1.90美元，农场工人为1.60美元
1975年1月1日	2.10		1966年修正案新覆盖的非农业工人的最低工资为2.00美元，农场工人为1.80美元

续表

生效日	最低工资（美元）	覆盖面	其他变革
1976年1月1日	2.30		1966年修正案新覆盖的非农业工人的最低工资为2.20美元，农场工人为2.00美元
1977年1月1日			1966年修正案新覆盖的非农业工人的最低工资为2.30美元，农场工人为2.20美元
1978年1月1日	2.65		适用于所有被覆盖、非法律义务豁免行业的工人
1979年1月1日	2.90		
1980年1月1日	3.10		
1981年1月1日	3.35	将豁免守法义务的公司营业额提高至36.55万美元	
1986年1月1日		美国最高法院转变立场，覆盖面扩至各州、地方政府职员	
1990年4月1日	3.80	将豁免守法义务的公司营业额提高至50万美元	20岁以下的工人在90天培训期内的准最低工资为85%（这一条款的有效期截至1993年，此后未延期）
1991年4月1日	4.25		
1996年10月1日	4.75		
1997年9月1日	5.15		20岁以下的工人在90天培训期内的准最低工资为4.25美元
2007年7月24日	5.85		
2008年7月24日	6.55		
2009年7月24日	7.25		

资料来源：美国劳工部网站 http://www.dol.gov/esa/minwage/chart.pdf；http://www.dol.gov/esa/minwage/coverage.htm。

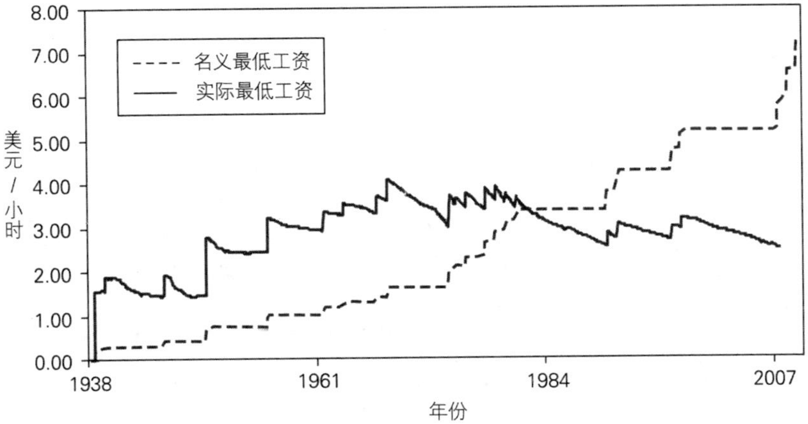

图2-1　美国的联邦最低工资水平演化

注：图中的实际最低工资时序数据是用混合消费者物价指数（CPI），对名义最低工资进行平减而得。其中的CPI包括1938—1966年全部城市消费者的CPI-U，1967—1977年的实验性CPI（即CPI-U-X1），以及1978—2007年按现行方法计算的CPI系列（即CPI-U-RS）①。为确保1938年=1.00，我们对平减指数作了指数化处理。

《公平劳工标准法案》的覆盖面变动频率不高，但对雇主而言，这些变化与最低工资水平的变动同等重要，甚至更加重要。如前所述，1949年法案的覆盖面略有扩大，1955年的修正案在这方面未作任何新的变革。然而，1961年的修正案将法案的覆盖面扩展至零售业和服务业的近600万工人，尽管这些工人的初始最低工资低于此前法案已经覆盖的工人，此后逐步提高，直到1965年才享受全额最低工资水平（美国劳工部，2007）。1966年，立法者再次急剧扩大了法案的覆盖面：1967年小型企业豁免法案遵循义务的营业额由100万美元降至50万美元，1969年进

① 既往30余年，美国劳工统计局（BLS）一直在改进消费者物价指数（CPI）的计算方法，一些学者出于研究需要，将这些改进应用于计算CPI的历史系列。CPI-U-X1是将1982年以后的CPI计算方法，回溯应用于估计1950—1982年的城市消费者CPI（即CPI-U）；据此，1983年的CPI-U-X1也就是1983年的CPI-U，故而“1983年=1.0”。CPI-U-RS就是用现行方法计算1978年以来的CPI-U，它是CPI-U-X1的延续和发展。参阅http://liberalarts.oregonstate.edu/files/polisci/faculty-research/sahr/inflation-conversion/pdf/cv2013rsx1.pdf——译者注。

一步降至25万美元；继而，还将覆盖范围扩大到公立学校、疗养院、洗衣店、建筑行业和大型农场主。有人估计，这些修正案将额外的900万工人纳入《公平劳工标准法案》的保护之列（Nordlund，1997，第115页）。与此前执行的情形一样，法案新覆盖的工人是分阶段达到法定最低工资标准的；而且，新覆盖的农场工人的最低工资一直低于其他被覆盖者。尽管如此，20世纪60年代的显著特征是在此期间遵守最低工资规定的私人非受限型劳动力占比迅猛上升，从1960年的大约60%上升至1970年的80%（Brown，1999，第2112页；美国劳工部，2007）[25]。

20世纪70年代中期，立法者采用了不同的思路：1974—1981年间几乎每年都要提高最低工资。其中，1974年的《公平劳工标准法案》修正案，分三步将最低工资从每小时1.60美元提高到1976年1月的每小时2.30美元[26]。随后，1977年的修正案又分四步将最低工资逐步提高到1981年的每小时3.35美元，同时对于大型农场主不再略有差异地执行较低的最低工资。

2.7 最低工资效应的现代研究发端

美国劳工部在20世纪40年代和50年代组织了数次大型机构层面的调查（establishment-level suveys），为许多最低工资的实证研究奠定了基础(美国劳工部，1942，1954，1959)。除了研究之前引用的特定各州的最低工资法以及1938年《公平劳工标准法案》实施后开展的数项调查之外，美国劳工部还在最低工资提高至每小时75美分的1950年1月前后，以及最低工资升至每小时1美元的1956年1月前后，针对部分选定的低工资行业的工资水平和就业状况进行了调查。1950年的研究结论是，最低工资提高后低工资行业没有出现重大的就业损失；1956年的研究则发现了一些失业效应的证据，但这些研究却认为，"《公平劳工标准法案》施行以来的实践表明，可以借助执行统一的最低工资来提高工资相对较低行业的工资标准；在这些行业中，劳动力市场的特性是工资调整通常远远滞后于经济体系中的其他行业”（Douty，1960，第147~148页）。

然而，如何合理解读这些研究所得数据至今仍备受争议。例如，John Peterson公开发表的两篇最低工资方面的论文认为，政府早期所做的几项调查并没有提供失业效应的明确证据。第一篇论文（Peterson，1957）是为了回击美国劳工部在1938—1940年和1949—1950年的两次调查，这两次调查的结论是没有证据证明联邦最低工资提高后，各类低工资制造业遭受了就业岗位损失。Peterson指出，劳工部的调查重点关注了这些行业的总体就业变化，这一视点“对于辨识最低工资政策的净效应……是有失公允的”（第413页）[27]。为矫正这一缺陷，他考察了三大行业——南方锯木业、男式棉衣业和无缝袜业——不同企业的就业变化差异，他从中得到的共同发现是在那些工资升幅随法定最低工资上升而扩大的企业中，就业水平出现了相对下降。Peterson的第二篇论文重新考察了女工保护署针对州立最低工资的就业效应而进行的三项著名研究中的若干证据，他认为“人们普遍接受的结论——最低工资对女性就业毫无影响——在立论上存有对客观事实的误读”（1959，第406页）。他重新考察得出的结论是，每项研究中的数据均支撑“就业水平与工资水平负相关的正统假说”（第422页）。

这两篇文章遭到了Richard Lester（1960）的强烈反击。他坚称，Peterson在他的一些分析中不合理地控制了影响就业的其他因素（比如宏观经济条件），而且，其他分析所提供的证据远比Peterson所使用的证据复杂。在回应这一回击时，Peterson驳斥了这些视野过于局促的论断，进而总结“当Lester妄断那个假说‘经不起预测检测’时，他似乎是在使用另一套话语体系”（1960，第271页）。Peterson进一步指出，劳工部对1956年提高最低工资的研究（Lester引用了其中3个行业的研究结果）发现，在该项研究涉及的12个低工资行业中，9个行业的最低工资上升伴随着失业效应。

撇开这一特殊论辩，经济学思维的核心逐步转向的议题是，最低工资将按照竞争性劳动市场模型所提出的方式削减就业量。Nordlund（1997，第117页）强调Jules Backman和George Stigler（时任美国经济协会会长）于1964年分别发表的演讲，是这一思维转变的标志。无论如何，对大多数（尽管并非全部）经济学家而言，更有兴趣的论题日益集中于经济学理论所预测的最低工资扭曲效应的精准性质，以及这些效应是否大到足以对经济运行有负面影响。

这一思维转变还推动了相当数量的新实证研究，这些研究的重心是测算最低工资对就业和失业的影响程度。尤值一提的是，学者们开始借助时间序列研究方法，考察时期更长的最低工资史；他们由此得以更广泛地利用联邦最低工资变化的数据，更好地控制那些对劳动力市场具有潜在影响的其他因素。当然，即便是这类研究也有自身的局限——其中最为突出的是，联邦最低工资的时间序列变化不是特别明显。然而，在20世纪70年代期间，时间序列方法逐步成为测度最低工资的就业效应的主流方法[28]。

Brown、Gilroy和Kohen（1982）对20世纪60年代和70年代最低工资方面的文献进行了详尽的综述，本书后文将述其大端。有两篇论文对此类文献贡献良多，值得在此单独标列。第一篇论文系Kaitz所作，他采用1954—1968年的季度和年度时间序列数据，考察了最低工资对青年人就业和失业的影响[29]。在加入对经济周期和其他因素的控制等限定后，Kaitz提供的证据表明最低工资对青少年就业具有负面效应；但他强调，这些研究结果对于加入的那些控制因素极为敏感，进而推断，他的分析“无法就最低工资法对青少年就业的影响得出颇有把握的明确结论”（1970，第45页）。然而，Kaitz的这篇论文最突出的贡献是他提出了一个新的最低工资变量——亦即后来所说的“凯茨指数（Kaitz Index）”，这个变量既考虑了最低工资相对于市场工资的变化，也考虑了法律所覆盖的工人比例的变化。正如Brown、Gilroy和Kohen所言，“凯茨指数的优点在于，它用一个变量涵盖了关涉最低工资法的大量信息”（1982，第500页），它也因此成为后续时间序列研究中使用的标准的最低工资变量。

Kaitz还指出，由于失业者与脱离劳动力队伍者之间的行为并无明显差异，最低工资对就业者和失业者的影响可能是不同的。也就是说，假如由于最低工资提高而被迫离职的工人脱离劳动力市场，不再继续求职，或由于最低工资提高而未能找到工作的待业者备受打击，不再继续求职，那么，这两种人就均不被纳入官方的失业率统计中。这样，他认为，“使用失业率作为因变量的方程式……在某种程度上就更难做出解释”（1970，第35页）；从而，要测度最低工资对劳动力需求的影响，更好的指标是就业-人口比率的变化。随着时间的推移，学者们日益采纳这一度量方式。

对这类文献贡献良多、值得专述的第二项研究是Gramlich的大作，他从包括就业和工资水平的系列后果上考察了最低工资的效应。然而，在我们看来，这篇论文的主要贡献是他指出，当时已有大量文献所关注的论题即最低工资的就业效应，仅为最低工资效应的部分图景。尤值一提的是，Gramlich写道，“当然，最低工资确实扭曲了相关价格，也因此损害了经济效率，但借助税收和转移支付体系进行收入再分配的其他所有尝试，都有这一弊端。最重要的问题不是最低工资是否扭曲了价格，而是它们导致的任何收入再分配收益是否在某种政治意义上足以超过效率成本”（1976，第410页）。他进一步评估了最低工资对家庭收入分配的影响，结论是“人为地压制低于其他工资水平的最低工资不会造成重大危害，且对低工资工人及总体的收入分配实际上还略有好处。然而，最低工资政策与最好的收入再分配方式相距甚远，而且最低工资的提高幅度也有封顶限制”（第450~451页）[30]。

这项新研究对于缓和最低工资的相关论争几乎毫无裨益。在某些论争参与者看来，20世纪60年代最低工资覆盖面的急剧扩大，以及20世纪70年代后半程最低工资水平的稳步提高，加剧了对最低工资可能进一步引发潜在负面效应的若干担心。例如，在最终促成《1977年修正案》的那场论争中，Nordlund在辩护词中提及《纽约时报》的一篇社论，该社论认为，“作为一种政策工具，最低工资不再具有经济上的意义……因为它导致了总体的离职效应，形成了南部–北部之间的竞争性职业迁徙，而且……提高最低工资无法解决变化无常的贫困问题（1997，第140~141页）[31]。与此相反，许多政治家及工会领导仍坚持认为，最低工资是减贫的有效手段，从而将提高联邦最低工资视为主要的立法目标[32]。

由于各界对于提高最低工资的合理性存有广泛的分歧，加之意识到要形成《公平劳工标准法案》的《1977年修正案》，就必须对最低工资政策进行通盘评估，美国国会成立了最低工资研究委员会，旨在“助力解决联邦最低工资方面的诸多争议事项，以及肇始于1938年《公平劳工标准法案》的加班要求”（Minimum Wage Study Commission，1981，第xiii页）。该委员会由8位委员和包括6位经济学家在内的20多位研究员组成，它还与另外50多位经济学家签约开展6大领域的44项研究[33]。1981年5月，该委员会发布研究报告，声称这一报告“针对法案颁行以来的所有相关议题，作了有史以来最为详尽的探究”（Minimum Wage Study Commission，1981）。

大多数最低工资的研究一直聚焦于它对就业的影响，但最低工资研究委员会的显著特色则是，它将最低工资对其他经济后果的影响纳入了考察视野。例如，这篇报告中的若干研究考察了最低工资对通货膨胀、贫困与收入分配、人力资源积累的影响。此外，这篇报告的部分章节探讨了最低工资法的执行情况以及《公平劳工标准法案》特定豁免条款的作用。

然而，这篇研究报告本身对于立法者发挥的作用甚微。Eccles和Freeman认为，“最低工资研究委员会的最终报告和政策主张……并未引起多少注意，对它的新闻报道内容也很少……而且……也没向新闻界和国会提供研究结果要报”（1982，第230页）。两位作者将该报告乏人问津的原因，归咎于“研究结果与委员会的政策主张缺乏内在联系，以及委员会的政策建议与变化后的政治环境缺乏内在一致性”（第232页）。

与此相反，最低工资研究委员会研究报告（1981）最令人瞩目的伴生品，是该委员会中三位资深经济学家对最低工资就业效应的现有文献作的精辟综述；这篇综述随后发表于《经济学文献杂志》（Brown、Gilroy和Kohen，1982）。这三位作者辨明新近文献的主要贡献是本质上的实证方法，他们指出“当今赞成和反对最低工资法的基本观点与40年前《公平劳工标准法案》颁布时的褒贬论断并无二致，但当今的研究在测度法案的影响时使用了更为复杂的方法”（第487页）。在综述这类文献时，Brown、Gilroy和Kohen总结道，“时间序列研究的显著发现是，最低工资上升10%将使青少年的就业率下降1%~3%”，同时“最低工资对年轻人（20~24岁）的就业效应为负，但这一效应小于青少年所受的影响”（第524页）。他们还指出，“像理论分析的结果一样，在实证研究中最低工资对成年人的影响方向也是不确定的”（第524页）。

这个结论很快就被视为经济学家关于最低工资的就业效应“共识”。事实上，最低工资研究委员会（1981）发表那篇综合报告后，学者们在20世纪80年代的剩余年份几乎不再耗时从事最低工资问题研究。也许他们的立场与我们的学术导师一致，我们导师的告诫是，不要在那些全部有意义的问题均已解答的领域虚掷光阴。无论是否如此，劳动力经济学家们将接续10年的注意力转向了其他领域。

2.8 联邦最低工资的新近变化和州立最低工资的扩展

1981年1月，最低工资提高至每小时3.35美元后，联邦最低工资政策没作多大的调整。美国国会议员虽然定期提出进一步提高最低工资的议案，但由于执政当局保守，加之参议院被共和党掌控，这些议员无法推动相关立法。而且，实际上，就像很多人呼吁应对作为一个整体的私人部门设立更高的最低工资一样，很多人呼吁为青少年设立准最低工资。结果，由于名义最低工资经历了《公平劳工标准法案》颁行以来持续时间最长的无增长时期，到1989年底，联邦最低工资的实际价值下降了大约30%。

国会不会立法提高联邦最低工资的态势在整个20世纪80年代日渐明显后，很多州议会开始将州立最低工资提高到联邦最低工资水平之上[34]。少数州还一直设定相对较高的工资——其中最著名者，一是阿拉斯加州，该州为消纳更高的生活成本而将最低工资设定为比联邦最低工资高出50美分；二是华盛顿特区，它为不同的职业类别所设定的一系列最低工资，大多高于联邦最低工资水平[35]。然而，自1985年起，几个新英格兰州将它们的最低工资上调至略高于联邦最低工资每小时3.35美元的新水平。截至20世纪90年代初，16个州以及华盛顿特区的最低工资水平均高于联邦水准。当时最高的州立最低工资为时薪4.25美元，并在加利福尼亚州、康涅狄格州、俄勒冈州、罗德岛州和华盛顿特区执行[36]（Nelson，1990，第35~36页）[37]。

在州立最低工资纷纷提高的扩展期间，提高联邦最低工资的各项努力开始重新积聚动能。1989年1月布什总统上任后，美国国会通过了一份议案，拟在未来3年内将最低工资上调至每小时4.55美元。然而，布什总统否决了这一议案，转而提议每小时4.25美元的小幅提升，并对青年人执行更低的培训工资（Nordlund，1997，第205页）。在再次经过激烈辩论后，国会审议通过并由总统签署《公平劳工标准法案》修正案；该修正案规定，1990年4月1日起将最低工资提高至每小时3.80美元，次年4月再次提高至每小时4.5美元。这一修正案还为青年设定了90天培训期的工资，提高了小型企业豁免法律义务所对应的销售额。5年后，由于政治势力的砝码日益偏向民主党人，1996年9月最低工资上调至每小时4.75美元；一年后，又涨到每小时5.15美元。此后10年，联邦最低工资一直维持每小时5.15美元的水平。2007年，民主党人重新控制国会后，最低工资于当年7月24日调升至每小时5.85美元，并进一步上调至2008年7月的6.55美元、2009年7月的7.25美元。

联邦最低工资先后调升至1990年的每小时3.80美元、1991年的4.25美元，暂时遏制了各州的最低工资调升浪潮。但随后不久，各州立法机构重新采取了行动。1992年4月，新泽西州将最低工资调升至5.05美元，随后几年，其他数州相继跟进。类似地，1996—1997年联邦最低工资提高后，上调州立最低工资的州数立即下降；但2000年大选后，由于联邦最低工资将进一步提高的预期递减，拟提高州立最低工资的州数再次增加。截至2008年1月，2/3的州及华盛顿特区的最低工资均高于联邦水平（见表2-3）。此外，有19个州及华盛顿特区的最低工资为每小时至少7.00美元，其中最高者为华盛顿州的每小时8.07美元[38]。

表2-3　　截至2008年1月高于联邦水平的州立最低工资

州　名	最低工资（美元）	备　注
马里兰、明尼苏达、北卡罗来纳	6.15	明尼苏达州：营业收入低于62.5万美元的企业执行5.25美元的最低工资
阿肯色、蒙大拿	6.25	阿肯色州：企业雇员必须达4人及以上；蒙大拿州：销售额在11万美元及以下者（按CPI-U进行指数化处理），执行4.00美元的最低工资
内华达	6.33	提供健康保险的企业，执行5.30美元的最低工资
新罕布什尔、新墨西哥、威斯康星	6.50	新罕布什尔：2008年9月1日起为7.25美元；新墨西哥：2009年1月1日起为7.50美元
西弗吉尼亚	6.55	雇员为6人及以上的企业
密苏里	6.65	营业额低于50万美元的零售业和服务业可豁免，营业额按CPI-W进行指数化处理
佛罗里达	6.79	按CPI-W进行指数化处理（适用于南部地区）

续表

州　名	最低工资（美元）	备　注
亚利桑那	6.90	按CPI-U进行指数化处理
华盛顿特区、缅因、俄亥俄	7.00	华盛顿特区：最低工资比联邦水平高1.00美元
科罗拉多	7.02	部分行业适用；按CPI-U进行指数化处理
阿拉斯加、特拉华、密歇根、新泽西、纽约、宾夕法尼亚	7.15	密歇根州：2008年7月1日起为7.40美元
夏威夷、艾奥瓦	7.25	
罗德岛	7.40	
伊利诺伊	7.50	
康涅狄格	7.65	
佛蒙特	7.68	每年按超过5%的涨幅递增，或按CPI-U的比例增长
俄勒冈	7.95	按CPI-U进行指数化处理
加利福尼亚、马萨诸塞	8.00	
华盛顿	8.07	按CPI-W进行指数化处理

资料来源：http://www.dol.gov/esa/minwage/america.htm（2008年3月6日访问）。

此外，近年来几个大州（如佛罗里达州、伊利诺伊州及纽约州）日益普遍地提高最低工资，而此前数年最低工资更高的几个州——加利福尼亚州除外——则采取相对较小的提高幅度。结果，州立最低工资高于联邦水平的诸州所覆盖的16~64岁的人口占比，从1998年的大约15%提高至2008年初的大约70%。最后，很多地方立法机构制定了本地的最低工资法，或生活工资法，从而进一步扩大了非联邦最低工资法的劳动力覆盖比例。

2.9 结　论

联邦最低工资法至今已生效70年，州立最低工资法以这种方式或那种途径存续了将近100年。我们梳理的简史概述了贯穿整个时期的最低工资纷争——这些纷争不仅反映在政策辩论中，而且体现在法学家们对美国宪法的不同解读上。同时，国会必须通过提高名义最低工资的立法的事实还表明，最低工资的论争还将定期出现在经济政策辩论的前沿地带。

在连绵不断的最低工资论争中，经济学研究同样发挥着极其重要的作用。20世纪初，这类研究在本质上大多属于理论探究，此后逐渐采用实证方法来评估最低工资的经济效应。此外，虽然许多研究以增进决策者的认识为旨归，但在客观辨析经济学家们提出的各种劳动力市场替代政策之合理性上，它们也具有重大影响。事实上，最令人瞩目的是，许多最低工资的早期研究，既从最低工资影响劳动力市场结果之途径的角度，也从用以评估这些效应之实证方法的角度，为最近研究中所产生的若干问题提供了有益启示。

联邦政府未来毫无疑问地将进一步提高最低工资，但在目前情势下，各州府和地方政府似乎更有可能在决定最低工资水平上发挥更大的作用。如前所述，州议会日益自主地为本州选民设立最低工资；而且，地方司法机关为本市镇或本县郡制定最低工资法的倾向日趋强烈。这些新动向使决策者和经济学家面临的相关问题发生了偏移，也拓展了最低工资是否为有效的再分配工具的论争。此外，正如本书通篇所强调的那样，高于联邦水准的州级及地方最低工资的不断扩散，又促使研究者提出并采用新的实证策略，分析最低工资的各种效应，并由此成为一系列让人振奋之新发现的源头。在本书后续各章中，我们将客观评述围绕这些论题的最新研究成果，并力图将这些研究成果融合为读者易于理解的完整体系。

第3章　最低工资的就业效应

3.1　引　言

在对最低工资政策进行评估时，最低工资如何影响就业一直都是最重要的论题，事实上它也是经济学研究最多的主题之一。从政策的视角看，这一问题的重要性是显而易见的；因为，以更高的工薪收入来衡量的最低工资的潜在收益，很可能被最低工资引致的负面就业效应所抵消。最低工资的就业效应对经济学家同样意义重大，因为它提供了检验不同劳动力市场模型的有效途径。例如，Stigler（1946）承认，在以买方独家垄断为特征的劳动力市场上，最低工资提高在理论上将增进就业，但又认为，低工资行业的竞争属性表明，更有可能出现的结果是低工资劳动力被人取代。与此相反，最近的研究（例如，Burdett和Mortensen，1998，以及Manning，2003）借助一些可资证明最低工资或将促进低工资劳动力就业的证据，则倾向于强调低工资劳动力市场的买方独家垄断特性，这种买方独家垄断势力导源于劳动市场摩擦，而非经济学教科书所描述的传统“公司镇”模式。

正如第2章所述，1977年最低工资研究委员会成立，开启了研究最低工资的就业效应的宏大工程。该委员会报告的最大亮点是由Charles Brown、Curtis Gilroy和Andrew Kohen（1982）完成的文献综述。这篇综述基本确立了经济学家们就最低工资的就业效应所达成的“共识”观——青少年就业的最低工资弹性区间为-0.1~-0.3。

这篇综述发表后，最低工资的就业效应研究陷于低谷直至20世纪80年代末，当时很多州的立法机构开始将本州的最低工资提高到联邦水平之上，以回应国会的无所作为。最低工资的州际新差异，以及1990年、1991年联邦最低工资提高，共同促使学者们重新考察最低工资的就业效应。其中的一个细小研究分支通过在样本期内加入最新的时间系列数据，并在某些情形下采用新的方法来改进早期研究中使用的方法，而对早期的研究作了简单的拓展。然而，阵营更大最终也更重要的第二个研究分支，则力图利用各州最低工资水平及经济条件的差异，来估计最低工资的就业效应。这一研究范式既消除了人们对联邦最低工资没有变化的诸多担忧，又为估计最低工资提高的诸多效应提供了更好的现实反例。此外，无论从正确度量有效最低工资的角度看，还是基于决策者所面临问题——问题的核心已转向各州乃至各个地方提高最低工资的合理性——的视角，由于越来越多的州设定了高于联邦标准的最低工资，故而集合时间序列研究方法日渐过时。这在当今更是如此，因为最低工资高于联邦标准的州数已创下新纪录[1]。

本章将评述这类更为新近的文献（包括我们自己围绕最低工资的就业效应所作的研究），这类文献逐渐被称为“最低工资新探究”[2]。我们首先简要介绍不同的理论模型，它们是新近实证类最低工资著述的理论基础。然后，我们评述作为“最低工资新探究”首轮构成的一组4篇论文，探讨首轮研究中提出的概念范畴与实证事项，进而总结我们认为是最好的、也最重要的跟进研究。表3-1概述了这类文献的研究结果与主要特征，而且是大致按照本章论述的顺序进行文献排列的。

表3-1　　　　　　　最低工资的就业效应的若干研究[①]

著述者	最低工资的变化	样本对象	数据来源	估计弹性
最低工资新探究的第一次浪潮				
Card 1992a	1990年联邦最低工资提高	青少年	人口现状调查（CPS），1989—1990	-0.06~0.19；不显著
Neumark and Wascher 1992	联邦和州	青少年和青年	CPS，1973—1989	青少年：-0.1~-0.2 青年：-0.15~-0.2
Katz and Krueger 1992	1991年联邦最低工资提高	德州的快餐店就业	1990年12月、1991年7/8月对餐馆的调研	1.7~2.65；显著
Card 1992b	1988年加州最低工资提高	青少年及零售业就业	CPS；人口就业与工资季度统计（QCEW）	青少年：0.35；显著 零售业：0.04；不显著 饮食业：-0.07；不显著
Katz and Krueger 1994	1992年新泽西州最低工资提高	新泽西州和宾州的快餐业	1992年2月、1992年11月对餐饮业的调研	FTEs：0.63~0.73；（全职工时当量）[①] 部分估计值显著
求解第一次浪潮衍生问题的研究				
Baker、Benjamin and Stanger, 1999	省际差异及因时异	青少年（15~19岁）	1979—1993《加拿大统计》中的专设表列	面板数据分析，注重频域 组内：-0.27（一阶滞后为-0.47） 一阶差分：0.07（一阶滞后为-0.23） 二阶差分：-0.13 三阶差分：-0.31 四阶差分：-0.40 组内估计及高阶差分估计显著；在低频滤波器中结果也类似

---

① FTEs（全职工时当量）是full-time equivalents的缩略词。按照美国联邦审计总署（Government Accountability Office，GAO）的定义，FTEs等于总工时数除以法定的最高全职付薪工时数。例如，如果每季的法定最高全职付薪工时数是每年411.25小时（35小时/周×（52周/年－休假5周/年）÷4=411.25小时/年），则某人在某个季度工作的100小时就相当于0.24个（100÷411.25=0.24）全职工时当量。参阅维基百科 https://en.wikipedia.org/wiki/Full-time_equivalent——译者注。

续表

著述者	最低工资的变化	样本对象	数据来源	估计弹性
Keil、Robertson and Symons 2001	联邦和州	总体就业和青年就业（未作界定）	CPS，1977—1995	动态模型： 总体：-0.11（短期）； -0.19（长期） 青年：-0.37（短期）； -0.69（长期）
Neumark and Wascher 1994	联邦和州	青少年 及16~24岁者	CPS，1973—1989	在某些设定中用工具变量（IV）代表入学率： 青少年：-0.17~-0.39 青年：-0.12~-0.16
Deere、Murphy and Welch 1995	1990年、1991年联邦最低工资提高	按性别和种族分类的青少年和成年高中辍学生	CPS，1985—1992	少男：-0.27~-0.36 少女：-0.42~-0.49 黑人少年：-0.37~-0.56 成年高中辍学生： -0.11~-0.33
Burkhauser、Couch and Witternburg 2000a	联邦和州	青少年	CPS，1979—1997 月度数据	1979—1997：0~-0.35 1979—1992：-0.24~-0.57 1996—1997：-0.17~-0.27 在排除年份固定效应的设定中，估计值总体显著
Sabia 2006a	联邦和州	青少年	《人口现状调查·离职交流组》 CPS ORGs，1979—2004	青少年就业： -0.18~-0.33 青少年平均工时： -0.37~-0.45 已就业青少年平均工时：-0.01~-0.29 几乎所有估计都显著

续表

著述者	最低工资的变化	样本对象	数据来源	估计弹性
Kim and Taylor 1995	1988年加州最低工资提高	零售业就业	人口就业与工资季度统计（QCEW）	－0.15~－0.2；部分估计显著
Neumark and Wascher 2000	1992年新泽西州最低工资提高	新泽西州和宾州的快餐业	得自各商业机构的工资表数据	FTEs：－0.1~－0.25；许多估计显著
Card and Krueger 1994	1992年新泽西州最低工资提高	新泽西州和宾州的快餐业	得自劳工统计局各商业机构的数据	FTEs：0.005~0.15；不显著
Powers、Baiman and Persky 2007	2004—2005年伊利诺伊州最低工资提高	伊利诺伊州和印第安纳州的快餐业就业	2003年、2004年、2005年的餐饮业调查	全部全职雇员，或兼职型FTEs雇员：0或略为正，到−0.14 工时：−0.85~−0.92 2004—2005年FTEs：−0.75
Zavodny 2000	联邦和州	青少年	CPS，1979—1993； 配对组CPS，1979—1980到1992—1993	总量结果： 就业：−0.02~−0.12 总工时：0.24~−0.11 个人结果： 就业：−0.08~−0.10 总工时：为正，但不显著
Couch and Witternburg 2001	联邦和州	青少年	CPS，1979—1992	就业：−0.41~−0.58 总工时：−0.48~−0.77 估计值显著
新近的美国证据				
Wellington 1991	联邦	青少年及20~24岁者	1954—1986	青少年：−0.05~−0.09 20~24岁者：0.002~−0.02

续表

著述者	最低工资的变化	样本对象	数据来源	估计弹性
Williams and Mills 2001	联邦	青少年	源自 Card and Krueger 1995a的1954—1993年数据	两年后青少年的弹性：-0.3~-0.5
Bazen and Marimouitou 2002	联邦	青少年	1954—1993年数据源自 Card and Krueger 1995a，并更新至1999年Q2	青少年：-0.11（短期）；-0.27（长期）；统计上显著；各子时期得到类似结果
Neumark 2001	1996、1997年联邦最低工资两次提高后的州际差异	青少年，青年（16~24岁），非在校青年与学历不超过高中的20~24岁者，以及未就读高中者	1995—1998年10月—12月的CPS文件	青少年：集中于0附近；16~24岁者：-0.02~-0.22，不显著；非在校、16~24岁、学历不超过高中者：-0.11~-0.53，显著；非在校、20~24岁、学历不超过高中者：-0.09~-0.15，有时显著；非在校、16~24岁、未就读高中者：-0.21，显著；非在校、20~24岁、未就读高中者：-0.11~-0.12，不显著
Singell and Terborg 2007	俄勒冈州和华盛顿州最低工资提高	饮食业员工，住宿业员工	劳工统计局1997—2001年就业月度数据；1994—2001招工广告	饮食业就业：-0.2，显著；住宿业就业：0.15~0.16，显著；招工广告：对厨师之外的所有饮食业职员及宾馆服务员，均为负，且显著

续表

著述者	最低工资的变化	样本对象	数据来源	估计弹性
专门针对直接受影响工人的研究				
Currie and Fallick 1996	1980—1981年联邦最低工资提高	原工资处于新、旧最低工资之间者	《全国青年纵览报告》（NLSY），1979—1987	−0.19~−0.24，显著
Abowd, Kramarz, Margolis, and Phillipon 2000	联邦和州立实际最低工资的变化	与工资稍高者相比，受实际最低工资变化影响的低工资工人	配对组CPS，1981—1982到1990—1991	许多结果报告了离职和入职弹性；通常其弹性值小（无论是正还是负）且不显著
Neumark, Schweitzer, and ascher 2004	联邦和州	不同工资分布点上的工人	配对组CPS，1981—1982到1996—1997	对工资为旧最低工资1~1.3倍的工人而言，就业弹性：−0.06~−0.15；工时弹性：−0.3
Neumark and Wascher 2002a	联邦和州，基于最低工资的约束概率	青年	CPS，1973—1989	最低工资具有约束时：−0.13~−0.21
OECD国家的跨国证据				
Neumark and Wascher 2004	国别差异及因时而异	青少年（15~19岁）；青年（15~24岁）	OECD及不同来源，20世纪70年代中期直至2000年（因国而异）	标准模型——青少年：−0.18~−0.24；青年：−0.13~−0.16；若设有青年准最低工资、由集体谈判决定最低工资、就业保护力度更大，则负面效应更小；劳工标准（工作时间规定、契约灵活性更小）越严、工会密度越大，则负面效应越大

续表

著述者	最低工资的变化	样本对象	数据来源	估计弹性
加拿大				
Campolieti, Gunderson, and Riddell 2006	省际差异和因时而异	16~19岁、20~24岁及16~24岁的青年，含全职者、兼职和非在校者	1981—1997年4月的《劳动力调查》	青少年：-0.17~-0.44 20~24岁：-0.14~-0.43 16~24岁：-0.17~-0.44
Campolieti, Fang, and Gunderson 2005a	省际差异和因时而异	青年（16~24岁）	《劳工和收入动态调查》（1993—1999）	-0.33~-0.54
英国				
Machin and Manning 1994; Dickens, Machin, and Manning 1999	工资委员会	最低工资所覆盖行业的所有工人	《新工薪收入调查》《就业公报》，1979—1992	0.05~0.43
Dolado et al. 1996	工资委员会被解散	工资委员会覆盖和未覆盖部门的工人	《劳动力季度调查》的微观数据	工资委员会解散后，它原来覆盖部门的雇佣率和就业出现相对增加
Machin, Manning, and Rahman 2003	1999年导入全国最低工资	安老院的工人	《劳动力调查》，1994—2001；作者对安老院的调查	若初始最低工资的工人占比高，或工资缺口大，则就业和工时下降得更多；就业、工时的隐含弹性分别为-0.08~-0.38、-0.15~-0.39

续表

著述者	最低工资的变化	样本对象	数据来源	估计弹性
Stewart and Swaffield 2006	不同工资分布点上的工人间差异	成年男女	1997年3月—2000年9月对应的《劳动力调查》；1994年4月—2000年4月的《新工薪收入调查》	已就业工人的每周工时减少1~2小时，这一减少滞后大约1年发生
Galinda-Rueda and Pereira 2004	1.截至1998年，工资低于新最低工资的那一群体的地区-部门组变化；	所有人	《年度商业调查》及《新工薪收入调查》，1997—2001	在制造业中没有解聘效应①；在服务业中，受影响者的占比高出1个百分点，就业下降0.06%~0.12%
	2.工资低于新最低工资的那一群体的地区间变化	所有人	国家统计局，1998—2001	在8个低工资部门中，有4个部门出现显著的解聘效应；7个部门为负效应；这些效应部分导因于企业进入低工资部门后的职位创造速度变慢
法国				
Abowd, Kramarz, Lemieux and Margolis 2000	受全国最低工资上升之约束者与工资略高于最低工资者之间的差异	不同年龄组	《就业调查》，1982—1989	较之工资略高者，对新受最低工资约束的工人，特别是那些刚过24岁，且不受可设定准最低工资之就业促进协议保护的工人，具有较大的解聘效应： 男性，25~30岁：-4.6 女性，25~30岁：-1.38 男性，20~24岁：-0.77 女性，20~24岁：-1.21 男性，16~19岁：-0.08 女性，16~19岁：0.46

① 原文为disemployment effect，又译“失业效应”。Disemployment的本义是“裁员”“解雇”“开除”，不同于unemployment（失业）、nonemployment（非就业），故本书将disemployment effect译为“解聘效应”——译者注。

续表

著述者	最低工资的变化	样本对象	数据来源	估计弹性
西班牙				
Dolado et al. 1996	大幅提高16岁工人的最低工资，以及更温和提高17岁工人的最低工资	青少年（16~19岁）	《全国部门统计》（Contalilidad Nacional Sectorial）	各个地区间的青少年就业率与初始的低工资工人比例呈负向关系，但这不适用于20~24岁的工人
葡萄牙				
Periera 2003	1987年取消青少年准最低工资	18~19岁及20~25岁工人	《在册职员表》（Quadros de Pessoal）1986—1989	与30~35岁工人相比，青少年的就业（和工作时间）下降，弹性值为-0.2~-0.4；他们的取代者为20~25岁工人
墨西哥/哥伦比亚				
Bell 1997	墨西哥：最低工资由各地确定，但逐渐聚合为少数几个地区类型； 哥伦比亚：截至1984年，最低工资由大/小城市确定，此后实行全国最低工资制	正式/非正式部门的企业，相关信息按技工/非技工进行分类	墨西哥：产业年度调查（1984—1990）；全国最低工资委员会统计报告（1984—1990）；墨西哥全国就业调查（仅1988年）；时间系列数据来源不详。 哥伦比亚：产业年度调查（1980—1987）；全国最低工资委员会（1980—1987）	时间系列：墨西哥为-0.18（不显著）；哥伦比亚为-0.34（显著）。 面板数据，固定效应：墨西哥技工为-0.01~-0.05，非技工为-0.03~0.03（不显著）；哥伦比亚技工为-0.03~-0.24，非技工为-0.15~-0.33（显著）

续表

著述者	最低工资的变化	样本对象	数据来源	估计弹性
墨西哥				
Feliciano 1998	地区间最低工资的迅速趋同及平均最低工资下降	所有年龄组的男性和女性	1970、1980、1990年墨西哥人口普查数据；全国最低工资委员会估计报告；全国城镇就业调查	男性：0.005~0.01（按年龄组则是-0.002~0.04）；女性：-0.43~-0.58（按年龄组则是-0.41~-0.76）
哥斯达黎加				
Gindling and Terrell 2007a	按职业-技能分类的最低工资快速合并	所有就业者	目标多重的家庭调查，哥斯达黎加中央银行提供的1988—2000年行业数据	最低工资覆盖部门的就业：-0.11；最低工资覆盖部门就业者的工时：-0.06
洪都拉斯				
Gindling and Terrell 2007b	最低工资法令因行业、企业规模、地区和时间而异	被覆盖部门的大企业、小企业；未被覆盖的公共部门及自由职业者	目标多重的永久家庭调查，1990—2004年	固定效应：大企业为0.14，小企业为0.51（显著）；Arrellano-Bond估计量：大企业为-0.46（显著），小企业为0.39（显著），对未被覆盖的公共部门及自由职业者的所有估计都不显著；按教育程度分类的Arrellano-Bond估计量：未读完小学者为-1.85（显著）；小学毕业者为-0.86（显著），教育程度越高，则弹性值越小且不显著

续表

著述者	最低工资的变化	样本对象	数据来源	估计弹性
印度尼西亚				
Harrison and Scorse 2005	同一省内的最低工资存在地区水平差异	制造业企业整体，纺织、服装业子群，鞋靴类工厂	印度尼西亚制造业企业年度调查，1990—1996	双重差分法，制造业的就业弹性：所有企业为-0.05，平衡面板组为 0.05；其他设定：-0.12~-0.18（均显著）；仅在对小企业单独进行估计时不显著，为-0.02
Alatas and Cameron 2003	一个省份即雅加达省以及它与西爪哇省交界地带的一个地区组即 Botabek 的最低工资变化的差异	大雅加达地区的制造业部门	印度尼西亚制造业企业年度调查，1990—1996；印度尼西亚劳动力调查，1990—1996	显著的负向就业效应仅发生于小型国内企业，1991（1992）—1996年Botabek地区的最低工资出现急剧上升，由此导致41%（16%）的相对就业损失；若将控制组限定为两省交界的狭小地带，则效应不再显著；大型外国企业显示了不显著的负向效应；大型国内企业的估计值不显著，且方向不明

注：在有些情形下，我们在最后一列报告的是著述者们优选的估计值集。对这些估计值另附评议和具体细节的详尽表格，参见Neumark和Wascher(2007a)。

本章的评述并非面面俱到。我们的另一著述（Neumark和Wascher，

2007a）评述了最低工资的就业效应方面的全部最新文献，涵盖了20世纪90年代初以来发表的100多篇论文。故而，本章重点评述在大量文献中最令人信服的若干研究，以及各类文献广为关注的其他数项研究[3]。通过对就业效应的冗长文献评述，我们得出的结论是：总体看，在100多篇被述及的文献中，大约2/3的研究就最低工资的负面就业效应提供了相对一致（尽管在统计上并不总是显著）的证据——仅有8项研究就其正向就业效应提供了比较一致的证据。与此相反，我们辨识了所供证据最为可靠的33项研究，其中80%以上的指向均为负面就业效应[4]。因此，我们在本章所评述的证据更多地揭示了最低工资具有负面就业效应，而不是简单地描述范围更广的文献所报告的各种估计效应分布。但是，本章的主旨是向读者阐明——在我们看来的——顶尖研究就最低工资的就业效应而得出的必然结论。

3.2 最低工资理论

3.2.1 新古典模型

教科书中阐释的最低工资的就业效应模型是简单明了的。形式最简化的这类模型假定：劳动力市场和产品市场都是竞争性市场（这样公司便将工资、利率和价格水平视为既定）；只有一种类型的劳动力；劳动力与资本相结合形成产出；所有工人被最低工资覆盖。最低工资水平设定若高于均衡工资，势必会抬高公司产出的边际成本，引发两种总体经济（economy-wide）效应。首先，产品的价格上涨、需求下降，导致产量减少（即“规模效应”）。其次，更高的工资率促使公司在生产过程中用资本来取代劳动力（即“替代效应”）。结果，对劳动力的需求下降，下降的幅度取决于产品需求对于价格变动的敏感度、生产总成本中的劳动力份额、资本与劳动力彼此替代的便利度，以及最低工资与竞争性均衡工资的差异。一般而言，在最低工资变动既定的情形下，劳动力成本的份额越高，产品需求对价格变动越敏感，资本对劳动力的替代越容易[5]，那么劳动力需求的下降幅度就越大。总体就业效应或总工时效应则被称为“劳动力需求对最低工资的无条件弹性”。

这个模型的明显简化之处是，它假定所有工人均被最低工资覆盖。这一假定很可能与当今美国的实际情形相差不大，因为联邦和各州最低工资法合计覆盖了90%以上的时薪工人，而且大多数雇主也遵守此法。但若以此来考察覆盖率低、违法率高的欠发达国家的最低工资，或仅仅覆盖一个劳动力子集的美国生活工资法，那就很不靠谱了。

将这一模型扩展应用于覆盖面为部分工人的情形，也不会改变其基本结论，即一旦最低工资设定高于竞争工资，则被（最低工资）覆盖部门的就业下降。但未被（最低工资）覆盖的部门或许能为那些在被覆盖部门谋不到职位的工人提供就业机会，从而潜在地缓释最低工资导致的总体就业损失。正如Brown（1999）所言，两部门模型的特定含义取决于被覆盖部门的工作职位如何配置，以及就业配给如何影响劳动力供给等假定。一些扩展模型（Welch，1976）假定，被覆盖部门的工作职位是在所有工人中随机配置的，未在被覆盖行业谋得职位者最终将在未覆盖部门谋得职位，只要后一部门的工资高于他们的保留工资。根据这样的假定，最低工资扩大了对未覆盖部门的劳动力供给，从而压低了这一部门的工资，提高了这一部门的就业，从而抵消了被覆盖部门的一些职位损失。另一个扩展模型（Gramlich，1976；Mincer，1976）则假定，工人们根据他们对各个部门的预期工资来选择某一部门，而且在被覆盖部门没有找到工作者仍然失业。被覆盖部门的预期工资取决于最低工资和就业概率，而未覆盖部门的预期工资就是均衡工资（因为选择这个行业的每个人都获得了工作）。由于预期工资在两个部门之间是均衡的，但一些工人却在被覆盖部门排队等候职位空缺，故而整体就业人数的下降幅度高于Welch模型中的幅度；也就是说，未覆盖部门提供的职位较少，不足以抵消被覆盖部门的职位损失。事实上，如果最低工资导致此前受雇于未覆盖部门的工人转向被覆盖部门排队求职，那么未覆盖部门的就业实际上是下降的。

这些两部门模型的重要启示之一是，从分析最低工资诸多效应的新古典模型中得到的就业效应预测远比失业效应预测更为明确。例如，在Welch的扩展模型中，在被覆盖部门没有找到工作的个人，要么将在未覆盖部门获得一份工作，要么由于未覆盖部门的工资过低而选择退出劳动力市场。这样，如果不考虑最低工资的就业效应，在这个模型中就不存在失业。与此相反，在Gramlich和Mincer的扩展模型中却存在失业，因为这个模型假定，未能在被覆盖部门就业者将继续在该部门等待就业。更一般地讲，最低工资提高到底是导致个人失业，还是促使他们退出劳动力市场，就显得相对无足轻重。由此，经济学家们通常侧重于考察最低工资的就业效应，而非其对失业的影响。

新古典模型的第二种有效扩展方式是放松对同质型劳动力的假定。具体而言，在模型中加入由于劳动生产率提高致使其薪资高于最低工资的工人，则雇主便可调配、替换不同类型的劳动力，进而改变模型的预测结果。现以包含两个技能组（和资本）的模型为例。一方面，如果在生产中，熟练劳工和欠熟练劳工可以彼此替代，那么提高最低工资将导致对欠熟练劳工的需求下降、对熟练劳工的需求上升。结果，只要欠熟练劳工是资本的替代品，则总就业水平仍将下降，但其降幅将小于欠熟练工作职位的下降幅度。另一方面，如果在生产过程中，欠熟练劳工与资本是互补品，则熟练劳工的增加量或将足以抵消欠熟练劳工的减少量[6]。

这个模型扩展蕴含的启示是，新古典模型关于劳动力需求减少的预测，显然仅仅适用于其工资涨幅直接决定于最低工资的欠熟练工人。其他工人遭受的影响则取决于生产过程的属性；而且，事实上，最低工资一般会增大技术水平稍高者的就业量，因为他们是仅获取最低工资者的良好替代品。结果，最低工资对总就业的影响一般比对欠熟练工人的影响要小得多，而且可能还会更小——从原理上讲，它对总就业的影响甚或为正。因此，本章后文述及的诸多实证研究试图聚焦那些更有可能面临解雇处境的人口子群。

迄今为止，我们依托仅有一个行业的经济体背景描述了新古典模型。如果我们将这个模式扩展到包括至少两个行业的经济体，我们还必须考虑可能存在的行业间一般均衡效应。例如，如果最低工资提高致使产品X的成本高于其替代品Y，那么对Y的需求将增加，但最低工资提高也会抬高产品Y的价格。这就是说，如果存在被消费者视为近似替代品的多种产品，则对那些在总生产成本中最低工资劳动力成本占比更小的产品而言，规模效应的作用方向是相反的。结果，新古典模型无法让企业根据行业偏差情况预测最低工资上升的各种效应，研究者也因此未能发现冷僻行业欠熟练工人就业减少，但这未必一定与理论相悖。这可能与本章后述的快餐业研究有关，因为在Card和Krueger（1995a）看来，快餐业的劳动力成本份额并不算特别高（大约30%）。例如，如果快餐业的最低工资劳动力成本低于其他餐饮业，提高最低工资将使劳动力需求转向快餐业，进而增大对快餐业的劳动力需求[7]。对此行业的研究存在若干纷争，但许多人遗漏了最重要的事项：针对某一特定行业的研究对于验证新古典模型的有效性，或对于解析最低工资上升对欠熟练工人的总体影响，并无特别重大的揭示意义。

新古典模型还可拓展应用于辨析最低工资提高的短期效应与长期效应。学界有时认为，劳动力市场对最低工资变化的短期调整和长期调整是极为相似的；原因在于，在雇佣最低工资工人的劳动力市场上，工人们的更替速度很快，这就使得雇佣成本和解雇成本低到微不足道（例如，Card和Krueger，1995a）。但正如Hamermesh所言，即便调整劳动力投入的成本微不足道，资本或其他投入品的巨额调整成本仍将导致劳动力调整滞后（1995，第836页）。

由于“短期”和“长期”的定义不明，为便于理解并依循Hamermesh

的论述思路，我们将短期效应定义为资本存量固定时期的就业变化。在资本存量固定的情形下，公司无法为应对最低工资提高而用资本去替代欠熟练工人，这就可以降低欠熟练工人的就业减少量，直至资本量发生调整。这意味着，实证研究必须预留足够的时间，以便最低工资的诸多效应得以在各项数据中显现，即便对于工人更替率很高的行业也应如此。

迄今为止，我们仍未辨析“劳动力投入”和“就业”的区别，而是交替使用这两个名词，但劳动力投入实际上等于就业量乘以每个雇员的平均工时，近期部分研究者试图建模分析最低工资对这两者的影响。例如，Michl（2000）构造了一个新古典模型，其中，工时和就业量对有效的劳动力服务具有不同的影响——这或许是因为长时间工作者极易疲劳或工作动机衰减——而且，每个工人的成本（如各种福利）是固定的。在这个模型中，每小时最低工资提高将导致雇主增雇工人，但缩短每周平均工作时间，其原因在于，工时新增1小时的边际成本大于增雇1名工人的边际成本。Michl还指出，在他的模型中，与产量减少相联系的规模效应只会影响工人数量，因此它的就业含义是含混不清的。沿着这些思路，Strobl和Walsh（2007）提出了更通用的模型，这一模型允许企业生产函数中的合意劳动时间强度和就业量存在差异。在此情形下，最低工资对就业、平均工时以及总工时的影响都是不明确的，并在行业间、职业间存在巨大差异。

3.2.2 买方独家垄断模型

新古典模型假定每位雇主认为市场工资是既定的，在现行工资水平下，所有公司都能雇到它们所需数量的工人；也就是说，任何公司均没有直接决定欠熟练工人市场工资的足够势力。然而，近年来颇受欢迎的另一模型则假定，某些公司的确具有决定工资水平的市场势力。在此类模型的标准教科书表述中，某一家公司——称为“独家垄断买方”——构成了劳动力市场的雇主方，劳动力由同质型工人构成，而且每位工人的工资是一样的。这家公司是唯一的雇主方，故而它面临着一条向上倾斜的劳动力供给曲线，从而它必须支付更高的工资才能雇佣更多的工人。

为实现利润最大化，独家垄断买方会将工资水平设定于边际劳动力成本等于边际劳动力产品收益的平衡点。但由于边际劳动力成本的上升斜率比工资更为陡峭（原因在于该公司必须向所有工人支付更高的工资），因此，在此模型中，均衡工资必将导致就业水平低于竞争性市场模型下的就业水平。Robinson（1933，第295页）表明，如果一家公司在劳动力市场具有独家垄断势力，实施最低工资后，只要最低工资水平不算太高，它就将导致就业数量提高。直观地看，之所以如此，是因为最低工资降低了增雇1名工人的边际成本（但它的确抬高了该公司的平均成本）[8]。因此，最低工资提高会将就业水平提升到最低工资与竞争性劳动力市场决定的工资相等的均衡点；超过这一均衡点后，继续提高最低工资将减少就业量，就像新古典模型预测的一样[9]。

正如第2章所述，Stigler承认这一理论上的可能性，但认为它“与全国最低工资问题不太相关”（1946，第360页）。其原因在于，最优最低工资会因职业种类、公司类型而不同，也会因时而异；同时，要设定能够促进就业的最低工资水平，政府就必须掌握每家企业相应的劳动力供给与劳动力需求曲线。推而广之，大多数经济学家认为，教科书式买方独家垄断模型不是分析低工资劳动力市场的理想模型，因为大多数行业和地区的低工资劳动力市场是由众多小公司构成的。

为增强买方独家垄断模型对低工资劳动力市场的适用性，经济学家们提出了更复杂的模型，这一模型能为雇主数量更多的劳动力市场提供类似买方独家垄断市场的政策启示。总体看，这些模型的共通之处，一是导致就业水平与企业所付工资之间形成向上倾斜关系的一种机制，二是斜率比劳动力供给曲线更为陡峭的边际劳动力成本曲线。在某些情形下，引入更为复杂的工资机制可以完成这类模型的构造。例如，Wessels（1997）提出了一个员工既拿小时工资又有小费的餐饮业模型，在此模型中，小费由员工们均分，因此平均每位员工分得的小费收入与该餐馆雇佣的员工数量成反比。为了雇得更多员工，餐馆只有提高它向全部现有员工支付的每小时工资，才能抵消平均小费收入的下降。这种工薪结构导致了与教科书式买方独家垄断模型相类似的工资与边际劳动力成本之间的缺口，因而，在某种程度上，提高最低工资将导致就业量扩大。

Rebitzer和Taylor（1995）以另一种方式提出了“效率工资”模型，在此模型中，企业向雇员支付更高的工资以激励他们更加努力工作，同时要挟将开除那些偷懒者[10]。然而，公司必须监督工人付出的努力，这种监督的有效性与公司规模的大小负相关——因此，大公司偷懒者被发现的可能性要比小公司小得多。在此类模型中，公司若要提高工人的雇佣数量，就必须向现有工人支付更高的工资，以惩戒偷懒者；这又导致工资与边际劳动力成本之间出现缺口。Rebitzer和Taylor（1995）的研究显示，在这些条件下，设定略高于均衡工资的最低工资将抬高工人的解雇成本，因此企业将投入较少的资源监督工作的努力程度，转而增雇新的工人[11]。

其他研究表明，从假定企业异质性的多个模型中可以推导买方独家垄断行为。例如，Bhaskar和To（1999）提出一个模型，其中数量庞大的公司争抢工人，但由于不同公司所提供的工作存在非货币性差异，每家雇主对工人仅有部分买方独立垄断权势。Bhaskar和To列举工作计划表、地域偏好、职位要求作为这些差异的潜在源泉，但他们模型的总体思路是，要吸引那些不像现有员工那样过于看重公司职位的非货币福利的新工人，公司就必须提高其相对工资。这就形成了劳动力市场的“买方垄断竞争”，也导致了我们所熟悉的结果即边际劳动力成本曲线高于劳动力供应曲线。结果，公司的均衡就业水平低于在完全竞争劳动力市场中应有的水平，而且最低工资的小幅提高就将促使公司增雇工人。然而，Bhaskar和To强调指出，最低工资提高将削减公司利润，导致公司退出，从而除短期外，该行业的整体就业变动既可能为正，也可能为负[12]。

近年来采用的另一种理论方法是通过在劳动力市场引入与搜寻相关的

摩擦，推导类似买方独家垄断行为。这一分析框架首先出现在Burdett和Mortensen（1998）提出的正式均衡搜寻模型中，且通常被称为“动态买方独家垄断”；其背后的理念是，工人并不拥有劳动力市场上各类潜在工作机会的完全信息。相反，在每一个时期，他们只能接到数量有限的工作录用函，并从中进行选择；而（是否接受）工作录用函又是根据不同公司的工资分布随机抽取的。结果，付薪相对低廉的公司将逐渐失去工人，并发现很难招募新人；付薪相对丰厚的公司录用工人后的辞职率更低，且更容易招聘新人。此外，只有聘用工资高于保留工资时，失业者才会接受这份工作。这些搜寻摩擦导致了公司就业水平与公司工资之间的正向关系，由此形成的均衡就业水平低于完全竞争模型下的应有水平。最低工资导致就业水平提高的原因有两个：一是最低工资提高使部分工人更有可能接受超过他们的保留工资的聘用工资，二是它会促使现有工资高于最低工资的企业提高它们未来的聘用工资[13]。

近年来，学者们根据搜寻理论框架还提出了其他最低工资模型，但它们就最低工资的就业效应得出了不同的结论。例如，Ahn、Arcidiacono和Wessels（2005）提出的内生搜寻模型认为，最低工资通过扩大搜寻职位的工人数量，提高了整体就业水平，但降低了生产力最低的那部分工人的就业机会。Flinn（2006）提出的劳动力市场匹配模型认为，最低工资增强了工人们的“有效”谈判实力，导致更多的工人进入劳动力市场寻找工作，进而促进了就业（或许也增加了失业）。最后，通过公司异质性与工人生产力异质性的假定，van den Berg和Ridder（1998）扩充了Burdett-Mortensen模型；按照这两个假定，最低工资成为一种筛选机制，它迫使部分企业停业，致使某些低生产力行业的从事者永久失业[14]。

3.2.3 小　结

本节围绕最低工资的就业效应概述了各种不同的理论模型，它提供的关键启示是，在对作为证据以证实或证伪不同模型的实证结果进行解释时，必须谨慎从事。我们已经证明，新古典模型没有提供最低工资提高将降低任何情形下的就业水平的预测。而且，正如Manning所强调的，“单个买方独家垄断模型得出的简单结果即合理设定的最低工资水平必定提高就业水平，并不适用于企业之间的互动性与异质性可以建模分析的劳动力市场”（2003，第27页）。因此，要理解最低工资对就业水平的影响，就必须采用严谨的实证方法。在本章后续节次中，我们将整合并阐释我们认为在这一议题上最好的也是最重要的各类证据。

3.3 首轮“最低工资新探究”对最低工资影响美国欠熟练工人就业的研究发现

“最低工资新探究”肇源于《产业与劳工关系评论》1992年10月号的“研讨专题”栏目围绕最低工资的就业效应，发表的一组颇有新意、兼具创新的4篇论文。即使在16年后，这一专题研讨仍能精炼地再现可以彰显“最低工资新探究”特征的论题范围，以及对部分此类研究所得实证估计结果的概述。因为，这些专题研讨中的论文考察了相对较长的样本期内最低工资的各州差异以及时间系列差异（Neumark和Wascher，1992），分析了某一联邦最低工资提高后各地区及各州就业与工资变化的差异（Card，1992a），针对某一特定的州立最低工资提高进行了分析（Card，1992b），调查了最低工资提高前后快餐业的相关变化（Katz和Krueger，1992）。这些研究所得的发现不尽相同，既有与早期共识相类似的解聘效应论（Neumark和Wascher，1992），也有毫无就业效应论（Card，1992a），还有最低工资的正向就业效应论（Card，1992b；Katz和Krueger，1992）。

本节首先概述这些最初研究所得的发现，然后概括后续相关系列研究的发现（即第3.4节）。第3.5节、第3.6节转向论述得自美国和其他国家的新近证据。

《产业与劳工关系评论》专题研讨中发表的2篇论文，将早期时间序列文献中使用的传统实证设定拓展应用于对各州面板数据的分析，它们采用的估计模型是：

$$Y_{it} = \alpha MW_{it} + R_{it}\beta + \varepsilon_{it} \tag{3-1}$$

在这个模型中，i代表各州，t代表年度，Y代表就业率。这个模型设有一个最低工资变量（MW）及包括州（个体）和年（时间）固定效应在内的一组控制变量的向量（R）。各州的固定效应主要控制各州之间就业率与最低工资水平的持续差异，因为这两者可能均决定于其他因素；而各年的固定效应主要控制各项总体变化。两者之中的任何一种影响都会就最低工资的就业效应提供虚假证据——例如，在就业率由于其他原因而下降的全国经济衰退时期，最低工资趋向于上升。相反，公式（3-1）从各州之间就业水平变化的各种差异中来辨识最低工资的若干效应，其中的最低工资提高数额又各不相同（或者根本没有提高）——也就是采用双重差分估计量。[①]

最低工资的变量定义在各类研究中均不相同，模型中的控制变量设置及估计方法也是如此，这些问题我们很快便会探究。然而，只要最低工资的变化被视为模型中的外生变量，α就可理解为最低工资的就业效应系数。更为宽泛的文献通常借助不同人口统计群组中的工人数据，或者最低工资更有可能形成约束的那些行业的工人数据，采用这一模型进行估计。另外，这一框架有时也被应用于分析时间序列/截面或纵向的个人数据。

在研究1990年4月联邦最低工资提高的就业效应时，Card（1992a）所依托的事实是，各州工资水平分布的差异（这部分导源于各州最低工资法的差异）意味着联邦最低工资提高对低工资州的影响比对高工资州更为明显。Card发现，在青少年平均工资上涨更多的那些州，受最低工资提高之影响的青少年占比也更大。但当Card将青少年就业-人口比率和受影

① 本段要请熟稔数理分析的行家做校译——2015年由顾露露教授襄助完成。

响比例变量（在控制各州劳动力市场总量的情况下）做回归后，却没有找到任何证据证明1990年最低工资提高对青少年就业造成了影响[15]。

在我们撰写的论文（Neumark和Wascher，1992）中，我们采用公式（3-1）评估了最低工资变化对青少年（16~19岁）以及广义青年群体（16~24岁）的就业-人口比率的影响，其中对人口大州采用的是1973—1989年各州的年度面板观察数据，对人口较少的州则使用1977—1989年的同类数据。我们对每一个州-年的最低工资观察数据进行了以覆盖率为权重的调整——将更高的联邦或各州最低工资，乘以联邦最低工资在该州的覆盖率，除以该州的平均工资，由此所得的最低工资相当于早期时间序列文献中使用的凯茨指数。与Card论文相反的是，我们的研究发现总体支持早期的共识，即最低工资提高将削减年轻工人的就业水平。其中，青少年就业的最低工资弹性为-0.1到-0.2之间，青年就业的对应弹性为-0.15到-0.2之间。我们还发现，各州设立的青年准最低工资可以减缓最低工资的影响，这与标准的新古典模型的预测是一致的。

《产业与劳工关系评论》专题研讨中发表的另两篇论文是以特定州的最低工资上升为对象的案例研究：Katz和Krueger（1992）研究了1991年联邦最低工资提高对得克萨斯州快餐业的影响，Card（1992b）则考察了加利福尼亚州1988年的最低工资上升。将分析对象圈限为特定州的研究通常被称为探究最低工资上升效应的“自然实验”（Katz和Krueger，1995a，第20~22页）。但我们认为，这类研究与此前论及的面板数据研究基本没有差别。实验的设计思路与面板数据分析是一样的，它们的主要区别在于控制组的设定上，但较之州级面板数据分析中的控制变量设定，这一设定似乎并不更具说服力。然而，经济学界和社会公众在探讨最低工资提高的优点时，极为重视这种思路的文献；它还推动学者们潜心思索在研究最低工资的效应时应如何设定合理的控制组。

Katz和Krueger（1992）研究了1991年联邦最低工资提高对得克萨斯州快餐业的影响，研究依据是先后于1990年12月、1991年7月或8月对快餐业经理或经理助理进行的电话调查。Katz和Krueger将每家餐馆的有效最低工资变化界定为这家餐馆1990年12月的平均起薪与1991年4月起执行的每小时4.25美元的新联邦最低工资之间的对数差（log difference），这样，根据原来支付较低工资与原先支付较高工资的餐馆之间的就业差异，便可辨识最低工资对就业的影响。它们的回归弹性值在1.70到2.65之间，这就表明最低工资对就业具有很大的而且统计上显著的正向效应。Katz和Krueger的结论是，他们的研究发现有悖于竞争性市场模型，但与“假定雇佣低工资工人的雇主具有市场势力，而且是劳动力的独家垄断买主的模型”预测相吻合（第17页）。同时，他们也指出，买方独家垄断假设“在高流动性的快餐业劳动力市场上多少有些不符现实”（第18页）。

Card（1992b）采用源自《人口现状调查》（CPS）的数据，测度了1988年7月加利福尼亚州将最低工资提至每小时4.25美元对低技能工人的影响。他比较了1987—1989年加州青少年就业水平的变化与同期参照地区的同类变化，结果发现尽管最低工资上升了，但加州的青少年就业增长更快[16]。这一差异具有统计显著性，它隐含的弹性系数为0.35。Card还发现，1987—1989年加州零售业的就业出现了相对增长，饮食业的就业则出现相对小幅的下降，但他将后者更多地归因于长期趋势的变化，而非最低工资提高的负面影响。像Katz和Krueger一样，Card得出的结论是青少年就业的变化有悖于竞争性市场模型，而且还表明在低工资劳动力市场存在买方独家垄断势力。

《产业与劳工关系评论》专题研讨之后，针对某一最低工资提高所做的最著名、也最有影响的案例研究，是Card和Krueger（1994）对1992年新泽西州最低工资提高前后的效应调研。借用Katz和Krueger使用的研究方法，Card和Krueger先后于1992年2月，即1992年新泽西州最低工资提高至每小时5.05美元之前大约2个月，以及1992年11月，即该州提高最低工资之后大约7个月，对新泽西州的快餐馆进行了调查。对于新泽西州的快餐店，他们创设了一个工资缺口变量，这一变量与Katz和Krueger在研究得克萨斯州快餐业时使用的变量相同。但他们还试图通过在样本中加入宾夕法尼亚州（该地区的最低工资保持不变）东部地区的餐馆控制组，改进早期同类文献所做的（最低工资变化前后）效应辨识。

他们的研究结果一致表明，新泽西州的最低工资提高促进了该州的（按全职工作时数即FTEs来度量的）就业。例如，1992年2月至11月，较之起薪更高的快餐店，原先起薪较低的快餐店出现了显著的就业增长。类似地，同期新泽西州样本组的就业增加，而宾夕法尼亚州样本组的就业下降。整合了所有这些信息后，Katz和Krueger创设了工资缺口指标；新泽西州样本快餐店的工资缺口等于其起薪与5.05美元之差，宾夕法尼亚州快餐店（以及初始起薪超过每小时5.05美元的新泽西州快餐店）的工资缺口则为0。研究结果再次表明，最低工资提高对于就业具有统计上显著的正向效应，估计的弹性系数约为0.7。他们认为，他们的研究结果“与快餐业的传统竞争模型的预测并不一致”（1994，第790页）[17]。

3.4 后续研究提出的论题

诸多接续的实证研究均旨在理解并弥合首轮“最低工资新探究”所报告的不同结果。因为，这些文献探究的主要论题是：若干变量的测度，基本模型的设定，研究中所用比对组的恰当性。

3.4.1 最低工资变量

在评论我们1992年发表的那篇论文时，Card、Katz和Krueger（1994）对我们使用凯茨式相对工资变量提出了批评。他们坚信，最低工资变量如果是用青少年劳动力的相对价格来度量，它就应与青少年的工资正相关。他们的研究显示，与这一预期结果相反，两者之间的实际相关系数为负，因为青少年工资指数的分母（该州成人的平均工资）是与青少年的工资正相关的。

然而，他们这一论断的前提不成立。适宜的最低工资变量应与青少年相对工资的变化正相关，而且我们为回应批评而做的研究（Neumark和Wascher，1994）也表明，我们使用的最低工资变量符合这一标准，进而正确地捕捉到名义最低工资提高是青少年劳动力的相对价格上升的结果。同时，在名义最低工资不变的情况下，Card、Katz和Krueger所报告的负相关关系又准确地捕捉了与总体工资水平上升相伴而生的最低工资工人价格的相对下降。要度量最低工资工人价格与更高工资的相对变化，更高工资工人的厘定至关重要；因为，最低工资解聘效应的主要源泉之一，就是雇主用高技能的高工资工人替代低技能的最低工资工人[18]。

然而，相对最低工资变量的确从相反的方向约束着最低工资的名义上升与成人工资上升对就业的影响，故而有充分理由质疑这一约束是否合理[19]。我们的数据分析没有排斥这一制约（Neumark和Wascher，1994）。但正如Card和Krueger（1995a）所言，要在理论上设定青年劳动力需求函数，就既要考虑产出价格，还要考虑所有要素投入品的价格（包括成人工资）。而且，在此背景下，使用标准同质性假定就可构造一个既包括相对最低工资也包括实际成人工资（或许还有实际利率或相对能源价格）的模型。

随后的研究以各种方式放松了这一约束（Burkhauser、Couch和Wittenburg，2000a，2000b；Keil、Robertson和Symons，2001）。然而，这些通常还采用更长样本期的后续研究所得到的结果，似乎对这些替代的模型设定不太敏感。此外，有两项研究还通过自由评估每一被观察的最低工资变化效应——无论是联邦最低工资（Deere、Murphy和Welch，1995），还是州立最低工资（Burkhauser、Couch和Wittenburg，2000a），进一步降低了最低工资效应的参数化。这两项研究均发现，提高最低工资显著降低了青少年的就业率，尽管在这些设定中的最低工资效应更加难以与因时而变的其他影响相区分。

3.4.2 最低工资的滞后效应

最低工资研究的新文献提出的另一个问题是，最低工资需要经历多长时间才能对就业完全发挥作用。Brown、Gilroy和Kohen认为，“与滞后效应通常据以假定的其他大多数情形相比，最低工资上升的滞后调整似乎不大可信”（1982，第496页），原因在于，最低工资工人的流动率更高意味着合意的就业调整可能很快就会完成；而且，最低工资提高通常会在其公开宣布数月后才生效。Card和Krueger还认为，通常雇佣最低工资工人的行业，“可以通过削减非高峰期的工时或店内工时，以及保持更长的候职排队，轻易地调整它们的员工配备”（1995a，第67页），故而最低工资提高后的解聘效应会立即显现。但正如我们此前所述，Hamermesh（1995）指出，尽管离职率一般较高的工人的雇佣、解雇或培训成本等要素不太重要，各企业也会缓慢调整非劳动力投入（如资本），这通常会减缓包括劳动力在内的其他投入品的调整速度。这样，忽略滞后效应将不恰当地排除劳动力与资本之间的长期替代关系，以及劳动力与同样会更加缓慢地演化的规模效应之间的长期替代关系。

最终，最低工资需经多长时间才能影响就业的问题就转化为一个实证论题。而且，在解释《产业与劳工关系评论》专题研讨论文所报告的结果时，滞后效应的潜能的确上升为重大论题。我们从州级时间序列面板数据的最低工资滞后值中发现了统计上显著的就业效应；我们还认为，我们的研究结果与Card研究1991年联邦最低工资提高所报告的结果存有差异的原因之一是，他忽略了滞后效应。为证明这一点，我们的分析表明，采用我们的样本以及和Card所用之估计量相同的1年期一阶差分估计量，所得出的最低工资效应近乎为零，这一结果与Card论文所得结果相似；但若在模型中增加一期滞后最低工资效应，就会在各种水平值上和一阶差分版的基本模型中得到负的、统计上显著的就业效应。我们的研究还显示，毫无理由地忽略滞后效应必将产生各种偏差，从而恰好导致（无就业效应）这一分析结果[20]。

Baker、Benjamin和Stanger（1999）考察了最低工资对加拿大就业的动态影响，并为此论题提供了更具说服力的分析。首先，他们用加拿大数据替代一些美国青少年面板数据估计，所得1年期一阶差分估计结果表明加拿大最低工资效应为正；但采用更高阶差分并设定更多期最低工资滞后项后，最低工资的就业效应却显著为负，且在统计上显著——这与我们针对美国的研究发现是相似的。例如，在他们优选的设定中，一阶差分弹性为0.07，而组内弹性为-0.27。若考虑滞后的最低工资，两者的弹性估计值就更为接近（分别为-0.23、-0.47）[21]。

然后，Baker、Benjamin和Stanger表明，采用替代的差分运算和纳入更多滞后期的最低工资，都可解读为对数据应用不同的滤波器；更高阶的差分和加入更多期的滞后项与强调数据之低频变化的滤波器相对应。基于这一分析，他们发现，对数据进行过滤以区分其高频、低频变动，同时分别估算高频和低频的最低工资弹性，就会得到高频的最低工资的正向就业效应，以及低频的最低工资的负向就业效应。总体看，三位作者报告的加拿大最低工资的就业弹性为-0.25，并指出“这一结果主要得自数据的低频变动”（1999，第345页）。此外，他们没有直接分析美国数据，但他们采用美国的文献——借助将不同估算者的估计系数与不同频率的隐含弹性联系起来的各种方程式——来证明他们的分析可用以解释针对美国的不同发现。更宽泛地看，这篇论文的分析结果表明，最低工资的解聘效应更多地是对最低工资水平自愿变化在更长时期内的反应，而非对最低工资特定水平变化的短期反应。

此后的研究大多倾向于证实最低工资的长期负面就业效应。例如，Keil、Robertson和Simons（2001）通过估计一个设有因变量的一阶滞后项，而非直接加入一阶滞后最低工资项的动态就业方程，将滞后的最低工资效应纳入分析视野。在他们优选的模型设定中，他们发现青年人的短期就业弹性为-0.37，长期就业弹性为-0.69。Burkhauser、Couch和Wittenburg（2000a），Partridge和Partridge（1999）以及其他众多论著报告了包含滞后期最低工资变量的若干研究所提供的相关论据。

在我们看来，这一论题的已有研究表明，除非有证据直接指向既无短期就业效应又无长期就业效应，那些声称发现最低工资对就业毫无影响的论著在可信度上要大打折扣。事实上，这一论题在我们的研究文献评述中显得尤为突出，因为未能辨别出解聘效应的那些文献，通常没有考虑更长时期的效应（也有一些研究没有考察滞后效应，但仍发现了解聘效应）。

3.4.3 就业与学校入学率

《产业与劳工关系评论》专题研讨论文的接续探究还强调了学校入学率在研究最低工资就业效应中的重要性。Card、Katz和Krueger（1994）对于我们1992年发表的那篇论文，既批评测度学校入学率（enrollment）时所采用的具体指标，又指责将学校入学率作为控制变量纳入就业模型中。从测度指标的角度看，他们指出，我们的学校入学率变量仅仅包括那些注册入学而且未被雇佣的个人，从而导致了我们所估计的就业效应中的负向偏差。更宽泛地看，他们认为，在就业方程式中纳入学校入学率是不合理的，因为这一方程式在本质上是个劳动力需求的函数式。这些批评极为重要，因为仅在我们包含学校入学率的模型构造中，统计上显著的青少年解聘效应才显而易见[22]。

我们最初那篇论文对上学（schooling）的定义的确过于狭窄。但，改用包括青少年就业在内的更广泛的入学率指标，所造成的估算结果差异极为微小。例如，采用将自述以上学为主要活动者均计为入学者的入学率这一替代指标（Neumark和Wascher，1994），重新对就业效应模型进行估计，所得的青少年就业弹性为−0.11。但采用不考虑就业与否的更为宽泛的入学率定义，我们得到了统计上显著的就业弹性−0.22（Neumark和Wascher，1996a）[23]。

就第二点指责而言，我们建立总就业方程式的主旨是同时使用最低工资具有约束力的观察值和最低工资不具有约束力的观察值估计平均就业效应。第一组的就业水平唯一决定于标准竞争模型中的劳动力需求曲线，而第二组的就业水平则受需求因素和供给因素的共同影响。因此，全部青少年就业效应的估计模型设定，还必须纳入可捕捉劳动力供给曲线外生变动特征的各种变量，包括学校入学率的外生变化。

然而，由于注册入学决策不可能与工作决策毫无关联，因此依据加入入学率变量的方程式（3-1）所得的估计结果可能存在内生性偏差。为解决这一问题，我们以在校支出、师生比及强制上学法律为工具变量，计算了方程式的工具变量（IV）估计值（Neumark 和 Wascher，1994）；由此所得的青少年就业弹性估算值为-0.17到-0.39之间。因此，工具变量估计值支撑最低工资将减少青少年就业的观点。

我们还更全面地探析了最低工资对就业与学校入学率的影响。由于这项研究将解答最低工资对上学率的影响，第6章将作详述。但简短地讲，诸多证据表明最低工资的解聘效应主要降临在技能最少的青少年身上，因为他们发现最低工资提高后要找到工作就更难了。与此同时，更高的最低工资将引致一些劳动力与劳动力之间的替代，对技能更熟练的青少年的需求上升将诱使部分青少年离校就业，取代那些早已辍学工作的青少年，进而提高了那些无所事事（既没有就业也未注册入学）的青少年的比例。这样，不考虑入学率条件的就业方程式可以捕捉最低工资对青少年的净就业效应，这一效应可以极小；而那些考虑入学率条件或将就业与入学率变化同时考虑在内的方程式就会寻得更大的总就业效应[24]。

3.4.4 州级面板数据分析中的总效应和趋势差异

在因应首轮最低工资新探究时，学者们还就州级面板数据分析中的模型构造提出了若干关切。例如，Deere、Murphy 和 Welch（1995）强调：各州之间就业增长基本趋势的差异有可能偏离短期州-年面板中所估计的就业效应。就 Card（1992a）所研究的联邦最低工资上升案例而言，他们注意到，大部分青少年受最低工资影响的那些低工资州，通常也是就业增长趋势更快的州，由此形成了对于估计就业效应的正向偏离。因为，他们发现1989—1992年间，低工资州受过良好教育的成人就业增长率高于高工资州；在控制1985—1992年的就业趋势及商业周期趋向后得到的估计是，1990年和1991年最低工资提高对青少年和高中辍学者就业率的影响在统计上显著为负；其中的隐含弹性值相对较大，少男为-0.27到-0.36，少女为-0.42到-0.49。

与此同时，Burkhauser、Couch和Wittenburg注意到，在面板数据中纳入年份效应可以有效地消除与联邦最低工资变动相联系的辨识问题，从而"辨识最低工资效应的唯一方法，是使用数量相对较少且州立最低工资高于联邦最低工资的观察样本"（2000a，第655页）。他们的研究表明，在不同设定中使用不考虑年份效应的各种方程式，就能得到统计上显著为负的最低工资系数，其弹性值范围在-0.30到-0.35之间；而加入年份效应的模型构造所得到的系数更小，且统计上不显著。他们的论文提出了如何实现两者之间平衡的问题：一是与加入年份效应相关的辨识成本，二是忽略可以通过年度虚拟变量捕捉的宏观经济或其他总体影响因素所导致的潜在偏差。三位作者试图通过忽略年份效应，转而加入失业率、平均成人工资以及对应于经济衰退的虚拟变量，来解决这一问题。

我们的倾向是纳入年份效应，理由如下：首先，加入相对最低工资度量指标（取其水平，但不取对数），就可对联邦最低工资变动进行某些识别，因为各州平均工资的变动是不同的。其次，要囊括（甚或详述）所有潜在相关的宏观或其他总体类变量——包括仅仅影响时常被研究的狭小年龄组或技能群的那些因素，是不切实际的。最后，联邦最低工资变动幅度收窄，逐渐不再成为问题，因为，收录了更新近数据之若干样本后，州立最低工资的变动幅度显著大于截至20世纪90年代初期或90年代中期的各个样本。按照这些思路，Sabia（2006a）运用截至2004年的数据，对Burkhauser、Couch和Wittenburg（2000a）的模型设定进行了重新估计，他发现无论是否在回归分析中考虑年份效应，最低工资的就业效应都为负，且在统计上显著；其中，不加入年度虚拟变量的估计弹性为-0.18，而加入年度虚拟变量的估计弹性为-0.30。

其他学者近期还提出了相关疑虑。其中，Dube、Lester和Reich（2007）通过执行一项可以更灵活地纳入时期效应的研究设计，解答了如何解释可能与最低工资变化伪相关的根本就业趋势问题。他们优选的设定是，通过对餐馆业就业（以及该行业每位工人薪资收入）的估计，考察跨州城市圈内各郡县之间的差异，或沿州境线相邻的跨州郡县对之间的差异；这些设定加入了时期虚拟变量与城市圈地区或郡县对虚拟变量的交互项。这些交互项就给各郡县子集带来了任意时间效应，这些郡县可勉强归为同类劳动力市场，但却执行不同的最低工资。

Dube、Lester和Reich认为，考虑劳动力市场的特定时期效应对于估计最低工资的就业效应具有重大影响。在对加入最低工资的时期（季度）和郡县固定效应的基线模型进行估计时，他们发现就业弹性显著为负。与此相反，他们的模型设定加入了时期虚拟变量与城市圈地区或郡县对虚拟变量的交互项，得到了近乎为零的估计值[25]。更进一步地，简单地加入人口普查分局（共有9个）虚拟变量与时期虚拟变量的交互影响，也会将就业效应降至零。最后，他们的研究显示，通过所谓的"百忧解"（Placebo）设定，即将样本对象限定为样本期内最低工资从未超过联邦水平的那些郡县，但对这些郡县进行的赋值为它们所在人口普查分局地区的平均最低工资，所得结果为与基线模型估计结果相似的虚假就业效应估计值。

然而，在我们看来，Dube、Lester和Reich显著夸大了地区专属趋势应有的重要性。他们的设定采用餐馆业就业水平的对数为因变量，而且没有设置任何人口或总就业方面的控制变量。正如三位作者所言，总就业水平增长最迅速的人口普查分局均处在州立最低工资鲜有高于联邦水平的那些地区（三个南部地区，以及山地地区①），但这些人口普查分局也处在人口增长最快的地区，例如，在过去10年内，它们在人口增长最快的五个分局中占据了四席[26]。由于这些模型没有控制人口增长，而人口增长又与最低工资变化彼此相关，因而他们依托基线模型得出的结果必然沾染重要的地区专属趋势。同类现象可以解释三位作者"百忧解"设定的研究结果：最低工资增幅最小的人口普查分局通常人口增长率更高，从而就业增长率也更高——这或许解释了三位作者在回归中发现的显著负效应。

然而，Deere、Murphy和Welch（1995）以及Dube、Lester和Reich（2007）的研究强调了对可能偏离最低工资估计效应的根本趋势进行解释的潜在重要性。当然，众多其他研究已经以下述两种方式之一（有时两者兼用）给予了重视：（1）采用就业-人口比率为因变量；（2）将就业总水平或不受最低工资影响的那些群体的就业水平设为控制变量（例如，Neumark，2001；Neumark、Schweitzer和Wascher，2004）。学者们通常用以解释地区专属效应或趋势的另一方式是，将对那些应受最低工资影响者的估计结果与对那些不应受最低工资影响者的估计结果进行比较，并假定可借助后一群体来捕捉最低工资之外的其他因素所导致的劳动力市场专属效应。几乎所有类型的最低工资效应研究均采用这一方法[27]。

Dube、Lester和Reich（2007）探讨的另一相关议题是考虑同一地理区域（在最低工资的现有研究中通常多为各州）不同观察样本的估计误差项之不独立性的重要性[28]。Dube、Lester和Reich坚信，由于许多早期最低工资的面板研究没有进行相应调整，这些研究所报告的标准误差存在巨大的向下偏误（各类估计的精准度也因此被过分高估）。这一论断似乎依

① 山地地区（或山地诸州、山地西部地区、西部内陆地区）是美国人口统计局划分的九大地理区划之一，是美国西部地区的分类构成之一。山地地区又可细分为西北部地区、西南部地区；前者包括爱达荷州、蒙大拿州、怀俄明州，西南部地区包括亚利桑那州、科罗拉多州、内华达州、新墨西哥州和犹他州——译者注。

托于两个证据。首先，对于他们的基线模型估计，他们的研究显示，根据一个没有考虑同一地理区域观察样本之不独立性的程序计算得到的标准误差低估了1/12到1/5（第29页）[29]。其次，他们注意到在我们近期的研究（Neumark和Wascher，2007b）中，我们报告了聚类于州的标准误差估计结果，而且发现许多就业效应不显著，这就导致Dube、Lester和Reich得出结论：我们此前"运用聚类标准误差估计方法得出的许多结果均不能通过显著性检验"（2007，脚注12）。

但这一结论并非得自他们的分析。尽管要考虑可能的不独立性就需要采用聚类标准误差估计法，但如此行事不一定会导致更大的标准误差。实际上，在近期研究（Neumark和Wascher，2007b）中，我们通过聚类和不聚类某些关键估计值，重新估计了标准误差，结果发现聚类估计有时提高了标准误差，有时降低了标准误差。但两者的差别不大，且从未超过1/2。相对地，我们近期论文普遍揭示的不显著效应或许表明此类研究使用了短得多的样本时期。

此外，我们怀疑，聚类于他们自身估计值的巨大影响意味着他们使用了不规范的模型。因为，他们排除了各州专属的控制变量，例如大多数最低工资就业效应研究所加入的失业率或年轻工人的人口统计占比；而不设置这些控制项或将导致同州各郡县残差项的正相关性，这就意味着未经聚类而计算的标准误差存在低估。而且，我们怀疑，更重要的是，由于地区间人口增长趋势的变化，他们在基线模型设定中不控制人口或就业总水平，就很可能导致残差之间巨大的正向系列相关性。

学者们从计算和报告标准误差稳健性转向误差项不独立性的研究趋势，显然代表着对此前文献的改进，但我们几乎没有论据断言，早期的各种设定一致得出了不正确的推论，即由于标准误差的向下偏误，最低工资本该具有显著效应。这一情形会在一些研究中出现；而且，事实上，对于那些未对旨在捕捉部分标准误差的不独立性且变量更多的模型进行估计的研究而言，这也是更为普遍的研究结果[30]。然而，我们认为不宜在整体上对现有研究的主体构成进行措辞强硬的评判。此外，Bertrand、Duflo和Mullainathan（2004）的研究结果发布后所做的大多数研究，均报告了这一不独立性的标准误差的稳健性（例如，Burkhauser、Couch和Wittenburg，2000a；Sabia，2006a；Neumark和Wascher，2007a）；而且，这些研究通常发现了最低工资具有显著的就业效应。

3.4.5 对各州案例研究的反应

构成另一最低工资新探究文献主流的案例研究很快便引发了巨大的纷争。一些劳动经济学家推崇案例研究，认为它为运用自然实验方法研究政策变化的经济效应提供了大堪褒奖的样例（例如，Freeman，1995），但其他经济学家对此类研究横加指责。例如，在论及《迷思与测度》（*Myth and Measurement*）对此类研究的描述时，Welch这样写道，"我坚信，这本书的长远影响反倒是，从反面典型的角度，激励人们进一步思考在搜集、分析和发布主要数据时，我们应该建立哪些标准"（1995，第842页）。类似地，Hamermesh总结道，"即便站在他们自己的角度看，CK（Card和Krueger）最强有力的证据也漏洞百出、不堪一击"（1995，第838页）。

对案例研究方法的批评主要集中于三大方面。首要担忧是案例研究中所使用的控制组是否恰当。例如，从表面上看，人们有理由质疑Card（1992b）在研究加利福尼亚州最低工资提高时，将佐治亚州、佛罗里达州和达拉斯/沃斯堡地区作为控制组的合理性，因为这些地方离加利福尼亚州很远，而且它们面临的需求条件具有巨大差异。但即便对于地理上紧邻的数州而言，将一州作为分析另一州政策变化的控制组，有时也是个问题。例如，Deere、Murphy和Welch（1995）指出，从1988年起，新泽西州青少年的就业率就迥异于宾夕法尼亚州，这就对Card和Krueger的论断，即宾夕法尼亚州餐馆业为与新泽西州餐馆业进行比较提供了合理的控制组，提出了怀疑。更宽泛地看，Hamermesh注意到，就业的变动似乎主要取决于需求冲击，这意味着影响两个地理区域的“相对需求冲击的任何变化”都将轻易“销蚀最低工资提高的效应”（1995，第837页）。我们认为，这一议题彰显了拥有多次最低工资提高经历的更大面板的潜在优势；在最低工资多次提高后，这些需求冲击与最低工资变化一般而言更有可能互不相关。

第二大批评涉及案例研究分析中进行调研的时机。在每一个快餐业案例中，后处理观察通常在相关最低工资提高后的不足1年内进行。但正如此前所述，有大量证据表明，最低工资提高后的解聘效应通常会在滞后1年及以后才会显现。基于同样的理由，Brown（1995）和Freeman（1995）均提出，这些案例研究更适于考察最低工资变化的短期效应，而非其长期效应。

第三大批评关乎这些案例研究使用数据的可靠性。每一个案例研究中，研究者各自开展对快餐店的电话调查，这些电话调查都不像政府统计项目实施调查那样执行严格的同一标准。Welch（1995）对调查数据的质量表示高度怀疑，他特别注意到，Card和Krueger（1994）在案例分析中所搜集的样本呈现了令人不解的诸多特征。我们在Neumark和Wascher（2000）中证实，使用Card和Krueger的调研数据所测度的就业水平变化的波动性，高得有些非同寻常。

鉴于上述三大担忧，众多研究者随后重新考察了首轮州级案例研究所报告的各种结果。例如，Kim和Taylor（1995）重新检查了Card就1988年加利福尼亚州最低工资提高对低工资零售部门就业的影响所作的案例研究。使用零售贸易部门的整体数据后，Kim和Taylor首先取得了Card同样的发现，即加州最低工资提高前后的就业增长与美国零售业的整体就业增长不存在统计上的差异。但他们还指出，加州同期零售销售额的增速远远高于美国整体的零售销售额，这就引发人们质疑这一实验的有效性。接着，Kim和Taylor采用更为详细的零售部门的行业数据，考察加州在不同年份与美国总体水平相比的各行业工资增长差异，是否与加州较之美国总体的各行业就业增长差异之间负相关。研究结果表明，在出现过最低工资提高的1988年3月到1989年3月间，两者之间的变化呈负相关关系，且在统计上显著，但此前的变化则不存在这一关系；他们的解释认为，这一结果与最低工资的负面就业效应相符。他们对郡县级就业增长与工资增长的数据分析，也得出了类似结论。他们从各类估计数据中计算得出的隐含最低工资弹性在-0.15到-0.20之间[31]。

在Neumark和Wascher（2000）中，我们重新考察了Card和Krueger对新泽西州最低工资提高的分析，考察的重点是其数据质量。我们搜集了235家快餐店的管理职员工时薪金记录表，这235家快餐店属于Card和Krueger据以抽样的总体样本；然后比较这两组数据来源。Card-Krueger的数据来源于以快餐店经理或经理助理为受访对象的一项调查，调查的问题是“除经理和助理经理外，贵店雇佣了多少全职员工和兼职员工？”这一问题本身是极其模糊的，因为它既可指当班之时或当天的雇佣情况，也可指整个付薪周期内的雇佣情况；而且受访者对该问题的理解，也会因最低工资提高前和提高后所看到的情况而不同。与此相反，在册职员工资表数据十分明确地是指快餐店所采用的付薪周期。考虑到这一差异后，Card-Krueger所搜集的数据在（最低工资提高前后的）两个观察期的变动肯定比工资表数据要大得多，而且有些变化甚至有悖常情[32]。

在用源自薪金记录表的数据取代Card和Krueger基于调查的数据后，我们复制了Card和Krueger所作的双重差分检验。与他们的结果相反，我们复制检验的结果发现，与宾夕法尼亚州的样本相比，新泽西州最低工资提高导致该州样本餐店的就业（全职工作时数即FTE）下降。我们直接复制分析所得的弹性略高于-0.20，但进一步的敏感性分析则表明弹性值的范围在-0.10到-0.25之间，其中许多（但并非全部）估计值具有常规水平上的统计显著性。

在回应我们的分析时，Card和Krueger（2000）利用他们最初的数据以及我们提供的薪金记录表数据，对新泽西州最低工资提高后的就业效应作了数项补充研究。此外，他们从美国劳工统计局（BLS）的记录中专门搜集了快餐店的纵向样本数据，并报告了从中得到的结果。与他们最初的研究及我们的重新研究结果相反，他们重新分析的总体发现是，新泽西州最低工资提高对就业的影响微小且在统计上不显著；他们进而得出结论“新泽西州的最低工资提高对该州快餐业的整体就业状况很可能毫无影响，而且可能只有微弱的正向影响”（第1419页）。当然，如果这是Card和Krueger最初分析的结论，那它供以质疑标准的劳动力市场竞争模型的说服力就会小得更多。

Powers、Baiman和Persky（2007）的论文代表着更为新近的研究，他们依托伊利诺伊州的最低工资提高，重新审视了最低工资对快餐业就业和工作时数的影响。他们的研究思路与Card和Krueger于1994年进行的研究极为相似，也采用调查数据考察2003年秋至2005年秋伊利诺伊州–印第安纳州交界地区若干郡县的就业变化；在此期间，印第安纳州的最低工资不变，而伊利诺伊州的最低工资则分两步从5.15美元（当时的联邦最低工资）提高至6.50美元。

像Card和Krueger的分析一样，Powers、Baiman和Persky（2007）采用了两种估计量：（1）对伊利诺伊州、印第安纳州就业变化的简单双重差分比较；（2）就业变化与最低工资提高前的平均起薪和新的最低工资之间的工资缺口的回归系数。在因变量上，他们考察了全职工时当量（FTE）雇员（兼职工人的权重为0.5）数量的变化，全职雇员、兼职雇员数量的各自变化，以及每周工时的变化。在所有情形下，他们均同时考察了绝对量变化和百分比变化。

他们这项研究最重大的改进是设计了更准确的就业状况调查问题，即“在上个付薪周期内，贵店工资发放表有多少在册职员?”这个问题的答案自然就更接近于我们通过薪金记录表所搜集的那类信息。遗憾的是，Powers、Baiman和Persky没有提供就业变化分布方面的任何信息，进而证实在他们所获数据中，无法解释的重大就业变化比我们针对Card和

Krueger所得数据的指认要少得多。

在整个2003—2005年期间，对各州全职工时当量就业水平的双重差分设定所得的估计是，绝对量变化为0，相对值变化为负但不显著（而且也不准确），后者的隐含弹性值为-0.14。工资缺口的回归结果，同样为负但不显著。对全职雇员和兼职雇员的两种设定分别进行估计的结果是，兼职雇员的就业效应为负，全职雇员的就业效应为正（而且总体上极为微弱），唯一显著的估计值是各州双重差分设定中兼职雇员就业绝对量变化的效应为负。将样本时期分为2003—2004年和2004—2005年的两次最低工资变化，且同时采用双重差分和工资缺口的设定，他们发现，第二次最低工资变化对全职工时当量就业具有显著的负面影响，但几乎没有证据表明第一次最低工资变化具有任何影响。2004—2005年这一时期的双重差分设定的估计弹性值为-0.75，这一值很大。第二次最低工资变化的负面效应具备更确凿的证据，反映了2004年1月最低工资仅上涨0.35美元而2005年1月最低工资提高1美元的事实；但2004—2005年的效应变化可能还包括第一次最低工资提高的部分滞后效应[33]。

Powers、Baiman和Persky这项研究的结论是，“尽管我们有充分理由认为，伊利诺伊州-印第安纳州的比较没有揭示最低工资变化的任何正向反应（这是Card和Krueger最初研究得出的最鲜明观点），但我们目前也无法坚信总体反应为负（这是传统假说）”（2007，第26页）。这一论断与我们重新评估Card和Krueger的研究所得出的结论高度相似[34]。

不管针对快餐业的案例研究所揭示的结果如何，我们认为这些案例研究的重要性有些夸大。其一，没有任何理由相信，针对某一特定州立最低工资提高的研究可以得出预期中的负面就业效应——按照Hamermesh关于相对需求冲击对就业变动具有重大影响的观点，就更是如此。此外，正如3.2节所述，如何解释从某一具体行业的案例研究中得到的证据也无定论，因为，新古典模型并没有预测到某一特定经济子行业的就业水平会因最低工资的普遍提高而下降。例如，快餐连锁店的低工资劳动力密集度可能低于它们的竞争对手，在此情形下，提高最低工资必将负面影响低工资劳动力密集型机构的产品价格，从而导致对快餐业产出的消费者需求增大、快餐业的就业上升。因此，不应将某个小行业的就业并未出现下降解读为它与该模型冲突。

最后，两项新近的研究试图以这种或那种方式，就行业类案例研究和针对更广泛的受动群体的面板数据分析结果之间的差异，进行拓展性解释。Dube、Lester和Reich试图通过研究整个餐饮业而非单独调研快餐业，以及计算在多个地域多次最低工资提高的双重差分估计值，来扩展分析。他们优选的设定得出的最低工资效应估计值接近0。三位作者指出，由于他们的考察对象是整个餐饮业，而该行业内不同子行业的餐饮品的消费替代极易发生，因此，他们的研究有助于消解快餐业研究与针对低技能工人群体的州级面板数据研究之间的结果差异（2007，第3页和39页）。

总体看，要避免异质冲击的不当影响干扰针对单个地区单次最低工资提高的案例研究，最好的办法是利用更多地区的一组最低工资提高资料，来估计最低工资的效应；而且，从这个意义上讲，他们的研究必定更像州级面板数据分析。然而，他们以餐饮业为聚焦点，却因两个因素变得复杂。首先，小费抵免额（tip credits）——它对非快餐店非常重要——因州而异，这就使得有效最低工资的测度变得复杂[35]。其次，正如此前针对Wessels（1997）那篇论文的论述一样，雇员可收受小费的行业或许存在买方独家垄断型效应，因此引发的问题是这些效应能否归纳、应用于其他行业（除了其他行业差异外）。最终，这些研究结果对于整体的州级面板数据分析有何启示并不明确[36]。

Hoffman和Trace（2007）力图以另一种方式，弥合州级面板数据分析与快餐店案例研究结果之间的分歧。像州级面板数据分析一样，他们以青少年和其他低技能群体为研究对象，但将注意力集中于1991—1993年间的新泽西州和宾夕法尼亚州；在此期间，新泽西州提高了最低工资，Card和Krueger（1994）对此进行了研究。此外，他们还对1995—1998年间的这两个州进行了“反向”实验考察，在这一时期，由于联邦最低工资（于1996年、1997年）的两次提高（以及联邦最低工资提高前新泽西州的最低工资更高），1996年、1997年宾夕法尼亚州的最低工资提升速度快于新泽西州。

他们得到的结果是混杂的。对于1991—1993年时期，他们发现最低工资提高对于青少年就业具有负面但不显著的影响；但对非青少年辍学者则有正向的显著影响。相反，对于1995—1998年时期，他们发现较之新泽西州，宾夕法尼亚州16~19岁、16~24岁、非青少年中学辍学者就业出现下降；在将这些群体的就业变化与30~49岁成人的就业变化进行比较的三阶差分估计中，这些结果就变得尤为显著。他们还考察了各州餐饮业中青少年就业占比的变化，发现仅有微弱证据证明最低工资降低了1995—1998年的这一占比，但有证据支撑1991—1993年的正向就业效应。这样，这一研究也未能成功消解快餐业案例研究与州级面板数据分析之间的分歧，但它的确有助于强调说明，仅从某次孤立的最低工资提高对单独一组比邻地区的影响角度考察最低工资的效应，所得结果必定缺乏说服力。

3.4.6 工时与就业效应

不同的最低工资理论模型所作的预测变量通常是劳动力投入，而非专指就业人数；而且，一些著述者提出，最低工资具有微小（甚至正向）就业效应的潜在理由之一是雇主还可以调整雇员的工时（工作时数）。例如，在研究新泽西州的最低工资提高时，Card和Krueger测度了就业水平，我们则调查工资单上的计薪工时（payroll hours），这一差别或能解释由此所得的不同结果。因为，Card和Krueger的数据揭示了新泽西州最低工资提高后全职工人的变动趋势，因此，他们所发现的就业增长似乎就不可能伴随工人平均工时的下降。另外，就我们（无意中）既得到工时数据又得到就业数据的52家快餐店的子集而言，工资表数据揭示了正向的就业效应与负向的总工时效应；但由于同时报告就业数据与工时数据的餐店数量较少，我们尽量避免夸大根据这一子样本所得的估计结果。无论如何，在我们看来，最低工资对总工时的影响是检验竞争性劳动力市场模型有效性的最相关统计量，尽管它不一定是政策视角上最重要的统计量。

采用州级面板数据分析框架，学者们（Zavodny，2000；Couch和Wittenburg，2001）考察了在美国更长的样本期内，最低工资对青少年工时更为整体的影响问题。在一个包含州、年固定效应的模型中，使用1979—1993年的数据，Zavodny发现相对最低工资的就业弹性为负值且显著（−0.12），但实际最低工资的就业弹性为更小的负值且不显著。然而，这些证据并不意味着每位工人平均工时减少；而且，全部青少年总工时对实际最低工资的弹性为0.24，对相对最低工资的弹性则为−0.11。

与此形成鲜明对比的是，Couch和Wittenburg（2001）采用Burkhauser、Couch和Wittenburg（2001a）提出的、排除了年份固定效应的模型设定，所估计的总工时弹性值在−0.48到−0.77之间，这比同类设定所估计的就业弹性值高出25%到30%。两位作者对这些结果的解释是，作为对最低工资提高的反应，雇主既削减对青少年的雇佣量，又减少在岗青少年雇员的平均工时。正如我们此前的提醒一样，我们不大愿意相信那些排除了年份效应的模型设定所得的估计结果。然而，Zavodny和Couch、Wittenburg所报告的结果差异表明，雇主如何调整平均工时以应对最低工资提高的问题仍悬而未决。

3.5 就业效应的最新美国证据概述

我们在本节将有选择地评述更为新近的美国文献。这类文献不再明确地聚焦于首轮最低工资新探究所提出的各项议程，而是侧重于利用新数据或采用新的实证方法，为解析最低工资的就业效应提供新的证据。

3.5.1 联邦最低工资效应的集合时间序列估计的再考察

尽管最低工资新探究在总体上已经偏离对联邦最低工资效应的集合时间序列研究，但在既往15年内仍有一个小的研究分支更新并重新评估了时间系列证据。这类文献分支的源头是Wellington（1991）以及Card和Krueger（1995a），他们发现将时间序列数据拓展到Brown、Gilroy和Kohen（1993）所涵盖的样本时期之外，就会得到数值更小、一般也不显著的就业弹性。然而，Bazen和Marimoutou（2002）指出，Wellington以及Card和Krueger输入了一些数值变量，而Brown、Gilroy和Kohen输入的则是对数值变量。他们使用截至1993年的数据（这一样本期与Card和Krueger，1995a相同）对最初的模型设定进行估计，所得弹性值为−0.08，且在5%的水平上显著，但这一估计值仍低于截至1979年的数据所得的弹性估计值[37]。

为何根据这类模型所得的最低工资效应估计值会随时间的推移而下降，成为一些论争的主题。Card和Krueger（1995b）认为，这一下降趋势意味着20世纪70年代及80年代初发表的时间序列研究成果深受出版偏误之害。采用荟萃分析（meta-analysis）方法后，他们发现这些研究所报告的t值集聚于2左右，而且它们估计的就业效应随时间延续而下降（趋于0）。由于随着样本时期（sample size）延长，更小的估计效应将变得更加显著，因此他们认为不断下降的估计值成为学者们更愿采用的证据，并据以报告那些所得估计值在统计上显著为负，且与他们的理论预测相对应的模型设定。但在Neumark和Wascher（1998）中，我们依据按说不受出版偏误干扰的基准设定，报告了时间序列不断延长的连续估计结果。这些估计所形成的结果类型（pattern of results）与Card和Krueger采用荟萃分析方法所得的研究结果并无本质区别，这就表明各类被报告的估计值下降应归因于不断削弱的效应，而非出版偏误。

对于最低工资变量（凯茨指数）系数的下降，我们认为有两种可能的理由。首先，如果在样本初期主导凯茨指数变动的最低工资覆盖面变化，对就业的影响大于最低工资相对价值变化的影响，那么20世纪70年代初以来覆盖面基本不变的事实应当导致逐步更低的估计效应。其次，20世纪80年代工资分配差距不断扩大，因此，采用平均工资作为分母的凯茨指数可能夸大了20世纪80年代最低工资缺口约束的降幅①，而造成对最低工资就业效应的估计偏差不断增大（趋于0）[38]。

然而，更为新近的研究并未在集合时间序列数据中找到任何支撑最低工资效应不断下降的证据。例如，William和Mills（2001）认为，此前针对最低工资就业效应的时间序列研究没有适当地考察数据的序列相关性及非平稳性，致使根据标准设定所得到的估计值互不一致[39]。为解决这一问题，William和Mills为就业、凯茨指数变化以及每个控制变量（为确保平稳性而作了转换）建立了各自的方程式，并据此进行了向量自回归（VAR）模型估计。估计结果表明，最低工资变化是青少年就业变化的格兰杰原因，可以解释1954—1993年的样本期内青少年就业率变化的7%~10%。此外，VAR模型的脉冲响应函数还说明，提高最低工资对于就业具有直接的负面影响，其就业弹性值在最低工资提高后的2年内升至大约-0.4。

Bazen和Marimoutou（2002）同样认为，早期时间序列文献所采用的模型构造存在动态的设定缺陷；他们采取了有别于William和Mills的方式解决这一问题。具体而言，他们扩展了标准模型，采用的方法是：为趋势性、季节性、周期性成分而非既往时间序列模型采用的确定性成分设定随机结构，而且这一方法还能嵌入既往那些模型中。此外，为解除凯茨指数

① “最低工资缺口约束”的原文为the bite of the minimum wage，译者最初的理解是“最低工资缺口”，但又觉得不妥。邮件请教原著者，David Neumark的回复是，该词大致可译为“最低工资缺口约束（bindingness）”，包含有将现行工资提高至最低工资或将原最低工资提高至新的最低工资所需的加薪额及其遵从度（good compliance）；从而，“最低工资缺口”是倚重“加薪额”的狭义理解——译者注。

中最低工资变化和平均工资变化的效应是等值反向（数值相等、符号方向相反）的这一约束，他们在模型中除考虑凯茨指数外，还将最低工资和制造业的平均薪资纳入其中。总体看，这些数据拒绝了确定性设定优于随机设定的假定：估计结果表明许多未被观察的成分具有随机特征（主要例外是周期性成分）；而且，与标准模型相比，随机模型显示的参数稳定性更高、预测性能更优[40]。此外，尽管凯茨指数的系数在统计上不显著，但最低工资和制造业平均工资的系数都是显著的，而且拒绝了最低工资与平均工资具有等值反向（数值相等、符号方向相反）之效应的约束。最后，他们发现，最低工资对就业的影响一直相当稳定，而且将样本期下延至1999年第二季度后，他们报告的最低工资对青少年就业的影响在统计上显著为负，短期的弹性值为-0.11，长期的弹性值为-0.27。

由于州立最低工资在地域上不断扩展，我们对时间序列研究是否适用于当前背景多有怀疑。然而，时间序列研究的新成果公开挑战的论断是：美国的时间序列证据没有揭示最低工资对青少年就业具有可供检测的负面影响[41]。

3.5.2 联邦或州立最低工资提高的若干专题研究

20世纪90年代中期，David Levine（《产业关系》期刊的编辑）邀约众多研究最低工资的学者预设并提交（precommit to）一项旨在考察1996年和1997年联邦最低工资提高的研究方案。该期刊将评估该项研究方案，并（在进行修订后）接受或拒绝该方案；此后，一旦数据发布，受邀作者仅需依循他们设定的“技术线路”，并报告研究结果[42]。采取这一方式的主旨是为了避免作者们刻意地筛选模型设定，以使研究结果与其前置预测相符——Card和Krueger（1995b，第242页）很早便对力图发现最低工资具有负面就业效应的经济学家提出了这一指责。如果有更多的卷入最低工资论战的学者们受邀参与这一项目，且同意如此行事，那么该期刊倡导的这一项目原本会更有价值；遗憾的是，仅有一项研究预案——亦即

Neumark（2001）——呈交该刊并发表。

这篇论文报告了采用两个不同的最低工资变量——相对于州平均工资的最低工资，以及低于州平均工资的最低工资比例，借助众多面板数据模型进行估计所得到的结果。数据集从1996年10月第一次联邦最低工资提高前大约1年扩展至1997年9月第二次提高联邦最低工资后1年。其中的辨识信息是各州专属的有效最低工资变化，这一变化大部分是由联邦最低工资提高引起的；在此期间，州立最低工资总体上没有变化，从而用它来研究最低工资的各种效应就不甚理想。

青少年就业效应的估计值一般趋于0；对青年（16~24岁）而言，这一估计值通常为负且数值更大，弹性值大约为-0.15（但这些弹性值同样不显著）。同时，无论青少年还是16~24岁青年的估计结果都特别不稳健。与此相反，如果将样本对象限定为欠熟练工人，则解聘效应的估计结果更明显。例如，采用相对最低工资变量，则仅上过高中的16~24岁非在校青年的估计弹性值为-0.30，而仅上过高中的20~24岁非在校青年的估计弹性值为-0.15；这些估计值通常是显著的，但并不总是显著。因此，有证据表明，最低工资对年轻的无技能工人具有解聘效应。

在各州层面上，Singell和Terborg（2007）考察了最低工资提高对俄勒冈州和华盛顿州餐饮部门和住宿行业的影响。他们使用1994—2001年的数据，在此期间俄勒冈州的最低工资提高了3次，华盛顿州也3次提高最低工资。这一研究遭到了前述部门专属类研究所面临的批评，但它用于分析的部门样本量更大（例如，与仅仅涉及快餐店相比），从而减缓了这一问题的严重程度。另外，这些行业中的雇员可收受小费仍是（分析有效最低工资所面临的——译者补注）潜在的难题[43]。

Singell和Terborg首次采用美国劳工统计局（BLS）的工资调查数据证实，餐饮部门的最低工资约束极为严格，而平均工资更高的住宿行业的最低工资约束则相当宽松。他们接着使用美国劳工统计局对这两类部门的月度就业统计数据，对可变回归模型（flexible regression models）进行估计，该模型旨在从最低工资提高后州级就业增长的相对变化中分辨最低工资变化的效应。餐饮部门的回归结果一致表明，最低工资提高降低了就业水平，就业弹性为-0.20。与此相反，住宿业的估计值为正且显著，弹性约为0.15。这一行业的工资更高或许可以解释为何不存在负效应，但在这一因素为何导致了正效应却不甚明了。

Singell和Terborg还对这两个部门不同工种的招工广告进行了研究。招工类数据为他们的研究提供了潜在价值巨大的有益补充，原因在于，美国劳工统计局的就业数据没有进行具体工种分解并按具体工种报告工资结果。借由招工广告数据，两位作者便可根据工种进行数据分类、报告不同工种的工资分布，进而集中考察那些必须接受最低工资约束的工种。他们对五个饮食业工种（侍应生、迎宾员、洗碗工、店长、厨师）和一个低工资的住宿业工种（客房管理员）进行了招工广告数量的回归。在六个工种（包括客房管理员）中，最低工资对其中五个工种招工广告数量的估计效应为负且显著；最低工资上涨10%，则招工广告的数量将下降10%~47%。在各餐饮业工种中，唯一不显著的结果是对厨师的招工广告数量的回归系数，因为厨师是餐饮业中工资最高，从而是遭受最低工资影响最小的工种[44]。因此，两位作者从这一研究中得出的结论是，俄勒冈州和华盛顿州提高最低工资对低工资的餐饮业就业以及住宿业的低工资工人具有负面影响。

3.5.3 辨识最低工资对其直接受动者之影响的诸多努力

目前所述的诸多文献主要考察了最低工资对青少年（或年轻成人）整体就业率的影响。青少年是广被研究的年龄群，他们大部分人是按最低工资付薪，或薪资所得接近最低工资；因此，最低工资对青少年群体的影响自然就比其他众多人口统计群体更加明显[45]。然而，许多青少年的工作报酬比最低工资高出许多，从而以青少年为对象的研究所报告的弹性值通常低估了青少年群体中技能最差的青少年工人的最低工资需求弹性。

要弄清这一预判，我们不妨将所有青少年就业的最低工资弹性，定义为直接受最低工资变化影响的工人的弹性值与目前薪资高于最低工资的工人的弹性值的加权平均值，也就是$e=e^A \cdot p^A+e^{NA} \cdot (1-p^A)$。式中，$e$是全部青少年的就业弹性值；$e^A$、$e^{NA}$分别是受影响者和不受影响者的最低工资弹性值，$p^A$是直接受最低工资变化影响者的占比。如果我们简化地假定不受最低工资影响者的弹性值为0，那么受影响者的最低工资弹性（e^A）就可计为$e^A=e/p^A$。从而，受影响的青少年的最低工资弹性必定大于全部青少年的弹性估计值。

这一论断更加适用于范围更广的成年人群。因为，这一群体中的p^A小很多，因而整个成年人群的解聘效应就极为微小，即便直接受最低工资影响的低工资成人遭遇了巨大的解聘效应。而且，从政策角度看，最低工资提高对低工资成人的影响原则上会比它对青少年的影响吸引更多的关注，这既是因为，与青少年相比，低工资、低技能的成人更有可能成为永久的最低工资工人；也是因为，这类成人更有可能是贫困家庭的主要收入赚取者。这一推理逻辑促使决策者更加明确地关注最低工资对那些直接受最低工资影响者的就业效应，尤其要关注在最低工资提高前工资水平处于或接近最低工资的那些工人所承受的冲击。

常规最低工资研究所得的弹性估计值通常低估了对受影响工人的需求弹性，除了研究所涉年龄组的因素外，这还另有其因。具体而言，部分受影响工人的工资已经高于原有最低工资（但低于新的最低工资），因此与更高的最低工资相伴随的平均工资增加额必定低于最低工资的提高额。若令ΔW^A代表那些直接受最低工资变动影响的工人的工资变动幅度，ΔMW代表法定最低工资提高额，则对受影响工人的需求弹性可以表达为：

$$e^A=(e/P^A)\cdot(\Delta MW/\Delta W^A) \tag{3-2}$$

式（3-2）中，（$\Delta MW/\Delta W^A$）大于1。

由于我们仅仅关注法定最低工资提高额的就业效应，故而从实际最低工资向法定最低工资变化的调整过程无关宏旨。但若要考察最低工资变化对工人薪资收入的影响（见第4章），则这一调整过程具有重大影响，因为后者与对受影响者的需求弹性的关系更为密切。人们（例如Freeman，1996）经常坚信，由于-0.1到-0.2之间的就业弹性估计值比-1（绝对值）低很多，因此一旦最低工资提高，则受影响工人的薪资收入总体上将大幅上升。但方程式（3-2）表明，这一论断过于粗浅，这是因为，就业弹性值会因受影响工人的比例变动而调整，而且受影响工人的平均工资增加额可能低于最低工资的法定提高额。

要理解这一点，不妨考察将最低工资由每小时4.25美元提高21.2%至5.15美元的1996—1997年立法。1995年《人口现状调查》（CPS）数据表明，6.2%的16~24岁工人当年仍按原有最低工资付薪，15.1%的同年龄段工人的工资介于新旧最低工资之间，这就意味着共有21.3%的青年工人受最低工资提高的直接影响。如果最低工资提高导致这两类在岗工人的新工资升至恰好每小时5.15美元，则每位受影响工人的平均工资增幅为10.8%。如果我们进一步假定，最低工资提高导致的所有就业职位损失均发生于受影响的工人群体，那么，使用该年龄组整体的就业弹性值-0.1，对青年最低工资工人的需求弹性就可计算如下：

（-0.1/0.213）÷（10.8/21.2）=-0.92。[46]

这一计算仅为说明之用。但它意味着，为求得最低工资工人的需求弹性，而对得自最低工资就业效应若干研究中的估计值进行适当调整，就极易得到近乎-1的弹性值；在此弹性水平上，最低工资提高基本上不影响低工资劳动力的平均薪资收入。而且，如果我们使用“基准”更大的解聘弹性值（例如-0.2），则有效需求弹性值将接近-2，从而显然处在最低工资提高将导致低工资工人平均薪资收入下降的区间。当然，也可用类似方式考察最低工资对工时的影响[47]。

众多研究多方探寻路径，以明确判定最低工资对直接受影响工人的就业的影响。例如，Currie和Fallick（1996）运用得自《全国青年纵览报告》（NLSY）的纵向数据，分析1980年和1981年的联邦最低工资提高。

他们计算了每位在岗工人的工资缺口：那些t年工资介于新旧最低工资之间者的工资缺口为t年工资与t+1年最低工资之差，否则为0。然后，他们对线性概率模型进行估计，以比较受最低工资直接影响者与不受最低工资直接影响者随后的就业率变化；这一模型还用固定的个体效应进行估计，以控制低工资个人与高工资个人之间流动的持续差异。即便在控制了其他未被观测的个人差异后，这些结果仍明确揭示了统计上显著的负向解聘效应，所得的隐含就业弹性约为-0.2。[48]

Abowd等（“双国记”，2000）试图通过采用更长时期的数据来改进这一方法，它对处于最低工资上升期的工人和处于最低工资不变时期但获得同类工资的工人进行了比较，从而在数据中引入了辨识信息。具体而言，若最低工资上升，而个人在t年的实际工资介于t年最低工资的实际价值与t+1年最低工资的实际价值之间，他们就将这一观测对象定义为“受影响者”。反之，若t年与t+1年的名义最低工资不变，而个人在t+1年的实际工资高于t+1年最低工资的实际价值，但低于t年最低工资的实际价值，则该观测对象也是“（方向相反的）受影响者”。这一构造捕捉了那些因最低工资的实际价值受损而不再受其约束的个人。使用1981—1991年的数据并纳入联邦和各州最低工资的信息，他们没有发现多少证据可以证实：最低工资对就业离职率或就业入职率具有在统计上显著的影响[49]。

在Neumark、Schweitzer和Wascher（2004）中，我们从《人口现状调查》（CPS）离职交流小组（ORG）1979—1997年的文档中获得了配对的个人观测数据，还纳入了各州具体的最低工资提高数据。我们的分析思路与Currie和Fallick（1996）相似，也与Abowd等（“双国记”，2000）基本相同，但它更为通用，因为它让我们得以估计处于工资分布不同点上的最低工资效应。具体而言，我们设定了这样一个就业模型：它让每州每月样本的有效最低工资变化与刻画个体工资在最低工资中所处方位的一组指标变量发生交互作用，亦即：

$$E^2_{isym} = \alpha + \sum_j \beta_j \frac{MW^2_{sym} - MW^1_{sym}}{MW^1_{sym}} \cdot R\,(w^1_{isym}, MW^1_{sym})^j + \sum_j \gamma_j\, R\,(w^1_{isym}, MW^1_{sym})^j + X^1_{isym}\delta + M_m\lambda + S_s . Y_y\pi + \varepsilon_{isym} \quad (3-3)$$

在此模型中，i代表个人，s代表州，y代表年，m代表月。上标1、上标2分别代表每个人在第1年、第2年的观测值。该模型是对在第1年（因为我们必须观测第1年的工资）被雇佣者进行估计；因变量是第2年的就业。我们估计了类似模型中的工时百分比变化，还对工资和收入进行了估计（估计结果将在下章探讨）。方程式带有β_j的第一项是最低工资的百分比变化与一组虚拟变量（R）之向量的乘积；这些虚拟变量对初始工资分布进行了分类，其中，对最低工资附近的工资分布所做的分类十分精准，但对工资分布中更高部分的分类则略显宽泛。在模型中还分别加入这些虚拟变量，还可考察在不考虑最低工资变动时就业与工资之间的弹性关系[50]。最后，这个模型中还设置了个人人口统计和与技能相关的控制变量，并设置了所有州-年的交互项。按照这种设定，就可从经历了不同的最低工资变化且处于工资分布类似点位上的工人就业水平的不同变化中，分辨最低工资效应[51]。

研究结果表明，那些最初工资接近最低工资的工人最有可能受最低工资变化的影响。对于那些最初工资等于最低工资或略高于最低工资者，就业弹性的估计值范围为-0.06~-0.15，且通常在统计上显著。请注意，这些结果是针对所有年龄段的工人而言，而非仅指青少年。最低工资对工时（以就业为前置条件）的影响在工资分布的低端显得尤为明显，最初收入是原最低工资1~1.3倍者的弹性值为-0.3左右——这意味着，雇主对最低工资变动的反应也是缩短低薪雇员的每周工作时间。

一种相关思路是专门辨识最低工资对那些更有可能受其影响者的就业效应，原因在于这些工人所在州的最低工资高于均衡工资（Neumark和Wascher，2002a）。在这种思路中，我们使用各州每年的集合数据（与面板数据分析相同的一组数据）。但对于任何一个州-年的观察样本，最低工资通常或多或少地具有约束力，这取决于最低工资和劳动力供求的其他因素。只有在那些最低工资更具约束力的观察样本中，我们才有可能——按照竞争性模型——得到解聘效应方面的更多证据。于是，我们将众多州一年的观察样本（按概率分布）分为两类：（1）最低工资具有约束力的观察样本，这样就业水平就决定于劳动力需求曲线上的最低工资；（2）最低工资不具约束力的观察样本，这样就业水平就决定于影响劳动力供求的各种变量，而非最低工资。然后，我们设定一个转换回归模型，并将劳动力供求曲线的交点定义为转换点（从而可以区分有约束力和无约束力两种情形）[52]。模型所得的估计结果表明，在有约束力的情形下，最低工资对16~24岁工人具有显著的负面影响，弹性估计值范围为-0.13~-0.21；在无约束力的情形下，最低工资的效应自然为0。

这种方法所得的估计值可以用来计算最低工资对任何州一年样本具有约束力的概率；因此，这些估计值对于我们可能期待从对最低工资效应进行单方程约简型回归估计——特别是从针对孤立的最低工资提高的研究——中获取应有的信息，具有启示意义。例如，20世纪80年代末，对太平洋沿岸各州而言，观察样本划归受约束类属的估计概率相当低，这有助于解释Card（1992）各项研究中所得最低工资负效应的证据为何缺乏说服力（但它无法解释最低工资的正向效应）。

3.6 国际证据

关于最低工资的国际证据数量庞大且不断增多，而且覆盖了工业化国家和发展中国家。在本章探讨最低工资的就业效应，以及随后各章探讨其他论题时，我们对国际证据的评述不像对有关美国的各项研究那么详尽全面，此中缘由无他，只是因为部分此类研究是用非英语语言撰写的[53]。因此，在描述不同研究所得的最低工资的效应估计值分布时，我们对国际证据的评述可信度欠佳。本节首先回顾有关工业化国家的证据，然后转向针对发展中国家的研究，在两类研究中我们均着眼于我们认为最有趣也最具说服力的那些研究[54]。

3.6.1 工业化国家

3.6.1.1 OECD国家组 本节首先论述我们对17个OECD国家最低工资效应的研究，这类研究考虑了众多其他劳动力市场政策和制度的变化（Neumark和Wascher，2004）。我们首先对青少年和青年的失业率进行了标准的面板数据设定估计，并将相对于平均工资的当前最低工资与滞后期最低工资、总体劳动力市场和人口统计控制变量、固定的国家效应和年份效应以及各国具体的时间趋势，作为解释变量。使用从20世纪70年代中期扩展至大约2000年的数据，就可通过这些模型估计青少年（15~19岁）和青年（15~24岁）的就业率。估计结果一致揭示了最低工资对样本整体具有负面的就业影响。就我们的基准设定而言，青少年的短期弹性估计值为−0.18~−0.24，青年的弹性值为−0.13~−0.16，而且所有这些估计值在统计上显著。加入1期滞后失业率的动态设定所得到的长期估计弹性值略大：青少年为−0.40，青年为−0.23。

然后，我们将这类模型拓展应用于解析各国最低工资政策的特征差异，以及其他劳动力市场政策和制度的差异，如何影响最低工资的效应[55]。我们考虑的政策和制度差异包括：劳工标准（例如，法定劳动时间规则，工人代表权以及限制使用合同工）的严格程度，就业保护规制的强度，政府推行积极的劳动力市场政策，工会的密度，以及失业保险的慷慨度。

就最低工资体制而言，我们发现，在实行青年准最低工资的国家，最低工资对青少年和青年的负面就业效应是递减的。这一发现证实了更高的最低工资将导致可领取准最低工资的工人取代其他工人的假说[56]。我们还发现了有证据（尽管其说服力稍欠）表明，在由某类全国集体谈判程序决定最低工资的国家，最低工资不会导致就业岗位损失；这就意味着，在设定最低工资时，集体谈判通常会更加明确地考虑（进而避免）最低工资的潜在解聘效应。

其他劳动力市场政策和制度对最低工资效应的影响与我们的预期一致，即劳工标准的限制（如工作时间限制）越多，最低工资的负面效应就越大；这或许是因为劳工标准的严厉性促使企业更多地从就业渠道（尽管就业的前后差异通常不明显）来调适最低工资上升。与此相反，我们发现了有力证据表明，提高就业保护的程度将减缓最低工资的解聘效应。普遍推行积极的劳动力市场政策，也会达到同样的效果，这很可能是由于部分原被视为未就业者转而参与了这些政策项目。最后，工会的密度越高，则最低工资的负面就业效应就越大，这可能反映了在职工人的影响力更大，第8章再论述这一主题。

最后，我们依据这些劳动力市场政策的特征，将这些国家按两个维度进行分类：高/低劳工标准国，高/低就业保护国，或积极/消极劳动力市场政策国。例如，美国、英国、日本、加拿大属于低劳工标准、低就业保护的象限，德国、意大利、瑞典、西班牙和法国则属于高劳工标准、高就业保护的象限。不同交互设定及使用不同模型所得的估计值与各个国家组相符，这就表明，在管制最松的经济体中，最低工资的负面就业效应最大；但在某种程度上，高劳工标准但低就业保护、实行积极劳动力市场政策的国家也出现了解聘效应。样本中其他国家的效应估计值为0或为正。这些结果说明，最低工资的效应会因其他劳动力制度的差别而存在巨大差异；它们还表明——或许毫不令人惊奇——最低工资解聘效应的新古典预测在劳动力市场管制较松的国家得到了最强有力的证实。当然，单个国家的证据可能会在最低工资如何影响该国的就业上提供更具说服力的信息，本节后文将探讨此类证据。但正如后文所示，由于大多数国家的最低工资不存在国内差异，此类分析通常会让研究者面临如何合理辨识控制组的挑战。

3.6.1.2 加拿大 最低工资不存在国内差异的例外之一是加拿大，该国的最低工资因省而异、因时不同。对加拿大最具说服力的研究是Campolieti、Gunderson和Riddell（2006）最近发表的论文，该文的风格有点类似于Neumark 2001年的预设研究方案。在获取并研究加拿大最低工资提高的数据之前，三位作者并未预设并提交研究方案。相反，他们只是将Neumark论文中提出的设定，以及其他论文中提议的若干改进，用于分析加拿大的数据，以避免可能导致估计偏误的设定筛查。根据这些标准的简化模型设定所得到的结果一致表明最低工资具有解聘效应，弹性值在−0.14到−0.44之间，而且集中在约−0.3。[57]

对加拿大的研究还力图离析最低工资对技能最差者的就业影响。Campolieti、Fang和Gunderson（2005a）利用1993—1999年的时间系列数据，考察了各省的最低工资变动对于低工资青年由就业者变为非就业者的影响。他们对面临失业风险的青年的界定是：居住省份曾在t年和t+1年之间提高过一次最低工资，而且其初始工资水平介于新、旧最低工资之间。然后，他们将这些个人的就业状况转变概率与由居住省份当年最低工资没有提高的若干年轻工人子集所构成的各类控制组进行比较；这些子集的范围覆盖了从工资水平处在最低工资～高出最低工资25分这一区间的工人到省−年观察样本控制集内的所有工人。此外，他们还提供了得自如下两个设定的研究结果：将原有工资与新的最低工资之间的缺口作为最低工资变量；通过将控制组中个人工资与个人控制组工资上限之间的缺口作为追加的控制变量，试图控制组内异质性。总体看，Campolieti、Fang和Gunderson发现最低工资具有巨大的负面效应，青年人的总体就业弹性为−0.33~−0.54。[58]

3.6.1.3 英国 20世纪90年代初之前，英国建立了工资委员会体制，该委员会由雇主、工人代表以及政府任命的独立成员构成，主要职责是为低工资部门设定最低工资。1993年，英国解散了各类工资委员会。故而1993—1998年，英国没有设定最低工资。1999年英国开始引入全国最低工资。因此，英国的最低工资不存在地区间差异，但诸多最低工资政策的急剧变化意味着，以英国为分析对象对于最低工资效应研究或许极具裨益。

我们首先来看Machin和Manning（1994）从事的一项研究以及他们后来与Richard Dickens合作的一篇论文（Dickens、Machin和Manning，1999）。这些著述的分析集中于20世纪70年末、80年代初，在此期间与平均工资相比各类工资委员会所覆盖行业的最低工资出现了下降[59]。他们报告了就业对数值的变化对各部门最低工资较之平均工资的对数值变化的1年期一阶差分回归结果。就低工资部门整体而言，这些模型一致得到了正向的就业估计效应，这些效应有时具有统计显著性。此外，这些估计值经常很大（弹性值可高达0.43），并在考虑滞后因素后仍为正。

正向就业效应的证据致使Dickens、Machin和Manning（以及引用这篇论文的其他人）认为，较之竞争性模型，这些数据更符合低工资劳动力市场的买方独家垄断模型。但得出最大正向效应的模型设定为工资委员会所覆盖行业的销售额设定一个控制变量，这是存在问题的。因为，最低工资借以削减就业的重要渠道之一是提高劳动力成本和各种价格，后者降低了产品需求[60]。他们所做的约简型估计通常数值更小，且在统计上不显著，但它们更合理地估计了最低工资的政策效应，从而让我们印象深刻。

此外，这些分析结果面临潜在的内生性偏误问题。更具体而言，如果在某行业对低工资工人的需求旺盛（或预测到需求旺盛）时，工人与雇主委员会相对更多地提高了最低工资，则就业效应的估计值就存在正向偏误。当然，最低工资提高的潜在内生性难题对于此类研究并不稀奇，而且在更一般的意义上我们视其为重要的未决问题。但我们怀疑，这一难题更可能存在于英国设立工资委员会的特定背景，而非最低工资由立法机关制定、实施的情形（立法机关制定最低工资立法通常似乎更多地出于政治时机考虑而非经济时机考量）[61]。Dickens、Machin和Manning意识到了内生性难题，但低估了它的影响，并引用他们与工资委员会数位独立委员（但在脚注中他们仅提及一位独立委员）的探讨指出，“设定最低工资的方式通常十分粗糙，仅仅借助近期的工资协商方案和通胀数据来确定，且从未试图预测未来的市场状况”（1999，第8页）。因此，围绕哪些因素会影响工资委员会设定的最低工资率而获取更为系统的证据，显然有助于解答这方面的问题。但从最低限度看，在认定这些结果可以推广应用于分析法定最低工资变化的效应时，人们必须慎之又慎。

接着，Machin和Manning还和其他合作者提供了与1993年各类工资委员会解散相关的各种证据（Dolado et al，1996）。尤值一提的是，他们报告了工资委员会解散前、解散后各类工资委员会所覆盖行业的总就业份额，并将工资委员会所覆盖行业、未覆盖行业的雇佣率和离职率进行了比较。根据这些证据，他们得出的结论是，“与其他经济部门相比，工资委员会所覆盖部门的行为没有明显的变化”（1996，第355页）。但我们对此有不同的理解。采用各类工资委员会解散前3个季度、解散后2个季度的平均就业总量数据的结果是，取消最低工资后，工资委员会所覆盖行业的就业增速更快。换言之，简单的双重差分估计就表明，取消各类工资委员会将导致工资委员会所覆盖行业的就业相对增长，这与最低工资的解聘效应是一致的[62]。

数项新近的研究考察了1999年4月全国最低工资导入的效应。Machin、Manning和Rahman（2003）对最低工资政策施行前、后各9个月期间的低工资安老院（疗养院）进行了调研。他们采用最初工资低于最低工资的工人占比及平均工资缺口（以工时为权重）来识别最低工资效应，发现最低工资对工时和就业水平均具有负面影响。他们估计的就业效应大多数具有统计显著性，弹性值为-0.08~-0.38；工时的弹性值处在类似的区间。在此必须重申我们此前关于具体行业研究的观点：这些估计值不一定能够揭示最低工资对低技能工人的总体就业效应。而且，为何这些研究发现有别于针对工资委员会的多项研究所报告的结果，迄今仍不明了，但这项研究聚焦于单个部门的调查且受访反馈率较低（约20%），从而无法同早期的研究相提并论。然而在理论上，这是一项更好的政策变化研究方案，三位作者的诠释是“它为评估最低工资的经济效应提供了良好的试验田”（第155页）。

Stewart和Swaffield（2006）也研究了全国最低工资的导入，他们采用标准的双重差分方法比较了原工资低于新最低工资者和原工资恰好高于新最低工资者的工时变化。这一辨识策略的局限之一在于最低工资对工时变化的总体影响很可能会因群体而异。但由于最低工资的变化是全国性的，故而无法用年份效应对此进行控制，反之，若存在地区性最低工资变化，则可如此处理。由此所得的包含有滞后效应的估计值表明，最低工资的当期工时效应较小且不明显，但负面长期效应更大；工时的滞后效应通常为负、绝对值更大，且一般（但并不总是）具有统计显著性[63]。Stewart和Swaffield总括这些结果得出的结论是，最低工资导致受其影响的工人每周工作时间减少1~2小时[64]。

最后，Galindo-Rueda和Pereira（2004）使用企业层面的数据研究了英国全国最低工资的导入。他们借助1997—2001年《商业年度调查》和《新工薪收入调查》的数据，比较了受最低工资影响较大、较小两类企业的相关结果。具体而言，他们根据各地区、各部门的工资分布状况，将暴露变量（exposure）归因于最低工资，然后，通过可让这一暴露变量与年份虚拟变量交互作用，并且包括具体的部门趋势和地区趋势的设定，估计了模型中的就业水平变化和其他结果；这些交互作用项可以捕捉最低工资效应。回归结果表明，最低工资对于服务业具有显著的解聘效应，但对于制造业则无此效应[65]。

Galindo-Rueda和Pereira还运用来自国家统计局的数据分析了低工资部门的就业变化。在这项分析中，他们通过各地区工资水平的变动来辨识最低工资效应。他们研究了8个低工资部门，其中4个部门的效应估计值为负且显著，3个部门为负但不显著，1个部门为正且不显著。根据入职和离职的其他信息，两位作者认为，这些混合证据意味着最低工资导入对于已就业工人的影响相对很小，但它通过自身效应对低工资部门的职位创造施加了更大的影响。

除美国外，英国对最低工资的就业效应的研究比其他任何国家都要深广。在我们看来，以英国为对象的研究尤为重要，因为部分研究由于提供了证据证明最低工资提高不会削减就业、有时还会促进就业，而广被引用。但若采用范围更广、时效更强的证据，那就不能认为来自英国的证据强有力地证明了最低工资不会减少对非熟练工人的需求；实际上，各类证据更多地指向其解聘效应。

3.6.1.4　法国　法国的最低工资是由联邦政府设定的，一般根据物价水平和蓝领工人的平均工资，每年提高一次。同时，法国的最低工资水平通常高于平均工资，人们经常将法国青年的高失业水平归咎于最低工资。

对法国最低工资的效应已有大量研究，但我们认为，Abowd等人撰写的论文（“最低工资”，2000）最具说服力，该文比较了最低工资对美国、法国低工资工人的影响。如前所述，作者们通过辨别刚受实际最低工资上升“约束”或刚从实际工资下限（即实际最低工资——译者补注）下降中“突围”的个人，来分辨最低工资的效应。在研究所涉的1982—1989年期间，法国的名义最低工资总体上在持续上升；几位作者一致发现，与工资水平略高的工人相比，受最低工资“约束”的工人陷于失业（non-employment）的比例要高出很多；这些结果对那些刚过24岁的工人尤其显著，因为他们是不受就业促进合同保护，从而不得支付准最低工资的最年轻工人[66]。例如，与工资水平略高于最低工资的同年龄段男性相比，受最低工资上升影响的25~30岁男性的就业的最低工资弹性值是−4.6。对于妇女而言，所得结果更微弱且不显著，但弹性值仍较大（−1.38）。20~24岁者的弹性值更小，且不显著；16~19岁男性和女性的弹性值又更小，而且不显著。尽管年龄大于25岁者的弹性值较大，但作者们指出，这些弹性值仅仅适用于年龄组中比例很小的人口群。因此，这些结果印证了我们此前的论断：如果聚焦于直接受影响的工人而非广义的群体，则最低工资具有迥异的就业效应。

我们在前述那篇关于OECD国家的论文中指出，法国拥有复合型劳动力市场制度，这就使得最低工资对年轻工人不大可能产生可以察觉的解聘效应；Abowd等人（“最低工资”，2000）对年龄低于25岁者的研究结果证实了这一判断。但与此同时，Abowd等人报告的结果表明，最低工资对于这些劳动力市场制度保护较少的低技能工人具有解聘效应。

3.6.1.5 西班牙 西班牙的全国最低工资也是由国家法令设定，但最低工资水平由部长会议在与工会和雇主组织商议后决定。像美国一样，西班牙全国最低工资与平均工资之比一直在逐年下降，这就限制了借助时期变化来分辨最低工资的就业效应的适用程度。但，Dolado等（1996）报告的事例更像一次相当完美的试验——1990年16岁工人的最低工资提高了83%；17岁工人的最低工资也更温和地提高了15%。他们将1990—1994年不同地区的青年就业变化与每个地区在执行更高的最低工资之前的低工资工人比例进行了回归。回归结果提供了有力证据证明，在16~17岁工人的最低工资提高后，雇主就裁撤替换掉了16~19岁的工人。而且，20~24岁工人的最低工资变量的系数为正，这就表明，对青少年的分析结果反映了最低工资的变化，而非劳动力需求的其他变化。作者们的研究结论是西班牙的最低工资提高减少了青少年就业。

3.6.1.6 葡萄牙 1987年1月，葡萄牙实行了与西班牙类似的准试验。当时，葡萄牙政府取消了针对18~19岁工人、折扣为（标准最低工资）75%的准最低工资，将他们纳入成人最低工资的适用范围。实际上，这一立法变革导致这一年龄组的名义最低工资上升了49.3%，而20岁及以上工人的最低工资仅仅提高了12%。Pereira（2003）利用这一政策变化，使用1986—1989年期间企业层面的面板数据集，考察了最低工资对葡萄牙青少年就业的影响[67]。她首先比较了最低工资提高之后1年、2年、3年间三个年龄组的就业和工时的变化。她还通过估计各种模型——这些模型区分了1986年3月青少年平均工资处于新、旧最低工资之间的那些企业按年龄分组的就业变化差异，从那些最有可能直接受最低工资提高之影响的企业中辨别最低工资效应。所有此类模型均设有初始企业规模、行业、地区等控制变量。她还根据将企业进入和退出纳入考虑的分析提供了对应证据，这一证据是至关重要的。

分析结果表明，与30~35岁的工人就业相比，青少年的就业下降了，两者的差异具有统计显著性；她优选的估计的隐含弹性范围为−0.2~−0.4。与此相反，较之老年组，20~25岁工人的就业增加了，这符合企业在青少年工人的价格（工资）较其最近似替代者（close substitute）相对提高后的应对策略：裁撤替换青少年工人，转向雇佣20~25岁这一年龄段的工人。此外，各类估计值意味着，所有青少年（18~25岁者）的就业都出现了轻微下降。在根据所受影响最大的企业来辨别最低工资效应的各种设定中，这一证据尤为确凿，它表明最低工资提高1年后或2年后的效应大于其提高第一年的效应，从而说明存在滞后效应。Pereira还用类似模型进行了总工时估计，发现其效应更大，从而证明雇主还缩减了青少年雇员的每周工作时间[68]。

3.6.1.7 新西兰 Hyslop和Stillman（2007）的近作同样依托于新西兰青年准最低工资的变化。新西兰2001年的一项改革（分两步）取消了针对18~19岁青年、折扣为60%的准最低工资，结果这一年龄组的最低工资提高了69%，其中绝大部分发生于2001年。同一改革还于2001年和2002年大致分两步，将16~17岁者的准最低工资由（标准最低工资的）60%提高到80%，这一年龄组的最低工资由此提高了41%。而同期成人的最低工资仅有小幅提高。

利用住户劳动力调查关于1998—2003年的数据，Hyslop和Stillman用双重差分模型对16~17岁、18~19岁、20~21岁三个年龄组的工人相对于22~25岁工人的就业、就业条件下的工时、工人的薪资收入（以及第6章中探讨的其他结果），进行了回归估计。控制变量设置最全面的就业模型表明，最低工资改革立即对16~17岁、18~19岁工人产生了不显著的负面影响，但在2003年对16~17岁工人产生了显著的负面影响（也对同一时段18~19岁工人产生了更大的、但仍不显著的负面效应）；18~19岁工人的隐含弹性值是-0.06，16~17岁工人的弹性值是-0.23。但对20~21岁工人的点估计同样为负，且不显著，这表明雇主没有转向雇佣这些年龄稍大的工人[69]。我们认为，新西兰的证据进一步验证了最低工资降低劳动力需求的论断，尽管这一证据的说服力很弱[70]。

3.6.2 发展中国家

由于一系列因素，对发展中国家最低工资的就业效应分析比较复杂。首先，发展中国家的劳动力市场通常存在庞大的非正式部门，在这一部门中最低工资（或其他劳工立法）不适用或无法实施，而且正式部门对这一部门具有巨大的溢出效应。其次，即便是正式部门，通常也未严格执行或遵守最低工资法。最后，对有些国家而言，反“血汗工厂”运动等令人错愕的因素也对低技能工人的工资形成了上行压力。这些因素使得分析发展中国家最低工资的就业效应更具挑战性，要求研究者全面考察各国独有的潜在复杂因素。

3.6.2.1 墨西哥和哥伦比亚 这两个国家的最低工资政策形成了颇有趣旨的对比：1981—1987年，墨西哥的实际最低工资出现急剧下降，同期哥伦比亚的最低工资则急剧上升。结果，截至20世纪80年代末，墨西哥最低工资的相对价值极低，而哥伦比亚最低工资的相对价值相对较高。Bell（1997）借助这一最低工资政策的分野，来考察最低工资的就业效应是否在最低工资更高的国家表现得更加明显。她首先利用墨西哥和哥伦比亚在相对长的样本期间内的制造业年度数据，进行了标准的时间系列回归。对于墨西哥，她报告的就业弹性为负，但不显著（-0.18）；相反，哥伦比亚最低工资的估计效应更大，且在统计上显著，就业弹性为-0.34。

然后，她采用企业层面的面板数据，据以集中考察墨西哥和哥伦比亚两国最低工资变化的差异尤为明显的20世纪80年代。对于墨西哥而言，运用企业固定效应的模型设定所得到的就业弹性值区间是：非熟练工人为-0.03~0.03，熟练工人是-0.01~0.05，同时全部工人的最低工资效应估计值不显著。根据类似模型对哥伦比亚进行估计所得结果不同：非熟练工人的就业弹性区间为统计上显著的-0.15~0.33，熟练工人则是-0.03~-0.24。Bell将两国结果的差异归因于哥伦比亚的企业受最低工资约束，而墨西哥企业则不受约束，两国企业的平均工资分布也可佐证这一点。

Feliciano（1998）根据1970年、1980年、1990年墨西哥人口普查中所有工人的数据，研究了墨西哥最低工资的效应。上文刚刚提到，1980年底墨西哥的最低工资出现急剧下降。但在她所研究的更长时期内，墨西哥的最低工资同样出现了显著下降；而且，各州之间、州内各地之间的最低工资更加趋于一致。Feliciano采用标准的州级面板数据模型设定，设有相对最低工资变量，控制了经济周期、各州固定效应和年份固定效应[71]。她的总体发现是最低工资对男性具有微小且不显著的影响；但对女性而言，有一致性证据证实最低工资对所有年龄组都具有解聘效应，弹性区间为-0.41~-0.76。Feliciano推断，她与Bell的研究存在差异的原因是Bell仅仅考察了制造业部门，但她没用她的数据对此进行检验。无论如何，墨西哥最低工资下降增加了妇女的就业，且对男性几乎没有影响，这一证据在净效应上符合最低工资总体具有解聘效应的论断。

3.6.2.2 哥斯达黎加 哥斯达黎加同样为研究发展中国家背景下的最低工资提供了丰富素材。1988—2001年间，该国废除了根据职业和技能种类确定500多个最低工资标准的体制，实行仅有19类不同最低工资水平的新体制；这一归并过程导致了按职业和技能分类的最低工资的外生变化。Gindling和Terrell（2007a）利用这一变化创建了每年1万人的混合时间系列横截面数据集，并建模估计了最低工资覆盖部门的就业和各部门工人的工时。模型中设有适于全部个人的最低工资实际价值变量，一组人力资本控制变量，年份的虚拟变量和用以决定1988年最低工资水平的每一职业-技能类别的虚拟变量。用于就业效应分析的样本限定为此前的已工作者，以便识别他们的职业。对就业和工时的回归估计结果表明，最低工资对被覆盖部门具有显著的负面影响。就业的弹性值是-0.11，工时的弹性值是-0.06；这些效应主要聚集于位于技能分布最低10%的群体。未覆盖部门的工时也有减少，但这一估计并不显著。

3.6.2.3 洪都拉斯 Gindling和Terrell（2007b）同样研究了洪都拉斯最低工资的就业效应，他们使用的是1990—2004年分行业的面板数据。他们估计了模型中大企业部门、小企业部门、公共部门、自谋职业者的回归系数。在正常情形下，最低工资政策覆盖前两个部门，而非后两个部门。然而，工资方面的信息表明，仅有大企业部门执行了最低工资政策；最低工资对公共部门工资的影响似乎最温和，即便该部门的工资更高。

洪都拉斯的最低工资因行业、企业规模和地域而异，也随时间推移而变化。两位作者报告称，最低工资的调整既可由工会、企业和政府代表组成的各类委员会（类似英国的工资委员会）来决定，也可根据总统签署敕令来调整；但在他们研究的样本期间，由于各类委员会不同意调整，故而大多数最低工资是经由后一机制而调整的。但就具体部门的最低工资而言，则有理由担心最低工资的内生决定性将对最低工资的就业效应估计值造成向上的偏误。因此，Gindling和Terrell采用Arellano和Bond（1991）提出的动态固定效应IV（工具变量）估计量，将滞后值作为工具变量参与回归。然而，与我们此前对Dickens、Machin和Manning（1999）的评论相关的是，我们多少有些担心这一估计量能否从有关滞后结构的诸多假定中有效地分辨出模型。

根据两位作者优选的设定（使用这一估计量），他们发现大企业部门存在显著的负面就业效应，弹性值为-0.46。小企业部门的估计值为微小的正值，这表明工人们从大企业部门离职，到小企业工作。在最低工资未正式覆盖的其他两个部门中，就业效应不显著。在将工人按受教育程度进行分解后，Gindling和Terrell发现有最强有力的证据表明最低工资对大企业部门受教育程度低的工人具有解聘效应，未完成初等教育者和已完成初等教育者的显著弹性值分别为−1.85、−0.86；对大企业部门教育程度更高群体的估计值为负，但不显著。因此，尽管我们对两位作者的估计量持保留意见，但洪都拉斯的证据的确表明，在最可能产生效应的部门和工人群体中，最低工资具有显著的解聘效应。

3.6.2.4 印度尼西亚 两项针对印度尼西亚的研究充分利用了该国的最低工资变化。Harrison和Scorse（2005）运用1990—1996年《印度尼西亚制造业年度调查》中企业层面的数据，考察了最低工资急剧上升、由美国推动的反“血汗工厂”运动各自对工资和就业水平的影响。他们采用了各省内地区间的工资变化数据，并将最低工资的效应与可归因于反“血汗工厂”激进行动的工资提高效应相分离，因为他们意识到后者应该局限于作为这一激进行动标靶的纺织业、服装业和鞋靴业，而且这些行业分布在较狭窄的地理区域。

在对1990—1996年就业对数值的变化进行高阶差分回归后，两位作者报告了显著而又稳健的就业对最低工资的弹性估计值，其区间为−0.12~−0.18。就业的估计效应仅在小企业不显著（而且弹性更小），两位作者认为这可能是由于小企业遵守最低工资规定的程度更低。改用年度差分后，他们发现弹性值更小，为−0.05。他们还报告了最低工资增大了企业退出概率的微弱证据；但他们同时指出，从更长的时期来看，最低工资对企业退出率的影响可能会更大。

Alatas和Cameron（2003）集中考察了大雅加达区的制造业，大雅加达区包括雅加达省和西爪哇省被称为Botabek的三个地区[①]。雅加达与Botabek地区比邻，且都是城市，但雅加达省的最低工资比西爪哇省高得多，1990年雅加达省和Botabek地区的法定最低工资相差36%。意识到这

---

① Botabek是印尼西爪哇省三个城市即茂物(Bogor)、唐格朗(文登)(Tangerang)、勿加西(Bekasi)的合成词，它们是雅加达的3个卫星城市——译者注。

一差异后，西爪哇省政府随即立法规定对Botabek地区和该省其他地方执行不同的最低工资，由此导致1994年雅加达省和Botabek地区的最低工资基本相同。

使用雇员至少20人的印尼全部制造企业的面板数据，Alatas和Cameron采用匹配双重差分的思路，对通常技术欠熟练的产业工人的就业效应进行了估计。他们通过考察Botabek地区与雅加达省相比对的同类企业变化来分辨最低工资效应。他们分别对小型（20~150名工人）本国企业、大型本国企业以及大型国外企业进行模型回归估计，认为这些企业类属之间的成本结构差异会形成不同的最低工资效应。对大型企业而言，所有估计值都不显著。对大型外国企业的点估计为负，而对大型本国企业的估计结果则不明确，有时为正，有时为负。小企业的就业效应估计总体为负，这就表明这一时期雅加达省的就业增速显然更快；若将控制组收窄至仅为两省交界的狭小地带（以增强两地经济条件的相似性），或采用Botabek地区工资水平更高的控制组，则雅加达省的就业效应就变得不显著。两位作者的结论是，印度尼西亚最低工资的解聘效应总体不大。

这两篇论文（以及其他著述）说明，印度尼西亚提供的证据是含混不清的，因为分析结果取决于研究思路与企业规模。但在我们看来，由于研究思路严密，数据涵盖的就业领域更广，Harrison和Scorse提供的证据最具说服力。

3.7 结　论

最低工资的就业效应的估计值范围，显然要大于Brown、Gilroy和Kohen（1982）所评述的早期文献中的数值范围。在Brown、Gilroy和Kohen考察的诸多研究中，青少年就业对最低工资的弹性值超过−0.1~−0.3这一共识性区间的文献寥寥无几。与此相反，即便将研究样本缩小为专门研究美国最低工资对青少年的影响的文献，构成最低工资新探究的那些研究所报告的弹性值范围也扩大为从接近-1到0以上。美国更大的弹性值区间毫无疑问地既反映有新的变化源泉——尤其是州立最低工资的变化加大——可供辨识最低工资效应，又表明有新的思路和方法可用以估计这些效应；与此相反，早期文献主要依据时间系列数据，各类研究仅在方法上略有差别，并随文献进展而逐步增补数据。

然而，我们对文献的总体感觉是，绝大部分证据支撑最低工资削减了低工资工人的就业的观点。本章辨识并重点阐述了我们认为所提供证据最为可靠的那些研究，这些证据大多指向最低工资的负面效应。而且，当学者们专门研究那些最可能直接受最低工资提高之影响的技能最差群体时，支撑解聘效应的证据就显得尤为确凿。相反，能就最低工资的正向就业效应提供让人信服的证据的研究——如果有的话——极为罕见；在那些专门考察更广大受动群体（竞争性模型通常针对这些群体来预测最低工资的解聘效应）的研究中，这表现得尤为突出。这一结论显然迥异于部分学者的论断，即：最低工资新探究所提供的经验证据与最低工资没有削减就业甚至促进了就业的结论是最相吻合的。此类论断的例证包括“对美英实践的最新研究，总体上没有发现对青年就业具有负面效应的证据”（Bazen，2000，第64页）；以及“经过认真审视就不难发现，最低工资的就业效应方面的大量实证证据与我们的发现是吻合的……这意味着，最低工资提高——如果具有效应的话——对于就业一直就仅有小的正向影响，但无负面影响”（Card和Krueger，1995a，第236页）[72]。我们相信，本章探究的诸多证据显然否定了此类论断。

现有文献还提出了其他一些普遍性论题。首先，针对美国的研究发现最低工资对低技能者的就业没有影响或具有正向影响，但此类研究绝大部分是短面板数据研究，或依托具体州的最低工资变化对特定行业的影响而做的案例研究。与此相反，涵盖最低工资之州际变化与时期变化的长面板研究则通常发现，总体而言，最低工资提高对就业具有统计上显著的负面影响。这一差异引发的问题——Brown（1995）和Hamermesh（1995）在评述《迷思与测度》时强调了这一问题——是：前述分析涵盖的时期是否太短，从而不能充分捕捉最低工资变化的全部效应；原因在于，企业为节省低技能劳动力成本而调整生产过程，通常必须经历一段时间。事实上，引入滞后效应似乎有助于弥合不同的最低工资效应估计。

其次，现有文献围绕案例研究范式所提出的若干担忧是切中肯綮的。即便抛开这些案例研究者所做的调研是否提供了准确的就业和其他指标估计值不论，学界对案例研究使用的所谓“自然实验”的合理性之质疑，以及标准的竞争模型对于预判最低工资影响（这些研究经常考察的）一些狭小行业的就业的预期符号几乎无法提供指导之事实，使得案例研究得出的结果很难进行解释。结果，这些研究对新古典模型的合理性，以及对联邦最低工资变化或州立最低工资变化的宏博意旨，有多大的解释力，至今仍不甚明了。

最后，即使不考虑最低工资对低技能工人整体的效应估计值，也有大量证据证明低技能工人群体中存在劳动力之间的替代。尽管大多数文献选择将青少年的总就业率作为因变量，是基于这一群体中的相当比例者是低工资工人的事实，但并非所有青少年都是低工资工人，同时并非所有低工资工人都是青少年。而且，从政策角度看，最低工资对青少年的影响似乎不像它对其他欠熟练工人的影响那样引人注目。一些新近的文献试图更直接地分辨这些替代效应，或更明确具体地关注工资和就业机会最可能受损于最低工资的那批人；而且，这一研究分支所得估计值一般支撑的观点是，雇主通常用最近似替代者取代技能最差的工人，来应对最低工资的提高。结果，最低工资提高对技能最差者的损害程度或许远远大于众多研究所估计的净解聘效应。

总之，我们认为现有文献（在博览和慎思之后）大多强化了最低工资削减了低技能工人的就业的观点，而且现有文献意味着可以通过新古典竞争模型合理地模拟低工资劳动力市场。但正如我们在后续各章所述，要评估最低工资是否为改善处于收入分配底端者经济状况的有效工具，必须从事诸多研究，最低工资的就业效应仅为其中的一个方面。我们认为，改善低收入者的经济状况是最低工资政策的终极目标，也是评估最低工资政策的唯一标准。

第4章　最低工资对工资和薪资收入分布的影响

4.1 引　言

第3章评述了最低工资就业效应方面的众多文献，突出强调了以最直接受最低工资变化影响的工人为聚焦点的若干研究。我们在本章将考察最低工资变化如何影响工资和薪资收入（earning）[①]，考察对象既包括低工资工人，也包括处于工资分布更高档级的工人。

本章的目标有二。第一个目标是阐释最低工资如何影响工资分配。假定最低工资的执法和守法达到合理水平，那么，最低工资最明显的效应是使工资分布的低尾（低于最低工资的部分）截短或变薄，并在最低工资处形成尖峰。然而，最低工资上升也会导致处于工资分布更高档级的工资发生变化。这些“溢出效应”或“涟漪效应”有两大主要导因[1]。首先，如果雇主用裁撤

---

① 一般中译为“收入”的earning侧重于通过劳动挣得、赚得的收入。为明确它与income等其他中译同义词的区别，本书将earning(s)译为“薪资”或“薪资收入”、“薪资所得”，后两者有点类似于earned income(s)；同时将labor income译为“劳动所得”或“劳动(力)收入”——译者注。

替换最低技能的工人，转而雇佣技能稍高的工人来应对最低工资上升——正如第3章讨论的部分证据所指明的那样——那么，薪资所得高于最低工资者的工资将因其劳务需求上升而被推高。其次，如果雇主为创造行为激励而蓄意保持最低技能工人和高技能工人的工资差异，则最低工资上升也会提升高技能工人的工资[2]。倡导提高最低工资者经常援引此类涟漪效应的潜力，认为借此可提高那些薪资所得略高于最低工资的低工资工人的收入[3]。此外，最低工资对工资分配存在影响，加之最低工资的实际价值长期下降，致使既往数十年学界就最低工资对工资不平等上升到底有多大影响展开了激烈论争。

最低工资对薪资收入分配的影响不像它对工资的分配效应那么直接明了。因此，本章的第二个目标是全面阐述最低工资如何影响劳动力收入——分析对象既包括最低工资的直接受影响者，又包括经由溢出效应的间接受影响者。为此，我们提供了最低工资如何影响处于不同工资分布点的工人的证据。具体而言，此类证据考察了在不同工资分布点的工人可能受到影响的一组变量的差额（a broader set of margins），包括工资、就业、工时、最终的劳动所得。

在考察最低工资是否实现了既定的政策目标时，范围更广的一组最低工资效应证据就具有潜在的极端重要性。例如，即便部分最直接承受最低工资影响的最低技能工人必须承担解聘效应的重压，并因此“受伤”，最低工资对技能稍高者的工资溢出效应或许仍将有益于贫困家庭；因为，正如我们第5章所述，许多最低工资工人并非出自贫困家庭，而许多工资稍高者却来自低收入家庭。因此，本章提供的论据是考察最低工资的家庭收入分配效应的先决条件，第5章将专述其家庭收入分配效应。

4.2 理　论

最简单的新古典场景设定是：只有两种劳动力投入——熟练劳动力和

非熟练（无技能）劳动力；最低工资是非熟练劳动力的价格。本书前面各章表明，在这种假定中，最低工资上升将削减非熟练群组的就业；但它对熟练劳动力的就业含义却是含混不清的。另外，规模效应意味着所需全部投入品减少，这将对熟练劳动力需求产生向下的压力。然而，只要这两类劳动力是替代品，雇主就会转向雇佣熟练劳动力，从而对熟练劳动力的需求造成向上的压力。如果这一替代效应占主导地位，则对熟练劳动力的总体需求将上升，导致熟练劳动力的工资提高、就业增加。因此，这个简单的场景设定就可解释为何最低工资上升将提高那些劳动报酬已经高于最低工资者的工资水平[4]。

另一种此类模型将技能视为连续的而非离散的，以便更好地捕捉工资分布相对平滑的事实[5]。假定仅有一种劳动技能——比如，“人力资本”——而且工人仅按人力资本拥有量进行分类，则劳动力的相应价格就是单位人力资本的价格。在这个模型中，由于“每小时”人力资本低于最低工资者无法就业，最低工资只会截短位于最低工资处的工资分布。像前述方式一样，雇主将转向雇佣技能更多的工人，从而抬高人力资本的报价。由此导致的结果是，这一模型同样预测到薪资高于最低工资者的工资将上升。但，与已观测的工资分布相反，这一模型未必意味着薪资收入略高于最低工资者的工资上涨会更明显，也没有预测到在位于最低工资处的工资分布中可观测到尖峰（例如，Card和Krueger，1995a；DiNardo、Fortin和Lemieux，1996；Dolado et al.，1996；Lemos，2004a）。

为消除这些缺陷，Pettengill（1981）提出的模型是：工人的技能分布是连续的，劳动力市场均衡的特征是存在一条将工资与技能挂钩的、向上倾斜的“工资曲线”。假定企业雇佣工人后，将他们分配到生产率与技能的组合关系不同的岗位上，在某些岗位上，高技能工人的生产率相对高于低技能工人。生产率对技能更“敏感”的岗位将由获得高工资的高技能工人来承担。生产率对技能的这种敏感性致使技能水平相对接近而非技能水平迥异的工人之间的替代程度提高。例如，高技能工人耗费的工资成本高于低成本工人，但在本该由低技能工人承担的工作任务上，他们的生产率仅为稍高而已。结果，最低工资抬高了最低技能工人之最近似替代者的工资，后者的工资增幅高于最低技能工人的“远端”替代者。

Pettengill还表明，这一模型可轻易地拓展应用于生成在最低工资处的工资分布尖峰。在存有众多不同技能组的模型中，这一尖峰会自然出现；因为，直接受最低工资影响的工人就业量将下降，直到该组工人的边际收益产品升至等于他们的工资。另外，由于劳动技能的连续性，如果工作投入是内生的，则最低工资提高后或将失业的低技能工人将选择增加（向上调整）他们的工作投入，从而导致最初技能不同的工人具有同样的生产率，由此形成了在最低工资处的尖峰（Pettengill，1981）[6]。为支持这一可能性，Converse等（1981）报告了一组调查证据，这些证据表明，为抵消最低工资提高的影响，1/8的最低工资工人雇佣者强化了低工资工人的职责——这就暗合了加大工作投入[7]。

最后，工资分布中的尖峰可能是部分工人薪酬中的非工资构成遭遇向下压力的人为结果，从而薪酬分布没有尖峰，而工资分布存在尖峰。但从总体看，对此问题的研究有限表明，此类抵消效应并不重要。例如，Simon和Kaestner（2004）根据1979年《全国青年纵览报告》所报告的证据表明，最低工资对提供健康或年金福利几乎没有甚至完全没有影响。Royalty（2000）提供的结果表明，小幅和大幅最低工资变化具有不同效应；她的估计表明，对于在所涉选样本期内占多数的小幅最低工资变化而言，最低工资上升通常伴随着健康和年金福利提高[8]。Simon和Kaestner探究了阻碍福利调整的潜在因素，包括要求向低工资、高工资工人提供同样的一些免税福利的联邦规制，以及福利变更的固定成本高企。上述发现唯一可能的例外是培训，详见第6章。

借助于包含买方独家垄断的各种模型，Manning（2003）发现，在非钱财的企业特征促成买方独家垄断权势的均衡搜寻模型中，最低工资的溢出效应理当集中于薪资恰好高于最低工资的那些职位。直观地看，提高最低工资降低了此前薪资低于新的最低工资的企业工人接受高薪企业提供的职位聘用的可能性，同时提高了高薪企业工人流动到低薪企业的可能性。较之高薪企业，这一效应在付薪更接近于最低工资的雇主中更为强烈。因此，薪资高于最低工资的企业所面对的劳动力供给曲线向内移动，但在工资更低时将内移更多，从而更具弹性。高薪企业劳动力供给曲线的弹性提高将诱使该企业提高聘用工资，一如标准的买方独家垄断模型的预测。

Manning还说明了如何改造这一模型，以形成工资分布的尖峰。在标准的Burdett-Mortensen模型（1998）中，不可能出现尖峰，因为均衡工资分布中的尖峰将诱使雇主稍微提高工资。但Manning的研究表明，该模型的这一特征主要是由每家企业面临的劳动力供给函数存在显著的不连续性造成；而且，只要考虑一些劳动力流动成本，就足以消除这些不连续性，形成工资分布中的尖峰。

Flinn（2002）提出的结构搜寻模型纳入了工资议价过程，形成了在最低工资处的工资分布尖峰，并对高于最低工资的工资具有溢出效应。然后，Flinn运用这一模型推导最低工资的福利效应的含义，这些效应可根据最低工资变化引致的工资分布变化方面的证据进行检验。当然，这些检验高度依赖于假设的模型结构。然而，即使在Flinn假设的高度程式化的劳动力市场上，已观测或被视为有利的工资分布变化未必能增进福利。例如，根据他采用的福利标准（失业搜寻价值），即使最低工资上升之后的工资分布一阶占优于原有的工资分布，最低工资上升也未必能改善福利，因为关注其工资分布效应而忽略其就业效应，势必对结果造成误导。与此同时，该模型强调解聘效应未必代表福利减少，因为工资分布的变动也会影响失业搜寻价值；此外，没有就业效应也未必意味着福利增加。

我们也未必过分看重根据这些模型及其导致的诸多检验可以提炼的现实福利含义。但这类模型有助于强调的要点是：要了解最低工资对工人有何影响，就必须同时考察最低工资变化的工资分布效应和就业效应。同样的工资分布效应可能伴随殊异的就业效应，从而对于判断工人是否因最低工资而受益或受害（按总薪资收入衡量，如果不按福利度量的话）具有不同的含义。例如，在新古典模型中，薪资高于最低工资的工人由于市场需求上升而工资提高，因此只要替代效应大于规模效应，他们就会更加富裕。但在工资影响工作激励或投入的非新古典模型中，也会产生溢出效应；而且，在这些模型中，最低工资上升对熟练工人的影响更加复杂，也潜在地更加负面。

后一类模型的早期、著名版本是由Grossman（1983）提出的。在版本最简单的这一模型中，只有两类劳动力——熟练者、非熟练者；最低工资只对非熟练劳动力具有约束，且非熟练劳动力不能改变劳动投入。因此，它像新古典模型一样处理非熟练劳动力。相反，熟练劳动力可以自主选择工作投入的供给量，这种工作投入既取决于熟练工人挣得的实际工资，又决定于熟练劳动力较之非熟练劳动力的相对工资。她在模型中将产出固定为Q（她简要论述了可变产出的含义），因此，要最小化生产产出Q的成本，企业就必须慎重决定非熟练劳动力的数量、熟练劳动力的数量、熟练劳动力的工资[9]。这实际上是个效率工资模型，在后一模型中，企业设定熟练劳动力的工资，以使每个熟练劳动力效率单位的成本最小化。

如果最低工资提高，在这一模型中会发生什么变化呢？首先，企业会用熟练劳动力取代非熟练劳动力，从而产生标准的替代效应。然而，最低工资上升也压低了熟练劳动力的相对工资，要激发他们像此前一样的工作投入水平，企业就必须提高工资。因此，熟练劳动力的工资提高幅度超过了标准的新古典模型的预测，这反映了对熟练劳动力的相对需求（符合模型）的标准上升，也反映了熟练劳动力效率单位的供给下降。此外，熟练劳动力更为急剧的工资上升迫使企业选择非熟练劳动力更加密集的投入组合，从而，非熟练劳动力的就业降幅低于新古典模型的预测，而熟练劳动力的就业增幅也更低。如果我们还允许企业调整产量，那么更有可能出现的情形是熟练劳动力的就业随最低工资上升而下降，因为相对工资效应放大了最低工资上升对于熟练劳动力就业的负面规模效应。

这个模型说明，最低工资对处于工资分布更高档级的工人工资的溢出效应未必会让这些工人更加富裕。直观地看，如果由于标准的替代效应之外的原因，最低工资推高了处于工资分布更高档级的工人的工资，则这类工人的就业更有可能下降[10]。这就从另一方面说明，仅有最低工资影响工资分布方面的证据，无法揭示最低工资上升是否增进了处于工资分布档级更高者的福利。

4.3 最低工资对工资分布的影响

4.3.1 对低工资工人的影响及工资分布的尖峰

最低工资的就业效应的若干研究，一般必须首先证实最低工资具有约束力，证实方式是揭示用以检验就业效应的同类研究设计，同样检测发现最低工资对受影响的工人工资具有正效应。倘未检测出此类工资效应，则可能是研究设计存在缺陷，也可能是最低工资没有约束力。然而，我们在对最低工资的就业效应进行冗长的文献综述（Neumark 和 Wascher，2007a）中所考察的大多数研究，均报告了最低工资对工资的正向效应，这就意味着最低工资对工资分布的低尾具有显著影响[11]。

其他论文更明确地检验了前已论及的各类效应——也就是在最低工资处形成了尖峰，抬高了薪资高于最低工资者的工资。首先关注尖峰的存在性，用条形图具体刻画工资分布就能提供极为简单的一类证据。例如，在 Neumark 和 Wascher（1992）中，我们提供了与美国各州最低工资以及美国青少年准最低工资相对应的尖峰证据。类似地，Card 和 Krueger（1995a，第 9 章）论述了 1990 年、1991 年联邦最低工资两次提高何以导致工资分布的尖峰；Baker、Benjamin 和 Stanger（1999）具体例证了在加拿大各省 15~19 岁者最低工资处存在工资分布的尖峰。DiNardo、Fortin和Lemieux（1996）则更正式地提供了在联邦最低工资数次提高的1973—1992年间，美国成年男性和女性每小时工资密度的非参数核估计。在最低工资的实际价值更高的样本初期数年，观测值极为明显地聚集于最低工资或其附近[12]。Lee（1999）提供了样本期为20世纪80年代的类似证据，指出在这十年间最低工资的价值下降伴随着更加分散的工资分布。

与此相反，Dickens和Manning（2004a）考察了1999年英国导入最低工资后《劳动力调查》（LFS）针对年龄在22岁及以上的成年人（18~21岁者执行更低的最低工资）的调查数据。他们提供的证据表明，许多1999年前的工资比新的最低工资低的工人发现，在实行新的最低工资后，他们的工资并没有一步到位地提高。这一结果虽然可以解读为英国新的最低工资法的遵守率较低，但它更可能反映了度量难题。具体而言，如果工资是根据薪资和工时的数据来计算而得（constructed），而不是直接观测；同时，像发达国家的通行做法那样，最低工资是特指每小时工资，那么诸多偏误就会掩盖在最低工资处，形成工资分布尖峰的证据。这一问题在美国不太严重，因为在《人口现状调查》（CPS）中，相当比例（2005年为96%，而全部工人的同类占比为60%）的青少年薪资是按每小时工资来报告的。相反，Dickens和Manning（2004b）显示，在《劳动力调查》（LFS）中，仅有40%的英国工人报告了每小时工资。为证实建构工资将掩盖在最低工资处的工资分布尖峰的证据，他们在一个可直接揭示低工资家庭住户部门每小时工资信息的数据库中，发现了可资证明此类尖峰的更有力证据。例如，实施最低工资政策后，该部门薪酬低于最低工资的比例大幅下降（下降了大约0.27，从大约0.31的水平降至0.04），而且薪酬恰好等于最低工资的比例大幅上升（上升了0.24，从约0.06上升至约为0.30的水平）。

Stewart和Swaffield（2002）考察了“英国住户面板调查”（BHPS）所提供的数据，同样发现英国导入最低工资导致了工资分布中位于最低工资处的尖峰。而且，根据“英国住户面板调查”在最低工资施行后随即进行的、针对钟点工基本时薪率的面询结果，他们发现12%的工人是按最低工资付薪的[13]。同一轮“英国住户面板调查”还向工人询问一些工资方面的直接问题。在工资分布的尖峰方面，工人们被问及“他们的薪资或时薪率是否提高……并由此进入全国最低工资者阵列”。在全部受访者中，回答“是”的占4.6%，这其中60%的受访者报告的时薪刚好等于最低工资。

这样，各类证据清晰地表明，在工业化国家，最低工资提高了最低技能工人的工资，并在最低工资处形成了工资分布的尖峰。与此相反，发展中国家劳动力市场的特征是严重的有法不依，或存在大量的无法实行最低工资的非正式部门。例如，即使Harrison和Scorse（2005）对印度尼西亚的研究发现最低工资提高了非熟练工人的工资，但两位作者同时也报告，20世纪80年代中期直至90年代的法定最低工资提高的伴生现象是，至少按最低工资支付薪资的工厂占比下降。此外，他们提供的结果表明，在提高反“血汗工厂”激进运动所针对的和美国政府施压的目标行业和部门（生产纺织品、鞋类、服装的出口导向型工厂或外资工厂）的工资水平上，最低工资政策发挥了更大的作用，这意味着在不受此类压力影响的行业中有法不依确实是个问题。

在其他发展中国家中，Gindling和Terrell（2005）在哥斯达黎加和洪都拉斯的（最低工资）覆盖部门总体上发现了由最低工资造成的工资分布尖峰，但在未覆盖部门没有发现尖峰[14]。在更为全面的一项调查中，20世纪90年代末的核密度散点图刻画了在许多拉丁美洲和加勒比海国家的正式部门中位于最低工资处的尖峰，但并非所有关涉国家都如此——比如，阿根廷、牙买加、墨西哥，以及乌干达（世界银行，2006）[15]。在某种程度上而言，没有尖峰或许意味着这些国家的最低工资处于极低水平。但世界银行的报告同样揭示了这些国家的最低工资执行率和守法率相当低。

发展中国家最低工资与工资分布之间关系的另一有趣特征——《世界

银行报告》就此对许多国家做了阐释，以巴西为对象的系列研究（最近的研究是Lemos，2006a）也做了揭示——是，最低工资还导致了非正式部门的工资分布尖峰。尖峰在非正式部门的存在性很难用新古典模型进行解释，但《世界银行报告》认为，非正式部门的雇主在与正式部门的雇主竞争工人的同时，也倾向于将工人的工资保持在正式部门所采用的最低工资水平。《世界银行报告》对这一倾向的诠释是，它反映了非正式部门雇主的公平考虑，或它是代表着一种效率工资效应，即非正式部门的雇主向工人支付高于市场出清工资的薪资，以防止工人离职并转向最低工资覆盖的部门求职（参见Akerlof，1982；Shapiro和Stiglitz，1984）。当然，另一种可能性是工人被错误地按照部门进行分类，但鉴于正式部门、非正式部门的尖峰有时同样明显，这一可能性无法充分解释这种倾向。我们觉得，对发展中国家非正式部门的工资分布尖峰进行解释，是极为有趣的待解之谜；解开这一谜团对于理解最低工资效应及劳动力市场行为，终将具有更为普遍的揭示意义。

4.3.2 溢出效应

位于最低工资处的工资分布尖峰方面的证据并不让人惊奇，它也不是政策纷争中物议颇多的论题。受最低工资约束且保住了工作职位的工人，毫无疑问地经历过工资上升。但本章前文强调过，最低工资上升对处于工资分布更高档级的工资的影响潜力，也是评估最低工资政策效应的重要构成。

Grossman（1983）的论文似乎是试图直接估计最低工资溢出效应的开山之作[16]。具体而言，她使用得自美国劳工统计局《地区工资调查（AWS）》的数据，考察联邦最低工资上升对薪资原本高于最低工资的低收入职业的工资有何影响。她的数据涵盖了1960—1975年间16个标准的城市圈统计地区和9类非制造业的低工资职业[17]。《地区工资调查》的数据包含各类职业的工资区间信息，为集中研究溢出效应，Grossman剔除了部分工资下降至最低工资区间的那些职业。然后，对于每类职业，她将平均职业工资对当期和滞后期的最低工资（也包括领先期的最低工资，但最终结果不显著）进行回归，以求得最低工资对短期和长期职业工资的效应估计值。在短期（一个季度）内，最低工资的效应在部分职业中为正，在低薪资职业中通常更是为正，这与最低工资更多地抬高了薪资刚好高于最低工资者的工资的判断是一致的。最低工资的长期效应值不太明确，它在一些职业中提高，在另一些职业中下降。但从总体上看，这些估计值是极不准确的。

溢出效应的后续研究采用了更常规的方法，分析最低工资对处在最低工资之外的各个工资分布点上的工人有何影响。例如，Card和Krueger（1995a，第9章）专门考察了1990年、1991年联邦最低工资上升对处于工资分布第5、第10百分位者的影响。他们意识到，由于在最低工资提高前各州通行的工资水平不同（部分原因是州立最低工资更高），最低工资效应在各州之间存在差异，故而将1989—1991年第5或第10百分位工资的变化对受最低工资上升影响者的比例（例如，1989年工资水平低于1991年通行的最低工资者的工人占比）进行回归，并控制了其他变量。这些回归估计值表明，最低工资对受影响的占比变量具有正向、显著的效应，其中对第5百分位者的效应大于第10百分位。然而，这一分析没有直接解答溢出效应问题，因为处在第5百分位（甚或在低工资州处于第10百分位）的工人可能就是最低工资工人[18]。在这种情形下，这些估计值就既包括了最低工资对于在最低工资处的工资分布尖峰的影响，也涵盖了它对薪资高于最低工资者的溢出效应。Card和Krueger还提供了处于第25百分位者（以及第50和第90百分位者）的估计结果。他们在第25百分位中没有发现此类效应的证据，在设有控制变量的设定中，其估计系数为0[19]。这一证据表明，溢出效应没有扩展到工资分布的高百分位档级，但不排除最低工资对处于较低分布档级的工资可能具有溢出效应。

溢出效应的另一种估计方式是考察最低工资上升如何影响不同工资分布点之间的差异。Lee（1999）借助工资分布第10和第50百分位之间的差异展现了这一方式；Manning（2003）则表明，附加若干假定后，怎样才能对Lee的模型进行参数化处理，以便更通用地刻画溢出效应[20]。例如，如果我们假定$w^*(F)$是不可观测的工资分布或潜工资分布的对数值，$w(F)$是可观测的工资分布对数值——这意味着这些函数给出了处于工资分布F百分位的工资的对数值——则通过比较最低工资上方区间的两个分布密度，就可估计最低工资的溢出效应。例如，如果不存在溢出效应且雇主完全遵守法规（也不存在解聘效应），那么在潜工资分布中低于最低工资的工资必将聚集于最低工资处，从而

$$w(F) = w^*(F) + \max(w_m - w^*(F), 0) \tag{4-1}$$

式（4-1）中，w_m是最低工资的对数。将这一表达式改写为$w(F) - w^*(F) = \max(w_m - w^*(F), 0)$，就可求得最低工资对工资分布的直接效应（类似于最低工资造成的尖峰，见前文所述）。

扩展这一模型便可捕获最低工资对工资分布的间接效应，Manning（2003）为F百分位的溢出效应设定的表达式为：

$$s(F) = \frac{w_m - w^*(F)}{1 - e^{-\beta[w_m - w^*(F)]}} - \max(w_m - w^*(F), 0), \beta > 0. \tag{4-2}$$

式（4-2）中，溢出效应在最低工资的任意一端与$(w_m - w^*(F))$成比例。最大的溢出效应通常假定产生于最低工资附近；因为，如果$(w_m - w^*(F))$很小，则$s(F)$接近于$1/\beta$，从而$1/\beta$就是最大的溢出效应[21]。选取参数化的潜工资分布，就可对此模型进行估计。

Manning为潜工资分布选择了标准对数正态分布，设置了与工资对数的中位数相等的刻度参数以及被估计的离散参数。然后，他用美国各州和各年工资分布中（低于中位数）被观测的百分位对模型进行了估计。1979—2000年间，β的模型估计值为8.88，这意味着最低工资（对那些薪资不受最低工资约束，但又恰好位于最低工资附近者）的溢出效应的最大值约为11%。

根据对潜工资分布的模型估计值，Manning还将每一工资分布点的隐含溢出效应计为观测工资和潜工资之差。直接的模型估计值以及此类计算结果都表明，溢出效应对薪资十分接近最低工资者约为最低工资的11%，但对薪资高于最低工资大约25%者则降至大约3%。此外，这些估计说明，处于工资分布更高档级（从工资高出最低工资仅50%计起）的工资将下降；与最低工资保持这一级距（即高出50%——译者补注）的工资似乎不大可能下降，但美国的部分证据（详见本章后文）同样表明它对处于更高分布档级的工资具有轻微的负面溢出效应。

这一方程式面临的潜在缺陷是它通常无法分辨溢出效应和解聘效应。例如，如果一些工资极低的工人由于最低工资提高而失去工作，那么即使受雇工人的工资没有发生变化，处于工资分布更高档级中任一百分位的工资仍将上升。从这一意义上讲，依据工资分布的百分位变化所得的溢出效应估计，应该视为溢出效应的上限估计值；因为，只要被解聘者仍在工作，这些百分位就会降至更低。

按理更具揭示意义的另一方法是直接估计最低工资上升对薪资所得已经高于最低工资者的工资有何影响。我们与Mark Schweitzer合作的论文早在估计最低工资的就业效应时，就对此有所探究，并采用了这一方法（Neumark、Schweitzer和Wascher，2004）。具体而言，我们没有对潜工资分布进行参数化，而是将所在州最低工资没有提高的工人，作为处于同一个工资分布点（相对于最低工资而言）而且所在州的确提高了最低工资的工人的控制组。正如我们在第3章所言，这一方法让我们得以估计最低工资上升对各个工资分布点的结果有何影响，包括其当期效应和滞后效应。

图4-1a以图表形式概括了对工资的估计值，但对系数估计值进行了转换，以揭示最低工资提高10%的效应[22]。这组插图展示了初始工资分布处于类似点位、所在州最低工资提高10%和所在州最低工资不变的两组工人所经历的工资的百分比变化的估计差异[23]。图中的灰色柱条代表当期效应，黑色柱条包含着最低工资的滞后效应；柱条采用不同填充色来标示统

计显著性，图注就此做了解释。

当期估计值揭示了最低工资对与其接近的工资具有明显的、统计上显著的正向溢出效应。其中，对于工资超过最低工资的幅度不足10%的工人而言，工资的最低工资弹性为大约0.8[24]；工资比最低工资高出10%~30%者的弹性降至约0.4，工资比最低工资高出30%~50%者的弹性再降至约0.25，薪资所得为最低工资1.5倍~2倍者的弹性为0.15。这些当期效应似乎随工资分布档级的上升而下降。

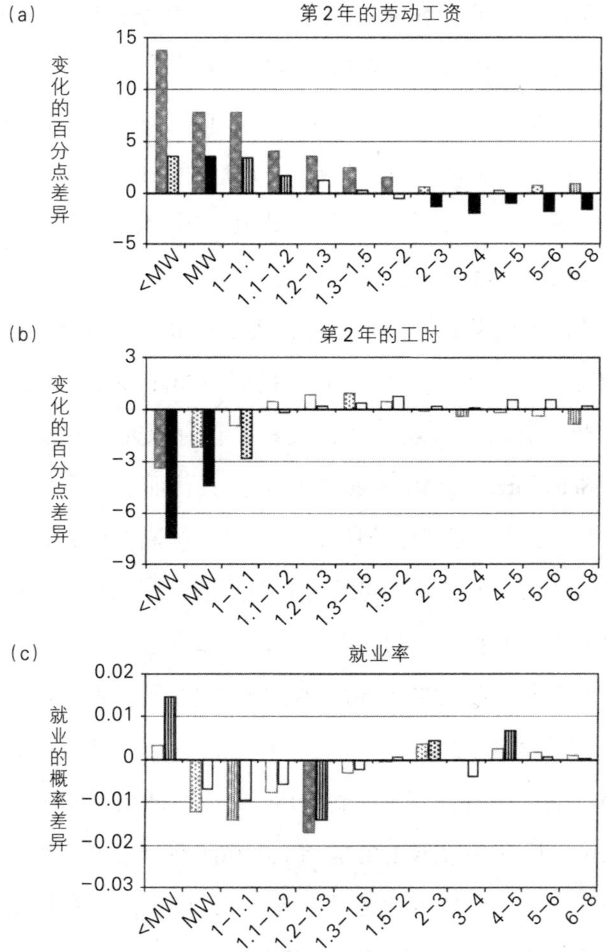

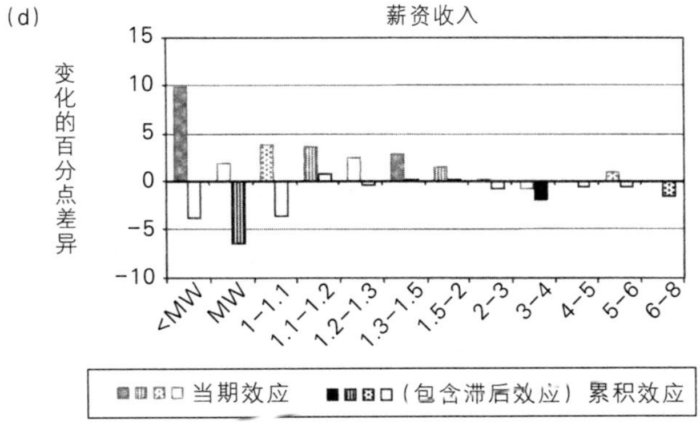

图4-1　最低工资上升10%的效应（虚拟变量/样条函数设定）

资料来源：Neumark、Schweitzer and Wascher，2004。

注：本图分析所用数据来自1979—1997年对应月份的《人口现状调查·离职交流组》(CPS ORG)文件。各估计值是根据方程式(3-3)中的回归模型求得，该方程式将因变量(不含就业率，模型中的就业率是指以初始就业为前置条件的后续就业)的百分比变化，定义为最低工资的百分比变化与代表(当期最低工资提高前相对于最低工资的)工人工资的指标变量的交互函数。图中报告了根据这些指标所捕捉的效应估计值范围。像其他旨在捕捉不同工资分布点上的工资变化或其他结果变化的其他控制变量一样，这些指标本身也被包括在内，还设有人口统计和与技能相关的控制变量、月份虚拟变量以及州—年的交互项。双侧检验的显著性水平如下：1%=实心线；5%=条纹线；10%=虚线。这些显著性是根据自举(bootstrapped)标准误计算的。

包含滞后效应的黑色柱条揭示的场景略有不同。其中最重要的是，对于初始工资略高于最低工资的工人而言，最低工资的溢出效应弹性降至大约0.4。在工资分布中档级稍高的工资组的估计弹性也在下降；而且，工资是最低工资2倍者的弹性变为负数，但负值不大——请注意，后一结果与Manning的发现多少有些相似，但这里的估计值在更高的工资分布点上渐趋更大。当期效应估计与包含滞后效应的完整效应估计之间的差异意味着，最低工资上升带来的工资收益有相当一部分是在次年得到“返还”的。总体看，最低工资的工资分布效应方面的早期文献没有提到这些“返还收益”，因为它们没有考察滞后效应。然而，返还收益并不让人诧异。因为，雇主为应对最低工资提高而调整工人工资结构的选择之一，是在次年削减薪资接近最低工资者的常规名义工资增幅；而所在州的最低工资没有提高的雇主则将按更稳健的方式提高工人的薪资[25]。

我们还计算了修正版的公式（3-3）的估计值，这一修正版的公式对最低工资效应怎样随着工资分布而变化的方式强加了更多平滑性。我们的做法是：让最低工资效应沿着最低工资-所得工资比率的高阶（第七阶）多项式而变化，然后，我们按照图4-1使用的同一取值区间，对这一设定所隐含的平均效应进行取值。图4-2报告了这些估计值，而且所得结论在定性上是相似的，但正如图4-2a所示，就长期效应而言，薪资上限为最低工资150%者的工资弹性下降得更少。

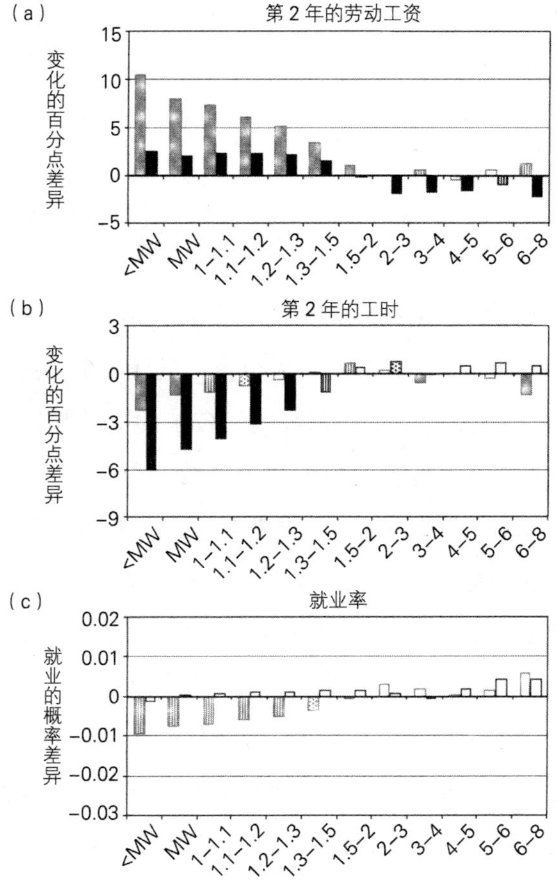

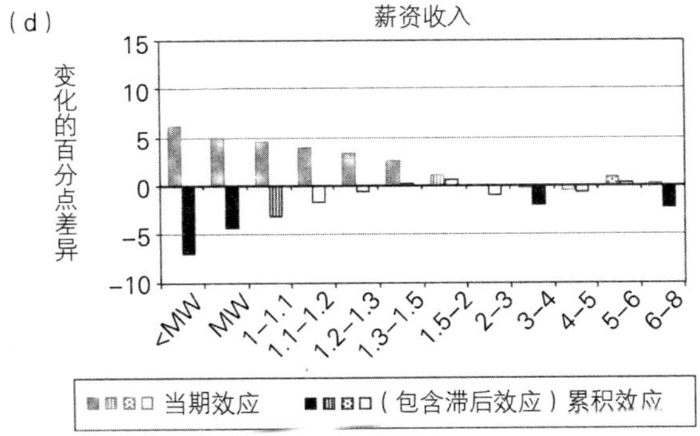

图4-2　最低工资上升10%的效应（多项式设定）

资料来源：Neumark、Schweitzer and Wascher，2004。

注：数据来源及所用模型见图4-1的注释，但最低工资的效应被限定为沿着最低工资-所得工资比率的高阶（第七阶）多项式而变化；然后，根据图4-1所示的同一取值区间，对这一设定所隐含的平均效应进行取值。双侧检验的显著性水平如下：1%=实心线；5%=条纹线；10%=虚线。这些显著性是根据自举（bootstrapped）标准误计算的。

综合来看，这类证据说明最低工资的确对工资分布产生了一些溢出效应。但考虑了更长时期调整的估计值表明，这些效应很可能仅仅扩散至此前薪资高出最低工资20%或30%的工人。粗略来看，这些估计值与Manning运用完全不同的方法所计算的结果是一致的。

针对英国的一些研究也在寻找证据证明对最低工资之上的工资溢出效应。例如，在对他们调查安老院所得的工资数据进行分析时，Dickens和Manning（2004b）采用的程序与Manning用以分析前述美国数据的程序极为相似。主要的区别在于，他们没有使用参数化的潜工资分布，而是假定w^*（F）与恰好在新的全国最低工资导入之前的那段时期的被观测工资分布相配对（match），并将它与新的最低工资生效5个月后被观测的工资分布进行比较。由于被观测的工资分布变化可能受总体工资上涨的影响，还受新的最低工资导入后的溢出效应的影响，因此它们更可信的估计值很可能是那些相对于全面工资上涨（也就是工资分布所有百分位所共有的普遍工资上涨）而计算的估计值。Dickens和Manning还报告了最低工资导入5

个月后再过4个月（合计为最低工资导入9个月后）的估计结果，以考察溢出效应是否随时间延长而增强或减弱。

他们在这些数据中一般发现了微小的溢出效应。在没有考虑工资总体上涨且使用最低工资导入5个月后的被观测工资分布的设定中，模型对工资略高于最低者的溢出效应估计为6%（这与前述11%的1/β估计值相当）。减去总体工资上涨的估计值后，所估计的溢出效应刚好降至2.4%。将所涉分析时期延长至（最低工资导入）9个月后，第一个估计值升至7%，第二个则降至仅1%。企业层面平均工资变化的相关分析表明，所在行业每小时平均工资的上升幅度没有超过将工资低于最低工资者纳入最低工资体系所必需的升幅。这样，综合所有证据让他们得出结论：新的最低工资导入后在安老院行业"实际上并不存在溢出效应"[26]（Dickens和Manning，2004b，C100）[27]。

对发展中国家（主要限于拉丁美洲）溢出效应的研究文献得到了一些让人迷惑的结果。因为，很多经验证据表明，最低工资对于处在工资分布很高档级的工资具有明显的效应。前引《世界银行报告（2006）》概述了众多国家的证据；此外，有7篇论文考察了巴西的这一论题。例如，Lemos（2004a）报告最低工资对于位于工资分布中位值的工资具有正向效应。此外，在分别检验正式部门、非正式部门的溢出效应（Lemos，2006a）时，她发现最低工资对非正式部门高达（工资分布中）第90百分位、正式部门处于工资分布中位值的工资具有正向影响，尽管最低工资在正式部门的工资分布中处在第5到第10百分位之间，而在非正式部门则处在第15到第30百分位（Lemos，2006a，第6页）。而且，这些效应的数值并不小。例如，诸多估计值表明，最低工资上升10%将使处于正式部门第25百分位的工资上升3.3%、处于中位值的工资上升1%；类似地，处于非正式部门第25百分位的工资上涨3.1%，处于中位值的工资上升4.8%，第90百分位者上升0.8%。Fajnzylber（2001）使用Neumark、Schweitzer和Wascher（2004）的方法，报告了更大的效应值；其中，最低工资上升带来的显著溢出效应，对于那些薪资高达最低工资40倍者更为明显[28]。但我们对此结果多有怀疑。

我们觉得，这类证据的部分问题在于它们大多来自高通货膨胀时期（对巴西尤其如此）[29]。例如，由于在此时期名义最低工资频频调整，它实际上是各类工资的“定值标准”，其他工人的工资则按最低工资的既定倍数来确定（Fajnzylber，2001；世界银行，2006）。这一定值效应并不是传统意义上的溢出效应，而是将工资与通胀挂钩的指数化措施之一。由于这项研究采用了实际工资、实际最低工资指标，故通胀环境也是个难题。因为，高企、易变的通胀将由于分母项极大的名义变动，导致实际最低工资变量和实际工资变量之间存在虚假的高度正相关关系[30]。为此，Lemos（2004a）考察了众多最低工资变量，认为最合适的变量是测度薪资比最低工资低的工人占比之类的那些指标，因为此类指标可以避免上述难题。最终，由于我们的怀疑——即巴西最低工资的溢出效应估计受到了高通胀的干扰——得到了印证，Neumark、Cunningham和Siga（2006）使用仅从1996年——即巴西的恶性通胀终结之后——开始的数据，重新考察了巴西的案例；结果没有发现证据可以证明，最低工资对正式部门第10百分位之上的工资，或对正式、非正式部门合并后处于第20百分位之上的工资，具有正向溢出效应[31]。无论如何，要获取发展中国家最低工资溢出效应的可靠证据，未来还有很多工作要做。

4.3.3 最低工资对美国工资不平等上升的影响

最低工资造成了位于最低工资处的工资分布尖峰，以及最低工资对处于工资分布更高档级的工资具有溢出效应，这两类证据使得经济学家们很自然地开始探究最低工资对美国工资不平等不断拉大这一发展趋势的影响，这一发展趋向成为近年来劳动经济学领域的研究热门。工资不平等的初始研究热潮集中于贯穿20世纪80年代多数年份的那个时期，当时联邦最低工资的实际价值急剧下降；研究论著包括Blackburn、Bloom和Freeman（1990），Bound和Johnson（1992），Katz和Murphy（1992），Juhn、Murphy和Pierce（1993），以及Levy和Murnane（1992）。

绝大多数此类早期文献的共识是，工资不平等的变化主要受驱于对（根据在校教育等可观测的技能维度、不可观测的技能维度同时进行认定的）熟练工人的需求增加。有人认为，技能需求上升是由技术变革推动的，但在很大程度上，这一解释是一种“残差”解释，因为在考虑了不同技能水平的工人供给变化后，工资结构仍在持续扩大。这种技能偏好型技术变化（SBTC）假说，得到了旨在更明确地探究工资水平与工厂技术使用之间关系的那些研究的支撑（例如，Berman、Bound和Griliche，1994；Krueger，1993）[32]。

然而，这一共识随即就招致了攻讦。尽管Blackburn、Bloom和Freeman（1990）的早期研究将20世纪80年代的不平等上升归因于制度变化——如最低工资的实际价值下降、工会化进程减缓——但通常认为，这些制度变化的重要性不及技能需求。然而，截至20世纪90年代中期，一些研究一直坚称工资不平等上升仍应主要归咎于劳动力市场的制度变化，包括实际最低工资下降。

其中，两项有影响的研究笃信最低工资是导致20世纪80年代工资不平等上升的至关重要因素。第一项研究即DiNardo、Fortin和Lemieux（1996）使用工资分布的非参数密度估计法，将组间和组内工资不平等的各种测度结果的变化，分解为与最低工资变化、工会化进程变化、各单个因子变化、供给和需求影响相联系的各个部分，以及任一此类因素不能解释的残差类。

DiNardo、Fortin和Lemieux的基本思路必须构建反事实的、无法观测的工资密度，以捕捉在不存在某一特定变化——比如最低工资的实际价值下降——时工资分布将如何演变[33]。他们通过对数据重新赋权构建了这些反事实的工资分布，以探究假如1988年加入工会的工人占比与1979年相同，但1988年工会工人和非工会工人的工资结构更为盛行，工资分布应当如何变化。至于需求和供给变化，解决策略略为复杂，且需要建模考察特定教育或经验或性别类型的工人供求变化将如何影响工资。因此，我们将分解部分的具体细节交由读者查阅该文。

与最低工资效应的贡献度相关的分解部分还有赖于一些特定假定。首先，DiNardo、Fortin和Lemieux假定不存在溢出效应，从而提高最低工资的各种效应（根据1988年的最低工资价值与其1979年的实际价值相等的反事实进行估计）就局限于让更多工人享受更高的最低工资。从美国存在溢出效应的角度看，这一假定低估了最低工资实际价值下降对工资不平等上升的贡献度。

其次，三位作者假定最低工资对就业没有影响。他们指出，将解聘效应纳入考虑，则低工资水平的工人数量会更少；因此，这一假定同样是保守的——也就是说，由于解聘效应，最低工资本该具有更多的均等效应。但在测度工资不平等时，由于最低工资提高而离职且未再就业者，论理应赋值为零工资（或对其非工作时间之价值的某一测度值），而不是刻意忽略他们[34]。事实上，这类研究刻意忽略由于最低工资提高而未工作者的总体倾向表明，最低工资影响工资不平等的证据对于辨识它们的经济福利效应鲜有说服力[35]。

姑且撇开这些缺陷不论，他们的研究结果表明最低工资在20世纪80年代的工资不平等上升中发挥了主要作用，对妇女的工资不平等就更是如此。例如，对于男性而言，他们估计，工资对数值的90/10差别（也就是第90和第10百分位工资的差异）扩大0.195，其中的25.3%应归咎于实际最低工资下降。50/10差别扩大0.076，其中的65.7%应归因于最低工资；但最低工资对90/50差别扩大0.119没有任何影响。也就是说，最低工资是“低端”工资不平等上升的主要诱因。对于妇女而言，这一时期的90/10差别和50/10差别的升幅更大——分别为0.328和0.243；而且，DiNardo、Fortin和Lemieux（1996）将45.1%的90/10差别扩大归因于最低工资，将67.1%的50/10差别扩大归因于最低工资[36]。像男性一样，最低工资对以90/50差别来度量的妇女工资不平等没有任何作用。这些结论与依据在校教育或工作经验所度量的组间不平等极其一致，从而意味着无论男女，最低工资的实际价值下降造成了教育程度高—低者以及工作经验多—少者之间的工资差距不断拉大。

认为最低工资对工资不平等的变化至关重要的第二项研究是Lee（1999），他同样考虑了最低工资的地区差异。根据公式（4-1）和（4-2）——它们将潜工资分布与可观测的工资分布联系起来——构成的分析框架，Lee采用公式（4-3）对回归模型中的50/10差别进行了估计：

$$\log\left(w_{jt}^{50}\right)-\log\left(w_{jt}^{10}\right)=a_t+\beta\cdot\left\{\log\left(w_{jt}^{\min}\right)-\log\left(w_{jt}^{med}\right)\right\}+\lambda\cdot\left\{\log\left(w_{jt}^{\min}\right)-\log\left(w_{jt}^{med}\right)\right\}^2+\varepsilon_{jt} \quad (4-3)$$

公式（4-3）中，上标10和50代表第10、第50百分位，$w^{\min}$代表最低工资（它高于联邦和州最低工资），w^{med}代表中位数工资，j和t分别代表州和年。

Lee的研究表明，公式（4-3）中的最低工资线性项和二次项可以一种简单的方式来捕捉公式（4-2）第一项中的最低工资的工资分布效应。而年份虚拟变量则捕捉了未观测的或潜工资不平等——在本例中是50/10差别。根据这一方程式的估计值，Lee的结论是1979—1988年50/10差别的观测上升值绝大部分导因于最低工资的实际价值下降。实际上，在对男性、女性以及16岁以上、18~64岁、25~64岁等年龄组分别进行分析后，Lee得出结论：除25~64岁的年龄组外，没有发现潜不平等上升的证据；也就是说，50/10差别的全部上升应归因于（实际）最低工资不断下降。因此，这些结果与技能偏好型技术变化（SBTC）假说形成了鲜明对比，该假说认为工资分布下半端的不平等上升大多与对更熟练工人的需求相对增加有关。

Lee还探究了其他大量证据。首先，他考察了联邦最低工资两次提高的1989—1991年时期。他仿效Card和Krueger（1995a）采取的策略，利用了由一些州的最低工资已经高于联邦标准的事实所导致的州际变化差异，故而该模型可以辨识主要由法定最低工资变化而非名义最低工资贬值导致的最低工资变动。对妇女而言，他的报告是最低工资上升大约16%将导致50/10差别下降0.032个对数点，这与他对更长样本期的核心分析是大体一致的。与此相反，他几乎没有发现对男性具有效应的证据。

此外，Lee将他的核心分析应用于高端工资分布（比如90/50差别或80/50差别），并从绝大部分样本与估计方程式的排列组合中发现了有趣的证据：有效最低工资上升似乎增大了高端的工资不平等，尽管他声称"我们有理由坚信最低工资对高端工资没有任何影响"（1999，第1002页）。他提供这一证据的原因在于，从不能揭示高端工资不平等效应的排列组合中所得的证据是具有说服力的。但他人反倒会认为，最低工资对高端工资不平等具有影响的明显证据又让人不禁怀疑他是不是要辨析最低工资效应。然而，尽管存在这些潜在难题，Lee仍将该时期的绝大部分低端工资不平等上升归因于最低工资变化，从而意味着实际最低工资下降可以分别解释该时期男性70%的50/10差别扩大、25%的50/25差别扩大，以及几乎所有的妇女低端工资不平等上升。

DiNardo、Fortin和Lemieux（1996）和Lee（1996）的研究发现，共同滋养了Autor、Katz和Kearney（2005）所界定的、探究近年来工资不平等持续加剧之源泉的"修正主义"观。这类观点贬低了熟练工人需求上升的重要性，且在很大程度上强调各类制度的作用：Card和DiNardo（2002）的论文对此做了很好的诠释。具体而言，Card和DiNardo认为，工资不平等上升是主要集中于1979年到大约1985年这一时期的"偶发事件"，从而有悖于技能偏好型技术变化（SBTC）假说所指出的熟练工人需求的相对稳定上升。相反，他们认为，这一时期工资不平等上升的"首要候选成因"是最低工资的实际价值下降（第774页）。他们提供的证据表明，实际时间系列的90/10工资差距在这一差异对实际最低工资之对数值所做的简单回归中得到了很好的预测——这一回归捕捉了90%的变异，也预测了时间系列中的一些转折点。当然，两位作者并不认为最低工资可以解释工资结构的所有变化；他们还指出工会化进程的变化也很重要，并强调性别工资差距不断下降必定可以归结为其他原因，因为女性工资受最低工资影响的程度大于男性。无论如何，他们显然倾向于最低工资的重要性大于熟练工人相对需求的变化，并指出，根据他们的分析，“将不断上升的工资不平等与SBTC（技能偏好型技术变化）关联的证据微弱得让人震惊”（第776页）[37]。

Autor、Katz和Kearney（2005）既对Card和DiNardo声称的支撑SBTC假说的证据十分微弱，也对他们所强调的最低工资更为重要，提出了强烈质疑。就前者而言，他们指出，20世纪80年代中期以后总体工资不平等（以及与在校教育相关的薪资所得差别）的增速确实下降了，然而，20世纪90年代工资分布上半端的不平等却像20世纪80年代一样继续快速上升。他们还强调了Lemieux（2006）提出的假说，这个假说将工资不平等上升大多归因于劳动力构成的不断变化——特别是随着劳动力受教育程度逐步提高、工作经验不断丰富，出现了更多的未观测的人力资本差异。他们转而认为各类数据更多地揭示了相对需求不断变化的重要性，采用导致劳动力需求两极分化的修正版SBTC假说进行验证，就更是如此。

除了强力支持SBTC假说外，Autor、Katz和Kearney还对强调最低工资对于工资不平等变化极为重要的前期研究提出了严重质疑。他们提出的重磅证据是最低工资既与高端工资不平等强相关，也与低端工资不平等强相关。事实上，将90/50或50/10的工资差别对实际最低工资进行简单回归，则90/50差别的实际最低工资估计系数大于50/10差别的估计系数（分别为-0.44、-0.27，两者都显著）。在考虑时间趋势、受教育程度高或低工人的相对供给、总体经济状况的更完整的回归模型中，上述工资差别与实际最低工资之间仍存在显著关系，但90/50差别的最低工资估计系数比50/10差别的系数低约2/3。Autor、Katz和Kearney由此得出结论：最低工资与高端、低端不平等两者之间的相关性表明“最低工资与不平等之间的时间系列相关性，不能对最低工资导致薪资收入不平等的因果效应提供准确的解释。实际上，我们认为最低工资与高端不平等之间的关系是虚假因果关系的潜在证据”（2005，第18页）[38]。当然，这一证据并不意味着最低工资不断下降与低端工资不平等上升无涉——很有可能的情形是，最低工资导致高端不平等的证据是虚假的，但它对低端不平等的效应却是真实的。然而，高端不平等的证据构成了通常所说的“证伪练习”。也就是说，如果理论预测了x（最低工资）对y（低端不平等）的效应，且发现了此类证据，则学者们还会进一步探究x对另一变量z（高端不平等）是否具有影响；变量z在概念上与y相关，但在理论上没有预测z的受动影响。如果没有发现可资证明x对z具有影响的证据，则x对y具有影响的证据就可视为更具说服力；反之，亦然。Autor、Katz和Kearney分析的观点是，在这种情形下，证伪练习失败。

除了证伪练习失败外，是否还有理由质疑最低工资乃20世纪80年代低端工资不平等上升之罪魁祸首的结论？Autor、Katz和Kearney在论文中用插图刻画了两个工资差别指标与根据前述简单回归方程式得到的预测值，这些插图表明20世纪80年代末以后最低工资与50/10工资差别之间的关系似乎变得有些松散了[39]。这就导致他们在随后一篇描述这些结果的论文中总结道，“最低工资仅能很好地解释截至1987年的低端工资不平等趋势”（Autor、Katz和Kearney，2006）。在后面这篇论文中，他们还认为，即便对于最低工资很好地预测了低端工资不平等的20世纪80年代的那个时段，此类证据与不利于低工资工人的劳动力需求转变潜在地更为相符。他们指出，最低工资-不平等假说“不能解释为何低工资职位的相对就业会随最低工资下降而减少”（第193页）。也就是说，如果最低工资的约束力减弱，而且它对低工资工人具有支配性影响，那么低工资工人的就业原本就应该上升。但与此相反，三位作者2006年那篇论文的分析则指出，20世纪80年代是最低技能工人的就业份额持续下降的时期。

目前悬而未决的问题是，什么因素导致了最低工资与高端工资不平等之间的虚假相关关系，而且，从延伸的角度看，还导致了最低工资与低端工资不平等之间的部分相关关系。Autor、Katz和Kearney对此的推测是，联邦最低工资将回应那些影响收入不平等的宏观冲击；应对之策是在各种冲击加大工资不平等的时期，决策者放任实际最低工资下降（以减少对低技能工人的解聘量），反之亦然。三位作者没有提供任何证据支撑这一猜测，但它——以及最低工资的内生性对估计就业效应的影响——是值得进一步探究的有趣假说。

4.4 最低工资对薪资收入的影响

现在我们从考察最低工资如何影响工资分布，转向考察最低工资如何影响薪资收入的证据。前面各节涉及的资料在一定程度上解答了这一问题，它证实了薪资低于最低工资的工人被纳入最低工资体系，而且最低工资对薪资高于最低工资者的溢出效应有限。然而，这些论断仅仅适用于工人——也就是最低工资发生变化后仍然在岗的那些个人。而且，此前的探究从未考虑因最低工资提高而离职者或工时因最低工资上升而减少者的薪资收入下降。易言之，从这个意义上讲，我们探究了最低工资对工资分布的影响，但没有考察最低工资变化诱致的工资变化对劳动力雇佣量和工时的后果，或者工资、就业、工时变化对劳动力收入的综合影响。

我们在本节将描述最低工资对此类调节适应最低工资型各种差额之影响方面的证据。我们认为，这一证据让我们进一步接近了评估最低工资政策所必需的那类信息，因为它提供的信息比就业效应类文献涵盖的信息更适于评估最低工资的各种后果。具体而言，我们在第3章指出，根据对青少年的研究所估计的就业弹性值处于-0.1~-0.2的区间，其绝对值远远低于1，但这未必意味着受影响者的薪资所得上升了；因为，这些估计值是最低工资的直接受影响者和非直接受影响者的加权平均值。此外，就业效应类研究没有捕捉到最低工资对平均工时的潜在影响，也没有——像本章强调的那样——捕捉它对处于工资分布稍高档级者的工资溢出效应。我们在此提供的证据捕捉了所有这些效应，从而为最低工资如何影响低工资个人的经济福利提供了更清晰的理解。此外，正如第3章所做的解释，我们的方法聚焦于低工资工人，无论其年龄大小。由此，我们提供的证据比仅仅关乎青少年的证据（就业效应的多数文献如此）更具政策含义，因为低工资成人更可能是永久的低工资工人和主要的收入挣得者。

Grossman（1983）的研究提供了工资溢出效应的间接证据。然而，她的兴趣是检验她的效率工资模型所指向的工资“公平”效应，以便与新古典模型的替代效应进行比较[①]。然而，她坦言，没有进行sharp检验，但指出公平效应会在最低工资提高后立即产生，而替代效应的形成则慢得多。她发现了她所研究的部分职业——通常是白领类职业——短期内反应迅速的证据。另外，她也发现了部分职业具有长期效应的证据，她将这一证据归因于替代效应。如果存在公平型效应，那么它对于薪资高于最低工资者的境遇是否因此而改善的含义就不甚明了，因为这些工人可能遭遇解聘效应。

Linneman（1982）使用《收入动态长期跟踪调查》（PSID）有关20世纪70年代中期的数据所从事的研究，是就最低工资对工资、就业、工时和收入的影响进行估计的早期尝试。他的研究发现表明：直接受最低工资提高约束的工人的工时（或在更小程度上的就业）下降；薪资恰好高于最低工资者（在所有情形下均系相对于薪资远远高于最低工资者而言）的就业减少但工时延长。他的工资、就业、工时效应揭示了最低工资对工资受最低工资约束者的收入具有负面影响。

然而，Linneman也有两个重大缺陷。首先，他对最低工资的收入效应的估计值不是基于观测的收入值，而是根据工时和就业效应估计而插补

---

① Grossman(1983)的效率工资模型认为，企业会选择成本最小化的熟练型工资-工作努力(effort)组合，向工人提供他在其他企业也能得到的效率工资。因此，最低工资将通过两条途径影响均衡效率工资，进而影响熟练劳工的工资。首先，最低工资变化会影响相对投入的价格，对熟练劳工的需求与最低工资正相关——此即简单的替代效应；其次，由于工资攀比效应，工作努力的供给及效率劳动力与最低工资负相关——此即公平效应(equity effect)。她还指出，所得结果的标准误很大，故正文中述及“所得结果的检验不显著”——译者注。

的；这样做的结果是，这些效应没有包括对薪资高于最低工资者的潜在溢出效应。此外，插补方法没有考虑个人之间工资效应和工时（以及就业）效应的联合分布。例如，如果最低工资上升使得工时更少者的工资增加额更多，则薪资收入的平均增加额将小于他用插补方法计算的结果。其次，由于他只研究了联邦最低工资上升，他的方法没有就受最低工资上升影响之群组的不同经历提供值得信赖的反事实。

为消解这些缺陷，我们（Neumark、Schweitzer和Wascher，2004）运用最低工资的州际差异设立了处理组和控制组，分别估计了工资效应、工时效应、就业效应和薪资总收入效应。第3章说明了我们的基本方法，提供了根据这一研究得出的就业效应证据。而且，在本章前半部分我们还描述了工资效应的证据；图4-1b和图4-2b报告了工时的估计效应（以仍被雇佣为前置条件）。这些估计值均表明，薪资等于或低于最低工资者的当期工时出现了适度下降，但薪资比最低工资高出20%强者（他们的工资上升了很多）的工时效应鲜有统计上显著的证据。尽管如此，薪资是最低工资1.2~1.5倍者的估计效应为正且不容忽视，弹性值约为0.1。

包括当期效应与滞后效应的总体效应在两个插图中用黑色柱条标示。对薪资低于最低工资的个人而言，总工时效应估计的负值大于单个的当期效应。造成总效应的负值更大的原因在于，这些工人（见每个插图的子图a）所获取的工资收益将他们上推至工资分布中的更高群组，而在工资分布的更高群组中存在着滞后的工时缩减[40]。更重要的是，两个插图揭示了初始薪资等于最低工资或恰好略高于最低工资者的工时缩减的弹性值接近-0.3；对这两个群组的估计值都是特别显著。在图4-1中的虚拟变量/样条函数设定中，工时效应仅在薪资达到最低工资1.1倍后才出现（而且显著），而在图4-2中的多项式设定中，显著为负的工时效应则对薪资上限为最低工资1.5倍者十分明显，这一薪资水平也是最低工资导致显著的正向工资效应所处的最高工资水平（见图4-1a和图4-2a）。类似地，在图4-1中，负向工时效应没有扩散至高档级的工资分布，工资效应也如此。

我们在第3章讨论过就业效应的估计结果，图4-1c和图4-2c再次对此进行了探讨。值得指出的是，在图4-1中，当期解聘效应对于薪资等于或略高于最低工资（最高者为最低工资的1.3倍）的个人尤其明显，估计的弹性区间为-0.12~-0.17（薪资为最低工资1.1~1.2倍的那一工人群组例外）[41]。但正如当期估计和滞后估计所揭示的，总解聘效应变得更小且在统计上更加微弱，但初始工资1.2倍、1.3倍于最低工资者的解聘效应仍十分显著。最初就业效应更强烈、后来工时效应更强烈的效应模式与这一可能性是一致的：雇主首先裁减兼职工人（这或许反映了每位雇员的固定成本），后来才下调（削减）现有低工资工人的工时。另外，各种效应的时间模式则是由进展更为缓慢的利益调整造成的。在多项式设定中，这一对比更加鲜明，薪资上限为最低工资1.5倍者的当期解聘效应显著，但综合效应接近于0，且在统计上不显著。

就薪资收入而言，此前所报告的结果不足以辨识最低工资上升对于低工资工人的薪资收入的效应到底为正，还是为负。最低工资提高后，最低工资工人获得了工资收益，但也面临就业减少和工时削减。对薪资收入观测值的分析结果——见图4-1d和图4-2d——表明，最初薪资上限高达最低工资2倍者的当期收入效应为正（而且大多数群组的结果显著）。但总效应——黑色柱条所示——却迥然不同。图4-1d中的总效应表明，最初薪资低于、等于、1.1倍于最低工资者的薪资收入出现了下降，最初薪资等于最低工资者的估计降幅约为6%，且在5%的水平上是统计上显著的。在图4-2d中，最初薪资为最低工资1~1.1倍者的负向效应同样显著（显著性水平为5%）。效应逆转的根源在两个插图的其他子图中清晰可见。部分工资收益在1年后返还，而且工时削减量更大。

总体来看，我们的分析表明，最低工资提高后，低工资工人总体均遭遇了薪资收入下降，尽管仍在岗者享受了最初的工资上涨收益。虽然最低工资提高了低工资工人的工资，但工时削减与工资变化的交互作用导致薪资收入下降。对薪资高于最低工资者的负向薪资收入与工时效应，契合了

Grossman的观点：工资溢出效应的导因是为保持工资差别而必须提高其他工资，而非新古典模型的替代效应；因为，前者致使部分技能稍高的工人的成本上升，后者则反映对高技能工人的需求上升。

最后，请注意，这些估计结果仅仅适用于最初得到雇佣的工人。如果（最初）没有工作者发现最低工资上升后更难获得工作职位，则最低工资对于薪资收入的逆向效应就更大。当然，保留工资更高的部分工人也可能在最低工资上升后，选择进入劳动力市场，从而导致他们的薪资收入提高。

我们在前文中指出，根据工人在最初工资分布中的位置估计最低工资的诸多效应，让我们得以检验是否有证据表明对低技能工人的劳动力需求削减。从这一意义上讲，我们聚焦于低工资工人的分析，便能比那些研究特定年龄群（比如，青少年或青年成人；这些年龄组包括许多低技能工人，但不仅限于低技能工人）的既往著述，就最低工资对那些受其影响者的效应，做出更明确的估计。事实上，采用我们的方法，还可对最低工资文献通常有意疏忽的低技能成人进行效应估计。图4–3报告了对样本对象限定为20岁及以上者的估计结果[42]。总体看，这些估计值与图4–2中的估计极其相似，它提供的证据表明，最低工资对工资分布的低档区间具有显著的正向工资效应，但对工资最低者则具有显著为负的工时效应与薪资收入效应。因此，最低工资的负面后果并非仅限于青少年，它在低工资工人中似乎更为普遍[43]。

4.5 结　论

本章提供的证据明确地说明最低工资将影响工资分布。对工业化国家而言，最低工资导致了工资分布的尖峰，并对此前薪资略高于最低工资者的工资似乎还有提振作用。我们优选的估计值表明，溢出效应会扩展至比

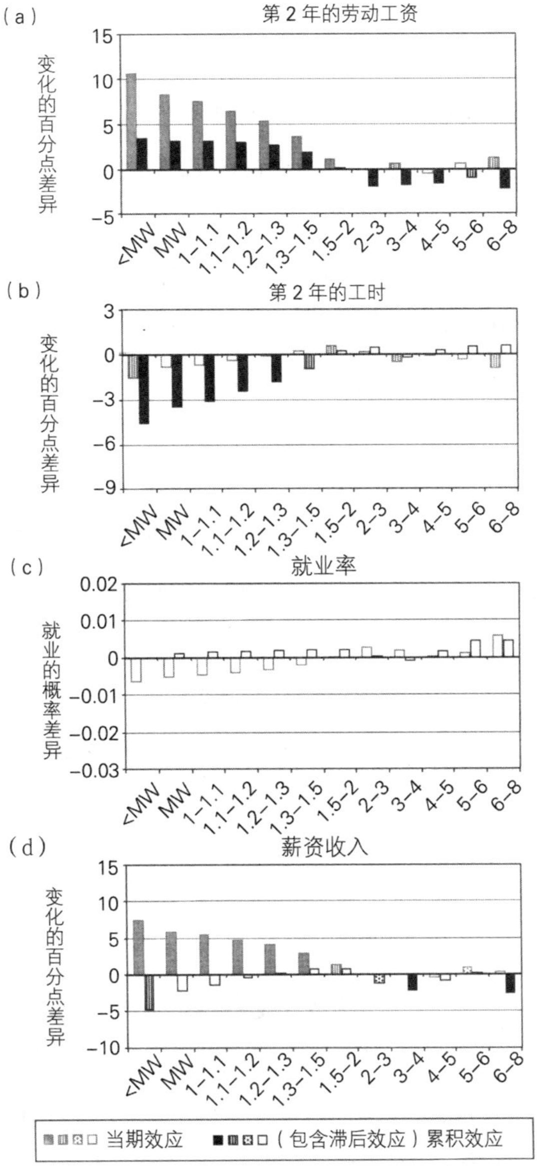

图4-3　最低工资上升10%的效应（多项式设定，仅限成人）

资料来源：Neumark、Schweitzer and Wascher，2004。

注：数据来源及所用模型见图4-2的注释，唯一的差别在于：所有估计值所依据的样本均排除了低于20岁者的个体。双侧检验的显著性水平如下：1%=实心线；5%=条纹线；10%=虚线。这些显著性是根据自举(bootstrapped)标准误计算的。

最低工资高出约20%的工资，接近最低工资者的弹性值约为0.4，高于最低工资者的弹性值为0.2。此外，由于企业在随后数年降低了这些工人的名义工资增加额，最低工资的更短期溢出效应将逐渐消失。对发展中国家的估计结果让人迷惑，最低工资在未覆盖部门导致了最低工资的尖峰，一些证据还表明最低工资的溢出效应扩展至工资分布的很高档级，但我们认为后一证据可能是由高通胀时期的证据导致的虚假证据。

根据最低工资对工资分布的估计效应，大多数经济学家相信最低工资是导致既往数十年——特别是在联邦最低工资的实际价值急剧下降的20世纪80年代——美国工资不平等上升的推动因素。然而，大多数具有说服力的研究证明，这只揭示了局部图景，而且，对熟练工人的相对需求变化，如果不是更重要的话，至少也像最低工资的变化一样重要。

最后，尽管最低工资的工资分布效应本身颇具旨趣，但在我们看来，更重要的问题是最低工资如何影响位于不同工资分布点的工人的经济福利。这一问题无疑是人们关注工资溢出效应的原因之一，很多人认为工资溢出效应理当计为最低工资上升的福利之一。而且，它与最低工资对工资不平等的影响这一更为广泛的学术志趣显然密切相关。事实上，人们通常认为，如果（1）工资不平等上升意味着低技能工人遭殃，（2）最低工资下降是工资不平等上升的原因，那么，提高最低工资就能帮助低技能工人。

与这一观点相反，有证据表明，提高最低工资通常会削减受其影响者的经济福利。最低工资对初始工资等于或略高于最低工资者之影响的证据表明，他们的劳动力收入随最低工资上升而下降，从而印证了最低工资对就业和工时的负面影响。对工资高于最低工资的工人而言，此类效应并不完全符合简单的新古典模型，因为在新古典模型中，最低工资上升提高了对技术更熟练的工人的需求。相反，这些效应反映了雇主们维持工人之间工资差别的意愿，因此提高最低工资对其他工资造成了向上的压力，也就是导致成本上升。

我们早已指出，从政策视角看，仅仅关注最低工资的解聘效应的视野过于狭窄。最低工资如何更普遍地影响低工资或低技能工人方面的证据，有助于填补最低工资如何才能更好地实现既定目标的认识空白。但我们坚信，更加重要的政策问题是最低工资如何影响家庭收入分配，第5章将专述这一论题。

第5章 最低工资对收入分配的影响

5.1 引 言

有关最低工资的若干论争存在一些分歧。最低工资的就业效应的众多研究表明，这些论争多数是围绕其就业效应展开的。与此相反，决策者通常更加关注倡导最低工资应该实现的分配目标。例如，比尔·克林顿总统在1998年呼吁提高最低工资时就指出，最低工资将“提高1 200万勤劳的美国人的生活标准”[1]。比这更为直接明了的是，反复提议提高联邦最低工资立法的参议员爱德华·肯尼迪就认为，“最低工资是我们出台的第一类——而且至今仍是最好的——反贫困方案之一”（转引自Clymer，1999，第449页）[2]。

当然，这两个议程并非互不相干。如果最低工资上升不会导致劳动力需求减少，那么低工资工人将从中受益。在这种情况下，从分配角度（暂不考虑谁承担了最低工资上升的成本）看可能出现的最坏情形是，最低工资上升的部分收益流向了高收入家庭的低工资工人，从而高收入、低收入家庭均从最低工资上升中获益[3]。但若存在解聘效应，则政策论争就变得复杂了。反对提高最低工资者经常援引此类解聘效应的证据作为他们的反对依据。但存在解聘效应未必意味着最低工资变成了糟糕的社会政策。像众多政府规制和监管一样，提高最低工资既有收益，也有成本。因此，问题的关键不是提高最低工资有无任何成本，而是成本与收益的取舍是否可接受，正如Gramlich（1976）在本书第2章的引文中所及。我们对在第3章中所概述的各类证据的基本判断是，最低工资无疑削减了低技能工人的就业，从而反映了最低工资的扭曲效应[4]。这就凸显了Gramlich所提问题的重要性。

在本章中，我们重点考察最低工资的分配效应方面的证据。从主张提高最低工资的政策论调以及解聘效应方面的证据来看，分配效应当属最低工资的政策论争中的核心议题。然而，现有文献并未明确反映这些分配效应的重要性。Gramlich（1976）指出，“即使对最低工资的主要诉求似乎是其收入分配效应，最低工资对低收入家庭者的影响却几乎无人探讨”（第443~444页）。这一论断成文于30多年前，但它仍相对准确地刻画了最低工资的研究现状。虽然如此，研究最低工资的分配效应的文献已开始增多，本章将探究这类文献的研究发现。

我们认同剖析最低工资的分配效应的重要性，但如何解释这些效应方面的证据并非全然简单易行。例如，假定全社会认为，最低工资对处于收入分配底端的家庭具有收入再分配效应是个理想的目标，且符合达尔顿（Dalton，1920）提出的“转移准则”（有时也称为“庇古-达尔顿转移准则”）[①]。但这个维度的再分配效应证据未必意味着再分配的收益大于其成本——因为，最低工资上升导致经济效率下降进而造成的产出损失，在理论上将大于它所导致的收入再分配带来的收益——从而留存了公平与效率的取舍是否值当这一悬而未决的问题。此外，实现同样的公平目标或许

① 达尔顿准则是如果一个收入分配是由另一个收入分配经过一系列的累退性转移（将收入从“不太富”的个体转移到“不太穷”的个体）后得到的，那么前者一定比后者的不平等程度更高——译者注。

还有更有效的方法。当然，严格说来，在没有其他市场的不完善的简单新古典模型中，最低工资造成了福利削减的扭曲，其理论含义是最好能转而通过一次性的转移支付实现理想的再分配目标，避免这一扭曲。然而，新古典模型所包含的假定未必符合最低工资政策论争背后的经济、政治现实。而且，在放松新古典模型之诸多假定后的模型中，最低工资的福利效应含义变得更加含混不清了（例如，Agell和Lommerud，1997；Rebitzer和Tylor，1995）[5]。

撇开效率考量不论，如何评估最低工资对经济福利的影响也是个大问题。混沌难辨的实际情形是，最低工资既造就了赢家，也伴随着输家。因为，保住现有职位、维持现有工时且乐见工资调升者，将受益于最低工资上升[6]；而失去现有职位、再就业更难或工时遭削减者，将因最低工资上升而受损。而且，很明显，最终我们应该更多地关注家庭收入，而非个人收入。其他收入分配政策——例如劳动所得税抵免（EITC）和更为常见的免税代码，以及我们通常采用收入分布来度量经济福利，都很好地贯彻了这一理念；比如，贫困线就是一个家庭收入概念。即便如此，由于不同家庭会因最低工资上升而受益或受损，故而评估家庭收入分布的变化必须借助广被认同的社会福利函数（例如，Formby、Bishop和Kim，2005；Wu、Perloff和Golan，2006）。

本章不再通盘考察效率与公平的抉择和经济福利分析，而是立足于更简单的目标，即探明最低工资如何影响收入分配的经验证据。简单而明确的度量方式之一（无论它有何缺陷）是考察最低工资对家庭贫困率的影响；这一方法忽略了收入分配其他方面的变化，但它显然与决策者念兹在兹的目标相关。然而，理解最低工资如何影响收入分配的其他构成也很有价值，因为决策者或许有志于帮助低收入的非贫困家庭，这也有助于明确哪些人的收入会因最低工资上升而下降。无论我们对分配后果的评估精度如何，我们揣测，只要最低工资提高了贫困家庭或类贫困（near-poor）家庭的收入，同时又未对处于收入分配其他部位的家庭造成很大的负面后果，那么决策者就会觉得与最低工资上升相伴随的就业损失是可以接受的。

最低工资的再分配效应背后存在两个实证问题。第一个问题是最低工资如何影响低工资劳动力的工薪总收入；也就是说，就业者所获得的工资收益是否抵消了失去工作职位者或未找到工作者的薪资收入损失？第4章提供了求解这一问题的证据。最低工资提高了低技能工人的工资，但第4章提供的证据表明，低工资工人的薪资收入通常会因最低工资提高而下降。这类证据使得最低工资产生有利的再分配效应变得不可能，但分配效应最终取决于不同程度蒙受最低工资影响者的家庭收入。

因此，第二个也是更关键的问题——它是本章的核心内容——最低工资如何影响家庭收入分配。我们首先提供了最可能受最低工资上升影响者的家庭收入的部分描述性统计。然后，我们报告了根据对最低工资的家庭收入分配效应进行直接估计的若干研究所得到的证据，考察重点是我们自己所做的一些研究，以及求解同一问题的其他新近研究。最后，我们对最低工资的再分配效应与旨在帮助低收入家庭的其他政策的再分配效应进行了比较，提供并探究了比较所得证据，还考察了哪种政策——通过精心筹划——能更直接地实现减贫目标。

5.2 最低工资工人、家庭收入分配和贫困

5.2.1 描述性统计

贫困是根据家庭收入进行界定的，故而最低工资工人不一定来自贫困家庭。考察低工资工作与贫困之间关系的开山之作是Gramlich（1976），他用20世纪70年代初以来的数据证明许多低工资工人是高收入家庭的成员[7]。这一趋向尤其适用于青少年，他们占据了最低工资工人的绝对比

重，但在家庭收入分配中的分布却极其广泛。例如，Gramlich报告，大约25%的成年低工资工人（1972年或1973年的薪资不超过每小时2.00美元，当时的最低工资为1.60美元）所在的家庭收入高于中位数，但52%的低工资青少年来自此类家庭。根据这些数据，他总结道，“工资与家庭之间总体松散的相关关系表明，最低工资永远没有巨大的再分配效应”（第445页）。

Gramlich的著述年代已久，但他得出的基本结论迄今仍具教益。例如，Burkhauser和Sabia例证了很多非贫困甚至相对高收入的家庭一直都有低工资工人。根据2003年3月的《人口现状调查》，他们发现薪资低于7.25美元的工人，来自贫困家庭者仅有13.2%，46.3%的来自收入等于或高于贫困线3倍的家庭[8]。而且，《联邦劳工标准法案》通过后，最低工资在扶助低收入家庭上的有效性急剧下降。根据他们的计算，1939年，由低工资工人（工资不及私人部门平均工资一半者）充当的户主，有94%是在贫困家庭；全部低工资工人的85%也是在贫困家庭。截至1969年，这两个数字分别降至45%、23%；截至2003年，又进一步降至31%、17%。换个角度来看，1939年，31%的低工资工人是贫困家庭的户主，这一百分比逐渐降至1969年的11%、2003年的9%。这些下降反映了两大因素：（1）每个家庭的平均工人数量在逐渐上升；（2）家庭收入（按转移支付后的税前收入度量）[9]的其他来源有了很大的增加[10]。因此，正如Burkhauser和Sabia的总结，“绝大多数低工资工人不是户主……而且占比更大的低工资工人不是贫困家庭的户主”（2007，第266页）[11]。

许多最低工资工人来自非贫困家庭的事实进一步证实了Gramlich的早期结论，而且大多数经济学家认为最低工资对贫困家庭的针对性很差。即便是Card和Krueger——他们有关最低工资的就业效应的著述屡被倡导最低工资者援引——也承认“在向最贫困家庭进行收入再分配的政策中，最低工资显然是个‘笨拙的工具’”（1995a，第285页）[12]。尽管如此，实际事实依然是：最低工资工人（或可能受最低工资适当上升之影响者）在贫困家庭中的占比仍较高，而且这些概述性统计结果并没有向我们揭示哪些工人因最低工资上升而受益，哪些工人因此而受损。本章后文将详述这一问题。

5.2.2 最低工资上升的模拟效应

Gramlich将他的分析向前推进了一步。他将按照家庭收入分类的低工资工人分布的描述性统计，用于模拟分析处于工资分布不同部位的家庭因最低工资提高而获益的占比（假定不存在就业量变化或工时变化）。他得出的结论是，尽管低收入家庭从中受益，最低工资对更高收入家庭也存在着他所概括的显著的收益“漏出”效应，这就显然降低了最低工资作为再分配工具的功效。因为，他估计大约25%的收入收益流向了收入高于中位数的家庭；当然，据估计由收入低于中位数的家庭分享的75%的收入收益，也只有一部分流向贫困家庭或类贫困家庭，这就意味着这些家庭出现了更大的最低工资收益漏损[13]。

其他众多论文采用模拟方法进行了更复杂的分析（例如，Johnson和Browning，1983；Burkhauser和Finegan，1989；Horrigan和Mincy，1993）。像Gramlich的论文一样，这些模拟分析首先提供了最低工资工人在家庭收入分布不同部位之间分布的描述性统计，然后对这些工人的就业效应和其他参数（例如工时变化之类）进行假定。部分研究（例如，Johnson和Browning，1983；Horrigan和Mincy，1993）考虑了可能的解聘效应；第一项研究还考察了税收效应和转移支付效应。Johnson和Browning的研究发现最低工资具有适度的均等效应，而Horrigan和Mincy的研究没有发现任何平等效应。

Horrigan和Mincy将他们的结论归因于“最低工资工人所在的家庭在整个家庭收入分布中的位置分布大致均匀”的事实（1993，第252页）。Card和Krueger（1995a）对此结论提出质疑，认为Horrigan和Mincy将注意力仅仅局限于钟点工所在的家庭，从而严重忽视了中上等收入家庭的情况。但在评析Card和Krueger的分析时，Burkhauser、Couch和Wittenburg（1996）表明，受最低工资影响的工人在家庭收入分布中的部位分布实际上是非常均匀的，这与Horrigan和Mincy使用的假设是一致的。因为，Burkhauser、Couch和Wittenburg注意到，Card和Krueger将每个十分位上受影响的工人数量报告为工作人数的一个比例。但在更高收入十分位上的就业率高出很多，而且如果转而计算每个十分位上受影响的人数占比（而不是工人数量），就会得到甚至更加均匀的分布结果[14]。诚然，Card和Krueger的计算所解答的问题并非毫不相干——因为，它告诉我们受影响的工人在工资分布中的位置；然而，是每个十分位上受影响的人数占比，而不是每个十分位上受影响的工人占比，与最低工资或将如何影响收入分布的问题更加相关。

运用模拟方法研究最低工资的收入分配效应的最新之作是Burkhauser和Sabian（2007），他们对（根据1995年的收入数据）1996年和1997年联邦最低工资提高的效应模拟结果和（根据2003年的收入数据）最低工资升至7.25美元后的最新模拟结果进行了比较。这一比较练习的结果表明，新近一次最低工资立法的针对性比20世纪90年代中期略差；因为2003年受影响的工人在贫困家庭或类贫困家庭中的占比低于1995年（24.2%对28.9%），而且在收入至少3倍于贫困线的家庭中，受影响的工人占比更高（46.3%对1995年的40%）[15]。这些计算结果并不具备严格可比性，因为历次最低工资提高的幅度不同。无论如何，他们的证据必定说明，提高最低工资在增进贫困（或类贫困）家庭福利上的功效并无明显改进。

5.2.3 最低工资分配效应的模拟研究中的若干问题

上述模拟练习的计算结果招致了很多批评。首先，有关就业效应的假定可能不正确，或者过于简单。例如，很多模拟分析通常利用研究所有青少年或所有年轻成人而得的就业估计弹性值来校准其模型，并与受（最低工资）影响最甚的工人的弹性值进行比对——这种弹性值，正如第3章所示，很可能（在绝对值上）要大得多。此外，似乎没有研究考虑了处于家庭收入分布不同部位的低工资工人的就业效应或许不同的可能性——就我们目前所知，这部分导源于此类估计不存在。相反，现有的模拟分析通常在所有低工资工人中均匀分解所估计的解聘效应，通过削减工时赋予每人以均等的平均效应；由于这些模拟分析所采用的就业弹性值在绝对值上小于1，这一假定就确保了所有受影响者的模拟收益将随最低工资上升而提高[16]。最后，正如Addison和Blackburn所言，这些模拟分析忽略了众多其他的可能反应，这也会对最低工资影响家庭收入分布的方式产生影响。例如，其他家人的劳动力供给将对最低工资导致的工时变化或个人就业机会的变化做出反应。类似地，生活安排也会变化，从而影响对家庭收入-贫困线比率的度量。而且，由于工薪收入或家庭结构的变化，政府的转移支付也会变化。

最终，我们相信，只有借助本书通篇强调的实证方法才能获得更可信的证据——“事前和事后”估计（before-and-after estimates）是社会科学领域解析政策变化效应的标准方法。在这个特例中，我们需要度量诸多结果变化，比如最低工资已经调升的各州的贫困率变化，并将这些变化与最低工资没有调升的各州情形，或最低工资升幅不同的各州情形进行比较。这类研究的优点是，它无须像此前描述的模拟分析那样必须进行各种假设，而且，从拓展的角度看，还能捕捉收入——包括工薪收入和转移支付收入——变化的各种可能源泉。第5.3节将进行此类估计。

5.3 最低工资对家庭收入分布的影响

如前所述，由于很多最低工资工人并非贫困家庭成员，最低工资政策很难实现正向的分配效应（我们所指的是有利于低收入家庭的收入再分配）。第4章（来自Neumark、Schweitzer和Wascher，2004）总括的证据表明，最低工资通常降低了而不是提高了低工资工人的收入；这些证据同样不利于最低工资的正向分配效应。然而，这两类证据都不是决定性的，因为最低工资的实际分配效应取决于处于家庭收入分布不同部位的低工资工人由于最低工资变化而获益与受损的程度。因此，只有通过直接估计最低工资对家庭收入的影响，才能得到最低工资分配效应的定论证据。

5.3.1 最低工资之贫困效应的回归估计

众多研究将贫困率作为一种尺度，以判定最低工资对低收入家庭进行收入再分配的程度。例如，Card和Krueger（1995a）估计了最低工资对州贫困率的影响，他们采用的方法是将1989—1991年州贫困率的变化，对受1990年和1991年联邦最低工资提高影响的那一州的工人占比和其他各种控制变量进行回归。尽管所涉范围仅限于极短的样本期，但这项研究由于可能是用事前事后法解析最低工资的贫困效应的开篇之作而不同凡响。估计结果一致表明，受影响州的工人占比和贫困率之间存在负相关关系——也就是说，最低工资上升导致受影响的工人占比提高，从而降低了贫困率。但加入了州就业率或州失业率的控制变量后，贫困率的估计效应变小且不显著[17]。

两位作者报告：在仅限于工人的一个样本中，最低工资的减贫效应略显更强；但依据他们似为优选的模型设定（设有就业和地区控制变量）而得的证据，在统计上仍不显著。而且，最低工资如何影响工人之间的贫困率的证据，没有向我们揭示最低工资如何影响总体的贫困水平[18]，并且，由于分析对象是工人，解聘效应也被低估了[19]。同时，在解聘率被低估的情形下，最低工资仍不存在显著的减贫效应，这是令人十分惊讶的。

最后，Card和Krueger还报告了最低工资对家庭薪资分布第10百分位的影响，以及第10百分位与第50百分位、第90百分位之间差距的证据。在此类分析中，由于最低工资对第10百分位具有显著的正向效应，故而所得证据的说服力稍强。但最低工资似乎也对第50百分位具有显著的正向（尽管略小）效应，这就有点难以解释了。此外，在评点Burkhauser、Couch和Wittenburg（1996）时提及的使用家庭薪资收入指标与生活必需品没有任何关系，在本处也适用；而且，就解答问题的角度看，研究家庭总收入（它包括转移支付）或许更为恰当。这样，我们认为，Card和Krueger关于贫困率的研究结果更有说服力。

Burkhauser和Sabia（2007）采用1998年直至2003年的数据更新了Card和Krueger的分析。他们得出了类似的结论。点估计与最低工资降低了贫困率的结论是一致的，但一旦加入青壮年男性失业率（和成人工资）等控制变量，则所得证据在统计上从来都不显著[20]。由此确实产生了一个差别：这一分析几乎没有发现证据证明最低工资对工人内部的贫困率具有影响。

Addison和Blackburn（1999）借助1983—1996年每年3月的《人口现状调查》（CPS）数据，采用类似的州级面板数据回归分析，估计了最低工资对州贫困率的影响。他们对实际最低工资（或其水平）取对数；在求解最低工资是否助力家庭摆脱联邦贫困线这一问题时，这个变量比我们在就业效应方程式中所优选的相对最低工资变量，具有更高的相关性。这项研究非同寻常的特征是它关注于狭小的群体。具体来看，两位作者估计了青少年、年轻成人（20~24岁）和初中辍学者——其界定是受教育年限最多9年、年龄不低于25岁者——的贫困率回归系数；然后，贫困程度则用各个群组内个人所在家庭的收入水平来度量。

这些回归分析所得的点估计几乎总是为负，这就意味着提高最低工资降低了贫困率。然而，这些结果并不特别稳健。对年轻成人的估计从未接近统计上显著，对青少年的估计仅在排除了州-年趋势后才显著，并且在样本中仅对20世纪80年代这一时段的估计为正（未报告的估计结果仅限于20世纪90年代）。对收入低于贫困线1.25倍的青少年的占比也无显著效应（并且所估计的效应下降了82%）。对初中辍学者而言，最低工资降低了贫困率的证据更为强烈，也更为稳健；尽管对这一群组而言，仍无证据表明在样本期间的20世纪80年代时段，最低工资上升降低了贫困率。

Addison和Blackburn的研究关注三个特殊子群组，他们提供的原理依据是，这些群组受最低工资影响的可能性最大。正如第3章所指出的，在估计最低工资的就业效应时，多数文献关注于更有可能受最低工资影响的群体——但我们认为，应广泛关注低工资工人，而不是低工资工人占比高的群体，或许更为可取。然而，从评估最低工资的分配效应的角度看，人们不禁要质疑此类分析具有多少揭示性。最低工资将影响家人中有最低工资工人的家庭收入，这是事实。但许多最低工资工人并非青少年、年轻成人或初中辍学者；同时，众多其他家庭也受最低工资的潜在影响。而且，更多地关注家人中有Addison和Blackburn所研究的三类群组成员的家庭之贫困率，似乎也无确凿理由。举个具体例子：最低工资上升对有孩子的女性户主家庭可能具有显著影响，因而从政策角度看，我们或许最应该关注生活在贫困线的孩子[21]。

事实上，如果非要挑选某一群体，用于专门考察最低工资对贫困率的影响，那就是单亲母亲们。Sabia（2006b）注意到，1996年开始实施旨在强力激励单亲母亲们参加工作（以及/或者脱离福利救济者之列）的福利制度改革时，决策者们经常援用助力单亲母亲们摆脱贫困的目标，作为提高最低工资的提议依据。为考察最低工资提高是否有助于实现这一目标，Sabia采用1990—2005年每年3月的《人口现状调查》数据，就最低工资对单亲母亲的就业，以及对已受雇单亲母亲的工时、工资收入和贫困率的影响进行了估计[22]。在控制了各州和各年的固定效应、各州特有的趋势后，从标准的个人层面的回归分析所得的结果，没有提供最低工资对这些妇女具有影响的证据。囿于模型设定和样本（以及贫困线的75%或125%的收入阈值差异），Sabia报告的估计值有时为正，有时为负，但在统计上从不显著。

Burkhauser和Sabia（2007）采用所涉时期略有不同（即1988—2003年）的州级层面分析，将这一分析拓展至所有年龄为18~64岁的单亲女户主。他们对在职女性的估计结果与Sabia的早期研究相同，即他们都没有发现最低工资对在职单亲母亲具有显著的减贫效应。他们对所有单亲母亲的估计结果暗含着负面效应；但从包含控制变量的模型设定中所得的估计，无一具备统计显著性。样本中加入非工人所得到的更为显著的反贫困效应，乍看似显奇异，因为这个样本很可能就包含着由于最低工资上升而遭解聘的妇女。但正如我们（Neumark和Wascher，2007b）指出的那样，即便从净效应看，最低工资削减了低技能工人的就业，它也会提高那些工资最初低于保留工资、后因最低工资上升又高于保留工资的群体的就业（和工薪收入）[23]。其关键在于，这些论文没有找到任何统计上显著的证据证明，最低工资降低了决策者特别关注的一类家庭的贫困率。

最后，Gunderson和Zaliak（2004）使用根据3月的《人口现状调查》资料计算而得的1981—2000年的州级贫困指标数据，研究了所有家庭及其众多子群（女户主、已婚配偶、白人和黑人家庭）的贫困率的决定因素。他们研究的重心是宏观经济变化对贫困的效应，但作为分析的一部分，他们也报告了最低工资效应方面的证据。此外，他们既考察贫困人口数量，又考察所谓的“平方贫困距”；后者不仅捕捉了贫困家庭的数量，而且捕捉了家庭收入低于贫困线的差距（即贫困的“深度”）以及穷困者之间的不平等。最后，这项研究考察了根据税前收入（这与本章讨论的其他著述相同）和估计的税后收入所得的结果。根据税后收入所得到的结果更有价值——这取决于对缴税额和劳动所得税抵免额的估计质量——因为，它们与家庭经济福利的关系更为密切。两位作者将最低工资变量定义为州立最低工资与联邦最低工资的对数之差。

最终所得结果是混杂不清的。从税前或税后贫困率的角度看，最低工资的估计效应为负，这意味着最低工资降低了贫困。例如，从税后指标看，对所有家庭的估计系数是−0.025，也就是说，最低工资提高10%，将使贫困家庭的比例降低0.0025。有趣的是，根据对女户主家庭的早期探究结果，最低工资对这一群组的税前和税后分析的估计效应都是最小的，而且不显著。而且，在他们似为优选的分析——变量采用平方贫困距指标[24]和税收收入——中，最低工资对贫困的影响较小，而且总体不明显（-0.006），对其他子群组的估计结果有时为正，有时为负。因此，这项研究也未就最低工资的正向分配效应提供令人信服的证据，而且实际上也未提供这种效应或那种影响的有力证据。

5.3.2　最低工资的陷贫或脱贫效应

我们（Neumark和Wascher，2002b）最初研究最低工资的分配效应时，使用1986—1995年对应的3月《人口现状调查》资料，考察最低工资变化如何影响家庭陷入或摆脱收入-贫困线比率分布的不同部位。我们考察了总人口，还效法这一领域的其他研究，考证了得自所有来源的家庭总收入（但它是税前收入，从而排除了劳动所得税抵免额）。在家庭收入数据既定时，每个家庭根据其收入-贫困线比率（家庭总收入与该家庭对应的贫困线之比）进行分类。我们探究的着力点是最低工资对贫困家庭摆脱贫困或依然贫困之概率的影响，以及它对非贫困家庭维持现状或陷入贫困之概率的影响。我们还考察收入-贫困线比率分布其他部位之间的变化。陷贫和脱贫以及陷入或脱离收入-贫困线比率分布的其他部位，应该可以反映最低工资的全部效应，包括直接受其影响的工人和其他家庭成员的工资、就业、工时的变化，以及它所引致的政府转移支付和家居方式的任何变化。

研究这些转变而非贫困率本身，为增进我们对贫困变化之源泉的理解提供了额外信息。例如，同样是贫困家庭比例的下降，其触发源泉既可只是脱贫概率的微弱上升，也可能是陷贫与脱贫两种变化的概率大幅上升，但脱贫的概率稍大。决策者的兴趣点在于：两种情形之中，孰更靠谱；因为，第二种情形意味着，数量更多的家庭因最低工资上升而受损或获益。例如，由于最低工资上升而显著陷贫与脱贫的证据，或将触发哪些类型的家庭因之受损或获益的调查，而且对此问题的答案将影响最低工资提高政策的适意性。

我们首先对logit模型进行估计，以求解一个家庭在被观测的第2年（year 2）处于贫困的概率；我们对被观察的第1年的贫困家庭、非贫困家庭分别进行估计[25]。我们的最低工资变量是最低工资的实际值，而且我们通常还涵盖了当期效应和滞后效应。我们的模型设置了众多的控制变量，包括：各州成年男性的失业率，工资分布的第25和第50百分位，未成年子女家庭抚养补助（AFDC），代表福利改革的若干指标，以及各州和各年的固定效应。各州的固定效应主要捕捉贫困和非贫困家庭流动的州际差异，年份效应和其他控制变量主要捕捉其他总体影响因素——例如，经济周期和政策变化——对家庭经历收入-贫困线比率变动之概率的影响。估计结果见表5-1的单元格a，它是对于以1982—1984年美元计算的实际最低工资提高1美元后，家庭在被观测的第2年处于贫困的概率估计的偏导数；据此计算的最低工资提高额略高于按现价计算的2美元，也与最近的法定联邦最低工资从5.15美元到7.25美元的提高额极为接近。

单元格a的第一行报告了最低工资对贫困家庭依然处于贫困的概率之影响的估计结果。即期效应表明，最低工资上升降低了这一概率；滞后效应的方向相反，但不明显。两者的混合效应表明，实际最低工资上升1美元，将使最低家庭依然处于贫困的概率下降0.056（也就是提高了脱贫的概率）。第二行显示了最低工资对此前的非贫困家庭陷入贫困之概率的影响，其即期效应为零，滞后（以及总体）效应则是这一概率在统计上显著上升0.02。请注意，单元格a两个行次的估计效应的符号，与我们根据第4章所报告的最低工资对低工资工人的即期效应和滞后效应值所预期的符号，总体上是一致的。请回想一下，工资出现了相对较强的即期上升，随后才是就业量或工时的滞后削减。这些发现可能有助于解释，为何正向效应同步伴生，负面效应则滞后相随。

表 5-1　　最低工资对贫困和非贫困之间转换的估计效应

	(1)	(2)	(3)	(4)	(5)
a. 第2年陷入贫困之概率的估计效应	当期效应	滞后效应	总效应	观测值	
第1年贫困	−0.094* (0.036)	0.038 (0.038)	−0.056 (0.042)	24 763	
第1年非贫困	−0.000 (0.007)	0.020** (0.006)	0.020** (0.007)	171 506	
b. 贫困占比的隐含变化	初始贫困者的占比	贫困占比变化，初始贫困者	初始非贫困者的占比	贫困占比变化，初始非贫困者	贫困占比的变化
	0.161	−0.056 (0.042)	0.839	0.020** (0.007)	0.008 (0.009)

资料来源：Neumark、Schweitzer and Wascher 2005。

注：本表的数据来源于1986—1995年配对的3月《人口现状调查》文件。不匹配的数据进行了加权处理。单元格a的估计值是根据logit模型分别对初始贫困者和初始非贫困者进行估计而得；它所报告的结果是按照1982—1984年美元计算的实际最低工资提高1美元后，家庭在第2年仍处于贫困的概率的偏导数。括号中报告的是近似标准误。logit模型中包含了青壮年男性失业率、未成年子女家庭抚养补助（AFDC）福利和自动放弃该福利、工资分布的第25和第50百分位、州效应和年效应等控制变量。单元格b中第5列的标准误是将两个样本的占比视为已知，且样本量当作自变量而计算得出的。*和**分别代表估计值的显著性水平为5%和1%。

单元格b按照估计结果对贫困率的含义，重新阐释了这些估计结果。尽管最低工资之脱贫概率的估计效应几乎比其陷贫概率的估计效应大3倍，但后一估计对应的人口占比要大得多（83.9%）。因此，贫困家庭占比的隐含变化为正——上升了0.008，尽管这一估计的变化在统计上不显著。这样，这些结果的最佳解读是没有提供任何证据表明最低工资影响贫困率[26]。但与此同时，这类证据表明，最低工资对家庭陷贫和脱贫的转变确实具有显著影响。

论文报告的更详细证据来自多变量logit模型，它们估计了最低工资对收入–贫困线比率分布不同部位之转变概率的影响。这类证据表明，最低工资提高伴随着家庭收入为贫困线1~1.5倍或1.5~2倍的家庭陷入贫困的概率上升[27]。综合这些估计结果与每一类别的初始比例就意味着，最低工资将贫困家庭的占比提高了0.006，将家庭收入1~1.5倍或1.5~2倍于贫困线的家庭占比分别降低了0.006、0.004，并将家庭收入至少2倍于贫困线的家庭占比提高了0.004。其他证据表明，我们发现的效应真实有效、绝非伪造，还为求解这些效应何以产生提供了额外信息。因为，这类证据表明，对于最初的非贫困家庭而言，最低工资导致每个家庭的工人数量减少，这很可能就是家庭收入下降的根源[28]。假定许多此类家庭都有次要的收入挣得者（secondary worker），这或许有助于解释为何处于工资分布更高档级的家庭陷入贫困的概率上升。最后，我们找到一些证据表明，最低工资通常会提高依然贫困家庭的收入–贫困线比率。我们没有具体报告这些结果，因为本章后文所描述的多项研究，更加具体细致地揭示了最低工资如何影响家庭收入（相对于贫困线）的总体分布。

我们怎么解释此类证据呢？首先，它强调了我们本章的开篇观点——最低工资既造就了赢家，也伴随着输家。其次，这类证据并不支持最低工资削减了贫困的结论。各种点估计倒是证实了反向的结论——即最低工资上升提高了贫困率——但这一总体提高水平在统计上不显著。事实上，此类证据表明，最低工资的主要正向分配效应是在不同的低收入家庭之间进行收入再分配。由于无法令人信服地阐释为何最低工资造就赢家之利大于伴生输家之弊，本项研究所得的证据并不支撑最低工资具有正向分配效应的论断。

5.3.3 最低工资对家庭收入–贫困线比率分布影响的详尽描述

为更加详尽地探究最低工资对家庭收入–贫困线比率分布的影响，我们在一项后继研究（Neumark、Schweitzer和Wascher，2005）中采用了非参数的方法，这一方法为理解最低工资对家庭收入–贫困线比率分布的影响，以及最低工资对处于收入-贫困线比率分布不同点上的家庭收入变化之影响——真切实在地——提供了完整的图景。采用这一方法，我们依然可以估计最低工资对贫困或类贫困家庭所占比例的影响，我们还可借此考察最低工资能在多大限度内，将原先的类贫困家庭推到贫困家庭之列，或让原先的贫困家庭向上提升至脱贫之列。然而，非参数方法比基于回归的范式能更具体地描述最低工资对家庭收入的影响，后一范式主观地设定若干特定的收入分配点——例如贫困线，然后考察高于或低于这些特定点的家庭占比是否上升或下降[29]。

5.3.3.1 数据和方法

我们本项研究所使用的数据与上一分节所述研究（Neumark和Wascher，2002b）的数据来源基本相同，亦即1986—1995年对应的3月《人口现状调查》。所做估计的对象是拥有非负收入所得①，最大收入—贫困线比率为6的家庭。（切记：收入-贫困线比率为1意味着家庭收入等于贫困线）。我们采取的基本方法是：针对最低收入上升对家庭收入-贫困线比率分布的影响，构建非线性的双重差分估计量。我们通过对所在州在第1、第2年之间最低工资提高的家庭收入-贫困线比率变化（处理组），与所在州在第1、第2年间最低工资不变的家庭收入-贫困线比率变化（对照组）进行比较，来推断最低工资上升的效应。

令MW=1及MW=0分别代表控制组和对照组，下标中的数字代表年份；$f_{1,\ mw=1}$（I）代表处理组在第1年的收入-贫困线比率密度，$f_{2,\ MW=1}$（I）代表处理组在第2年的收入-贫困线比率密度。则$f_{2,\ MW=1}$（I）$-f_{1,\ MW=1}$（I）之差度量的是处理组在每个I点上的密度变化。由于收入-贫困线比率密度变化还有最低工资上升之外的其他成因，我们还扣除了对照组的对应量。这就为分析最低工资上升对每一收入-贫困线比率I的密度的影响，

---

① 原为nonnegative income，根据弗里德曼1962年提出的负所得税方案以及本文句群逻辑，直译为“非负收入所得”，即不低于贫困线（或最低收入）标准的实际收入——译者注。

构造了一个双重差分估计量：

$$\left\{f_{2,\,MW=1}(I)-f_{1,\,MW=1}(I)\right\}-\left\{f_{2,\,MW=0}(I)-f_{1,\,MW=0}(I)\right\} \tag{5-1}$$

请注意，这一方法尽管未对福利收益或国家状况等各种回归控制变量的影响（就像Neumark和Wascher（2002b）所做的那样）提供明确的估计，但它却潜在地阐述了可能改变收入分配的众多因素。例如，如果经济周期及对应的失业率变化、来自其他资源的收入不平等上升以及人口统计趋势（它们都是全国现象）的效应在对照组与处理组中同样明显，则这些变量均被控制。尽管如此，在我们样本期间比例极高的最低工资上升导源于1990年和1991年联邦法律的变化，这一变化经由20世纪80年代末期各州最低工资的逐步扩散，对各州产生了不同的影响。由于联邦最低工资的这些变化与各州幅度不一的总体失业率急剧上升（1991年尤甚）恰好重叠，故而我们必须阐释最低工资与经济周期之间的关系，以便就最低工资的家庭收入效应得出明确的结论。

为对公式（5-1）中的四个密度分别进行估计，我们采用核密度估计量。因为，给定核（kernel）$K(z)$，I的密度估计函数为

$$f^{e}(I)=\frac{1}{n}\sum_{j=1}^{n}\frac{\theta_j}{h}K\left[\frac{I-I_j}{h}\right] \tag{5-2}$$

式（5-2）中，n是样本的观测数，h是带宽，θ_j是经正态化处理、总和为1的样本权重。密度估计所处的各点用I表示，其值用I_j表示[30]。我们使用高斯核（Gaussian kernel）。这一程序被视为最能对收入–贫困线比率密度生成平滑的条线图。

在回归分析中面临的众多事项同样值得在此关注，尽管在非参数背景下处理部分这些事项更为复杂。首先，我们必须考虑的可能性是：还有其他变量影响处理组和对照组，这些变量很可能与最低工资变化彼此相关。如上所述，此类变量之一是失业率（或更广义的经济周期）。在控制各州特定的失业率变化上，我们采取了DiNardo、Fortin和Lemieux（1996）使用的策略。具体而言，通常在回归分析中所捕捉的条件可观测量（conditioning on observables）被转换为重新赋权问题：我们首先限定条件变量（就业率的变化）的单元数量，然后对处理组的观察值重新赋权，以便失业率变化单元之间的观测值分布与对照组相同[31]。式（5−1）中的密度是用这些重新赋权数据进行估计，从而消除了最低工资上升与失业率变化之间的相关性影响。

消除最低工资变化与失业率变化之间的相关性影响的另一个方法，也更简单的方法是：只需将1991年或1992年生效的最低工资上升排除在分析范畴之外，因为这两年的经济衰退导致失业率急剧上升。我们也提供了这类分析结果，但我们注意到，在估计的效率及精确度上这一程序的成本巨大，因为它刻意忽略了分析中所涉最低工资的巨幅差异[32]。

其次，为控制与最低工资上升潜在相关的、各州专属的或各年特有的收入−贫困线比率分布变化，我们也执行了一个仿效在回归模型中加入州和年固定效应的程序。为此，我们首先估计了各州（所有年份）收入−贫困线比率的中位数比例变化；然后，我们调整每个家庭第2年的收入−贫困线比率，以便在第1年到第2年间的家庭收入−贫困线比率变化中剔除共同的州变化。我们同步调整了各年份（所有州）的中位数比例变化[33]。每个家庭在第2年的收入−贫困线比率调整数据与第1年收入−贫困线比率之差，则是在样本中所有年份的州平均变化值与样本中所有州的年平均变化值附近的偏离。最后，我们使用这些数据，进行前述的同类分析。

最后，我们对估计最低工资影响家庭收入−贫困线比率密度的当期效应和滞后效应都感兴趣。这类估计是自找麻烦，因为双重差分估计量无法直接捕捉的最低工资上升的效应，可能会破坏（contaminate）处理组（或控制组）的观测值。例如，当我们估计$f_{2,MW=1}$（I）求得处理组的当期效应时，其间可能存在上年最低工资上升的滞后效应，从而实际存在两种不同类型的处理组，它们由伴有或不伴随滞后上升的各州家庭组成。在为估计滞后效应而设定处理组和设定对应的控制组时，也会产生同样的问题。我们可以剔除所有处理组或对照组中被破坏的观测值，仅保留三类观测值——仅有当期上升的，仅有滞后上升的，以及既无当期上升也无滞后上升的——并从这些观测值中，估计当期效应和滞后效应。但这势必导致众多观测值损失。故而，我们采用的程序是，通过纠正处理组和对照组的破坏率，使用全部观察值，并将总体效应分布为“纯”当期效应和“纯”滞后效应。Neumark、Schweitzer和Wascher（2004）详细解释了这一程序，它重新发现了最低工资对家庭收入分配的同类当期效应和滞后效应。

5.3.3.2 所得结果

图5-1子图a—子图c显示了密度估计的全部集，我们通过这些密度估计推断最低工资上升对收入-贫困线比率分布的影响。这些估计是全样本期的基线估计，不包含对失业率变化或各州固定效应和年份固定效应（对它们有过简短讨论）的调整。子图a显示了与当期最低工资没有上升的数州相比，最低工资当期上升的数州收入-贫困线比率分布变化的证据。左图显示了处理组在第1年和第2年的密度估计值（同期最低工资上升的观测值），中图展示了对照组对应的密度。纵轴为每一收入-贫困线比率水平上的家庭占比。由于相较于刻度而言，每一子图上的密度差别很小（从而很难直观辨识），右图综括了相关信息，方法是：采用不同于左图和中图的刻度，刻画处理组和对照组第1年和第2年密度在纵轴上的差距。

当期最低工资上升对收入-贫困线比率的影响的双重差分估计，是子图a右图中两线之间的垂直距离。子图c的左图刻画了这一垂直距离，但它根据上述揭示的方式做了调整，以捕捉最低工资上升的“纯”同期效应。所得结果表明，最低工资上升的当期效应是降低了收入-贫困线比率在0至大约0.6之间的家庭占比，提高了收入-贫困线比率在0.6~1.5之间的家庭占比，降低了收入-贫困线比率在1.5至大约2.7之间的家庭占比。这些结果契合了最低工资帮助了最贫困家庭的结论，但也意味着初始收入-贫困线比率区间为1.5至大约2.7的家庭蒙受了收入损失。

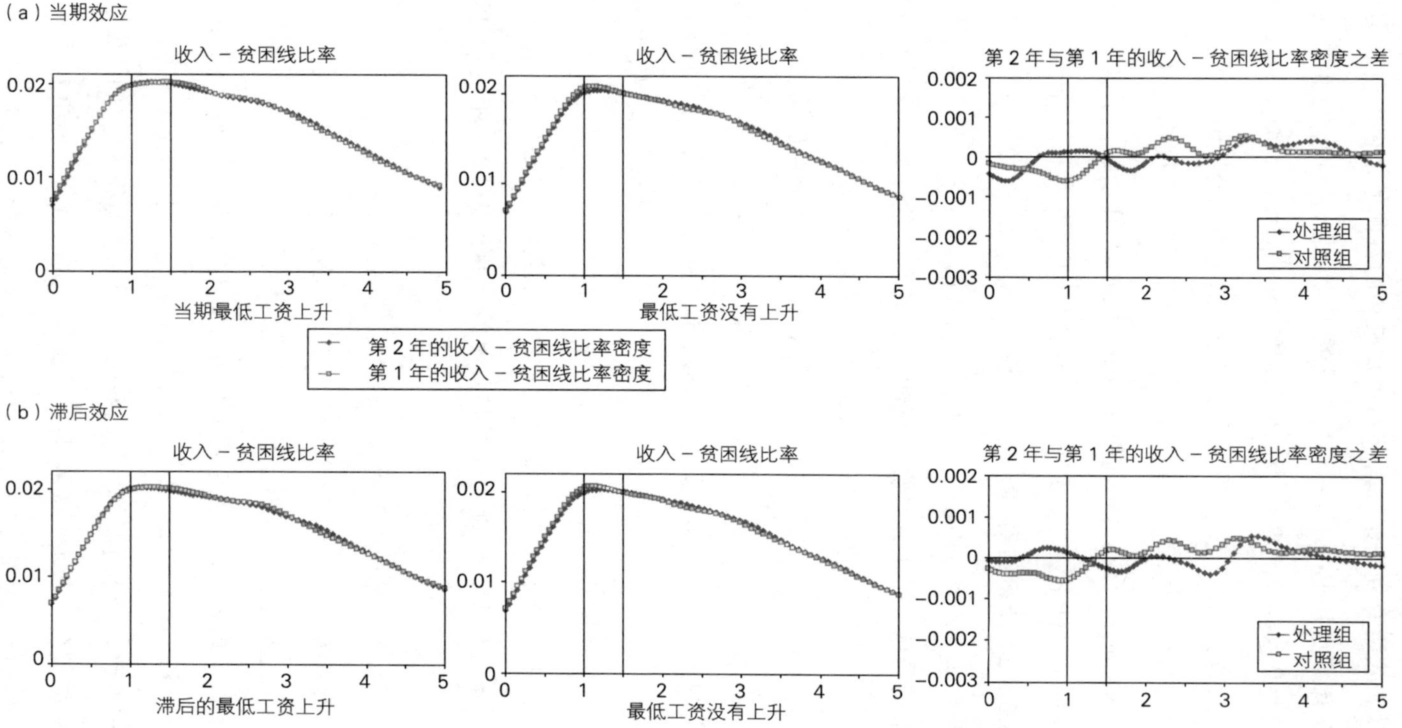
(a) 当期效应
收入 - 贫困线比率
当期最低工资上升
收入 - 贫困线比率
最低工资没有上升
第 2 年与第 1 年的收入 - 贫困线比率密度之差
处理组
对照组
第 2 年的收入 - 贫困线比率密度
第 1 年的收入 - 贫困线比率密度
(b) 滞后效应
收入 - 贫困线比率
滞后的最低工资上升
收入 - 贫困线比率
最低工资没有上升
第 2 年与第 1 年的收入 - 贫困线比率密度之差
处理组
对照组

（c）综合效应

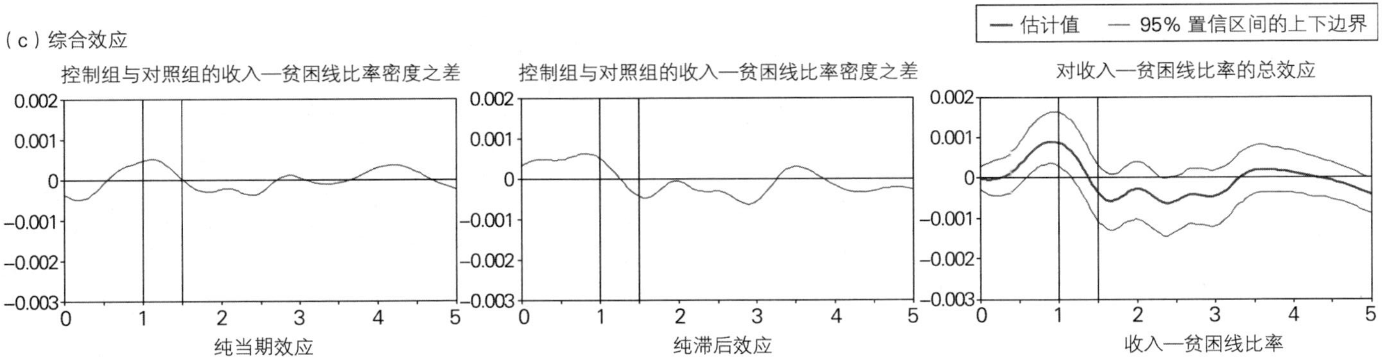

图5-1　最低工资对家庭收入-贫困线比率分布的效应估计，1986-1995

资料来源：Neumark、Schweitzer,andWascher 2005。

注：本图估计值所依据的数据来源于1986-1995年的3月《人口现状调查》文件。子图a和子图b的头两个图展示了最低工资上升（处理组）和最低工资没有上升（对照组）的观测值在第1年和第2年的收入-贫困线比率密度的非参数估计值；但子图a显示的是当期效应，子图b显示的是滞后效应。子图a和子图b的右图分别用不同的刻度显示了两个年份之间处理组和对照组的密度之差。子图c的头两个图显示了处理组和对照组的密度变化差异，第一个图为当期最低工资上升，第二个图为滞后的最低工资上升，并用正文中描述的校正方法来修补遭破坏的处理组。子图c的右图报告了前两个子图的综合结果，也就是在每个收入-贫困线比率密度点上的最低工资综合效应；图中还绘出了95%的置信带。

子图b报告了将处理组界定为具有工资上升滞后效应的那些观察值时的相关结果，子图c的中图报告了最低工资纯滞后效应的双重差分估计值。与当期最低工资的估计效应值相反，滞后效应显然提高了家庭收入低于贫困线1.3倍的家庭占比，相应降低了收入–贫困线比率在1.3至大约3.7之间的家庭占比。这一证据及其与当期效应之相反，是与滞后发生的解聘效应（或工时削减）相符的，而当期效应更多地反映了即期工资上升的影响——第4章的分析结果表明，这些效应通常会因时递减。当期效应与滞后效应的这些定性差异与我们在前述回归分析中发现的结果是一致的。

子图c的右图揭示了最低工资上升的总效应，它综合了纯当期效应和纯滞后效应。该图中间的曲线展示了每一收入–贫困线比率分布特定点上的估计效应，上端、下端曲线是95%的置信区间的边界，它们是采用非参数估计中的自助程序（bootstrap procedure）计算的。由此所得的结果让人吃惊：这些结果表明收入–贫困线比率低于0.3的家庭占比没有发生任何净变化，因为与最低工资当期上升相伴的收益被其滞后上升效应的成本所抵消；收入–贫困线比率介于0.3和1.4之间的家庭占比有了显著上升，而收入–贫困线比率在1.4和大约3.3之间的家庭占比则显著下降。这些结果表明，最低工资上升的总效应是将部分（家庭收入）最初处于低收入之列但又高于类贫困线的家庭推向贫困或类贫困之列。从各点位的变化看，收入–贫困线比率在0.6到1.2之间的家庭占比上升的估计值是统计上显著的。

决策者或许更想知道最低工资上升是否导致低于某一水准——比如贫困线——的家庭占比出现了统计上显著的上升，而不是收入–贫困线比率分布某个特定点上的家庭占比变化。因此，表5–2的第一行根据图5–1中显示的密度估计（以及对应的标准误），针对部分具有潜在意义的收入–贫困线比率区间，报告了对应的家庭占比变化之估计。表5–2第1列表明，最低工资上升对收入–贫困线比率区间为0~0.5的家庭占比变化基本没有影响。与此相反，第2列和第3列表明，最低工资提高导致收入–贫困线比率在0.5到1之间的家庭占比的估计升幅为0.0079，导致收入–贫困线比率处于0~1区间的家庭占比总体上升了0.0083。样本中的贫困家庭占比约为0.18，因此，贫困家庭占比的变化意味着收入低于贫困线的家庭数量上升了4.6%。标准误表明，收入-贫困线比率区间为0~0.5的家庭占比变化在统计上不显著，比率区间为0.5~1和低于1的家庭占比变化具有统计显著性。正如图5-1显著揭示的那样，表5-2第4列说明，最低工资提高后，类贫困家庭的占比出现了大幅上升（0.0046，或3.6%），这一估计值在10%的水平具有统计显著性。第5列汇总了前四类的估计值，它表明最低工资上升将使贫困家庭或类贫困家庭的占比上升0.013，这一估计再次具有统计显著性。第6~8列说明，最低工资上升导致收入-贫困线比率区间为1.5~2、2~3的家庭占比分别下降0.0049、0.0071，收入-贫困线比率处于1.5~3的家庭占比总体下降0.0012（3.4%）；后两个估计值在5%的水平上具有统计显著性，第一个估计值的显著性水平是10%。在此解释一下表5-2中的数值，我们样本中的平均最低工资升幅为43美分，或大约10%。因此，贫困或类贫困家庭占比变化对最低工资的弹性值约为0.41，收入-贫困线比率处于1.5~3区间的家庭占比变化的弹性值大约为-0.34[34]。

表5-2　　最低工资上升对收入-贫困线比率区间占比的效应估计

	收入-贫困线比率区间							
	0~0.5	0.5~1	0~1 贫困线	1~1.5 类贫困	0~1.5 贫困/类贫困	1.5~2	2~3	1.5~3
	（1）	（2）	（3）	（4）	（5）	（6）	（7）	（8）
无控制变量	0.0005	0.0079**	0.0083*	0.0046+	0.0130**	-0.0049+	-0.0071*	-0.0120**
	（0.0018）	（0.0025）	（0.0035）	(0.0027）	（0.0040）	（0.0028）	（0.0031）	（0.0040）
州与年固定效应	0.0002	0.0069*	0.0071+	0.0033	0.0104*	-0.0072*	-0.0074*	-0.0146**
（占比变化）	（0.0022）	（0.0028）	（0.0039）	(0.0034）	（0.0046）	（0.0033）	（0.0037）	（0.0048）

资料来源：Neumark、Schweitzer and Wascher 2005。

注：数据来源于1986—1995年的3月《人口现状调查》文件。对数据进行了加权处理，以消解非配对性。表中的估计值是对图5-1、图5-2子图c的右图所报告的密度变化进行积分运算而得。用于分析的总样本量是196 270个，包括收入-贫困线比率高达6的众多家庭。标准误是基于500次重复的自助法（bootstrap）估计而得，隐含的T统计量是渐近正态分布。+、*、**表明估计值的统计显著水平依次为10%、5%、1%。

通过考察最低工资上升和最低工资没有上升的两类州/年对子的收入-贫困线密度变化，双重差分估计可以解释收入-贫困线比率分布密度的固定州际差异，也可解释所有各州共有的因时而异的密度变化。然而，仅有此类分析无法明确揭示最低工资上升与经济条件的其他变化彼此相关的概率，而经济条件的其他变化很可能对因州而异的家庭收入分布具有影响。

图5-2报告了揭示这一概率的估计值。首先，我们探寻替代性方法，以阐释最低工资变化与就业率变化之间的关系。为此，我们先在分析中排除了1991年或1992年生效的最低工资提高，因为1990—1991年的经济衰退导致这两年的总失业率急剧上升[35]。由于联邦最低工资在1990年和1991年均被提高，我们的排除规则是，在分析最低工资的当期效应时剔除了1991年的最低工资上升，在分析滞后效应时剔除了所有联邦最低工资上升（子图a）。这一排除规则更极端的形式是，我们还剔除了所有存在当期或滞后联邦最低工资上升的所有年份，也就是说我们还排除了1992年（子图b）。这一程序舍弃了联邦最低工资具有约束力的那些州的共同变化，也舍弃了由于联邦最低工资追赶标准更高的州立最低工资所造成的最低工资变化差异的变动状况。因此，这就不仅仅是将年份固定效应纳入回归分析框架中。其次，我们采用前述的重新赋权方式，来解释各州与各年失业率变化的差异；前文业已指出，我们偏爱这一方式的原因在于，它能解释最低工资变化与失业率之间的关系，且无须完全排除观测值（子图c）。最后，我们也更一般地控制了那些导致收入-贫困线比率分布发生各州独特或年度独有变动的诸多因素，消除了收入-贫困线比率分布百分比变动的各州效应和年份效应，其方法前已说明（子图d）[36]。

对于上述每类分析，图5-2均显示了理论上与图5-1子图c相等同的双重差分估计值。每一子图的第一个插图显示了最低工资变动对收入-贫困线比率密度的纯当期效应，第二个插图为纯滞后效应，第三个插图为总效应；像前面一样，各子图均显示了总效应估计值的置信区间。从图5-2子图b可知，排除当期或滞后最低工资出现上升的所有年份，极大地扩宽了置信区间

（请注意：子图b中右图的刻度更稠密），导致收入–贫困线比率分布变化的点估计值变大，这很可能不合理。图5–2所报告的其他各类分析（在某种程度上甚或包括子图b）的定性结论，与图5–1所报告的结果是相似的。最低工资上升的估计当期效应——见各子图的左图——一般总是有利于处于收入–贫困线比率分布最底端的那些家庭。此外，尽管对收入–贫困线比率密度之当期效应的双重差分估计的具体形状各不相同，但收入–贫困线比率在0.6或0.7到大约1.5或1.6之间的家庭占比总体上出现了上升，至少一部分收入–贫困线比率介于1.5~3这一区间的家庭占比出现了下降。

另外，估计的滞后效应——见各子图的中图——一致表明，最低工资上升后，收入–贫困线比率区间为0~0.5的家庭占比出现净上升；而且，更宽泛地看，收入低于贫困线的家庭占比出现净上升。此外，滞后效应的估计值表明，收入–贫困线比率区间为1.5~3的家庭占比出现净下降。

根据各子图的右图所揭示的总效应，可以得到与我们初始分析相一致的结论；实际上，较之分别考察的估计当期效应或滞后效应，图5–2子图a、c、d的估计总效应看起来更为相似。具体而言，最低工资上升对于处在最低收入–贫困线比率区间（约为0~0.5）的家庭占比几乎没有任何净影响，提高了收入–贫困线比率区间为0.5~1.5的家庭占比；综合起来，这些效应意味着，最低工资上升导致了贫困或类贫困家庭占比的净上升。子图c、d显示了使用所有数据，但对数据进行重新赋权，或剔除固定效应所得的估计结果，其中，对贫困线附近区间的家庭占比上升的点估计是统计上显著的。最后，所有图形均表明收入–贫困线比率区间为约1.5~3的家庭占比下降。因此，这类证据说明，最低工资上升增大了贫困或类贫困家庭的数量，而且新的贫困家庭主要来自那些低收入的非贫困（以及非类贫困）家庭[37]。表5–2第2行概述了根据图5–2最后一个子图针对更宽泛的收入–贫困线比率类型而得的估计结果；这些估计值与第1行极其相似：贫困、类贫困家庭的占比估计值上升，家庭收入1.5~3倍于贫困线的家庭占比下降。

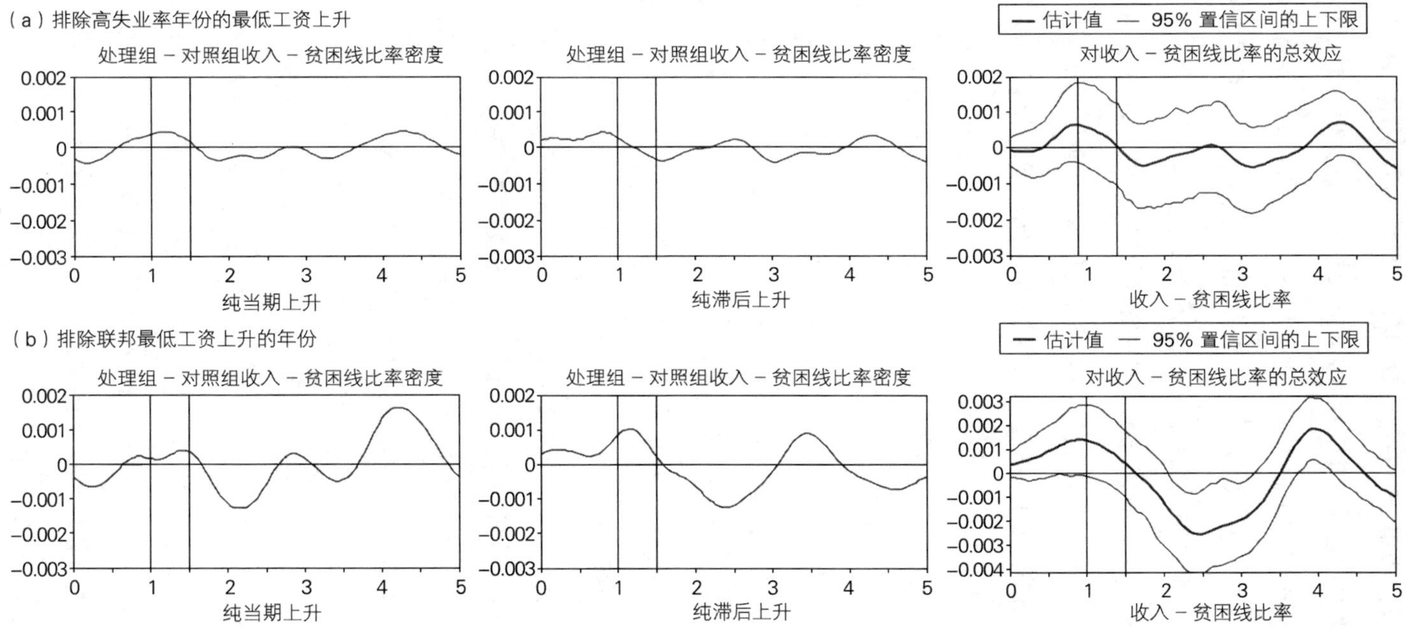
（a）排除高失业率年份的最低工资上升
处理组 - 对照组收入 - 贫困线比率密度
纯当期上升
处理组 - 对照组收入 - 贫困线比率密度
纯滞后上升
估计值
95% 置信区间的上下限
对收入 - 贫困线比率的总效应
收入 - 贫困线比率
（b）排除联邦最低工资上升的年份
处理组 - 对照组收入 - 贫困线比率密度
纯当期上升
处理组 - 对照组收入 - 贫困线比率密度
纯滞后上升
估计值
95% 置信区间的上下限
对收入 - 贫困线比率的总效应
收入 - 贫困线比率

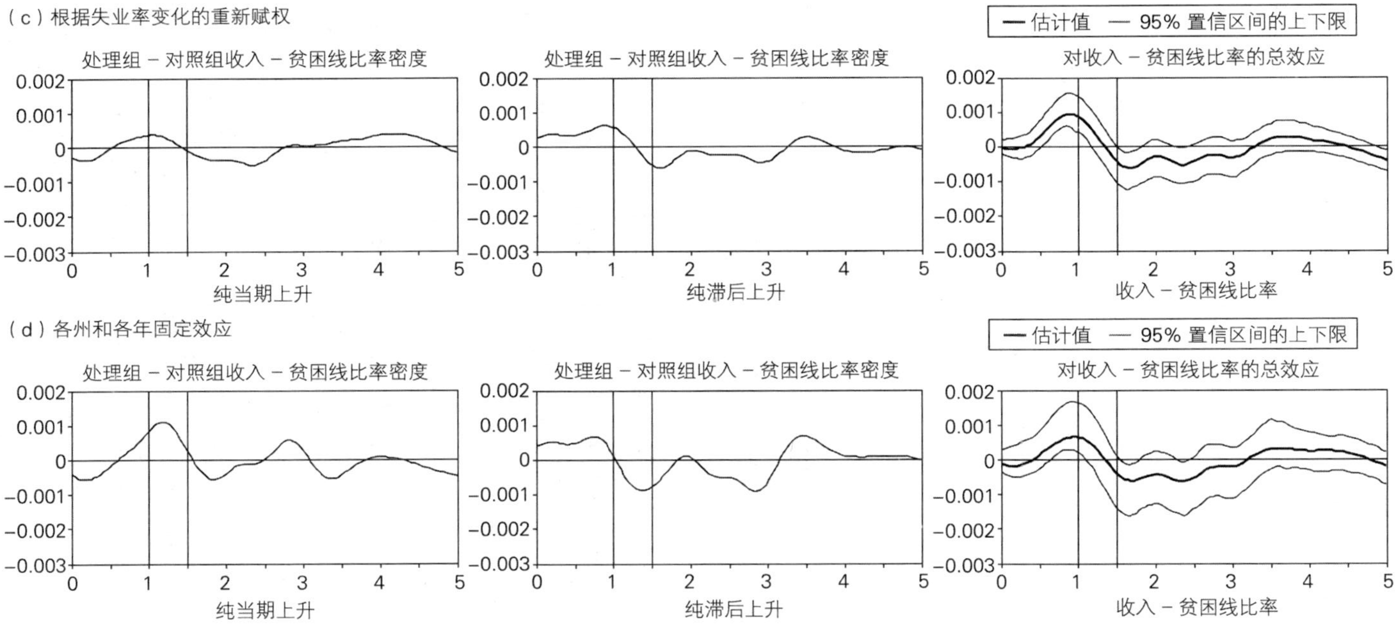

图 5-2　最低工资对家庭收入-贫困线比率分布效应的另一估计，1986—1995

资料来源：Neumark、Schweitzer,and Wascher 2005。

注：每一子图显示估计值均对应于图 5-1 的子图 c，但估计样本或估计方法存在差异（见各子图的标题的说明）。

5.3.3.3 稳健性及检验

为证明上述结果切实反映了最低工资的诸多效应，证实我们所得估计的合理性，我们进行了多项附加分析。第一，我们在应该不存在效应的收入－贫困线比率分布的若干部位，检验最低工资的效应。从图5－1可知，家庭收入3~5倍于贫困线的估计密度变化较小，同时正如置信区间所示，在统计上也不显著。而且，尽管表5－2并未报告数据，最低工资对收入－贫困线比率高于3~5倍这一区间（以及高于3~4倍的区间和4~5倍的区间）的密度的影响通常较小，且在统计上不显著。我们发现最低工资对更高收入家庭没有影响的事实表明，我们在更低收入家庭中所发现的收入－贫困线比率分布变化，可以归因于最低工资上升[38]。

第二，任何双重差分估计量存在的潜在难题是，处理组和控制组的不同演变趋势将导致对于处理组的不正确结论。观察我们的分析是否存在这一难题的方式之一，是检验最低工资的“领先”（lead）效应。如果双重差分程序表明，未来的最低工资上升与我们得自当期效应和滞后效应的同类收入－贫困线比率密度效应之间紧密相关，我们就可断定我们的估计值捕捉了处理组和对照组因时而异的不同变化，而且这些变化真的不能归因于最低工资上升[39]。图5－3显示了领先期为1年的估计结果；它所揭示的信息与图5－1子图b（图5－3所显示的“领先”效应除外）和图5－1子图c的中图相同。这些估计值表明，未来的最低工资上升对不足贫困线2倍的那部分家庭收入分布的收入－贫困线比率密度没有“影响”[40]。颇有意思的是，所得结果的确表明，未来的最低工资上升对更高的比率区间（约为贫困线的3.5~4.5倍）具有微小的领先效应，这与图5－1和图5－2所刻画的特征是一致的（但如前所述，这些效应几乎总是不显著的）。这一结果说明，在这些更高比率区间所显现的当期效应和滞后效应，或许反映了最低工资提高之诸州的共同趋势，而非最低工资的成因效应。如果真是这样，这一证据就再次证实了我们的结论，即最低工资的效应集中体现于收入－贫困线比率分布的更低端。

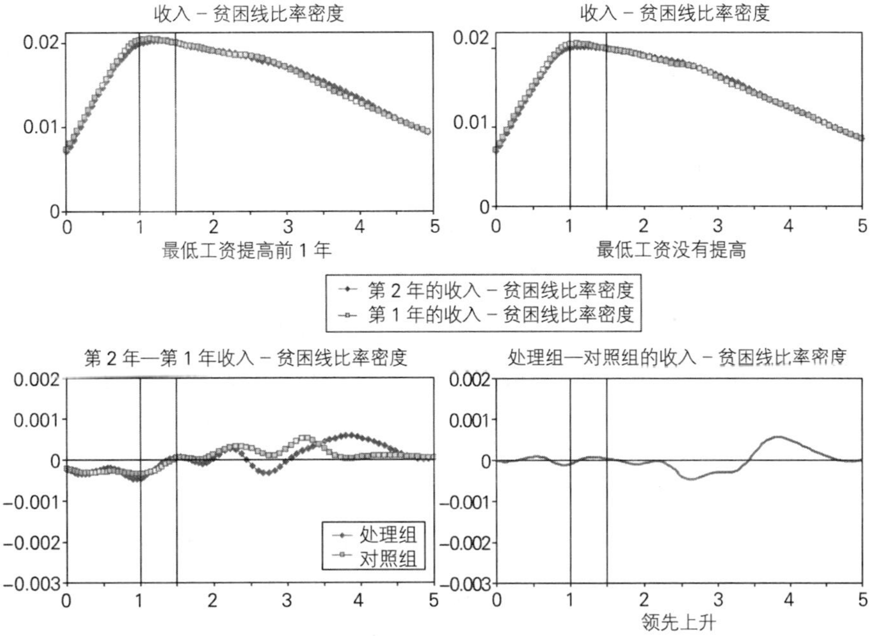

图5-3　最低工资对家庭收入-贫困线比率的领先效应估计，1986—1995

资料来源：Author's calculation。

注：第1~3个插图（每一横排从左向右数起）均对应于图5-1子图b的各图（唯一不同的是本图揭示的是领先效应，而非滞后效应），右下图对应于图5-1子图c的中图。

第三，我们考察了最低工资提高更多的诸州是否出现了更大的收入-贫困线比率分布变化。尽管我们设计非参数估计程序的主旨不是为了明确解释最低工资提高幅度的连续变化，但我们样本中的一些最低工资升幅相当小（例如，1990年明尼苏达州仅提高10美分），其他州的升幅又相对较大（例如，1992年新泽西州的升幅为80美分）。我们将最低工资调高的州-年观测值样本，划分为小幅上升组（调升中值小于45美分）和大幅上升组（调升中值大于、等于45美分），然后重新计算这两类处理组样本的估计值，并将它们与没有调高最低工资的州—年观测值样本进行比较。例如，如果我们将处理组限定为高于最低工资调升中值的那些观测值，则最低工资上升的估计效应是将贫困家庭的占比提高了0.0120，远高于表5-2第1行所显示的全样本估计效应值（0.0083）。相应地，如果我们仅将低于最低工资调升中值的次样本作为处理组，则所得估计值降至-0.0006。贫困或类贫困家庭占比变化的估计值变化呈现显著的类似特性：表5-2中的估计值是0.0130，最低工资大幅调升的估计值是0.0157，最低工资小幅调升的估计值是0.0076。

第四，本节所描述的多种方法带有“黑箱”性质；原因在于，这些方法提供了最低工资对收入-贫困线比率的净效应估计值，但没有跟踪考察前者对后者的所有影响途径。我们所得发现——最低工资导致贫困或类贫困家庭的占比上升——的可信度，得到了第4章（基于Neumark、Schweitzer和Wascher 2004而作）所述论据的支撑；这一论据的结论是最低工资上升导致低工资工人的收入受损。

表5-3更清晰地揭示了收入原先高于贫困线或类贫困线的家庭何以遭受最低工资上升的负面影响。尽管在收入高于贫困线1.5倍的家庭（见第2个单元格）中，最低工资工人（薪资所得低于最低工资的110%者）占主要收入来源者的比例甚微，但这些家庭中薪资最低的工人的工资所得仅为最低工资或低于最低工资（见第3个单元格），却绝非异常现象。而且，正如第4个单元格——它揭示了各类收入-贫困线比率中领取每类工资的工人分布——所示，最低工资工人（包括那些低于最低工资的工人）在收入是贫困线1.5~3倍的家庭中的占比，与在收入为贫困线0~1.5倍的家庭中的占比几乎一样高，但确实高于在收入低于贫困线的家庭中的占比。

因此，最低工资上升导致收入水平略高的家庭跌落至类贫困线之下，这一论据极可能表明这些家庭中的低薪次要收入挣得者蒙受了职位损失。而且，此类次要收入挣得者的数量还表明，我们所报告的最低工资估计效应的数值是相当合理的。例如，在我们的样本中，大约22%的收入-贫困线比率为1.5~2的家庭有至少两名工人。此外，正如表5-3第3个单元格所示，在此类家庭中，51%的最低薪资挣得者的薪资所得低于最低工资的110%。这样，大约11%（即22%×0.51）的收入-贫困线比率处于1.5~2区间的家庭有1名工人的薪资所得接近最低工资；并且，这类工人中仅有较小比例者被迫离职，从而导致收入-贫困线比率为1~1.5的家庭占比估计上升0.46个百分点，见表5-2。

表5-3　　　　工资和家庭的收入-贫困线比率

	收入-贫困线比率区间				
	0~0.5	0.5~1	1~1.5	1.5~2	2~3
	(1)	(2)	(3)	(4)	(5)
最低工资上升后至少1名工人的薪资低于最低工资110%的家庭占比	0.19	0.13	0.10	0.09	0.06
按小时薪资划分的主要收入挣得者在家庭收入-贫困线比率类属中的分布					
低于最低工资的90%	0.49	0.27	0.12	0.06	0.03
最低工资的90%~110%	0.17	0.18	0.12	0.05	0.02
最低工资的110%~200%	0.25	0.43	0.53	0.50	0.29
高于最低工资的200%	0.09	0.12	0.23	0.39	0.66
按小时薪资划分的最低薪资挣得者在家庭收入-贫困线比率类属中的分布					
低于最低工资的90%	0.57	0.52	0.41	0.34	0.25
最低工资的90%~110%	0.20	0.16	0.18	0.17	0.14
最低工资的110%~200%	0.17	0.26	0.32	0.40	0.45
高于最低工资的200%	0.06	0.06	0.08	0.10	0.16
按家庭收入-贫困线比率分类的工人分布					
低于最低工资的90%	0.13	0.15	0.12	0.11	0.18
最低工资的90%~110%	0.08	0.14	0.15	0.11	0.19
最低工资的110%~200%	0.03	0.08	0.12	0.14	0.23
高于最低工资的200%	0.01	0.01	0.03	0.05	0.16
N	2 979	5 980	8 852	10 741	24 420

资料来源：Neumark、Schweitzer and Wascher，2005。

注：表中标列了每个家庭第1年的收入-贫困线比率类别及收入指标。每小时薪资的计算公式是：年薪资收入÷(上年的工作周数×上年每周通常的工作时数)；为此，我们采用了《人口现状调查》每年3月的完整数据，而非仅仅采用其中的离职交流小组(ORG)的资料。第2、第3单元格各列数字之和等于1；第4列各行数字之和等于1，但表中未显示收入-贫困线比率大于3的数据。第3单元格仅限拥有至少2名收入挣得者的家庭。

为证实收入-贫困线比率分布的变化与有低工资工人家庭的收入相对小幅下降有关，我们还将估计最低工资效应时所使用的双重差分程序，应用于分析在初始收入-贫困线比率分布不同部位的收入-贫困线比率变化的分布。我们对最初分属下列四个收入-贫困线比率类别（它们并非彼此互斥）之一的各类家庭，均单独进行了此类估计：0~1.5，1.5~3，1.5~2，2~3[41]。

图5-4报告了上述四个家庭类别各自的收入-贫困线比率变化密度的估计值[42]。像前述做法一样，我们分别估计了当期效应与滞后效应的密度，并将它们与最低工资没有上升的对照组进行比较。图5-4的子图a显示了对最初属于0~1.5收入-贫困线比率类别之家庭的估计结果。左图显示的是当期最低工资上升的估计效应。与我们前述观点——即最低工资上升是主要的当期效应——相一致，子图a最显著的特征是正向集中于0的右端。这就表明，最低工资上升的当期效应是提高了那些收入-贫困线比率有过提高的家庭占比。中图显示了估计的滞后效应。此图进一步揭示了解聘效应或工时削减效应，因为曲线正向集中于0的左端表明，收入-贫困线比率有过下降的家庭占比上升；而0右端的波谷则表明，收入-贫困线比率有过上升的家庭占比下降。最后，右图揭示了最低工资上升的总效应，这个图形相对清晰明了，它最显著的特征是正向集中于0的左端。其含义是，最低工资上升对贫困和类贫困家庭的净效应是收入-贫困线比率下降。

图5-4子图b中各图对初始收入-贫困线比率区间为1.5~3的家庭报告了同样的分析结果。重点看一下右图所揭示的总效应，我们再次发现最低工资上升导致收入-贫困线比率经历过下降的家庭占比出现净上升，而收入-贫困线比率经历过上升的家庭占比出现净下降。请注意，图中正向集中于0的左端的曲线大部分落在0~1的收入-贫困线比率区间，这就意味着初始收入-贫困线比率高于2的家庭陷入贫困的情形相对罕有。相反，我们推测初始收入-贫困线比率约为2的部分家庭的这一

比率降至1.5左右；初始收入-贫困线比率约为1.5的其他家庭则跌落至贫困之列。因此，我们最终的观察结论可以理解为，最低工资对许多家庭的累积效应是使其在收入-贫困线比率分布上小幅左向位移。为进一步解释这一点，图5-4的子图c、子图d分解了对初始收入-贫困线比率为1.5~2、2~3的家庭的分析结果。这两个群组所得结果的定性特征是相同的：正向集中于收入-贫困线比率小幅下降之处，并在该比率小幅上升之处出现波谷。初始收入-贫困线比率区间为2~3的那些家庭占比的下降幅度低于0.5，这就表明，陷入贫困或类贫困者一般是初始收入-贫困线比率处于1.5~2区间的那些家庭，或收入刚好高于类贫困线（cutoff）的那些家庭。

总体看，这类研究所得结果并未对"最低工资上升压降了贫困和低收入家庭占比"的观点提供任何实证支撑。就此而言，各类研究结果强化了本章评述的其他论据，这些证据实际上无一说明最低工资具有正向分配效应。而且，这类证据表明，最低工资提高的净效应，如果确有效应的话，是提高了贫困和类贫困家庭的占比。这一有关最低工资效应的更加负面的结论，与Neumark和Wascher（2002b）的研究发现是一致的，但本节所述方法得到的部分结果在统计上更具说服力。

5.3.3.4 其他证据

Wu、Perloff和Golan（2006）报告了最低工资之分配效应的同类结论：它没有正向效应，可能还有负面影响；他们使用了类似的数据，采用了理念相同但技术不同的研究方法。因为，Wu、Perloff和Golan构建了一系列各州、各年家庭收入不平等的度量方式，包括变异系数、相对平均偏差、基尼系数、对数标准差[43]。此外，他们还对根据指数所对应的不同社会福利函数，从而涵盖区间从最平等到最不平等的各种阿特金森指数（Atkinson Index），进行了估计；阿特金森指数可以转换为按每单位（这里是各个家庭）收入水平来理解的货币指标，故而只要收入分配是平等的，各单位将得到与实际收入分布相同的社会福利水平。

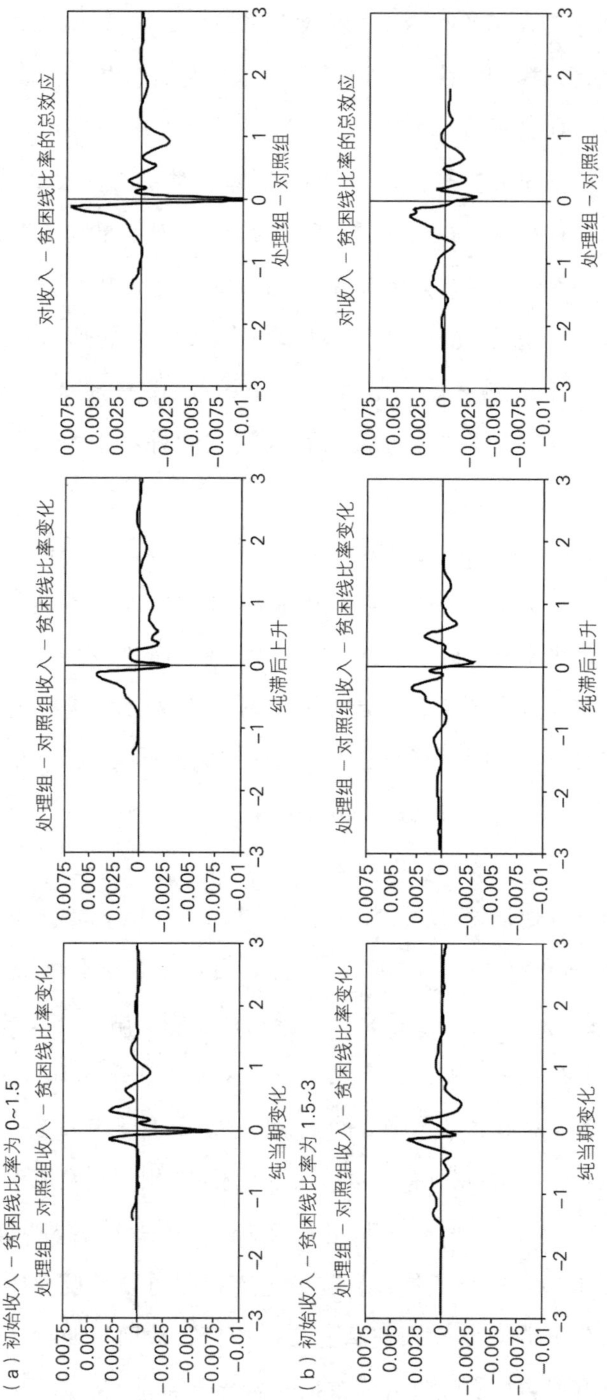

（a）初始收入－贫困线比率为 0~1.5
处理组－对照组收入－贫困线比率变化
纯当期变化
处理组－对照组收入－贫困线比率变化
纯滞后上升
对收入－贫困线比率的总效应
处理组－对照组
（b）初始收入－贫困线比率为 1.5~3
处理组－对照组收入－贫困线比率变化
纯当期变化
处理组－对照组收入－贫困线比率变化
纯滞后上升
对收入－贫困线比率的总效应
处理组－对照组
0.0075
0.005
0.0025
0
−0.0025
−0.005
−0.0075
−0.01
−3
−2
−1
0
1
2
3

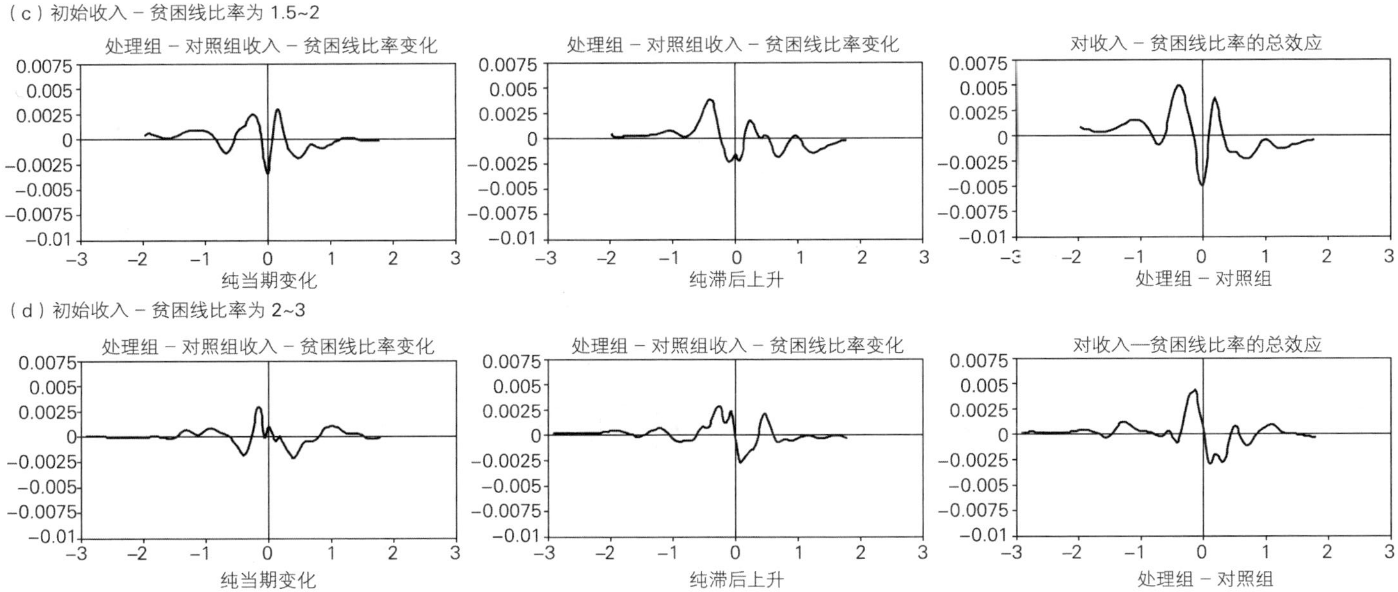

图 5-4　最低工资对家庭收入-贫困线比率变化分布的效应估计，1986—1995

资料来源：作者的计算。

注：每一子图显示的图形均对应于图 5-1 的子图 c，但收入-贫困线比率变化的密度除外。

除各州、各年的最低工资数据（均取州立和联邦最低工资的最高值）外，三位作者还归集了众多参数数据，以刻画可能影响家庭收入的大部分政策（下节将详述）。然后，他们对分析各州/年不平等指标与所有这些政策之相关性，并控制了经济条件、教育程度与家庭结构的回归模型，进行了估计。该模型还设置了各州的虚拟变量；但没有设置年份虚拟变量或时间趋势——鉴于有证据表明本时期的工资不平等出现了趋势性上升（第4章业已探究），这多少存有缺憾[44]。

从大多数家庭收入不平等的度量指标看，有证据表明最低工资上升通常提高了收入不平等[45]。唯一的例外是基尼系数和变异系数；但针对这两个指标的估计效应在统计上不显著（T统计量小于1）。此外，按对数标准差度量的不平等的估计正向效应是统计上显著的，因为对数标准差为处于收入分配低端的转移支付赋予了更多权重。与此相反，变异系数对收入分布任何点位的转移支付均等赋权；基尼系数则对中段的转移支付赋予更大权重。因此，这些结果意味着，如果我们更关注的论题系处于收入分布底端者是否因最低工资上升而受益或受损，那么最低工资的效应更多的是负面的。采用阿特金森指数所得的证据通常表明，最低工资提高了收入不平等程度（从而削减了福利，但作者没有对此模型进行估计，因为收入分布与福利水平无关的例证有限）。同时，这类证据是统计上显著的，而且根据对低端收入分布的转移支付赋予更大权重的各类指数所得的估计值更大，从而呼应了采取对数标准差进行不平等度量的估计结果[46]。

总体来看，学界认为，直接估计最低工资对家庭收入分配之影响的各类研究所得到的论据，可以理解为必然得出下列两个结论之一，这主要取决于研究者优选的模型设定与研究范式：最低工资没有分配效应；或最低工资损害了处于收入分布底端者。然而，无论如何，绝无证据表明最低工资有利于贫困家庭或低收入家庭。但值得强调的重要特征是，我们论述的各类研究据以阐释的数据，乃截至20世纪90年代中期或90年代末。近年来对低收入住户——尤其是对单亲母亲为户主的住户——的劳动力市场激励发生了相当大的变化，因此，显然有必要对后福利改革时期的此类证据做更多的重新考察与探究。

5.3.4 国际证据

其他国家就最低工资的分配效应所提供的证据极为稀少。同时，已有的证据来自发展中国家，最低工资对这些国家的分配效应殊异于美国。尽管解聘效应（至少在最低工资覆盖的部门）的理论预测也应适用于发展中国家——而且根据第3章的论述，它在多数情况下如此——但这类国家的工资和收入不平等程度更大，受最低工资影响的工人占比更高，而且还存在众多其他制度差异，进而导致迥异的最低工资之分配效应。

《世界银行报告（2006）》评述了数项研究以及它自身研究所得的部分证据，结论是最低工资的分配效应是模棱两可的[47]。因为，这份报告的结论是：最低工资通常对贫困率之升降毫无影响，它对贫困者收入的影响因国而异。

Neumark、Cunningham和Siga（2006）解析了巴西的案例。这一案例让人着迷的原因在于：它是世界上不平等程度最高的国家之一，它使用最低工资作为社会政策工具的历史悠久，它在新近数年大幅提高了最低工资水平。与研究巴西的其他著述不同，这项研究采用了最低工资变化的事前-事后分析方法，这一方法与应用于分析美国数据的方法相同。但由于数据的局限，三位作者只能估计最低工资对人均收入分配的效应，他们的论文着眼于人均收入分布的第10、第20、第30百分位。巴西的最低工资是全国统一的，但工资和收入水平的地区差别却是巨大的，故而采用一个受影响的分数变量来捕捉最低工资效应。由此所得的结果大多与美国的相当。最低工资对这些收入分布百分位的当期效应是在第10、第30百分位近乎0，但在第20百分位为正且显著。但考虑长达1年的滞后效应后，这类论据更强烈的总体指向是负面效应。而且，这一论据还揭示了对家庭户主的解聘效应，从而有助于解释这类收入下降。然而，在不同设定下的这类论据并不总是稳健的（特别是就统计显著性而言），从而大多被视为未就最低工资的正向分配效应提供任何支撑。

Gindling和Terrell（2007c）探究了洪都拉斯最低工资的分配效应。他们使用的数据来源与第3章相同，但样本期更短（2001—2004），因为只能获取这一样本期的家庭贫困状况数据。像研究就业效应所得的结论一样，最低工资效应主要集中于大企业部门。对这一部门的工人而言，他们的估计结果是，最低工资降低了工人处在贫困家庭或极端贫困家庭的可能性，其弹性值分别为-0.1和-0.18。[48]然而，他们的估计仅仅聚焦于可以归类为特定行业和部门（因为他们此前供职于这一行业或部门）的工人或失业者。其结果是，这些估计忽略了新加入劳动力大军者的职位机会变化所导致的贫困效应。而且，此前供职于特定行业和部门的失业者仍被“派发”了该行业和部门的现行最低工资；但这一工资是否为与这些失业者最相关的最低工资，却不甚明了。

但是，最重要的是，切记洪都拉斯的最低工资因行业（以及其他维度）而异。尽管某一行业层面的分析可用于解析最低工资的就业效应，采用这一方法估计其分配效应却面临困境。例如，标准的新古典模型的预测是，某一行业的最低工资上升将导致雇主转而雇佣技能更高的工人。(Gindling和Terrell 2007b的研究结果与这些就业效应是一致的)。这些技能更高的工人不大可能是贫困者，但没人会据此声称，转雇技能更高的工人导致某一行业的薪资所得上升，反映了最低工资提高对该行业的减贫效应[49]。类似地，如果工人被最低工资已经上升的行业解雇，并在其他行业谋得职位，则（录用工人的）目标行业劳动力供给的向外移动将导致这类行业的平均薪资所得下降，由此形成的虚假证据必然意味着这些行业最低工资的相对下降导致贫困率提高（或与此相反，最低工资上升降低了贫困率）。据此，我们认为，行业层面的分析不适于解答最低工资的分配效应问题。在最低工资因行业而异时，估计最低工资的分配效应是有可能的，但其途径不是研究行业间的最低工资变动。

对哥伦比亚的研究（Arango和Pachon，2004）所采用的识别策略，与Neumark、Cunningham和Siga（2006）研究巴西时所采用的策略基本相似。两位作者报告了需要采用滞后最低工资作为工具变量的众多动态面板设定。我们已经批评过这一方法，而且两位作者也未就这些设定较之文献中常用的“长期”设定之基本原理，提供极具说服力的阐释。然而，在报告根据长期设定所得估计值的一张表格中，两位作者发现，最低工资提高降低了第5、第10百分位的家庭薪资收入（这些估计是显著的），但提高了第20及其以上百分位（自此递进升至第90百分位，所得估计值与第30~90百分位的估计值极其相似）的家庭薪资收入。该文中的其他估计值也表明，最低工资对在人均家庭薪资收入分布中处于相对较高百分位者具有正向效应，但对处于分布底端的家庭具有负面影响。像我们此前对巴西的一些评述一样，对于那些发现最低工资对处于家庭薪资收入分布第80和第90百分位者具有正效应的研究，我们是持怀疑态度的，因为，此类家庭中几乎没有最低工资工人[50]。

显然，发展中国家最低工资之分配效应的现有论据有些杂乱不清。从本章铺陈的不同论断来看，这毫不足奇，因为对此问题的答案也会因国而异。无论如何，必须从其他国家——包括发展中国家和发达国家——获取更多有关最低工资的分配效应的证据，则是明确无疑的。但也必须强调，在其他国家几乎完全找不到令人信服的论据证明最低工资具有正向分配效应。

5.4 最低工资的替代政策

Wu、Perloff和Golan（2006）在研究最低工资的收入分配效应时，还估计了众多其他政策的效应；这就对我们分析最低工资的分配效应而自然延伸的一个问题，做了极佳的接续探究。既然我们的分析结论是，最低工资（如果有效应的话）对贫困家庭和低收入家庭具有负面影响，那么，是否还有我们应予推行、并取代最低工资提高的其他政策，以对低收入家庭实行收入再分配？

求解这一问题的大多数研究将最低工资政策与劳动所得税抵免（EITC）政策进行比较。这一比较是很自然的，因为劳动所得税抵免政策向低收入的劳动者家庭提供薪资所得补贴，并在无人工作的家庭中创造就业激励——它所追求的目标大多与最低工资政策的“纸上”（如果不是现实的）目标是一致的。劳动所得税抵免额取决于四个政策参数。第一，薪资收入最低者可以获得薪资补贴——这一补贴是由递增比率（phase-in rate）决定的薪资收入的一定比例。目前，联邦政府对育有两个及以上符合条件的孩子的家庭所确定的递增比率是40%。第二，劳动所得税抵免设有最高补贴水平，2006年上述同类家庭享受的这一补贴水平是4 536美元（这一上限是指数化的，故而逐年上升）。第三，它设有最高补贴居间固定不变的“高原”或收入区间（2006年这一收入区间是11 340~14 810美元）。第四，它还设有所得税抵免额随收入上升而削减的递减比率（phase-out rate）（目前为21.05%）[51]。除了联邦劳动所得税抵免方案外，许多州也制订了自己的劳动所得税抵免方案，以弥补联邦政策之不足（见Neumark和Wascher，2007b）。

EITC是一个导入了关乎众多劳动力市场（和其他）行为之激励的综合方案，也因此吸引了数量巨大的学术关注。Hoffman和Seidman（2003）以及Hotz和Scholz（2003）全面系统地考察了此类文献，我们在此仅做扼要探讨。就劳动力市场行为而言，对于那些只有一位成人和几个孩童的家庭——特别是贫困是最大难题的女户主家庭——的理论预测是EITC具有正向的就业影响；因为，EITC提高了就业者的有效工资；它对于此前的非就业者，只有替代效应，没有收入效应；而且，在EITC施行前选择就业者仍将继续工作[52]，工时效应则更加模糊不清。在递增比率区间，EITC存在彼此抵消的收入效应和替代效应。在“高原”区间，则仅有负面的收入效应。而在递减比率区间，收入效应和替代效应均创造了削减工时的激励。对于EITC是否增进了单亲母亲们的就业，上述文献考察所综括的研究是相当含混不清的。对已经工作且收入水平略高的家庭（或许是双职工家庭）而言，EITC具有温和的负面工时效应。

这些发现的含义是EITC很可能提高了最贫困家庭的收入。而且，这一讨论进一步明确，EITC的目标对象是低收入家庭。这就明显不同于最低工资政策，最低工资的目标对象是低工资个人。我们在本章已经阐述了低工资家庭与低工资个人之间的微弱关系，因而我们希望劳动所得税抵免能比最低工资更有效地削减贫困，帮助低收入家庭[53]。

与此同时，还必须指出，EITC对贫困家庭的帮助并非尽善尽美。最重要的是，EITC的平衡点（在该点上，处于退出区间的补贴已经降至0）恰好略高于贫困线。部分原因在于，过快地取消补贴将导致强烈的劳动力供给遏制效应（按工时度量）。此外，由于计算依据是收入而非工资，因此EITC很可能有时补贴了那些技能高，但工时少的工人。EITC可能无法惠及那些收入低至不足以填报《所得税申报表》的家庭，有时还会补贴那些成人未婚同居的高收入家庭，但若结婚，则他们的共同收入使其不能申请EITC。尽管如此，各类计算表明，劳动所得税抵免政策发力相当精准，仅有极少的补贴金流向收入超过贫困线2倍的家庭（Liebman，1998），几乎半数的补贴金发给了贫困家庭（Scholz，1994）。这类计算的依据是我们在综述最低工资文献时所批评的那类仿真政策效应，而非直接估计的政策变化效应。然而，其他研究提供了更具说服力的论据，证明EITC具有更好的收入分配效应。

例如，在Neumark和Wascher（2001a）中，我们使用与本章前文研究最低工资的分配效应时同样的《人口现状调查》数据，估计并比较了最低工资变化的效应以及EITC对于陷入贫困和摆脱贫困（以及对收入–贫困线比率变化）的影响。我们采用了各州这两类政策的差异；对于EITC的差异，我们是通过递增比率捕捉的，因为各州和联邦EITC的交互作用，递增比率因年、因州、因孩童数量而异。如果我们在度量收入时同时纳入工薪收入和EITC补贴，则EITC让家庭摆脱贫困就不足为奇了。然而，我们不再采用估计的EITC补贴额（以及其他转移支付），转而仅仅研究工薪收入。此举意味着对EITC之有效性进行极其严格的检验，因为我们考察的内容是，提高EITC或最低工资的标准，是否将增大相应家庭借此获取脱贫之道的概率。此类论据的含义是，EITC所创造（而不仅仅是“签发空头支票”）的各种激励是切实可行的，而且有利于反贫困。

这类论据表明，更慷慨的EITC补贴将增大家庭收入高于贫困水平的概率，而且更一般而言，将提高最初收入低于贫困线之家庭的薪资收入。与此相反，没有证据表明EITC会因对工时的负效应以及对最初之类贫困家庭薪资收入的负面影响，而将类贫困家庭推向贫困（以薪资收入为准）之列[54]。此间隐含的脱贫效应是巨大的，从而意味着：在样本期间内联邦劳动所得税抵免率的平均升幅（4%），将贫困率压低了大约0.029，或近3个百分点[55]。因此，EITC显然比最低工资具有更好的正向分配效应。

本章前文所述其他一些关于最低工资之分配效应的研究，也有比较最低工资与EITC的内容。与我们的研究结果相反，Gunderson和Zaliak（2004）发现，无论采用税前收入指标还是税后收入指标（后者包含所得税抵免额），EITC通常伴随着贫困率上升，但只有部分估计值是统计上显著的[56]。从平方贫困距来看，他们发现EITC对税前收入指标没有明显影响，但使用税后收入的部分证据是与差距缩减相一致的。然而，这一差距缩减仅在已婚夫妇家庭中明显。他们模型设定的潜在难题是，它没有涵盖年份效应，而且EITC和其他政策的效应还不能随家庭中的孩童数量而变化；后者在我们的分析（Neumark和Wascher，2001a）中则极为重要。总体看，较之我们自己的研究，这类研究的结论对EITC略显不利。

如前所述，Wu、Perloff和Golan的研究也对最低工资之外其他一些再分配政策的效应进行了估计。这些政策及其度量方式如下：所得税率（最高档级和最低档级的联邦边际税率）；失业保险金（最高的周补贴）；补充性保障收入（用独立生活者享受的最高补助来度量）；未成年子女家庭抚养补助（AFDC，度量指标为：最高补助额指标，家庭仍符合申请条件的最高收入，以及以福利改革启动年份及此后年份为1的虚拟变量）；残疾保险金（年给付额）；食物券（每月最高券额）；劳动所得税抵免（EITC，最高补助及递减比率）。他们的证据总体表明，最高的EITC补助降低了不平等[57]。有趣的是，他们发现EITC补助对各类阿特金森指数（这类指数对收入分配低端的赋权相对较大）之外所有设定的收入不平等具有统计上显著的负效应；二位作者认为，其原因是大部分EITC补助发给了处于收入“高原”区间和递减区间的那些家庭[58]。他们还发现，递减比率提高了根据几乎每个不平等指标度量的不平等程度，这很可能是因为，在其他条件不变时，递减比率上升削减了中等收入家庭的工时和工薪收入。

除上述实证分析外，还有可能——像此前对最低工资效应的模拟分析一样——模拟分析EITC的效应，并将其分配效应与最低工资的分配效应进行比较。Formby、Bishop和Kim（2005）提供了此类宏大分析，而且涵盖了第三类再分配政策——对所在家庭收入低于贫困线2倍的工人实行工资税退税。首先，他们考虑的情形是最低工资提高1美元。使用2001年3月的《人口现状调查》数据，他们就最低工资上升如何影响工资分布、如何影响就业（借助多种估计就业效应，包括没有就业效应的模拟分析进行考察），提出多项假设。然后，他们着力考察劳动所得税抵免（EITC）或工资税退税的“等成本”扩散，方法是：撇开（take）最低工资上升导致的工资总额变化，并转而（1）将这一新增工资额分配给现有（估计）的EITC领取者，每位获得的数额是其当前所得税抵免额的一定比例；或（2）将这一新增工资额分配给低收入家庭的工人，每人获得的数额是他们的估计工资税的一定比例[59]。在考虑了最低工资上升引致的新增收入导致EITC发放额减少这一可能性，以及EITC和工资税退税对已婚妇女劳动力的负面影响后，他们估算了各类结果对收入的含义。

基于这些模拟分析，他们采用应用福利经济学分析，来考察这三类政策的收入分配效应可以得到哪些确证，而不是用以辨识赢家和输家。他们考虑的第一条标准是一阶占优；据此方法，A部位的收入分布一阶占优于B部位的收入分布的唯一条件是，A部位的家庭收入不低于B部位，而且至少有一个家庭的收入高于B部位。也就是说，一阶占优完全就是帕累托效率标准。由于不同的政策将给收入分布的不同部位带来收益，故而无法为任何政策建立一阶占优。二阶占优是根据庇古-达尔顿转移准则而确立的较弱标准，它假定从高收入家庭向低收入家庭的转移支付可以提高福利水平，从而内嵌着公平的偏好。他们的研究结果表明，EITC二阶占优于最低工资政策，因为EITC能更好地定向针对低收入家庭。与此相反，工资税退税没有二阶占优于最低工资[60]。根据这些结论，他们判定，EITC是更优的再分配政策，在与最低工资相比时更是如此。

Formby、Bishop和Kim的分析令人兴致盎然，但最终难逃我们针对其他模拟分析练习所提出的同类批评——亦即它依赖于无数假定和简化规定，进而对分析结果造成了影响。此外，这类研究还存在其他几个问题。首先，三位作者将最低工资的解聘效应模拟为，在他们假定将蒙受解聘效应的全部群组内，所有工人的工时按比例减少，即便这些效应估计所针对的群组同时包括受影响的个人和不受影响的个人。我们在前文已经指出，这一方法确保了所有受影响的工人之薪资收入将随最低工资上升而提高。实际上，我们可以预见，部分工人将因最低工资上升而失去工作，最终这些工人的薪资收入将下降。当然，问题在于，针对最低工资的就业效应的各类研究，不能为我们辨识哪一特定群组的哪些工人最终未被雇佣，以及此类未就业的工人在家庭收入分布中是如何分布的，提供任何指引。因此，我们对于从最低工资上升如何影响收入分配的这些模拟分析中所得到的任何结论，均持怀疑态度：与三位作者的计算相比，一些家庭很可能获益更多，而另一些家庭又很可能受损更大。

其次，Formby、Bishop和Kim考虑了EITC对已婚妇女的负向工时效应，但没有考虑EITC对单亲成年户主家庭的正向就业效应，但在文献中有明确的此类正向就业效应的论据。考虑此类正向就业效应很有可能进一步增强EITC较之最低工资的吸引力。此外，三位作者没有考虑谁来承担不同政策的代价，以及这些政策成本如何在收入分布中进行分配。这一论题的著述甚少，但一些研究在求解最低工资上升导致各类价格上涨，进而追问谁来为此“买单”时，涉及了这一论题（O’Brien-Strain和MaCurdy，2000）。与成本相关的其他重要事项或许还包括，承担最低工资上升负担的企业主与供奉EITC补贴（或工资税退税额）的纳税人相比较的相对收入问题。而且，这些政策的收入效应还将为其他政府转移支付项目提供诸多启示，但现有分析——就我们的最好评价来说——忽略了其他政府转移支付项目。

最后，Formby、Bishop和Kim在考察放宽EITC标准或调降工资税的诸多效应时，假定所有的政策红利都将由工人分享。然而，这些政策变化的实际影响范围可能不同于这一假定。例如，如前所述，Leigh（2007）和Rothstein（2007）均报告称，更优厚的EITC因供给端的反应而降低了市场工资。至于工资税减免，标准的教科书分析认为，扣缴工资税后的工资净额增幅低于税负削减额。诚然，Hamermesh（1993）的结论是工人在长期内承担了大部分工资税的税负。然而，关于工资税影响范围的现有估计值并非来自针对低收入家庭的工人而明确考察工资税退税的那些研究，从而Formby、Bishop和Kim在模拟分析中所假定的各种效应仍具有相当大的不确定性。

我们无意于表明，通盘考虑这些效应是轻而易举的。而且，即便如此，所设假定的有效性仍需斟酌。例如，根据现有证据，三位作者在假定所有工资水平最高为原最低工资125%的工人都将获得工资上升时，似乎就过度依赖于隐含的工资溢出效应。我们的总体观点是，此类练习面临的困境，它们必须做出无数假定，以及刻意忽略的行为反应的可能性——所有这些意味着，对最低工资和其他政策之分配效应的实证类事前-事后分析，有可能提供更加可信的证据。事实上，在开展此类研究时，我们甚至无须认同最低工资的基线解聘效应[61]。

有充分理由先验地相信，在帮助贫困和低收入家庭上，EITC优越于最低工资政策。而且，尽管存在前述一些批评，模拟分析有助于将EITC优越性的先验论断正式化。然而，就像最低工资政策的论据一样，在论证EITC的优越性时，我们过度倚重于事前-事后分析，以比较不同政策的分配效应。事前-事后分析所得的多数证据通常认为，EITC的确有利于帮助低收入家庭和贫困家庭——这与最低工资政策相反。这一结论并非在全部现有研究中都成立，但它在我们认为更具说服力的证据中确实靠谱。然而，对这一问题显然需要做更多的研究。

最后，即便是发现EITC具有正向分配效应的论据也表明，EITC对于处于家庭收入分布最底端的家庭可能不具效力；但这一结论也几乎完全适用于最低工资。这两项政策均旨在提高劳动者的收入。故而，仍需采取其他政策——比如针对残障人士的政策——来消解没有劳动者的家庭收入困境。最后，EITC对毫不相干者实际没有任何好处，这些人或许也应成为再分配政策的目标受益人。

5.5 结 论

许多经济学家将最低工资导致就业削减的预测视为无懈可击，看作是需求法则的必然结果。与此相反，对于最低工资的分配效应却无任何理论预测。一位经济学家即便100%确信最低工资将削减就业，也不得不承认存在最低工资总体上或许有利于贫困或低收入家庭的可能性。实际上，我们必须指出，这是一直广为盛行的看法。然而，可能具有讽刺意味的是，对于最低工资领域没有任何理论预测的论题之一，相关证据却是毫不含糊的。与解聘效应的分析结论——部分证据指向毫无效应或没有正向效应（我们对此持批判立场）——形成对比的是，根本没有经验证据表明最低工资具有正向效应。相反，已有研究要么没有发现证据支撑分配效应，要么所得证据证实最低工资提高了贫困率。

在我们看来，各类混合证据最好能统合解读为最低工资上升主要导致了低收入家庭彼此之间的收入再分配：一些家庭因最低工资上升而获益，另一些家庭因就业机会减少或工时削减而受损；还有一类可能性，即从净效应看，贫困或低收入家庭的境遇变得更糟。如果有令人信服的证据表明，获益家庭就是那些在比例上不相称但确属我们希望对其进行收入再分配的家庭——例如需要抚养孩子的贫困家庭——那么，我们自然便可推想现有证据掩盖了一些正向分配效应。但截至目前，尚无任何证据支撑这一论断。

我们本章开篇便抛出了最初由Gramlich提出的问题：解聘效应所反映的最低工资的负面扭曲效应，是否被其正向分配效应所超越。如果有证据指向其正向分配效应，则我们面临的挑战性问题是如何平衡效率效应与公平效应；但倘无正向分配效应，也就不存在权衡与取舍。我们认为，这就使得判定通常用以支撑提高最低工资的政策论断之合理性变得更难了。

然而，有关最低工资的分配效应的证据几乎全部来自美国。由于这些分配效应取决于如此众多的因素——包括众多不同类型工人的损益幅度、这些工人在家庭收入分布中的地位、其他家庭成员的反应，以及各种政府政策——因而，几乎没有多少（如果有的话）依据可以假定美国的证据适用于其他国家，特别是那些与美国迥异的国家。事实上，即便在美国，分配效应也会受到政策环境变化的影响。

换个略微不同的说法。如果有人要求一位经济学家预测最低工资提高（或新的最低工资政策）对一国的影响，且该国没有直接证据揭示这一影响，这位经济学家将十分自信地预测该国的就业将下降，主要理由有二：第一，有相当确凿的理论预测认为，最低工资上升将削减技能最少的工人就业；第二（也是我们认为更重要的理由），在很多国家发现了解聘效应的证据，第3章对此有明确论述。但这两个论断均不适用于最低工资的分配效应，因而几乎没有任何依据对美国之外其他国家的分配效应做出可靠的预测。要想就最低工资的分配效应，或哪些因素影响这些分配效应，得出归纳性的结论，就必须从更多国家探寻分配效应的证据。另外，确实没有任何依据——可从现有研究中找到——支撑最低工资在其他国家的确具有正向分配效应的结论。

我们在本章及前两章考察了最低工资的就业、工资、工时、薪资收入和分配效应；这些效应所依托的证据有一个共同特征，即都是关注于相对短期的效应。尽管这些研究经常考虑了最长为1年左右的滞后效应，但我们目前尚未探究最低工资是否为受其影响者带来了某些期限更长的收益，或施加了期限更长的成本。第6章将探究最低工资长期效应方面的证据，探究的重点是最低工资如何影响劳动技能的积累。在接续的篇章中，我们从另一角度扩展了分析思路，并将关注点从受最低工资影响的工人及其所在家庭，转向考察最低工资对企业的影响及其对更广泛的宏观经济的影响。

第6章　最低工资对技能获取的影响

6.1　引　言

大多数关于最低工资的研究，以及我们就此所论及的多数研究，聚焦于最低工资的就业效应和工资效应。然而，正如我们所强调的那样，这类聚焦为政策评估提供的视野过于狭窄。前两章在论述最低工资的分配效应时探究了这一局限，其要点是从制定政策的角度看，最低工资的分配后果——特别是对家庭收入分配的影响——比其就业效应和工资效应更为重要。但即使这一更宽的视野也遗漏了另一个具有潜在重要性的最低工资效应维度。因为，最低工资会影响技能获取，从而在影响那些确实遭遇解聘效应者的工薪收入之外，还会影响那些没有遭遇解聘效应者的工薪收入。而且，由于技能获取效应要在更长的时期内才能显现，它们对工薪收入的持续影响，还可能跨越经济学家在研究最低工资的就业效应时所针对的典型年龄区间（即16~24岁）。最低工资对技能获取之潜在影响的广泛性、长期性意味着，我们截至目前所描述的众多实证分析并没有充分反映这些效应[1]。

因此，本章将考察最低工资对技能形成的影响。我们首先重点考察最低工资对在职培训和在校教育的影响。失去在职培训机会当然是最低工资的解聘效应的代价之一。但若仍被雇佣者的在职培训减少，则最低工资对技能形成的总体负面影响将更大。另外，正如下节所述，最低工资提高可能导致一些工人的培训增多，在这种情形下，除仍被雇佣者的工资所得上升之外，最低工资或许还能带来其他福利。在上述任一情形下，由于技能获取影响工资增长（Mincer，1974；Brown，1989；Becker，1993），最低工资的培训效应对于工薪收入可能兼具当期影响和更长时期的显著影响。

最低工资还会影响在校教育决策。更高的最低工资可能会诱使一些人离校工作，但也会促使某些其他人继续留在学校提高他们的人力资本，从而将他们的劳动生产率提高到超过更高的最低工资的水平。无论是哪种情形，在最低工资之常规就业效应和工资效应之外的技能获取，再次彰显了其重要性。

作为对现有研究的回应，本章重点探讨最低工资对在职培训和在校教育的当期效应。但我们还着重论述了最低工资在更长时期内对工资和工薪收入之效应方面的新近证据；这类效应导源于（就业者）在青年时期有过高的最低工资际遇，经由最低工资对在职培训、在校教育、失去工作机会的影响，或者其他途径而形成。

最低工资影响技能获取方面的研究以工人为着力点，主要考察各种最低工资是否增加或减少了在职培训或在校教育，以及它们如何影响未来的工资水平和工薪收入。此类证据在有关最低工资的政策论争中一直处于重要地位，因为它与决策者公开宣称的促进（工人们的）经济自立目标密切相关[2]。

然而，最低工资的技能获取效应或许还有其他经济福利含义，因为最低工资对技能的影响可能会加剧，也可能会缓解现有的市场扭曲。其可能性之一是获取技能的私人、社会的收益与成本存在差异。例如，技能较低的工人更有可能是各种公共资助项目的适用对象，在此情形下技能获取的社会收益大于私人收益；而且，提高最低工资将导致在校生数量极少，因为更高的现行工资将诱使青年人弃学工作。与此相反，下节将探讨的劳动力市场理论模型则认为，最低工资提高将消弭市场不完善所导致的培训投资不足。近期的研究在求解最低工资的福利含义时，也将其技能获取效应纳入诸多集合模型中[3]。像本书其他篇章一样，我们的论述——像几乎所有文献的做法一样——主要集中于在政策论争中显得特别瞩目的那些最低工资效应。但这类证据也有利于铺垫对最低工资总福利的诸多分析，因为这些分析严重依赖于最低工资变化如何影响技能获取方面的证据。

6.2 最低工资和培训

6.2.1 理　论

最低工资对在职培训的潜在逆向效应最初是由Rosen（1973）、Feldstein（1973）和Welch（1978）提出并探讨的。我们首先考察标准的一般人力资本模型（Becker，1993）；据此模型，工人自己承担培训费用，因为培训可以提高被多家雇主看好的许多技能；因此，若雇主在（工人自费的）培训开展后未向工人支付机会工资，工人将投靠另一家雇主。

首先，假定培训费用从工人的工资中筹措，这就会导致工人工资减少，以弥补培训成本。由于《公平劳工标准法案》规定，最低工资适用于扣除任何培训成本后的工资净额；因此，最低工资上升必然抬高扣减培训成本后的工资净额不得“跌破”的工资下限，进而有碍于培训。不大可能发生的另一情形是，工人得到的工资水平高于最低工资水平，但向雇主缴付培训费用。然而，即便在这种情形下，雇主仍必须对工人花费在职位所需技能培训上的时间支付报酬[4]，从而最低工资上升依然加大了培训成本，却未提高工人享受的福利。因此，无论实行何种经费筹措安排，最低工资上升将减少由工人承担费用的一般培训[5]。反之，如果在职培训提供的人力资本是专门针对某一特定雇主的，则标准模型的预测是这类雇主将承担部分成本，从而缓解了最低工资对培训的逆效应[6]。

截至目前的讨论主要限于在职培训，它可被视为旨在提高当前工作职位技能的一种培训。若拓展考察视野、纳入其他类型的培训，则就最低工资的培训效应所得到的各种预测就更加含混不清。例如，Leighton和Mincer（1981）指出，即使在新古典框架下，最低工资上升将激励低技能工人去掌握更多技能，以便将他们的边际产出提高到高于最低工资下限的水平[7]。这对职业培训的含义是，最低工资提高后，工人为达到工作职位要求而参加（而且很可能自掏腰包）的培训将增加。Agell和Lommerud（1997）依托在校教育的背景，更正式地考察了这类效应。

新近对标准模型的其他一些批评见Barron、Berger和Black（1999），以及Loewenstein和Spletzer（1999），他们的依据是雇主支付一般培训费用的证据[8]。Acemoglu和Pischke（1999）借助此类证据（以及从他们所述的其他研究中得到的相关证据），提出了解析雇主为何支付一般培训费用的模型。首先，他们考察竞争性市场模型，并指出有两个潜在壁垒阻碍工人为他们的培训自掏腰包：流动性约束（这将导致投资水平降至最优水平之下，因为工人更喜欢平滑的消费）；签约困境，这类困境主要导源于所获工资更低、承担一般培训费用的工人，并不总是能够辨析企业是否提供培训（例如，采取边干边学的方式），或者企业只是在让他们从事正常生产，但发给他们的工资低于正常水平。即便如此，在竞争性劳动力市场上的情形依然是，基于最先由Becker阐释的理由，雇主不会支付一般培训费用。

接着，Acemoglu和Pischke扩展了他们的模型，以证明在劳动力市场不是完全竞争时，企业可能被诱致支付一般培训费用。为此，他们假定，劳动力市场不存在某些买方独家垄断势力，这就使得两个条件成立：工人的工资所得低于他们的边际产品；这一工资缺口随工人的技能水平而上升[9]。在此情形下，企业在盘剥每一位受雇的工人，但对更高技能工人的盘剥尤甚。由此导致的结果是，企业有动力进行雇员培训投资，即使这一培训是一般性的，并同等地提高了工人受雇于其他雇主后的劳动生产率；因为，即使在向拥有那些额外技能的工人支付的工资水平上，企业从雇佣关系中的所得仍大于增雇一名未经培训的工人[10]。

在第二篇论文（即Acemoglu和Pischke，2003）中，两位作者的研究表明，最低工资可以创造一种极端形式的此类工资抑制，从而诱发雇主进行一般培训投资。此间机理在于，劳动力市场的非竞争属性导致了边际产品与工资之间的缺口，如果施行最低工资（或相对等地，最低工资上升），则部分工人的边际产品低于最低工资，但企业发现保留这些工人仍有利可图[11]。而且，对一些此类工人而言，企业通过培训工人，并获取劳动率上的总收益，就可以收回一部分由于最低工资所导致的租金损失，这就诱使企业加大对受影响的工人子群体的培训。

从这一分析中延伸的另外两个要点值得强调。首先，尽管Acemoglu-Pischke模型表明最低工资提高了对一些工人的培训量，但它还表明就业会下降。其次，尽管在此模型中培训增多是社会最优的，但最低工资上升后所受培训量增加的工人，并未因这一培训而挣得更多。此间机缘，实则正是由于最低工资诱发了更多的培训，培训导致了劳动生产率提高，而企业才是劳动生产率提高的剩余索取者。因此，即使Acemoglu和Pischke设定的数个条件成立，他们提出的模型仍不能用来论证最低工资将通过其对培训的影响而帮助低工资工人。

6.2.2 证　据

20世纪80年代初的几篇论文试图评估最低工资的培训效应。宽泛地看，这类研究通常认为最低工资将减少培训量，但这类证据大多极不可信。其中，Hashimoto（1982）提供的一些间接证据表明，最低工资的时间系列上升通常伴随着面板数据中更为平坦的工资图景。Leighton和Mincer（1981）提供了类似的间接证据，Grossberg和Sicilian（1999）稍后亦如此。然而，这类证据面临潜在的难题。正如Lazear和Miller（1981）所言，与最低工资效应相伴生的更低工资增长率未必表明是最低工资上升导致了培训的削减。与此相反，在与Lazear（1979）采用的同一模型中，最低工资上升提高了工作对于工人的价值，降低了工资不断上升的愿景需求，从而具有同样的效应。进一步地，最低工资上升还会影响对不同技能工人的相对需求，从而影响向不同年龄或资历水准的工人支付的工资[12]。而且，对时间系列数据的依赖性又很难排除工资图景与时而生的其他变化。

由于这些原因，早期研究中更具说服力的证据来自使用实际培训率数据进行的那些研究[13]。Leighton和Mincer（1981）研究了《收入动态长期跟踪调查（PSID）》和针对黑人和白人的《全国年轻男人纵览报告》中直接度量培训方面的证据。所有这些证据均指向最低工资上升的负面效应，但此类证据仅在采用PSID的在职培训指标时才具有统计显著性。两位作者还使用了一些最低工资的州际变化数据，但这些州际变化完全导源于最低工资覆盖面及各州平均工资的差异；而且，该文的附表显示，他们辨析的多数效应是由工资水平的变化造成的。这就产生了问题，因为工资可能也受培训的影响。因为，在培训更多的各州，工资水平有可能更高；故而，由于与最低工资无关的多种原因，Leighton-Mincer的最低工资变量可能是与培训负相关。因此，他们所得的证据——最低工资削减了培训——是潜在地站不住脚的。

随后的两篇论文根据个人层面的工资变化，着重考察了最低工资与培训之间的关系。Schiller（1994）研究了（NLSY79即《全国青年纵览》1979年的样本对象）在1980年进入劳动力市场的个人，并按工资水平是否高于最低工资对他们进行了分类。他报告说，在考虑人口统计及其他控制变量后，最低工资工人的培训率低于工资更高的工人。Acemoglu和Pischke（2003）恰如其分地批评这一研究对于最低工资的培训效应很可能毫无揭示意义；因为，可以识别的变化主要是每个人特有的工资变化，而且工资较低工人可能得到了更低的、未被测度的培训收益（尽管这一模型还纳入了《军人资格测试》评分）。与此同时，Schiller的研究未就最低工资的培训效应提出任何论断，而只是旨在辨识最低工资工作与非最低工资工作的差异[14]。

Grossberg和Sicilian（1999）重新考证了早期研究，并采用得自《1982年就业机会试验计划》中的数据，考察最低工资、工资增长与培训之间的关系。这些数据是横截面数据，因此，可从个人层面的工资变化与州立工资变化中辨析相关效应。从这个意义上讲，针对Leighton和Mincer的研究所提出的批评同样适用于这一方法。为解决这类关切，两位作者使用了具体的控制变量，并将研究重心限定于薪资为最低工资的工人、薪资低于最低工资的工人、薪资不高于最低工资25美分的工人之间的比较。他们发现，男性和女性最低工资工人的工资增长率更低（与对照组相比较），但只有男性最低工资工人对比的差异更大，且在统计上显著。至于培训效应，各种点估计表明从事最低工资工种的男性接受的培训更少，但这一差异不明显；没有任何证据表明从事最低工资工种的女性接受的培训水平更低。另外，他们也报告称，女性的培训指标与更高的工资增长率没有关系，这让我们疑窦顿生。

此外，我们还质疑其对照组的选择是否恰当。与薪资等于或高于最低工资的工人相比，薪资低于最低工资者很可能分布于不同类型的企业或工作职位。同时，薪资恰好高于最低工资的工人同样会因最低工资而遭遇培训削减。而且，尽管设有具体的控制变量，这些对照组中的工人还可能在未被察知的若干方面有别于最低工资工人。我们认为，最佳解决之道是，考察最低工资的政策变化，并以无须对不同工资水平的工人进行比较的方式，估计这类政策变化对培训的影响。否则，就很难在设定众多控制变量的基础上，通过单纯地描述不同工资水平的工人的不同培训经历，辨识最低工资的培训效应。

在Neumark和Wascher（2001b）中，我们试图经由两条途径改进早期的分析。首先，我们采用最低工资的州际变化来辨识最低工资的各种效应，从而规避了刚才讨论的难题。其次，我们控制了由最低工资之外，但又与最低工资有关的各种因素所导致的州级层面的培训差异。

这项研究所使用的数据是1983年1月到1991年1月进行的《人口现状调查》的特别补充调查。这些补充调查涉及两类培训问题：提高现有工作技能的培训；获得现有工作的培训。对这两类培训，受访者都被问及正式培训和非正式培训事项[15]。这些问题能方便地解答前述的理论问题。第一类培训（提高技能型）极其接近于预期可能会随最低工资上升而下降的那类培训；此外，我们还可预期最低工资的正式培训效应强于其非正式培训效应，因为后者的花费不多。与此相反，第二类培训（获得工作型）与理论上会随最低工资上升而增加的那类培训更为接近，因为个人必须提高技能才能取得对应工作的资质。

我们通过两条途径辨识最低工资的培训效应。首先，我们仅仅使用1991年的数据，它所涵盖的时期刚好是在很多州将最低工资提高到联邦标准之上不久。对于每个州，我们将最低工资变量定义为此前三年间州立最低工资超过联邦最低工资的平均百分比。我们借助这三年的“窗口”捕捉新近提高最低工资的效应，同时还想证实借助短期窗口和长期窗口所得到的结果在性质上是相似的。我们预期最低工资对年轻工人的效应是最明显的，但我们同时还想考察各州特有的培训效应差异，这些差异可以归因于其他的变化源泉，比如社区大学体系的势力、它与商业培训之间的关联以及行业结构差异[16]。我们通过对培训模型进行估计实现这些目标，这个培训模型纳入了16~24岁、35~54岁这两个群组，并让这两个群组的培训与最低工资彼此相关，但还可辨识对年轻群组的差异效应；我们采用的回归模型如下：

$$T_{ij} = \alpha + S_j\beta + \gamma Y_{ij} + \delta MW_j \cdot Y_{ij} + \varepsilon_{ij} \tag{6-1}$$

式（6-1）中，T 代表培训，S 是州虚拟变量的向量，Y 是年轻群组的虚拟变量，MW 是最低工资变量；下标 i 代表个人，下标 j 代表各州[17]。在这个模型中，γ 捕捉两个年龄组之间的平均培训差异，δ 是最低工资变化导致的年轻群组和年老群组之间的培训率差异。这是一个双重差分估计量，它从最低工资与据信受最低工资影响最大的年龄组（年轻人）、据信不可能受最低工资影响的年长组之间的关系差异中，辨识最低工资的效应。在分析最低工资与（可归结为最低工资对培训之因果效应之外的多种因素的）培训之间的关系时，年长组充当控制组。

另一种辨识策略是，我们只考察年轻群组，但增补1983年以来的数据作为替代性的控制组。这一更加标准的双重差分范式所采用的回归式是：

$$T_{ijt} = \alpha + S_j\beta + \gamma Z_t + \delta MW_{jt} + \varepsilon_{ijt} \tag{6-2}$$

式（6-2）中，下标 t 代表年份，Z 是年份虚拟变量。在这个模型中，δ 捕捉同一个州最低工资变化所导致的年轻人培训的变化。由于1983年或此前紧邻的数年间，州立有效最低工资的变化甚微，故而可将此处的统计试验理解为一些州的最低工资变化，其他州则不变，并据以观察对年轻工人的培训将如何变化。

表6-1报告了一些主要的估计结果。第（1）~（3）列显示了对现有工作技能提高型培训的估计结果，列示顺序先是任何性质的培训，然后分别是正式培训和非正式培训。几乎所有的估计效应都为负，而且对20~24岁者的估计，包括对任何性质的培训，尤其是对正式培训（我们在两个回归式中都发现最低工资对正式培训具有显著的负面效应）的估计，通常是显著的。因此，这类论据表明，最低工资的确削减了工作技能提高型培训，这与常规理论的结论是一致的[18]。

对于我们的发现——最低工资显著削减了对20~24岁者的技能提高型培训，但对16~19岁者的削减程度略小——有两种可能的解释。首先，对16~19岁者的培训率本来就很低，故而培训削减的余地很小，而且即使有削减也很难察觉。例如，1991年的原始数据表明，仅有2.5%的青少年接受了正式培训，20~24岁者的这一比例则为10%。此外，这些数据表明，青少年所受培训的强度较低，从而成本更小。在报告1991年受过正式培训的青少年中，报告受过一周及以下培训者的占比为58%；20~24岁者的这一比例则为42%。

表6-1　　　　最低工资的培训效应估计

	现有工作技能提高型培训			获取现有工作的任何培训
	任何	正式	非正式	
	(1)	(2)	(3)	(4)
a. 以1991年时35~54岁者为控制组样本				
16~24岁	−0.083 (0.094)	−0.095 (0.063)	−0.029 (0.077)	−0.001 (0.098)
16~19岁	−0.059 (0.147)	0.022 (0.078)	−0.043 (0.126)	0.046 (0.158)
20~24岁	−0.091 (0.110)	0.145* (0.073)	−0.025 (0.088)	−0.026 (0.114)
b. 以1983年时35~44岁者为控制组样本				
16~24岁	−0.211* (0.101)	−0.120* (0.058)	−0.048 (0.083)	0.012 (0.109)
16~19岁	−0.126 (0.168)	0.053 (0.075)	−0.107 (0.148)	0.136 (0.187)
20~24岁	−0.243* (0.124)	−0.183* (0.075)	−0.028 (0.100)	−0.016 (0.133)

资料来源：Neumark and Wascher 2001b，表3第(1′)、(2′)、(3′)列，及表5第(1′)列。

注：本表的数据来源于1983年和1991年《人口现状调查》的增刊。括号中标注的是异方差的稳健标准误。所有回归均包含年龄(单个年份的年龄虚拟变量)、种族、性别、学历和婚姻状况的控制变量。培训方面的问题是以在职者为询问对象。单元格a中的设定是采用1991年的数据，使用35~54岁工人及表中标注年龄组的工人数据进行估计的。该设定还设有各州的虚拟变量、一个专属于年轻年龄组的指标，并将这一指标与此前3年各州和联邦最低工资之间的平均百分比差异进行交互。表格中报告了这一交互效应，它度量了年轻工人和年长工人所报告的培训差异如何随最低工资而变化。单元格b中的设定是采用1983年和1991年的数据，仅仅针对更年轻的工人进行估计。这个设定设有州虚拟变量、年份虚拟变量以及最低工资变量，表格中报告了最低工资变量的估计系数。1991年，16~24岁者共有6 745位，其中16~19岁者为2 057人。*代表估计值的显著性水平为5%。

要对现有工作技能提高型培训的估计结果进行解释，不妨观察一下第(1)列的最后一个估计值。−0.243的估计值意味着，最低工资每提高10%，将使20~24岁接受培训者的占比下降0.024，或2.4个百分点。由于原始数据表明，30.4%的20~24岁者报告受过任何此类培训，2.4%意味着培训率下降了7.8%，或弹性值为-0.78，这个数值已经很大了。其他众多估计的弹性值最高达到-2，这个数值就显然太大了[19]。

工作资质获取型培训的效应如何呢？表6-1第（4）列的估计值通常为负、而不是正，大多近乎0，而且无一显著。尽管表中没有标列，各种估计表明最低工资对工作资质获取型的正式培训、非正式培训、在校培训毫无影响，或具有负面效应。因此，似乎没有证据表明最低工资通过这一途径导致技能获取水平提高。

根据这些证据，我们得自此类研究的结论是：最低工资削减了旨在提高现有工作技能的培训，它对正式培训的影响以及对20出头的工人的影响尤为明显。所得估计的弹性值很大，这表明最低工资对此类工人具有巨大的负面影响。尽管在理论上也存在着抵补性的正向的工作资质获取型培训效应，但我们没有发现此类证据。故而，从净效应上看，最低工资似乎削减了培训。另外，我们没有找到令人信服的证据来证明最低工资削减了青少年（16~19岁）的培训，这或许至少部分地表明对这些工人的培训率极低，而且即使进行了培训，且成本也较低。这就固化了更为笼统的一个观点：最低工资的培训效应未必会在工资最有可能受制于最低工资的那些工人身上表现得最为明显（这与最低工资的解聘效应不同）。相反，这种效应还取决于没有设定最低工资时的工人培训成本，此时对高工资工人的培训成本会更高；更具体而言，培训效应的相关决定因素是最低工资是否高于工资总额减去因某一特定工人而引起的培训成本之差。不幸的是，这些数据未被观测。

Acemoglu和Pischke（2003）也就最低工资的培训效应提供了证据。借助1987—1992年NLSY79（《全国青年纵览》1979年样本对象）的数据，他们报告了对受教育年限不超过12年的样本对象的估计结果。他们采用了两个不同的设定。第一个设定与许多其他研究最低工资和培训的著述相似，即就正式培训率对各州特有的相对最低工资指标（各州最低工资与年长工人工资中位数指标的比率，有时会考虑其城乡及性别差异）的回归关系进行估计。

第二个设定与最低工资的就业效应类文献用以识别被最低工资上升所“俘获”的工人的那些设定相似。在这一设定中，Acemoglu和Pischke将个人层面的培训率变化，对工人工资是否介于新旧最低工资之间的一个度量指标进行回归。这一设定的潜在不足是，最低工资也会提高工资水平更高的工人工资（如第4章所述），从而也会削减对这些工人的培训。这就导致处理组与对照组更为相似，进而造成估计值偏向0。部分地由于这一原因，两位作者还考虑了更高的工资区间——例如，工人在上年的工资是否低于现行最低工资的130%或150%。

这些回归分析的结果没有得到任何证据来支撑最低工资的培训效应。回归得到的估计值有时为正，有时为负，但数值基本上总是很小，而且几乎从不具备统计显著性。这些结果也迥异于我们前述使用《人口现状调查》（CPS）数据所得的结果。然而，数据集上的一些重大差别或许可用以解释估计值的差异。首先，就培训事项提出的问题不同。《人口现状调查》（1991年）所提的问题是：“您获得现有工作以来，参加过任何可以提高您技能的培训吗？”与此相反，对NLSY79（《全国青年纵览》1979年样本对象）所提的问题是：“（自上次面访以来）您参加过任何旨在帮人找到工作、提高技能或熟悉新工种的培训项目或在职培训吗？”前面已经探讨过，对工作技能提高性培训和（或在最低工资诱致的更高工资水平上）工作资质获取型培训的理论预测是不同的；而且，我们发现，基于《人口现状调查》（CPS）数据所得的证据表明，最低工资削减了第一类培训，但没有削减第二类培训。当然，在NLSY79数据中无法分解这两类培训的各自占比，但在CPS数据中，获得现有工作职位的培训率为略高于50%。这就显然有助于解释为何在NLSY79数据中不存在负面效应[20]。

第二个重大差别是Acemoglu和Pischke研究的NLSY79样本，是比我们1991年CPS样本年长的个人。因为，NLSY79受访者在1979年的年龄为14~21岁，从而他们在这些作者进行分析时的年龄在22~34岁之间①。为考察这一差异是否重要，我们借助CPS中这些年龄段工人的数据，使用加权后可反映（在所涉年龄段及年份既定时，预期在NLSY79中所具有的）每个年龄组之代表性的观测值，对我们的设定进行了重新估计。例如，处于年龄段中间的观测值所赋予的权重大于年龄段两端的观测值，因为，处于年龄段中间的年龄在两位作者考察的NLSY79全部年份中都能得到观测值，而处于年龄段两端者则做不到这一点。他们研究的年龄组差异似乎产生了巨大差别。例如，表6-1最后一行对20~24岁正式培训接受者的估计是-0.183，且在5%的水平上显著。相反，若CPS数据所选择的年龄段与Acemoglu和Pischke所用NLSY79样本相同，则所得估计是0.030且不显著；这一结果与两位作者根据NLSY79所得结果相似[21]。而且，从政策角度看，我们认为，多数政策关切一直均聚焦于最低工资是否削减了劳动力市场年轻加入者的培训机会。

这样来看，我们总体上并不认为Acemoglu和Pischke的研究结果与我们的结论相抵牾。相反，他们不过是确认了：在比我们的样本对象年长的年龄上，最低工资对培训的负面影响更不明显。此外，他们将所用的培训变量，混同了据预测最低工资必将削减的培训以及最低工资可能导致增加的培训。因此，从概念的角度看，他们所得的结果其实没有可比性，而且他们的证据对于驳斥标准理论也基本毫无助益。

Acemoglu和Pischke的模型含义实际上比前述实证分析所揭示的内容更丰富。原因在于，它预测到，若雇佣关系能创造更多租金，最低工资将提高培训量；否则，就将削减培训量。这样，两位作者也从前述第二种设定的扩展版中，提供了相关证据；这类证据考察了最低工资对不同行业工

① Acemoglu和Pischke(2003)使用了1987—1992年的NLSY79数据。1979年，NLSY79的受访者年龄为14~21岁；1979年14岁者在1987年的年龄为22岁，1979年21岁者在1992年的年龄为34岁。故而，正文有“年龄在22—34岁之间”的表述——译者注。

人的不同影响，并以每位工人所在行业的工资级差（根据对18~65岁工人的标准工资回归估计得到）是否高于或低于中位数工人的行业工资级差，为不同行业的判定标准。他们发现的一些证据表明，最低工资对低工资行业的培训具有负面效应，但对高工资行业具有正向效应。他们对这些结果的解释是符合混合模型的；在此模型中，低工资行业是竞争性的，从而符合标准的理论预测；高工资行业的竞争性略逊，故而有可能形成正向培训效应。我们认为，这一证据饶有意趣，而且暗示这些效应——与最低工资的其他效应相似——可能是异质的。然而，这一证据仍存在MLSY79之类的潜在问题。

在另一项研究中，Fairris和Pedace（2004）利用1996年州立最低工资的变化，考察最低工资对各家机构在1997年《全国机构调查》（NES）中所报告的培训的影响。这一调查涉及的问题包括接受培训的工人占比，以及培训的平均时长[22]。这项调查报告了所有工人的混合结果，包括五大职业类别的工人：一线工人、后勤职员、技术人员、监事职员、管理人员。

根据这些证据，两位作者借助州与联邦最低工资的简单差分，或最低工资与平均工资的比率，对用以分析培训频次及平均培训强度的回归模型进行了估计。在第二种情形下，平均工资与培训之间的内生性问题（前已述及）导致两位作者采用加入工会的劳动力占比和销售额，作为最低工资变量的工具变量。由于《全国机构调查》所提出的问题是指企业提供的培训，因而相关数据主要用来测度提高工人现有工作技能的培训，但目前暂无辨识培训信息的直接信息。

这两个设定均从所有工人的混合数据中揭示了显著的负效应。隐含的效应值很大，这表明（在某年某些月份的联邦最低工资为4.25美元/小时、其他月份为4.75美元/小时）州立最低工资高出50美分，将使工人接受培训的比例下降15个百分点（或25%）。在相对最低工资设定中，两位作者同样发现最低工资提高对后勤职员、监事职员的培训具有显著的负效应；前者言之有理，后者让人费解。在简单的最低工资设定中，他们发现最低工资对一线工人、技术人员、管理人员具有显著影响。然而，他们指出，对管理人员的估计结果受到了遗漏变量偏误的干扰，进而在最低工资对管理人员培训的实际影响似是而非的前提下，建立了管理人员培训与最低工资之间的虚假关系。

Fairris和Pedace还重点考察了对不同职业的估计效应差异，认为管理人员组可以用作基准控制组，因为最低工资不会影响对他们的培训。据此，他们认为，最低工资对每类职业的实际效应可以计为对其他职业的估计值与对管理人员的估计值之差，因为这一计算方式消除了遗漏变量偏误。我们赞同对管理人员的估计培训效应存有疑义的论断，但我们不明白的是，在既未解释此类职业的估计值较大，又未充分论证为何不同职业间的遗漏变量偏误为常数的情况下，为何将管理人员视为理所当然的基准控制组。事实上，在我们看来有可能的是，州立最低工资与管理人员培训之间的任何虚假关系都是该类职业所独有的，因此，从对其他职业的培训效应中扣减对管理人员的估计培训效应，将就最低工资对其他职业的培训效应得出更坏的估计。

总体来看，我们认为这些结果提供了与负面培训效应相一致的一些证据。但这些证据有悖于对不同职业的预期，故而必须有保留地对待。其中的潜在重大难题是，除了所得结果让人疑惑的职业间对比分析外，这类实证分析中没有进行任何尝试，来辨析最低工资对自身工资受最低工资影响的工人的培训效应。尽管这无法解释效应显著的研究发现，但——从对管理人员的估计结果可知——它增大了这一可能性：所有估计值均包含了最低工资与自身几乎无关于最低工资影响培训这一因果效应的培训之间的相关关系。

其他国家就最低工资的培训效应仅仅提供了有限的证据。Arulampalam、Booth和Bryan（2004a）使用得自英国住户面板调查（BHPS）的数据，考察了1999年英国施行新的最低工资政策对培训的影响。他们对现有工作技能提高型培训的频次与强度变化的回归式进行了估计，并为此设定了两类不同的处理组与控制组。第一种方式与Acemoglu和Pischke极其相似，即将1998年的工资低于随后执行的最低工资的那些工人设为处理组，将1998年的工资介于最低工资与最低工资115%之间的工人设为控制组。同样地，此间的潜在问题是：最低工资会抬高后一群组（即控制组）的工资；而且，如果这一群组接受了更多的培训（正如该论文表1所示，事实显然如此，对培训强度而言尤甚），则他们接受的培训可能将减少更多。第二种方式则将那些在1999年自称他们的工资得到提高、达到新的最低工资标准的工人，作为处理组；而将那些未做此类表述的工人设为控制组。这一方式面临的相关难题是：新的最低工资可能已将工人的工资从低于最低工资，提高到高于最低工资；或者，它将导致工资已经高于新的最低工资者的工资进一步提高。无论情形如何，此类工人终将归为控制组，即便最低工资潜在地削减了他们本应接受的培训量[23]。

该文的估计值表明处理组的培训量相较对照组有更多的增加，从而意味着最低工资提高了培训。但鉴于关乎处理组和对照组的潜在难题，我们发现这一证据并不足信。而且，像对英国新的最低工资的就业效应方面的研究一样，工资等级不同的工人所面临的培训趋向是不同的——这个难题在最低工资存在地区变化时才可缓解[24]。

最后，Baker（2003）报告了加拿大培训效应方面的证据，他采用的数据是最低工资的省际变化及历时三年的《成人教育与培训调查（AETS）》中有关17~24岁者的数据。他重点考察了受访者所说的雇主支持型培训（即雇主提供培训、支付培训费用、准许培训请假，等等），排除了那些提高教育程度类培训。Baker为接受培训者使用了常规的混合时间系列截面logit设定，并在模型中设有年份和省份虚拟变量以及相较平均工资的最低工资指标（设定的估计结果对于使用其他最低工资变量不敏感）。众多结果均指向最低工资对培训的负面效应，同时暗含的弹性值有时很大（所处区间为−6~−8，比我们2001b那篇论文所得的结果大得多）。而且，所得估计值的差异类型具有实质效应揭示性。例如，负面效应的证据对于雇主“提议”的培训最具说服力，这就很有可能区隔了这类培训以及关乎个人工作的培训。另外，所得结果在样本涵盖的年份中并不稳健。最后，为解答最低工资与培训之间的潜在虚假联系问题，Baker采用的设定——像我们在公式（6-1）中的横截面设定一样——是，引入35~44岁的年长工人作为对照组，从年轻群组的最低工资系数估计的差异中辨析最低工资的效应。然而，这一交互项所得的估计值是不准确的，其符号因样本和设定不同而异。此外，年长工人的隐含效应很大且严重为负，Baker认为这难以置信（在我们看来，这是正确的）[25]。总体看，Baker的结论是，根据这些数据，他无法就最低工资的培训效应得出任何可信的结论。

总括培训效应方面的所有证据，我们得出的唯一结论是此类证据混杂不清。我们自己的研究通常发现最低工资对于培训具有负面效应，但其他新近研究大多几乎没有发现正向或负向效应的证据。这到底是因为根本不存在此类效应，因为基于Acemoglu和Pischke之著述所论及的理由，此类效应是纷繁庞杂的；还是因为度量培训存在诸多困境，从而无法辨识培训效应——这目前尚难以断定，从而成为后续研究的重要议题。本章后两节将探究在最低工资的技能获取效应上的其他证据；我们的解读是，此类其他证据更有力地支撑最低工资对技能获取具有负面影响。

6.3 最低工资与在校教育

6.3.1 理　论

最低工资如何影响在校教育决策的理论模型具有多重复杂性，且不能提供明确的预测。自Cunningham（1981）以及Ehrenberg和Marcus（1980）研究这一议题以来，首先考察每个人仅仅面临两种选择——接受全日制在校教育或全职参与劳动力市场——的简单模型，是大有裨益的。此外，我们忽略了对不同技能类型（也就是在校教育年限不同）工人的劳动力需求变化，并假定过早弃学者的唯一选择是从事最低工资的工作。在这个简单模型中，最低工资上升对年轻人在校教育决策的影响，取决于它对预期薪资收入的影响。因为，如果最低工资提高致使工作职位减少的影响大于工资提高的影响，从而预期薪资收入下降，则我们可以预见更多的年轻人会继续留在学校，理由有二。首先，正如解析培训效应的最后一节所述，一些个人为更好地掌握当前更高的最低工资所要求的工作资质，而选择继续留在学校。其次，在校教育可能终将谋得高于最低工资的工作，因此机会成本更低。另外，如果最低工资上升因解聘效应很小而提高了预期工薪收入，那么，在校教育的机会成本上升，从而入学人数下降[26]。

当然，最低工资还会影响工资结构，这对在校教育决策具有多种影响。如果——就像新古典模型的预测那样，并且就业效应证据的指向属实——最低工资上升导致对技能更娴熟工人的需求相对上升，则受教育更多的劳动力价格将上升。从本质上讲，此类需求变动本身将提高在校教育的收益，从而有望激励部分年轻人继续在校求学。但最低工资上升还将提高已离校就业的青年的工资，故而最低工资上升的净效应也可能是在相关差额水平上，压低在校多求学1年的收益。（当然，这再次取决于谋得一份最低工资工作的概率。）

最后，Cunningham的论文以及Ehrenberg和Marcus的论文都强调，青年人在校兼职（求学之余兼职工作）的事实，使得在校教育决策的建模变得复杂[27]。Cunningham认为，最低工资上升对兼职就业的削减量大于对全职就业的减少量。例如，最低工资提高后，与兼职工人相联系的更高固定成本，将导致对全职工人的相对需求上升；并且，兼职部门的预期工资（工资与就业概率的乘积）下降，从而诱使一部分人放弃在校兼职，转向全职工作。依据这一推论，Cunningham指出，一旦将在校兼职工人纳入视野，则最低工资提高后在校生更有可能离校去全职工作。

但正如Ehrenberg和Marcus（1982）所指出的，这一含义仍不太明确，因为这些效应在不同收入水平的个人之间可能是异质的。因为，他们指出，来自低收入家庭的青年人通常必须兼职工作贴补教育费用。也就是说，在校求学存在一个最低工薪收入约束，一旦最低工资上升削减了兼职部门的工作机会，则来自低收入家庭的青年人将因此离校工作。最低工资对来自高收入家庭的青年人的影响是模糊不清的；就业机会减少后，他们大多选择在校求学，这主要取决于前述事项中的一些因素。综合考虑这些因素后，最低工资对在校教育的效应目前尚无确凿的预测。

6.3.2 证 据

上述论文以及Matilla（1978）在更早的著述中所报告的证据是庞杂不清的。例如，在贯穿整个20世纪70年代的时间系列数据中，Matilla（1978，1982）通常发现最低工资对入学率具有正向影响——对于18~21岁的青年尤甚。与此相反，Ehrenberg和Marcus考察了1970年以来有关白人男女青少年的横截面数据，他们发现最低工资对入学率的影响极微（如果有影响的话）。当然，他们也分析了《全国年轻人纵览报告》中20世纪60年代末的数据，并且发现，对白人男性青少年而言，最低工资降低了低收入家庭青少年的入学率，提高了高收入家庭青少年的入学率。由此所得的结果符合他们的论断：低收入家庭的青少年从在校兼职转向全职工作，而高收入家庭的青少年则转向全日制在校学习。有关非白人男性青少年的证据也表明，来自低收入家庭者的入学率下降；但在此情形下，入学率下降是因为在校未兼职者选择离校全职工作，这又有悖于他们的推断[28]。最后，Cunningham（1981）使用1960年和1970年的人口普查数据，报告了对白人男女青少年的负面入学效应，但对黑人女性青少年及黑人男性青少年、年轻成人的效应结果则相反。

此后直到20世纪90年代，鲜有这一论题方面的著述。新一轮研究的开篇之作是Card（1992b）在1992年《产业与劳工关系评论》（ILRR）专题研讨会上发表的论文。在这篇论文中，他通过设定和不设定人口统计的控制变量，考察了1988年加州最低工资上升对青少年入学率的影响，报告了显著为负的双重差分估计值。采用《人口现状调查》数据和管理当局的数据，对入学率采取不同度量方式，也得到了同样的结果。Card还报告，入学率下降与他所发现的加州就业增长率提高不是直接相关的，因为在校生和青少年总人口均面临类似的就业率上升。

我们自身研究最低工资的入学率效应的最初兴趣，是力图更好地理解最低工资的就业效应。因为，我们（Neumark和Wascher，1992，1994）的研究发现表明，在以入学率为条件的回归式中，最低工资对青少年就业的估计效应更大[29]。在Neumark和Wascher（1995a）中，我们估计了最低工资对就业和对入学率的影响的模型。具体做法是，我们就最低工资和其他控制变量（X）对四种可能的就业/入学身份状态（j）的影响，构建模型如下：

$$U_{ijst}=\alpha_j MW_{st}+X_{ist}\beta_j+S_s\lambda_j+Y_t\theta_j+\varepsilon_{ijst},\quad j=1,\cdots,4 \tag{6-3}$$

式（6-3）的依据是Wachter和Kim（1982）率先提出的模型设定，其中，i代表个人，s代表州，t代表年。假定ε_{ijst}服从极值分布，我们就用条件logit模型来分析我们区分的四类彼此相斥的活动状态：入学并兼职（就业）；入学但不兼职；不入学但就业；不入学也不就业（或无所事事）。这就相当于对前三种状态相较第四种状态的几率比率的对数模型进行估计，从中可以计算最低工资对于处在四者之中任一状态的概率的潜在影响。最低工资变量是我们在研究就业效应时大多使用的经由覆盖面调整的相对最低工资，我们同时采用了当期值和滞后值。这个模型还设有青壮年男性失业率、青少年的总体占比两个控制变量，强制性在校就读年龄及各州各年教师的平均工资两个虚拟变量，以及州、年份的虚拟变量（分别用S、Y来代表）。年份效应控制了所有样本州共有的，青少年在就业类、入学类人数中占比的各种时变，各州效应则控制了这两类份额的州际持续差异。因此，这一设定与我们已经用于研究就业效应的那些模型大致相同，但它添设了可能影响在校教育的控制变量。

正如表6-2的单元格a所示，在对使用1977—1989年州-年数据的模型进行估计后，我们发现：最低工资上升对入学但不兼职者的占比变化几乎没有影响，对入学但兼职者的占比有显著的负面影响（弹性值为-0.47），对不入学但就业者的占比有微弱的正向影响（弹性值为0.14），对无所事事者的占比有显著的正向影响（弹性值为0.64）[30]。这些估计值说明，最低工资提高既降低了就业（兼职）者的占比，又减少了入学者的占比；第（5）列报告了后一效应。由于入学身份各异的不同群组之间存在更大的、局部抵消的就业效应，最低工资的就业净效应是极其微弱的。

对稍晚的样本期进行更新估计、并使用更好的入学率度量方式（见表6-2单元格b），所得的效应结果更加微弱不清，但仍有证据表明最低工资上升提高了就业但不入学者的占比，以及无所事事者的占比（Neumark和Wascher，2003）。这项改进式研究还报告了稳健的证据表明最低工资对青少年入学率具有负面影响，其弹性值区间为-0.06~-0.33；具体的弹性值取决于所用数据的准确度、入学率的度量方式以及估计量。作为一种确认性证据，我们发现，这种负面效应出现于所在州的强制在校教育年龄低于18岁（18岁起青少年对是否离校有更多的选择权）的观测值中，但未出现于强制在校教育年龄为18岁的所在州（对其估计值更小、不显著，但仍为负）。Chaplin、Turner和Pape（2003）根据美国公立学校总体学生的数据，报告了类似的研究结果。

表6-2　　最低工资对入学和就业的估计效应

	(1)	(2)	(3)	(4)	(5)
a. 青少年,1977—1989	入学,不兼职	入学,兼职	不入学,就业	不入学,不就业	入学
比例	0.45	0.21	0.23	0.13	0.66
最低工资弹性	−0.02	−0.47*	0.14	0.64**	−0.26*
	(0.18)	(0.29)	(0.26)	(0.15)	(0.12)
b. 青少年,1980—1998					
最低工资弹性	−0.11	−0.09	0.41**	0.18*	−0.21**
	(0.12)	(0.18)	(0.20)	(0.10)	(0.06)
c. 青少年,1977—1992					
最低工资对概率的影响	−0.11	−0.39**	0.26	0.23**	−0.30[a]
	(0.21)	(0.12)	(0.20)	(0.06)	
弹性	−0.10	−0.70**	0.57	1.16**	
d. 青少年,1977—1992,最低工资对转换概率的影响	入学,不兼职,第1年	入学,兼职,第1年	不入学,就业,第1年	不入学,不就业,第1年	
入学,不兼职,第2年	−0.09	0.05	−0.12	−0.28	
	(0.20)	(0.18)	(0.13)	(0.14)	
入学,兼职,第2年	−0.29**	−0.56**	−0.33**	−0.19**	
	(0.10)	(0.18)	(0.10)	(0.05)	
不入学,就业,第2年	0.17	0.39+	0.25	−0.02	
	(0.14)	(0.20)	(0.23)	(0.20)	
不入学,不就业,第2年	0.21**	0.13**	0.19**	0.49**	
	(0.06)	(0.03)	(0.08)	(0.18)	
e. 25~29岁	高中学历者的百分比	在校教育年限			
16~19岁时经历的平均州立最低工资对数值的效应	−7.03**	−0.81**			
	(2.22)	(0.21)			
代表性高州立最低工资效应	−0.42	−0.05			
20~24岁时经历的平均州立最低工资对数值的效应	−7.48**	−1.19**			
	(2.46)	(0.24)			
代表性高州立最低工资效应	−0.45	−0.07			

资料来源:单元格a:Neumark and Wascher 2003,表1,表4第1行;单元格b:Neumark and Wascher 2003,表3第11行;单元格c和d:Neumark and Wascher 1996,表3第6列,表6单元格A;单元格e:Neumark和Nizalova 2007,表6。

注:数据来源于对应年份的《人口现状调查》。括号中标注的是标准误。估计量及具体样本见参考论文。+、*、**代表估计值的显著性水平为10%、5%、1%。

a:标准误暂缺。

这类证据表明，最低工资对青少年的影响相较单纯的就业效应或入学率效应更加重要，也更加复杂。根据基本的经济学原理，这些研究结果应该符合的趋向是：最低工资上升诱使雇主裁减技能较低的青少年工人（他们在校求学的可能性更低），转而雇佣技能更高的青少年（他们更有可能在校求学），由此导致高技能青少年工资的相对上升，诱使一些在校生离校工作。然而，要为这一假说提供更多的直接证据，就必须掌握青少年入学/就业状态流动的信息。因此，在随后的著述中，我们（Neumark和Wascher，1995b，1996b）转而使用1979—1992年对应的《人口现状调查》中的个人面板数据。我们采用与各州层面分析相同的基本建模方法，并对个人数据的多变量logit模型进行估计。此外，我们通过添加反映每个人在上年的教育/工作动态的多个指标，扩展了这一模型；这一扩展加上参数估计，就能让我们根据每个人在上一年的入学/就业状态，计算最低工资对每个人当年处于四种鲜明的入学/就业状态中任一状态的概率的潜在影响。也就是说，我们得到了最低工资对任一入学/就业组合从上一年状态转向当年状态之影响的估计值。

与前述假说一致，所得估计结果表明最低工资对技能最低青少年（他们已退学）的就业效应大幅下降；表6-2单元格c、d显示了部分经挑选的结果。正如表6-2单元格c所示，个人层面的数据表明，最低工资上升增大了青少年离校，从而很可能去求职或参加工作的概率，同时也增大了青少年无所事事的概率。估计值隐含的总体入学率弹性值很大（-0.30），而隐含的总体就业弹性值（表格中未报告）较小（-0.13）。

表6-2单元格d显示了纳入上一年入学/就业状态，从而我们得以计算最低工资对年度状态转换之影响的估计值。这些估计值有助于我们理解上述估计值。首先，对于那些最初在校且兼职者（第2列）而言，最低工资上升降低了他们维持这一现状的概率，提高了他们离校就业或待业（后者表现为离校后排队申请最低工资工作）的概率。其次，对于最初就业但不在校者（第3列）而言，最低工资上升降低了他们重返学校的可能性，也增大了他们无

所事事的可能性。最后，对最初无所事事者（第3列）而言，最低工资上升提高了他们继续无所事事的可能性，降低了他们返校求学的可能性。

这些结果与低技能工人（原来的不入学但就业者）被高技能工人（原来的在校且就业者，多半为兼职者）取代的效应是一致的。我们预期产生这种情形的条件是，最低工资上升增大了对高技能青少年的需求，诱使他们当中的一些人离校从事全职工作[31]，同时削减了对低技能青少年的需求。实际估计的结果表明，有额外证据支撑此类反应。首先，如果我们按年龄对青少年进行分解，分别考察16~17岁者、18~19岁者，则大龄青少年——我们认为他们的技能更高——最大的反应是入学且兼职者转化为不入学但就业者的概率提高。另外，对16~17岁者而言，最低工资上升对于不入学但就业者转化为无所事事者的可能性，对于无所事事者维持现状的可能性，具有更大的影响。其次，我们将非黑人、非西班牙裔青少年与黑人或西班牙裔青少年进行了比较，得到了类似结果：非少数族裔青少年的反应更多地表现为从在校且兼职者转化为不入学但就业者，而对少数族裔的最大效应是从未入学但就业者转化为无所事事者[32]。

Turner和Demiralp（2001）使用得自1991年和1992年数轮“收入和项目参与调查”（SIPP）的数据[33]，采用了类似Neumark和Wascher（1995b）的研究范式。尤值一提的是，他们考察了1991年1~4月和1992年1~4月之间的就业/入学状态转换，从而同时捕捉了1991年4月联邦最低工资上升和部分州立最低工资上升的效应[34]。

他们的研究结果通常与我们的一些入学效应结果相符，但他们发现负面效应主要集中于旧城区的少数族裔，因为他们的无所事事度提高。然而，我们不太相信这些证据。两位作者采用的样本期间极为有限，从而他们所考察的最低工资变化相对很小，样本规模极小，这在他们的分解分析中尤为明显[35]。此外，他们的模型排除了固定的州效应（仅为人口普查分局设置了虚拟变量），因而他们的估计值可能将最低工资效应与转换比率的州际差异相混同。最后，两位作者为何不使用更多年份的“收入和项目参与调查”（SIPP）数据仍不明确。

最后，正如表6-2单元格e所示，Neumark和Nizalova（2007）报告的证据（下节有更详尽的描述）同样也指向了最低工资对在校教育的负面效应。但这一证据的性质略有不同；因为，它所对应的是25~29岁者的在校教育（因而，他们更有可能是为完成学业而就读），还将他们受教育的水平与他们在16~19岁和20~24岁（他们在这两个年龄段很可能必须进行在校教育决策）时所得到的最低工资水平联系起来。单元格e显示了通常的适用对象为所在州最低工资高于联邦水平（也称“代表性高州立最低工资”）的那些个人的最低工资的回归估计值及其隐含效应；后一类估计值意味着，在最低工资更高的各州，在校教育的年限减少了约0.12年，拥有中学文凭的百分比下降了大约0.86个百分点。

总之，我们的证据表明，最低工资对众多不同时期、采用众多不同方式进行估计的入学率具有负面影响。此外，我们的研究发现还强调，最低工资对青少年之相对温和的就业效应估计值，很可能低估了它对最低技能工人之总待业效应的规模，因为这些估计值度量的是广义青少年群组的就业净变化。换句话说，净解聘效应掩盖了巨大的劳动力之间的替代量，因为一些青少年退学离校并在劳动力市场上取代其他人。

与美国的证据相比，为数不多的国际证据对最低工资负面影响年轻人在校教育的揭示意义略逊一筹。例如，Campolieti、Fang和Gunderson（2005b）使用与我们1995b那篇论文相似的方式，考察了1993—1999年加拿大的纵向数据，他们几乎没有发现最低工资对学校入学率具有影响的证据[36]。在对加拿大各省跨越时期更长（1983—2000）的混合横截面时间系列分析中，Baker（2003）发现的证据同样微弱。他的确发现了一些证据表明最低工资对15~16岁者、17~19岁者具有负面影响（强制在校教育规定一般要求低龄青少年在校上学），但在存在使用何年数据、测度何月入学率的不同选择时，同类分析所得的发现并不一致。类似地，他报告了一些证据指向最低工资对20~24岁者的正向效应，但这些证据同样不稳健。

此外，Baker的研究发现似乎颠覆了Landon（1997）所报告的早期结果；Landon使用更早时期（1975—1989）各个省份的子集数据，发现有强力证据表明最低工资对16~17岁者具有相当强烈的负面入学率效应（16岁女性例外）[37]。造成这些差异的原因尚不明了，但从政策角度看，依托新近数据所得的结果可能更引人瞩目。

Hyslop和Stillman（2007）使用第3章所述的同一分析范式，估计了新西兰青年准最低工资上升对学校入学率和懒散率的影响[①]。他们的一些估计值表明，最低工资上升降低了（青少年的）在校教育程度、提高了懒散度。然而，在设有经济周期控制变量的模型中，这些效应并未出现，但有例外的证据表明最低工资对16~17岁者的在校教育具有一些期限更短的负面影响。Pacheco和Cruickshank（2007）对16~24岁者及16~19岁者进行了同样的分析，但他采用的样本期更长；更重要的是，他使用了与就业状态无关的入学率度量方式——而Hyslop和Stillman使用的入学率度量方式无法捕捉那些初中毕业、每周工作超过2小时者的任何入学情况。Pacheco和Cruickshank发现，1994年导入的青少年最低工资似乎提高了16~19岁者的入学率，但在样本期内随后的青少年最低工资上升则降低了入学率。他们暗示这一差异或许表明，最低工资的导入削减了可以获得的职位机会，从而诱使技能很低的青少年重返学校，而随后的最低工资上升通常诱使高技能的青少年离开学校、投身劳动力市场。从字面意义上讲，这些估计值意味着，一旦导入青年准最低工资，则最低工资上升将降低入学率；但由于缺乏地区差异，从这些数据中所辨识的最低工资效应并不显著。

最后，Rice根据一个将工资水平与教育和就业决策相联系的模型，考察了2004年英国全国最低工资的覆盖面扩展至16~19岁者的效应。她所得到的结果表明，最低工资上升降低了全日制教育的参与度，提高了懒散

① 根据前文，这里的“懒散”（idleness）是指青少年既不上学也不就业；下文的“懒散”同解——译者注。

度。然而，这项研究中的变化并非导源于最低工资，而是导因于地区间市场工资的变化，从而很可能反映了各地的劳动力市场状况（2006，第19页）。因而，这些市场状况是如何延滞作用于由最低工资上升催生的工资变化，目前尚欠明晰[38]。

总体看，我们对来自美国的证据的解读是，最低工资上升导致学校入学率降低、学业完成率下降；但来自其他国家的有限证据显然更加微弱。无论如何，在这一维度上，最低工资降低了技能获取水平的证据，比其培训效应方面的证据更具说服力。

6.4 青年时期的最低工资际遇对成人劳动力市场结果的影响

到目前为止，我们已经考察了最低工资对培训和在校教育的影响方面的证据。一些证据——这些证据对在校教育比对培训效应更有说服力——表明最低工资降低了技能获取水平。这些效应以及最低工资对青少年和年轻成人之解聘效应所导致的劳动力市场经验的积累减少意味着，最低工资对劳动力市场结果或将具有期限更长的负面效应。这类长期效应的加剧因素是过早待业的伤痕效应，后者将阻滞良好工作习惯的养成，延缓良好工人声誉的培育，推迟劳动力市场网络的形成[39]。

当然，本章前两节所讨论的培训效应与在校教育效应方面的证据，间接求解了一些最低工资的更长期限效应，因为培训或在校教育的变化将影响工人更长时期的工资前景。然而，这类证据没有明确集中地解答这些更长时期的效应是否显现。故而，本节将概述最低工资对工资和工薪收入的更长时期效应方面的一些新近研究。

具体而言，Neumark和Nizalova（2007）的新近研究力图考察在——最低工资约束力最强的——年轻时段经历的最低工资上升对年龄略长（25~29岁）时段的结果有何影响。为此，两位作者计算了每位处于某一州-年-年龄组合（cell）中的个人在三个年龄段——16~19岁、20~24岁、25~29岁——分别所能得到的平均有效最低工资的对数，然后，针对25~29岁者，对下述设定进行估计：

$$Z_{ijt} = \alpha + \gamma_1 MWEXP_{ijt}^{1619} + \gamma_2 MWEXP_{ijt}^{2024} + \gamma_3 MWEXP_{ijt}^{2529} + S_i\theta_S + Y_t\theta_Y + A_j\theta_A + \varepsilon_{ijt} \tag{6-4}$$

式（6-4）中，i 代表州，j 代表某一年份的年龄组，t 代表年数[40]。因变量 Z 是下列变量之一：特定州-年-年龄组合中工人平均工资的对数；该组合中的就业百分比；该组合中的平均工时；以及该组合中平均每周工薪收入的对数。S、Y 和 A 分别是州、年份、某一年份的年龄之虚拟变量的向量。式（6-4）中的主要变量是 $MWEXP^{1619}$、$MWEXP^{2024}$、$MWEXP^{2529}$，它们度量了在所示年龄段的最低工资际遇，从而捕获了每个人经历的最低工资“历史”[41]。在方程式中纳入年份效应，则消除了联邦最低工资变化（但可能还有经济周期等其他总量变化）导致的际遇变量共同变动的影响。纳入各州效应则意味着，最低工资上升的际遇效应是从同州同群组的际遇差异中进行辨识的。例如，某州若实施高的最低工资政策和其他糟糕的经济政策，致使长期内的就业量下降，就不能产生高的最低工资际遇的谬误效应。

回归模型方程式（6-4）的构造动机十分简单。最低工资产生的任何后果——直接削减就业、减少培训，等等——很可能在最低工资约束更强的年轻年龄段更加严重。方程式（6-4）检验了个人在年轻时的最低工资际遇是否具有更长时期的效应。请注意，为避免控制那些可能受最低工资影响的特征变量的变动，该方程式没有加入与劳动生产率相关，且具有潜在内生性的特征控制变量，比如在校教育；相反，γ 既捕捉了对因变量的直接效应，也捕捉了经由技能积累而致的间接效应。

全样本的模型估计结果见表6-3单元格a。对工资而言，16~19岁和20~24岁时的最低工资际遇效应为负，且在统计上显著。要理解这些结果的大小，就必须将它们乘以0.06，因为0.06是当期最低工资高于、不高于联邦最低工资的诸州之间最低工资的对数的平均有效值之近似差值（以对数值的百分点表示①）由此所得的数字可以近似地反映代表性高最低工资州、低最低工资州之间的“历史渊源”。例如，对工资的估计值意味着，16~19岁时更高的平均最低工资际遇将使成年时的工资降低1.3%（0.06×0.215）。就业和工时的结果也表明，更年轻时的高最低工资际遇具有更长时期的逆向效应。而且，最后，正如第（4）列所示，青少年时期和成人初期的最低工资际遇对25~29岁时工薪收入的更长时期效应估计值为负，且在统计上显著。在此情形下，据估计，青少年时更高的平均最低工资际遇使得成年时的工薪收入下降了1.8%；而20~24岁时的同类际遇则使工薪收入削减了2.3%。

这些估计的总体论调是，年轻时更高的最低工资际遇对于劳动力市场结果具有更长时期的负面效应。而且，对16~19岁者和20~24岁者的当期就业效应估计值揭示了仅对青少年（而不是对年轻成人）具有显著负向的就业和工时效应[42]。这就意味着，表6-3所报告的年轻成人时的最低工资际遇具有更长时期的逆向效应，这些效应或许应该更多地归因于最低工资的培训效应和在校教育效应的持续影响，而非早期就业减少或工作时间削减所致的残差效应。

表6-3单元格b、c分别报告了对白人、黑人的估计结果。这些估计值很清楚地表明，对于黑人而言，最低工资的更长时期效应更加负面。因为，对白人的估计值通常仅为对黑人估计值的1/4~1/3，但两大种族群组的估计值在统计上都是显著的。对黑人的效应更强烈的原因或许在于，他们的工资水平更低，因而最低工资对黑人青少年的约束力更强[43]。

---

① 括注的原文为in log points，译者求诸数学、统计学、计量经济学领域的好友，均觉得费解；邮件请教原著者，David Neumark的回复是："正文是以对数（的平均有效）值来标示最低工资，对数值的差值是0.06，或约等于6%。有时，大致上也可将0.01的对数值差值称为1个对数值的百分点（a"log point"），因为它约为1%。我觉得，翻译时可省略括注。"因此，此处译为"以对数值的百分点表示"——译者注。

表6-3　　按际遇年龄分类的州立最低工资的对数的平均有效值对25~29岁者的效应估计

	对数（工资）	就业的百分比	工作小时	对数（州工薪收入）
	（1）	（2）	（3）	（4）
a. 全样本				
平均有效州立最低工资的对数值，16~19岁	−0.215**	−5.748*	−2.799*	−0.302**
	（0.049）	（2.709）	（1.306）	（0.068）
平均有效州立最低工资的对数值，20~24岁	−0.189**	−11.052**	−6.630*	−0.381**
	（0.046）	（2.662）	（1.343）	（0.073）
平均有效州立最低工资的对数值，25~29岁	0.035	−1.649	−1.042	0.001
	（0.045）	（2.238）	（1.149）	（0.069）
R^2	0.77	0.48	0.53	0.71
b. 单元格a设定：白人				
平均有效州立最低工资的对数值，16~19岁	−0.218**	−0.387	−0.321	−0.238**
	（0.051）	（2.733）	（1.356）	（0.070）
平均有效州立最低工资的对数值，20~24岁	−0.187**	−7.070*	−4.867**	−0.327**
	（0.049）	（2.754）	（1.421）	（0.076）
平均有效州立最低工资的对数值，25~29岁	−0.001	−0.972	−0.526	−0.019
	（0.052）	（2.316）	（1.177）	（0.075）
c. 单元格b设定：黑人				
平均有效州立最低工资的对数值，16~19岁	−0.535**	−32.174**	−16.473**	−1.083**
	（0.123）	（8.994）	（3.762）	（0.204）
平均有效州立最低工资的对数值，20~24岁	−0.486**	−26.847**	−15.176**	−0.981**
	（0.111）	（7.790）	（3.365）	（0.179）
平均有效州立最低工资的对数值，25~29岁	0.005	−4.116	−1.509	−0.044
	（0.098）	（7.133）	（2.971）	（0.154）
d. 纳入失业率经历				

续表

	对数（工资）	就业的百分比	工作小时	对数（州工薪收入）
	(1)	(2)	(3)	(4)
平均有效州立最低工资的对数值，16~19岁	−0.083+	−1.043	−0.422	−0.101*
	(0.046)	(2.821)	(1.312)	(0.062)
平均有效州立最低工资的对数值，20~24岁	−0.147**	−7.670**	−4.838**	−0.291**
	(0.046)	(2.759)	(1.353)	(0.072)
平均有效州立最低工资的对数值，25~29岁	−0.034	−4.283+	−2.379*	−0.107
	(0.043)	(2.273)	(1.128)	(0.066)
平均失业率，16~19岁	−0.006** (0.001)	0.090 (0.073)	0.059+ (0.035)	−0.005** (0.002)
平均失业率，20~24岁	−0.016** (0.002)	−0.441** (0.076)	−0.217** (0.035)	−0.023** (0.002)

资料来源：Neumark和Nizalova 2007。

注：本表的数据来源于1979—1991年《人口现状调查·离职交流小组》(CPS ORG)的文档。括号中标注的是按州聚类(clustered by state)的标准误。这就考虑到了不同时期观测值以及各单个年份年龄组之间观测值的不独立性(这可能导源于系列相关性、重叠型样本以及共有的冲击)。所有回归均包含年龄(单个年份的年龄虚拟变量)、年份、州的控制变量。州-年龄-年份的观测值先根据该组合中的观测值数量进行加权，然后乘以该组合中的个人平均CPS工薪收入权重，以消除对小州的个人取样过密。最低工资际遇变量的估计是截至现龄的，例如，现年17岁者所采用的最低工资是16岁和17岁所能得到的最低工资。单元格a中的全样本观测量为4 590个。+、*、**代表估计值的显著性水平分别为10%、5%、1%。

在黑人劳动力市场结果更糟的情形下，按种族分类的结果具有内在的旨趣。此外，通过辨识更长时期的高最低工资际遇应该施加不同影响的两个群组，探寻预期对某一群组（也就是黑人）具有更强烈效应的证据，按种族分类的估计结果增强了对最低工资的更长时期效应之类证据的因果解释。在本质上讲，种族差异在单纯依赖最低工资际遇变化的双重差分识别策略之外，提供了第三级差分方式。

至此，所报告估计值的潜在难题之一是，个人在青年时期经历的经济状况变迁也会影响后继的劳动力市场结果；而且，这一经济状况变迁或许与最低工资变迁彼此相关，从而造成估计值的偏差。Neumark和Nizalova消解这一难题的方法是按照最低工资变迁史的同类构造方式[44]，增设了失业率境遇的控制变量。正如表6-3单元格d所示，个人所经历的失业率变迁确实影响当期结果；在八大案例中，有六个案例表明，更高的既往失业率对因变量具有负向的、显著的估计效应。纳入失业率的变迁后，更高的最低工资际遇的估计效应略有下降；但定性结果仍然一样，对20~24岁时经历过更高的最低工资者而言就更是如此[45]。

20~24岁时的高最低工资际遇具有更强烈的长期效应，这颇具意义。我们在研究前述之最低工资的效应时发现，最低工资对20~24岁者的负面培训效应大于青少年。而且，表6-2最后一个单元格所报告的Neumark和Nizalova的研究证据表明，在更高的年龄段遭遇最低工资上升将削减学业完成率。这些20出头者所遭受的此类培训效应和在校教育效应并不让人惊奇，因为在这个年龄上的工作职位更可能需要培训（Neumark和Wascher，2001b），而且很多人仍游离于在校求学或离校求职的边缘。

总体看，这类证据的指向是，在较早年龄段的最低工资上升际遇对工薪收入具有更长时期的负面影响。而且，如果有人采用了Neumark和Wascher（2001b）所估计的培训效应值、Neumark和Nizalova所报告的最低工资对在校教育和对过往劳动力市场经历的估计效应值，同时考虑这类人力资本投资的估计收益，那么，这些效应就能对25~29岁的成人由于年轻时更高的最低工资际遇而蒙受工薪收入削减，提供相当比重的解释——它们能解释大约46%的工薪收入削减[46]。（工资下降引致的当期劳动力供给效应，以及早期待业的伤痕效应，可以解释剩余的54%。）这些计算仅具启示性，但它们表明，在最低工资更具约束力的更年轻阶段所蒙受的技能获取度削减，必将导致最低工资在更长时期内的负面效应，这一论断至少是合乎情理的[47]。

6.5 结 论

本章围绕最低工资如何影响技能获取这一问题，提供了广泛的证据评析，主要包括三大视角：最低工资对青年培训的效应，最低工资对青年在校入学率的效应，以及年轻时的高最低工资际遇对成人时期的工资和工薪收入之更长时期效应（以及对学业完成率的影响）。依次分别考察的结论如下。对培训效应的研究得到了一些负面效应的证据，但目前尚难断定这类证据是定论性的。就在校教育而言，相关证据更具说服力，有关美国的研究多数指向了负面效应，有限的国际证据（主要是针对加拿大的研究）则稳健性稍欠。最后，更间接地求解问题的新近研究发现，经历过最低工资上升的少年和青年在近30岁时得到的工资和工薪收入下降，这与他们技能获取水平下降相符；同样的回归分析框架也指向了更低的受教育程度，但这一范式的优势是无须对培训进行度量，故而也存在较大问题。

我们考察最低工资的技能获取效应的初衷是想证明，最低工资即便对少年和年轻成人没有可以检测的就业效应，也可能具有负面的（或在理论上是正向的）短期效应或长期效应。因为，少年或年轻成人在校教育年限或接受培训量的削减或将产生更长时期的负面效应；这些效应与任何最低工资引致的就业变化毫无关系，故而其影响范围比解聘效应更为广泛。因此，大多数现有研究——以及政策纷争——仅仅聚焦于最低工资对青年的整体影响，特别是对他们就业的影响，就无法捕捉最低工资的一个潜在危害性影响。而且，从政策视角看，最低工资的技能获取效应具有极端重要性；因为，这一效应具有持续性，从而最终必将降临在那些更有可能是家庭经济顶梁柱的年长者身上。

第7章　最低工资对价格和利润的影响

7.1　引　言

研究最低工资之就业效应和工资效应的文献数量庞大，与此相比，研究最低工资对价格和利润的影响的文献相对稀少。这部分地反映了企业层面的价格和利润数据的不可得性。但它也再次确证了我们此前的批评，即：研究者对于最低工资的就业效应倾注了太多的注意力，从而忽略了其他维度的考察。

有数个理由令探究最低工资的价格效应饶有兴味。首先，尽管最低工资上升的直接效应是抬高了最低工资劳动力所生产商品的相对价格，但最低工资的反对者屡屡指出工资下限（指最低工资）提高对于总通胀率具有潜在影响。其基本观点是，最低工资可以视作一种外生成本冲击，从而会像石油价格上涨一样，增大经济运行中的通胀压力。此外，在一些国家和（新近的）美国诸州中，最低工资系与价格或平均工资相挂钩的。最低工资与其他工资或价格之间的这种直接关联通常会放大各种工资或价格所受冲击对单位劳动力成本的效应，进而可能增大将此类冲击传导至未来通胀的程度[1]。

其次，即便最低工资没有导致通胀的持续上升，价格和利润的一次性变化具有潜在的社会福利后果。例如，导致价格总水平提高的最低工资上升将压低实际收入，进而降低居民部门的购买力。相反，如果最低工资主要影响相对价格，则其福利含义就取决于这些相对价格变化如何影响居民部门的不同构成。而且，如果最低工资上升削弱了企业盈利能力，则受害公司的股东将承担相应成本，企业或将被迫退出市场，进而导致负面就业效应。当然，一些最低工资的倡导者反驳说，最低工资可通过提高居民户的购买力而刺激经济，从而无人会因最低工资上升而境遇变糟[2]。然而，此类可以上溯至大萧条时期普遍盛行的“高工资信条”式论调，在经济学理论中基本没有依据，而且，它似乎也与第3章提供的证据——最低工资上升削减了低技能工人的就业——相抵牾[3]。

最后，较之仅仅研究最低工资的就业效应，对最低工资的价格效应和利润效应进行估计有助于更加完整地刻画企业的行为。各种劳动力市场的理论模型不仅对于解析最低工资如何影响就业具有不同的含义，它们关于价格和利润对工资下限上升做何反应的预测也各不相同。综合考虑不同效应，则由此得到的全部最低工资效应就有利于辨识现有文献所提出的一些低工资劳动力市场模型。

本章将评析最低工资影响价格和利润方面的现有证据。在近期的一项考察中，Lemos（2008）分辨了此类文献的两大分支。第一个分支从企业或产业层面聚焦于最低工资与价格或利润之间的关系。大多数此类研究的主旨是，在有望发现此类效应的各种情形中（无论企业层面还是产业层面），证实最低工资与价格或利润存在（或不存在）内在联系。在本质上，这一方法有似于多数关于最低工资对低工资工人或产业的就业效应的论证重点。但在一些意旨深远的论文中，学者们力图将他们的实证结果用以检验部分其他劳动力市场模型是否适用于低工资产业。

此类文献的第二个分支考察了最低工资对价格总水平和通货膨胀的影响。尽管价格上涨通常被视为最低工资的潜在效应，但许多此类文献导源于20世纪70年代，因为20世纪70年代的通胀率特别高，学者们为探究其成因而耗时甚巨。既往20余年，欧美的通胀率较低且更加稳定，故而针对工业化国家的新近研究就很少关注最低工资对总通胀率的潜在影响。但近年来的一些研究开始解析拉美国家的最低工资与通货膨胀之间的关系。

7.2 理论考察

在标准的劳动力市场竞争模型中，最低工资的价格效应相对直观易懂，并在文献的其他各处有相当详细描述[4]。因为，最低工资上升抬高了低技能工人的雇佣成本，迫使雇主放弃最低工资规制缺失时的最优投入组合。例如，不妨考虑一个相当程式化的模型，这个模型假定：所有生产要素的供给是完全有弹性的，企业可以立即调整它们的要素投入组合，生产函数反映了固定的规模报酬，产品市场是完全竞争的。在这个模型中，最低工资上升必将导致价格上涨、产出和就业同时下降。而且，只要生产函数中所有投入之间的替代弹性是固定不变的，则从最低工资上升向价格水平的传导程度就仅仅取决于低技能劳动力成本在总成本中的份额，产出水平的降幅则决定于产出需求的价格弹性[5]。此外，作为产品需求下降的反映，产业利润也因最低工资上升而下降。正如Card和Krueger（1995a）以及Aaronson和French（2007）所言，在产品市场是垄断竞争的情形下，各类具体情况存在差异；但若假定企业面临的产出需求弹性不变，则所得基本结论是相似的。

这一程式化的模型内嵌着一组冗长的限制性假定，而且，在现实中，在竞争模型中各种价格对最低工资上升的响应幅度还取决于众多其他因素。首先，资本和熟练工对非熟练工的替代程度，将影响最低工资上升导致的新增成本压力强度。因为，企业选择避免雇佣最低工资工人的时机越早，边际成本和价格上升的幅度就越小。其次，弹性更大的产品需求曲线将通过限制成本上升传导至价格水平的幅度，压低总体价格的响应幅度。此外，短期内的各种刚性还会制约企业为因应最低工资上升而调节其要素投入和/或产出价格的速度，从而导致较之前述固定调整模式的价格响应差异。最后，最低工资对其他生产投入品价格的影响程度，还会影响生产成本的总升幅。例如，如果最低工资上升导致熟练工人的工资提高，其原因要么是熟练工人的供给曲线并非完全有弹性，要么是工资结构中包含着最低工资和其他工资之间的直接关联性，则边际成本上升的幅度将大于非熟练工人工资价格上升所造成的升幅。但请注意，所有这些情形下的价格上升，从而竞争性模型变化中所隐含的最低工资对价格之影响的潜在差异，都是以幅度来衡量的，而非以方向来表示。

然而，其他劳动力市场模型或将推演出最低工资与各种价格之间的殊异关系。例如，在由Stigler（1946）提出的教科书式买方独家垄断模型中，如果最低工资的升幅不太大，最低工资上升将导致价格下跌。因为，对低工资工人拥有买方独家垄断权势的企业会将它们的雇佣水平设定在供给曲线上劳动力的边际成本与劳动力的边际收益相等的那个点上，从而导致就业和工资水平低于与竞争性均衡工资相对应的水平。在这种情势下，将最低工资提高至介于买方垄断工资和竞争性工资之间的水平，将导致独家垄断买方增雇工人、提高产出，从而导致产出价格下降。

为回应人们对于纯买方独家垄断模型是否适用于当今低工资劳动力市场的广泛质疑，经济理论家提出了动态买方独家垄断模型，这一模型得到了与纯买方独家垄断模型相似的结果。例如，在Burdett和Mortensen（1998）提出的模型中，企业数量众多，但工人对于他们能够获得的全部工作职位机会拥有不完整信息。由于最低工资上升增大了失业工人收到工资高于其保留工资的职位录用通知的概率，就业和产出上升，从而价格下降。但仍有其他研究者，比如Bhaskar和To（1999）以及Dickens、Machin和Manning（1999），通过研究表明：与那些根据纯买方独家垄断模型所得结果相似的就业和价格效应，同样适用于短期内的买方垄断竞争劳动力市场[6]。

其他劳动力市场模型对于那些有别于竞争性劳动力市场模型所内嵌的价格行为，也具启迪意义。例如，将工作努力与工资挂钩的效率工资模型认为，最低工资上升会影响工人的劳动生产率，从而会减缓最低工资上升所导致的边际成本与价格的升幅。而且，在一些版本的此类模型（例如Rebitzer和Taylor，1995）中，就业没有下降甚至还有增加，从而在劳动生产率提高为既定时，导致产出上升、价格下降。20世纪30年代提出的“冲击”理论——它假定最低工资上升将诱使雇主消除生产过程的非效率环节——也得出了类似的结果[7]。最后，在由Kennan（1995）复兴的“饥饿的青少年”模型中①，最低工资上升导致消费者需求分布出现了趋向最低工资劳动力生产的产品的转变。在此模型中，就业既会增加，也会减少，但价格水平会因产品需求向外移动（即扩大）而上升。

在总体水平上，学者们对于解析通胀动力学之恰当模型的具体规定存有较大分歧，但从宏观经济学的立场看，我们大致可将价格膨胀刻画为资源利用率、未来通胀预期以及其他外生价格冲击（包括最低工资变化）的函数。在此背景下，最低工资上升对通胀的初始影响是前述市场间效应的总和。也就是说，最低工资工人的雇佣成本上升将直接抬高这些工人生产的商品价格，从而导致短期总体通胀率的上升。然而，在中期到更长的时期内，最低工资上升对通胀率的影响还高度依赖于工资上升如何影响通胀预期，以及货币政策在多大限度内因应最低工资上升促成的初始膨胀性冲击。

---

① “饥饿的青少年理论”源自Kennan(1995)，其本原内涵如下：青少年特别爱吃奶酪汉堡包(cheeseburger)等快餐食品，但他们的薪资较低，且在低工资工人中占比很高。最低工资上升将提高青少年等低工资工人的收入，导致他们以更大的比例增加对快餐品(即正文所指的最低工资劳动力生产的产品)的消费支出；同时，受最低工资上升之负面影响者(如下岗的游艇建造工人)，为节省金钱也增加快餐品消费。因此，最低工资上升将导致快餐业的工资、食品需求和就业增加，快餐品价格上升——译者注。

最终，对最低工资的宏观经济学研究一直倾向于区分最低工资上升所致初始成本冲击的价格效应与随后的预期变化所导致的膨胀性含义。解析通胀动力学的一些早期模型经常将通胀预期设定为适应性预期，从而初始的价格上涨对通货膨胀具有持续的影响（Gramlich，1976）。相反，Gali和Gertler（1999）所赞同的新凯恩斯主义刚性价格模型等新近模型则一直倾向于强调通胀进程的前向属性。因此，尽管最低工资上升经由影响边际成本而抬高了价格水平，经济主体认为货币政策不会容忍更高通胀的判定将通过最小化预期效应，严重限制其（最低工资上升）更长时期的膨胀性影响。

总之，最低工资与价格之间的理论联系是含混不清的，且高度依赖于劳动力市场和产品市场的竞争程度。而且，即便在理论预测为最低工资上升将抬高产品价格的竞争性劳动力市场上，最低工资上升导致的成本冲击幅度仍取决于众多因素，而且该冲击的扩散范围还取决于预期是如何形成的。故而，最低工资的价格效应和通胀效应主要是一个实证问题。本章的剩余篇幅将对围绕这一论题的相关研究所得到的证据进行评述。

7.3 最低工资之价格效应的宏观经济学研究

最低工资政策的反对者一直屡屡强调它对价格和通胀率具有潜在的负面效应，并据此论断反对提高工资下限；但长期以来，鲜有实证证据支撑或驳斥这些论调。不容否认的是，20世纪50年代和60年代的研究者在分析某些具体行业时，有时提及价格效应的估计数据[8]。但更综合研究的主要关注点却是最低工资对就业和工资的影响。

然而，20世纪60年代末、70年代初，当通货膨胀成为重大的现实关切时，宏观经济学家开始考虑，除其他因素外，最低工资是不是膨胀性压力的潜在源泉之一。这一关切的激发因素还包括20世纪60年代末、70年代初联邦最低工资出现了数次上调，详见第2章（见表2-2）。当时解析通胀动力学中占主导地位的工作模型是各种变体的工资-物价的菲利普斯曲线，也就是工资和价格决定的联立双方程式体系，这个体系的后续各种版本加入了通胀预期。这类模型假定，最低工资提高了劳动力成本，并通过加成方程式传导到价格水平。此外，这个模型还考虑了最低工资上升导致的额外通胀，还将通过影响通胀预期，反作用于工资本身。最后，最低工资还有望通过消除技能极低者的工作职位机会，抬高非通胀型失业率（或非加速通胀型失业率NAIRU）[9]。

众多分析通胀过程的代表性总量模型包含有最低工资变量，其中三项研究尤其引人瞩目，因为它们特地关注了最低工资的居间作用。第一项著名的研究是Gramlich（1976），Gramlich发现最低工资上涨10%将使平均工资增长率提高近0.3个百分点，这一升幅是最低工资上升直接影响初始工资低于新的最低工资者的预期升幅的2倍，这就意味着最低工资对薪资更高的工人具有溢出效应。Gramlich没有完整地考察最低工资对价格上涨的影响，但他指出"在工资决定方程式中适应式预期项……很高，故而预定的价格总水平的一次性变化有可能转化为永久的价格上涨率的一次性变化"（1976，第430页）。在收入《最低工资研究委员会报告》（1981）的一篇论文中，Sellekaerts效仿工资和价格上涨的双方程模型，以求得最低工资上升10%的效应估计值。她发现，最低工资的平均工资上升效应略大——6个季度后上升大约0.76个百分点，而且消费者价格上升的幅度约为0.15个百分点[10]。最后，Frye和Gorden（1981）在一个价格上涨的约简式模型中加入了最低工资变量，他们报告的结果是最低工资上升10%将使价格上涨幅度提升0.2个百分点[11]。

前述《最低工资研究委员会报告》中的两项研究也试图采用更为具体的结构模型，求得最低工资的价格效应估计值。Cox和Oaxasa（1981a）推导并估计了九大主要经济部门供给和需求的一般均衡模型，并在其他结果之外，报告了1974—1978年联邦最低工资的数次上升致使价格水平平均上升1.5%，各具体行业的效应值最低为采矿业的不足0.1%，最高为农业和服务业的超过3%。Wolf和Nadiri（1981）采用了改进后的行业层面投入–产出分析框架，这一框架考虑了最低工资上升导致的各种投入品之间的替代问题。通过模型模拟，他们发现最低工资上升25%将使所有消费者价格的升幅高达0.7%，这一上升主要集中于居民户的服务价格。这两篇论文所得的效应值（在将刻度转换成最低工资上升10%时）与总量时间序列设定所估计的效应值大致相当，但由于采用了程式化的模型且在模拟中暗含诸多严格假定，"最低工资研究委员会"基本没有采纳他们的研究结论[12]。

总体来看，与当时石油价格飙升或劳动生产率增速下降等其他供给冲击所造成的影响相比，最低工资上升对20世纪70年代末、80年代初价格的影响相对较小[13]。而且，20世纪80年代末和90年代通胀率下降后，宏观经济学家逐渐意识到，以低通胀为目标、令人信赖的货币政策在降低各类成本冲击的总体膨胀效应中具有巨大作用，从而改进了他们的模型，以反映前向预期所具有的更大作用[14]。因此，解析美国总体通胀过程的最新模型仍设有一个变量来捕捉最低工资变化的短期效应[15]，但Freeman指出，"在学术探究中，再也听不到工资推进型通胀的论调了"（1996，第645页）。然而，正如我们扼要所及，最低工资政策和通货膨胀之间的关系仍是一些欠发达国家的重大关切，因为传统上这些国家的最低工资在工资决定过程中发挥着更大的作用。

7.4　来自最低工资新探究的证据

尽管随着时间推移，美国最低工资政策的膨胀性后果导致的若干担心逐渐消退，但人们对于采用最低工资影响价格的估计效应，来助力辨析各种低工资劳动力市场模型的兴趣却与日俱增。秉持这一理念，构成"最低工资新探究”的一些早期研究开始对最低工资的价格效应进行初步分析，尽管这方面的研究引起的关注远远不及同时进行的就业效应分析。像就业效应的分析一样，价格效应的研究通常集中于餐饮业，因为这一行业的众多机构雇佣了相当比例的最低工资工人，并在某些情形下使用了据以探寻就业效应的同类调查资料。

7.4.1 案例研究

例如，在《产业与劳工关系评论》“研讨专题”那篇论文中，Card（1992b）对1987—1989年间——在此期间，加州最低工资从每小时3.35美元提高到4.25美元——各城市家外就餐食品的消费者价格指数（CPI）变化数据作了极为简单的比较。这一分析是针对州立最低工资上升本应负面影响餐饮店成本的全国24个城市而做，其中加州有3个（洛杉矶、圣迭戈、旧金山）。分析结果表明，在此期间，圣迭戈的价格升幅高于全部样本城市的平均升幅，这与Card所发现的该市青少年工资升幅相对更大是相吻合的。接着，Card从美国商会研究员协会（ACCRA）进行的数项调研中选取了250个城市的1/4磅汉堡包价格数据，重复了上述研究。在样本所涵盖的加州7个城市中，有3个城市（即河滨市、萨克拉门托和圣迭戈）在1987—1989年的价格升幅大于所有城市的平均升幅，但另外4个城市（贝克斯菲尔德、弗雷斯诺、洛杉矶和圣何塞）的升幅与所有城市的平均值基本一致。从这类混合证据中，Card得出结论：加州最低工资上升与该州的餐品价格之间没有必然的联系。

在提交同一“研讨专题”的论文中，Katz和Krueger（1992）分析了1991年联邦最低工资上升对得克萨斯州快餐店价格的影响。具体而言，两位作者向调查受访者询问（最低工资上升前、后的）1991年1月和1991年7、8月构成正餐的一套标准餐点的价格。然后，他们将每家餐馆的正餐价格变化对新的最低工资与1990年12月的起点工资之差距进行回归，以分辨由于最低工资上升、起点工资升幅高低不等的各家餐馆在正餐价格升幅上有何差异。所得结果显示，正餐价格相对下降主要是受最低工资上升影响，但点估计值并不显著地异于0。然而，没有明确证据支撑最低工资和价格之间的正向关系；他们还发现，这些餐饮业的就业相对上升更多地导因于最低工资上升——他们将这两者解读为反对竞争性劳动力市场模型的证据[16]。

Card和Krueger（1994）在研究1992年4月新泽西州的最低工资上升时，还探寻了其中的价格效应。遵循与Katz和Krueger同样的基本程序，他们收集了对新泽西州和宾夕法尼亚州众多餐饮店正餐价格的调查反馈，并将最低工资上升更具重要性的餐饮店的价格变化与最低工资上升之重要性略欠的餐饮店的价格变化进行比较。将工资缺口变量定义为把起点工资提升至更高的最低工资所需增加的工资额后，他们发现：样本整体的最低工资缺口约束与价格之间存在正向但不显著的关系；而新泽西州餐饮店的两者之间基本上没有关系。但当他们对新泽西州和宾夕法尼亚州（该州没有提高最低工资）的餐饮店进行简单的比较后，所得结果更加明显：新泽西州的价格上涨速度比宾夕法尼亚州快3%——从而足以完全转嫁新泽西州最低工资上升导致的劳动力成本上升。

最后，Powers、Baiman和Persky（2007）在研究伊利诺伊州最低工资上升时提供了一些价格效应估计值。正如第3章所述，他们采用双重差分方法——对两州交界地区诸郡县——比较了伊利诺伊州和印第安纳州（该州没有提高最低工资）的快餐店；他们还对采用早期案例研究曾用过的同一工资缺口变量的模型进行了估计。在简单比较两州的餐饮店时，他们发现没有证据表明最低工资上升后伊利诺伊州的正餐价格上涨速度快于印第安纳州。纳入工资缺口指标后，所得证据略为显著：价格上涨速度更快的，是那些必须更大幅度地加薪才能将起点工资提升至更高的最低工资的餐饮店。

我们在第3章着重指出了针对这些论文所用案例研究方法而提出的若干重要批评，具体包括：处理组和控制组的可比性，这些研究捕捉滞后效应的若干困难，以及对数据可靠性的质疑。在这三项批评中，第一项似乎与考察最低工资的价格效应的关联性最强。鉴于各地市场之间的价格变动巨大，没有控制市场间的需求冲击似乎是个重大遗漏。与此相反，其他研究（例如Aaronson，2001）则指出，价格的刚性不及就业，因此，最低工资上升后的价格调整时滞理当更短。此外，这些研究中所使用的价格似乎界定得十分精当，与Katz-Krueger和Card-Krueger在调查中所使用的就业水平的模糊定义相比，就更是如此。无论如何，第一项担忧以及细小的样本瑕疵均导致这些研究所得结果难以解释。

7.4.2 面板研究

Card和Krueger（1995a）采用与Card（1992b）相同的方法，分析1990年和1991年联邦最低工资上升对价格的影响。具体而言，首先，他们将1989—1992年间各具体城市家外就餐食品的消费者价格指数（CPI）变化对所在城市的零售业工人占比进行回归——这些工人的1989年时薪为3.35美元到4.25美元之间，从而同期的联邦最低工资上升对他们具有直接影响[17]。所得结果表明，在受影响工人占比更高的城市，餐饮价格上升速度更快；而且，在三个模型设定中，有两个模型设定所得的系数是统计上显著的，同时所得估计的量级总体上符合竞争性模型的预测，即最低工资上升致使工资提高所催生的价格上涨，应与最低工资劳动力的成本份额成比例。然后，他们改用美国商会研究员协会（ACCRA）的价格数据，计算了1990年第一季度到1992年第一季度汉堡包价格升幅的各州平均数。利用这些数据所得的估计值同样为正，但总体上不具统计显著性。

Aaronson（2001）将这一分析扩展至1978—1995年，他采用城市圈级次的面板数据方法，类似于我们最初研究最低工资的就业效应时所采用的州级方法（Neumark和Wascher，1992）。具体而言，他同时采用了各具体城市家外就餐食品的CPI和ACCRA调查的三种快餐食品价格，并将相应的价格变化，对所在城市的有效最低工资变化、餐饮业通用投入品价格的变化、各城市总体的通胀和就业状况、城市固定效应，进行了回归。根据CPI的变量设定所得的估计值表明，最低工资上升致使餐品价格上涨，而且价格上涨的反应主要集中于最低工资上升前后的三个月期间。所估计的效应是统计上显著的，价格上涨反应的弹性值为0.037~0.072。使用AC-CRA数据进行回归所得到的价格反应带宽更大（弹性值的范围从比萨的0到汉堡包和鸡块的0.12~0.16）。但估计值多为正，而且价格反应同样迅速发生[18]。

Aaronson指出，使用美国的CPI数据研究最低工资效应存在的弊端之一是，在劳工统计局采样的27个城市中，仅有7个城市的所在州在1978—1995年的样本期间调升过最低工资，从而大部分效应识别是根据同期联邦最低工资的变化而得出的。此外，ACCRA数据不太理想，因为单个城市的观测值同样是基于小样本而得，且按每季度而非按月度收集。因此，Aaronson采用各省自行设立最低工资的加拿大的CPI数据，来扩展他对美国的研究。这样，在Aaronson的样本中，出现了97次省级最低工资调升，而在美国的样本中只有大约20次（州和联邦最低工资上升）。根据加拿大各省最低工资变化和各省餐馆外带食物价格指数进行回归所得的估计传导弹性值在0.048~0.080之间，这与使用美国CPI数据所得的结果十分相似。但最低工资上升导致各餐馆在同一样本期内提高食物价格的证据却是极具说服力的。

这类研究提出的问题之一是，最低工资上升推高的劳动力成本是否完全转嫁到消费者价格之中[19]。如前所述，完全转嫁最低工资上升所新增的成本就得贴合竞争性的劳动力和商品市场模型，在此模型中企业将它们的产出削减到产品价格与最低工资催生的更高的边际生产成本相等的水平。与此相反，转嫁过度或转嫁不足的证据却不大能够支撑这一模型[20]。由于最低工资对边际成本的影响取决于生产要素之间的替代程度、工资溢出效应以及其他因素，因而对“完全转嫁”内容构成的准确估计就很难测度[21]。采用零售食品部门的详尽投入-产出模型，并假定要素投入固定不变，Lee和O'Roark（1999）计算的结果是，最低工资上升（向劳动力成本）的完全转嫁意味着饮食店的价格弹性在0.075和0.114之间；但正如他们所指出的，这一估计值应该解读为上限边界。因此，Aaronson对美国和加拿大餐饮业所估计的绝大部分价格弹性所处的区间，似乎均与最低工资上升可以完全或近乎完全转嫁至零售价格的这一情形相一致；在雇主可以解雇低技能工人以应对最低工资上升时，就更是如此[22]。

在接续的著述中，MacDonald和Aaronson（2006）更详细地考察了餐饮店因应最低工资上升的价格调整行为。两位作者使用美国劳工统计局收集的微观层面数据，合成为家外就餐食品的CPI。数据样本包括1995年1月—1997年12月三年间88个不同地理区域（主要是城市圈统计区，MSAs）1 000家餐饮店的7 500种食品的售卖标价。这一时期的最低工资立法是以1996年和1997年联邦最低工资提高为主导，但两位作者认为，联邦最低工资提高之前的各州最低工资水平变动，以及各州立法的数处明确变化，为辨识最低工资的价格效应提供了足够多的变动依据。

就全部餐馆的价格而言，两位作者报告餐饮店全样本对最低工资的价格弹性是具有统计显著性的0.073，这一估计与Aaronson（2001）借助总量数据所报告的弹性值相似。然而，有限服务打折店的价格响应幅度比全面服务餐饮店要大得多，两位作者对此的解释是，这可能反映了薪资等于或接近最低工资的工人在有限服务餐饮店的占比更高[23]。此外，低工资地区的估计价格效应更大，因为在这些地区联邦最低工资上升有可能对处于收入分配低端者的影响更大。但更有意思的是，他们的研究表明，各餐饮店在决定提高哪些食饮品价格以应对最低工资上升时，却是颇费思量的。有限服务餐饮店不是将所有价格都略微提高一点，而是更有可能提高最近降过价的部分食饮品的价格，但不大愿意提高设定在心理价格点（例如尾数为99美分的价格）的食饮品价格。因此，所得研究结果既表明各餐饮店通过调整它们的平均价格来反映劳动力成本的变化，同时似乎又揭示了各单项价格的菜单成本刚性①。

截至目前所述的绝大部分研究均系针对美国而作，但也有一项针对英国的研究：Draca、Machin和Van Reenan（2005）着重探讨了1999年4月英国重新导入并设定为每小时3.60英镑的全国最低工资对价格水平的影响[24]。三位作者借助240个制造行业生产者价格的横截面数据库，力图辨识最低工资对价格的影响。具体而言，他们将1998—1999年价格做对数变化，对一组行业控制变量和1998年各行业薪资低于新的最低工资的工人占比进行了回归。约简版模型得到的最低工资变量系数为0.034，但这一估计在统计上不显著。工具变量估计得到的效应值更小（0.020），且同样不显著。而且，较之采用行业平均工资变量的类似方程式对最低工资变量的估计系数（1.72），这两个估计值均相对极小。

7.4.3 用价格响应检验各种劳动力市场模型

最后，Aaronson及其合作者完成的两篇论文力图通过综合使用研究所得的估计价格效应和就业效应，来更为精确地辨识各种低工资劳动力市场模型的适用性。首先，Aaronson和French（2007）综合了Aaronson（2001）、MacDonald和Aaronson（2006）对餐饮业的正向价格效应估计值以及各种文献所报告的负面就业效应，并将它们与各种校准版本的劳动力市场模型所做出的预测进行比较。他们发现，采用他们校准后的替代弹性值后，所得之餐饮业的价格弹性为0.07（正如前引多篇论文报告的结果）的标准竞争性模型，预测低技能工人对最低工资的就业弹性约为-0.35。然后，他们扩展了这一模型，让雇主在劳动力市场拥有一些买方垄断势力。但在估计的价格效应为既定的情形下，这一扩展模型的预测是仅有少

① 菜单成本：本义系指餐馆印制新菜单的成本，后泛指企业改变产品价格所导致的成本；广义的菜单成本还包括更新计算机系统、聘用新的定价战略顾问等成本。通常认为，菜单成本导源于有限理性下的信息成本、决策成本和执行成本。由于存在这类支出，企业在历次供求变化时并非屡屡改变价格，有时维持原价不变，由此形成“菜单成本刚性”——译者注。

数雇主将在最低工资提高后增雇工人，故而隐含的就业弹性只是稍小一点（大约-0.30）。因此，两位作者得出结论：买方垄断势力不能解释对一些餐饮业的研究所得出的接近0（甚或正向）的就业效应。反过来，这要么对这类发现提出了进一步的质疑；要么在这些发现无误时，意味着必须转而考虑其他解释。

Aaronson、French和MacDonald（2006）将这一范式拓展应用于考察各种版本的买方垄断模型，以及在文献中提出的其他数个模型。首先，他们采用与MacDonald和Aaronson（2006）同样的微观数据库来证明最低工资上升后商品价格总体会上涨。具体而言，他们报告的结果是，在最低工资上升后的头两个月期间，有限服务餐饮店所售食饮品有22.6%的价格出现上涨——这一百分比是其他月份发生涨价之食饮品占比的2倍有余。此外，最低工资上升后，餐饮价格也像其他月份一样不会下降。类似地，从餐饮店的层面看，38%的有限服务餐饮机构在最低工资提高后的2个月内提高了平均价格，但这些机构在其他月份提高平均价格的比例为24%。与此相反，没有证据表明有限服务餐饮机构会在最低工资上升后降低平均价格。这些趋向在全面服务餐饮店上表现得同样明显，但（它们在最低工资提高后不同时段的）差异更小，并且有时在统计上不显著。三位作者估计，平均而言，最低工资上升10%将使餐饮店的价格上涨大约0.7%，这一结果与他们对（最低工资上升对价格的）完全转嫁所隐含的估计值相似。他们还重申，在有限服务餐饮店和低工资地区的这些效应值更大，从而假定最低工资可能对这些次样本更具约束力。

接着，Aaronson、French和MacDonald将上述结果与根据1979—1995年间各城市家外就餐食品CPI变化的数据所作的更新分析进行整合。具体而言，他们使用可以覆盖一个城市历次最低工资变化（其诱因或为联邦最低工资变化，或为州立最低工资变化）实例的样本，将价格的对数值变化与最低工资变化的比率，对每个城市既往9个月内所得薪资不足原有最低工资的120%的餐饮业工人占比进行回归；回归式中还考虑了一组固定城市效应。由此所得的估计系数为正，同时，0.36的系数值接近于根据10-K公司报告①、经济普查和国内税务署（IRS）数据推算的餐饮业劳动力占比的估计值，而且也与最低工资上升完全转嫁至餐饮价格的情形基本吻合[25]。三位作者进行了两项稳健性检验。首先，他们用各具体城市的总体CPI变化取代模型中的固定年份效应，以检验是否可用未被观察的需求冲击来解释他们的分析结果。这一设定的截距项并不在统计上显著异于0；这表明，在最低工资不具约束力的那些城市，餐饮价格并未在最低工资上升后加速上涨。其次，他们用住房服务和医疗保健（这是相对不受最低工资影响的两个构成）的CPI取代"家外就餐食品"的CPI，但没有发现论据证实这些服务项目的价格上涨与薪资低于新的最低工资者的占比存在相关关系。

取得这些结果后，Aaronson、French和MacDonald将这些结果与根据部分受荐低工资劳动力模型得出的预测进行比较。正如Aaronson和French（2007）所述，他们认为，他们发现的巨大短期价格效应有悖于劳动力市场的买方垄断模型；他们还认为，这一结论可扩展应用于Bhaskar和To（1999）以及Dickens、Machin和Manning（1999）提出的买方垄断竞争模型。他们意识到，在买方垄断竞争的模型中，企业退出可能产生正向的价格响应；但他们仍坚称被观测的退出率太低，因而无法产生这类效应。而且，他们认为，他们在实证分析中所观测的价格上涨发展太快，故而无法与Bhaskar和To模型中催生价格上涨所必需之企业退出相吻合。

Aaronson、French和MacDonald还简要考察了文献中提及的其他数个模型。首先，他们将他们的研究发现与工作努力内生于工资的效率工资模型的若干含义进行了比较。如前所述，最低工资上升导致的劳动生产率提

---

① 10-K公司，是按照美国证券交易委员会的规定，资产规模超过1 000万美元、股东超过500名，无论上市与否必须披露年度报告和其他定期报告的公司。其中必须披露的综合财务年度报告，主要包括公司历史、组织架构、高管薪酬、股权、附属机构及经审计的财务报表，对应的表格被称为"10-K表（Form 10-K）"——译者注。

高应该削弱这个模型中的就业响应和价格响应[26]。但Aaronson、French和MacDonald认为，如果这类效率工资效应是重要的，则所估计的价格响应幅度应该小于竞争性模型的预测，而这个预测又与他们的实证结果截然相反。他们考察的另一个模型是Kennan的“饥饿的青少年理论”（1995），在这个模型中，最低工资上升改变了收入和消费支出的分配，从而促使消费需求转向最低工资劳动力所生产的产品。以快餐业为例，这个模型的基本理念是最低工资上升将提高低工资工人（也就是青少年）子群的收入，而这些低工资工人又特别嗜好快餐食品。而且，自身收入受最低工资上升负面影响的其他工人，也可能将他们的食物消费结构转向快餐之类的低价选择。因此，最低工资的解聘效应将低于标准的竞争性模型的估计，同时价格上涨幅度将更大。事实上，如果生产需求曲线向外扩张的幅度足够大，就业率甚至还会上升[27]。Aaronson、French和MacDonald观察到，他们所得的价格响应符合“饥饿的青少年”假说，但他们估计这一效应最多只能抵消30%的竞争性模型所预测的就业损失[28]。他们参考的最后一组模型是劳动力市场搜寻模型。但正如他们所指出的，多种版本的这类模型的就业和价格含义，与买方垄断模型得出的内涵基本相似，从而有悖于他们所报告的被观测价格上涨。

因此，最终的结论是，对美国最低工资之价格效应更新近、更全面的研究绝大部分支撑竞争性低工资劳动力市场模型。实际上，价格效应的正向估计极为普遍，加之几乎没有发现价格负效应，这两者似乎均强烈反对根据非竞争性模型解释这些市场中的企业行为。

7.5 发展中国家的最低工资与价格和通胀

如前所述，最低工资与通货膨胀之间的潜在关联至今仍是许多发展中国家的重大关切。这一关切部分反映了一些发展中国家近几十年来饱受其害的高通胀率，折射了最低工资变化通常会对这些国家的工资结构产生特别显著的影响的事实。这不仅因为最低工资通常对相当比例的劳动力具有约束力，而且因为公共部门和高技能工人的工资变动有时采用最低工资作为决定依据。例如，Molaney和Mendez（2004）指出，使用最低工资作为其他工资和年金给付的厘定基准在拉丁美洲极为普遍；而且，在哥伦比亚，恰好略高于最低工资的工资似乎易受工资下限（即最低工资）变化的影响。类似地，正如第4章所述，Fajnzylber（2001）估计，巴西的最低工资上升对薪资高达最低工资40倍的正式部门工人的工资，以及对自雇人士及非正式部门的工人的工资，均有显著影响。我们对部分此类结果存有质疑，然而Lemos（2004b）也发现，巴西的最低工资上升与处于工资分布高端者的工资变化之间存在正向关系。

尽管存在这些显然很大的工资溢出效应，但就我们所知，有关最低工资之价格效应的唯一研究是Lemos（2004b，2006b）对巴西进行的一组研究。例如，Lemos（2006b）重点考察了巴西最低工资变化对该国1982—2000年消费者价格的影响，在1982—2000年的样本期间，名义最低工资因高通胀环境而数次急剧调升。由于通货膨胀和最低工资并存使得最低工资效应难以辨识，Lemos在估计方程式中采用了地区面板数据的月度观测值，加入了最低工资和通货膨胀的滞后因素，还考虑了固定时间效应和固定地区效应。由于大部分样本不存在最低工资的地区变化，Lemos通过两个相对最低工资变量（一个采用最低工资做分母，一个采用第90百分位的工资），以及反映在每一地区/月份观测组中薪资为最低工资工人占比的变量，来度量最低工资缺口约束。

她的总体结论是，最低工资上升对巴西的价格有显著的影响[29]。她优选的设定将价格变化定义为平均工资变化的函数，并将最低工资工人占比的领先指标和滞后指标作为工具变量，以捕捉以最低工资变化为唯一诱因的平均工资变动。根据这些假定，她发现，最低工资上升10%将在最低工资上升前后2个月的窗口期内导致总体物价水平上升3.5%，但这一结果主要导因于1994年前的高通胀时期；对1994—2000年的子时期而言，最低工资上升10%导致的估计价格升幅仅为1.3%，且在统计上不显著。她没有就通胀的动力机制提供足够的信息从而得出肯定的结论，但其含义是20世纪80年代和90年代初在巴西生效的最低工资政策导致了当时所经历的高通货膨胀。

Lemos（2004b）考察了这些最低工资引致型价格上涨的福利含义。她采用上述同一设定估计了三个不同的价格指数，即：基于所有住户消费束的广义指数，基于中产阶层消费束的指数，旨在度量最低工资住户（贫困）消费束价格的指数。所得回归估计值表明：最初，最低工资对贫困住户过量购买的商品价格的影响最大；但随后，价格效应将由所有住户均等承担，这或许反映了最低工资上升对其他工资的巨大溢出效应。

7.6 最低工资与利润

大多数最低工资理论模型的初始假定均为企业按照利润最大化原则进行经营，这些模型也因此预测最低工资上升将削减企业利润。例如，在标准的新古典劳动力市场模型中，商品价格随着最低工资上升导致的边际成本上升而上涨，但产出和利润也因此下降。然而，雇主为应对最低工资上升而做的调整对于劳动力成本相应上升的抵消程度，将影响利润下降的幅度。正如已有讨论所述，这类调整的内容包括改变依赖最低工资劳动力的要素投入组合，或削减非工资福利。

Card和Krueger（1995a）强调过，在文献中提及的其他一些模型中，这一情势更加复杂。例如，他们的研究表明，在劳动生产率决定于工资水平的效率工资模型中，最低工资相对于符合利润最大化目标之工资的上升将在一阶近似程度上保持企业利润不变；这一结果同样适用于标准的买方垄断模型，在该模型中就业和产出增加，但价格下降。更一般而言，在雇主同时设定就业量和工资水平以最大化利润的各种模型都会取得这一结果，但Card和Krueger也指出，与最低工资的边际上升等因素相伴生的二阶效应将为负。此外，考虑企业准入和退出的买方垄断模型最终必定在无利可图的企业退出市场后，将各企业的利润还原至最初的水平（即便行业利润将下降）。最后，在企业不追求利润最大化的诸多模型中，最低工资上升或将诱使企业的运行更有效率。如果果真如此，而且，如果通过趋向生产函数边界所实现的成本节省足以抵消最低工资上升所导致的劳动力成本上升，则利润也可能不会下降。

仅有寥寥几项研究考察了最低工资对利润的影响。Card和Krueger（1995a）在他们的著作中添设了这样一项研究：在该书中，他们整合了股票价格数据和最低工资的新闻报道，以便就未来最低工资上升的预期变化对预期利润的影响，进行事件研究。首先，两位作者估计了两个子样本企业股票价格的每日超额收益[30]。第一个子样本由所在行业最低工资工人占比最高的110家企业构成，第二个子样本由年报中提及1990—1991年最低工资上升的28家企业（大部分为餐饮企业）构成。接着，两位作者辨识了与国会采纳议案进程相关，且最终促成1990—1991年联邦最低工资提高的20个重大新闻事件。其中数个事件显示有一些统计上显著的证据支撑预期效应；但最为显著的是，在1989年12月共和党人阻挠通过最低工资法案前后10天的间歇期内，第一个子样本的超额收益估计值为正。但对于其他数个新闻事件发生前后的间歇期而言，超额收益似乎是个错误的“信号”；而且，在大多数情形下，两个子样本企业股票的超额收益没有发生偏向任何方向的显著变动。

Card和Krueger还考察了与劳工部长Robert Reich提议将最低工资提高至每小时4.75美元相关的一组后续事件。在此背景下，有一些证据表明，媒体报道具体提议时的超额收益为负；Reich部长建议推迟提高最低工资时的超额收益为正。但总体而言，根据这一分析所得的最低工资与预期盈利能力之间关联的证据仍十分脆弱；但Card和Krueger指出，这一结果可能仅仅意味着，市场参与者认为这一分析中所涵盖的若干事件并未就未来最低工资变化的可能性提供足够消息。

解决这一问题的另一最新研究是Draca、Machin和Van Reenan（2006）。较之Card和Krueger的研究，这三位作者所用范式的优势之一是，他们根据企业层面的利润率数据，直接估计利润和英国重新导入最低工资之间的关联，而非从投资者收益中推断最低工资的利润效应。在研究的第一部分中，Draca、Machin和Van Reenan重点考察了安老院，1999年4月重新导入最低工资前，这个部门40%的工人工资低于每小时3.60英镑的新的最低工资。这个行业制约所得分析结果普遍化的主要特征之一，是政府规制限定了行业内企业可以提价的幅度，从而逼迫企业将任何因应最低工资上升的调整举措更多地转向利润或用工量。针对这一行业内企业的调查在多个年份均有开展，包括在新的最低工资施行前后的数个年份。

为考察最低工资对盈利能力的影响，三位作者设定了一个工资缺口变量，并将其定义为企业将所有工人的工资提高至最低工资时企业工资总额的百分比增幅。在最低工资导入的前1年，工资缺口平均约为4%；但最低工资政策一旦施行，工资缺口立即降至0附近。接着，他们将1998—1999年各企业的平均工资变化对1998年的工资缺口指标进行回归，并将工资缺口变量的系数与针对1992—1993年的同类回归结果进行比较。施行最低工资政策时期的工资缺口变量系数相当大，他们将此结果解读为新的最低工资显著提高了安老院工资成本的证据[31]。

然后，三位作者根据一个他们定义为利润与总收入之比率的盈利能力指标，重复进行了上述分析[32]。具体而言，他们将各企业的盈利能力指标对初始工资缺口和一组控制变量进行回归，这组控制变量包括家庭人口和劳动力的人口统计特征、郡县层级的固定效应。对工资缺口的估计系数是-0.59，且在统计上显著；这就意味着，最低工资导入前工资缺口为10%的企业将面临利润率下降0.059的损失。根据样本统计数据——它表明平均每家企业的工资缺口约为4%、初始利率润为0.102，三位作者计算的结果是新的最低工资导致平均每家企业的利润率下降了23%。尽管这看似效应巨大，但三位作者没有发现任何证据以资证明最低工资增大了企业退出市场的概率。

在研究的第二部分，三位作者采用了在英国登记且于3月31日报告年末账目的全部企业的一个子样本的会计数据，并把盈利能力界定为利润-销售收入的比率。具体而言，他们对新的最低工资导入之日（1999年4月1日）的前后三年期间，两组企业——即劳动力成本更多地深受最低工资影响的"处理组"企业和劳动力成本受最低工资影响较少的"控制组"企业——的平均利润率变化进行了比较。他们没有掌握每家企业内部的工资分布数据，故而采取两种方式来界定"处理组"。第一种界定是将在最低公司导入前的会计年度工人平均年薪低于1.2万英镑的所有企业纳入处理组；第二种界定则将处理组进一步限定为下述低工资企业：在它们所在的行业-地区组合中，10%或更多的工人在上年的工薪所得低于新的最低工资[33]。

Draca、Machin和Van Reenan首先考察了最低工资对处理组的劳动力成本是否比对控制组的劳动力成本具有更大的实质影响。采用简单的双重差分方法，他们得出的估计是，最低工资导入后的头三年期间，第一种界定的处理组企业的工资平均上涨了21%，而控制组的工资上涨了12%，双重差分估计值为9个百分点（它是统计上显著的）[34]。他们在第二种界定的处理组也发现了类似结果。在加入系列行业层面控制变量的年度面板回归分析中，对两组企业所得的估计差异略小。它表明，最低工资导入后，处理组的平均工资增长速度比控制组高出5~6个百分点。他们还对将最低工资导入前的企业平均工资作为处理变量的一个回归模型进行了估计。在这种情形下，最低工资政策施行后，初始平均工资较低的企业具有更快的工资增长率，并与对界定更具体的处理组的估计结果相一致。

接着，三位作者针对盈利能力指标重复了上述分析。在简单的双重差分模型中，最低工资导入后两种（界定的）处理组的利润-销售收入比率下降了0.02~0.03，对应的控制组的同一比率上升了约0.01。因此，最低工资对盈利能力影响的双重差分估计是大约-0.03，且在统计上显著。加入控制变量、基于回归的分析框架得到了十分相似的结果，估计效应在-0.031~-0.042之间。最后，用初始工资界定处理组强度所得的结果表明，最低工资对低工资企业的利润率具有负面影响[35]。根据样本企业的平均利润-销售收入水平，这些估计值意味着利润率下降的区间为7.8%~10.7%。

这一研究所得结果并不足为奇。最低工资导入对英国低工资企业的盈利能力具有负面影响的假说，得到了数据的强力支撑；这一结果也与大多数低工资劳动力市场的理论模型相符。在结论中，三位作者指出，企业通过削减利润消解最低工资上升成本的能力，或许有助于解释最低工资上升后巨大解聘效应的缺失现象。尽管安老院市场的盈利能力下降幅度很大，但由于这一行业的退出和进入比率总体较高，加之三位作者没有掌握退出率的时间序列数据，故而很难测定就业效应的总量级。

7.7 结 论

最低工资之价格效应的理论预测是含混不清的。传统的竞争性劳动力市场模型预测，最低工资上升将推高低技能劳动力生产的产品价格；而买方垄断型模型大多预测，最低工资上升将导致价格下降，至少超过某些区间的最低工资会如此。与后一类模型的结论相反，数量有限的实证论据一致表明，最低工资上升导致低技能工人生产或提供的商品和劳务价格上升，从而对标准的竞争性劳动力市场模型是不正确的论断提出了挑战。

但我们必须引为警醒的是，无论在数量上，还是在（某些情形下的）质量上，这一领域的研究仍滞后于我们在前面章节中所及的论题。本章所评述的许多研究本质上是十分简单的，其他研究则依托的样本期较短，或数据质量存在问题，或面临其他难题。因此，许多此类研究应该解读为抛砖引玉，而非盖棺定论。尽管如此，最堪信赖的一些研究——我们认为是Aaronson及其合作者所做的研究——的确十分明显了指向最低工资对价格的正向效应，并对非竞争性低工资劳动力市场模型的适用性提出了诸多质疑。

最后，即便最低工资推高了低工资行业的产品价格，适度提高最低工资对总体经济的膨胀性影响在工业化国家可能并不重要。由于最低工资劳动力在生产成本中的占比相对较小，也由于最低工资上升对其他工人工资的溢出效应仍较有限，最低工资上升对总体价格水平的影响可能很小。因此，最低工资上升对通胀预期很可能仅有极小的——如果有的话——可度量的影响。与此相反，在发展中国家，由于通胀预期通常不稳定，加之最低工资对众多工人具有约束力，最低工资可能潜在地具有更多的负面膨胀性后果；最低工资若钉住价格或其他工资，就更是如此。

第8章　最低工资的政治经济学

8.1 引　言

本书的大部分篇幅均在提供论据，证明最低工资是相对无效的救助穷人的社会政策。它们必然导致低技能工人感受尤为深切的解雇效应。它们阻碍人力资本形成。它们导致通常由低收入家庭消费的产品价格上涨。而且，总体而言，它们对于提高贫困家庭和类贫困家庭的收入似乎助益不大——如果有助益的话，并且很可能对这些家庭具有负面影响。

尽管这些发现均偏负面，最低工资政策仍特别盛行。2006年皮尤研究中心开展的一项调查表明，83%的美国人赞成将最低工资提高至每小时7.5美元，近半数的调查受访者说他们将强烈支持提高最低工资（Dimock，2006）。提高最低工资也得到了各类工会、倡导自由的团体乃至一些大公司的强力支持。而且，在政治领域，即便通常反对政府干预的保守政治家也发现，要公开反对即将付诸票决的最低工资立法十分困难；故而，他们通常力图借道程序途径让立法进程“脱轨”，或将最低工资立法与有利于小企业（或根据其他理由他们希望帮助的组织）的税收激励政策挂钩，因为他们认为小企业是最低工资引致的额外成本的最大受害者。

最低工资政策为何如此盛行？从某种意义上讲，这一盛行毫无疑问地反映了美国人发自肺腑、用心良苦的愿望，即帮助不富裕家庭，并在更一般的意义上助力缓解当今社会中因经济不平等上升引致的相关焦虑。故而，在这一背景下，强烈支持最低工资或许只是表明人们对最低工资的效应缺乏清晰的了解。然而，支持最低工资立法或许还有其他动机。例如，正如我们在前面各章所强调的，最低工资上升的确导致了社会成员之间的收入再分配，因此最低工资下限提高必然造成赢家和输家。而且，特定机构或相关政策集团的成员有众多理由支持最低工资，或基于各种非经济理由反对最低工资。在本章中，我们评述了最低工资的政治经济学方面的现有文献，并借此探究了此间一些论题。

本章多数篇幅聚焦于联邦最低工资，但联邦工资水平长期内鲜有变动，故而论述的重心逐渐转向州立最低工资。我们前已指出，截至2008年初，美国2/3的州和哥伦比亚特区的最低工资水平高于联邦标准。而且，20世纪90年代中期，提高最低工资下限的政治支持已经深入至新的政治舞台——地方政府。在全国各地的城市和地方辖区内，支持“生活工资”的运动先后兴起；各地纷纷推行“生活工资”政策。据最新统计，全国各地颁行了至少140个生活工资法律[1]。生活工资像最低工资一样必须设定最低工资下限，但其覆盖面通常更窄，工资标准也更高。

因此，在本章最后一部分，我们简要探讨了围绕生活工资立法的效应不断增多的证据。这一探究所铺陈的背景和证据，为解答本章就联邦和州立最低工资法律而着力解决的同类问题，提供了良好铺垫。也就是说，我们力图阐述各类参与者支持生活工资法律背后的一些动机，阐述的重点是这类法律的政治经济学。

8.2 最低工资为何如此盛行？

社会公众支持最低工资法律并非最新取向。Waltman指出，在1936年开展的盖洛普民意调查中，“70%的美国人说他们赞同对最低工资进行管控的宪法修正案”，同时，“特别是20世纪70年代以来，赞成提高最低工资的百分比一直高达75%~80%”（2000，第49页）。与此相反，直到最近，像《纽约时报》之类的一些大报的编委会一样[2]，大部分经济学专业人士坚决反对最低工资立法。而且，即使迟至2005年，近半数的经济学家在接受调查时仍认为应该废止最低工资政策（Whaples，2006）。虽然如此，但支持最低工资提高者屡屡引用的代言证据表明，许多经济学家实际上确实支持最低工资法律[3]。

人们有时认为，公众普遍支持最低工资导源于他们并不了解其效应[4]。Waltman提供了这方面的一些证据，指出众多调查结果表明：公众在既往时期对最低工资的就业效应的看法明显有别于经济学家的观点（2000，第59~62页）。例如，在1979年的一项调查中，71%的受访者认为最低工资上升不会削减年轻人的工作职位；而在仅仅1年前进行的一项调查中，90%的经济学家认为最低工资上升将导致失业率提高，两者之间的观点形成了鲜明的对比。类似地，在1994年的一项调查中，70%的公众认为提高最低工资有助于改善“总体就业状况”，仅有少数人认为维持最低工资不变是个好主意。当然，也有人认为，最低工资新探究兴起以来经济学家们在最低工资效应上不断扩大的观点分歧，是导致公众认识混乱加剧的源泉之一。但经济学家和社会公众之间可以上溯至20世纪70年代的持续歧见，则与此论断截然相反[5]。

较之汇总经济研究而得的经验证据所证实的观点，公众对最低工资更多地秉持正面看法——这有数条理由可以解释。首先，适度的最低工资变化对国民经济的影响程度，必定小于经济周期波动或其他宏观冲击。因此，即便这一影响导源于最低工资确实导致了就业减少的这一前提，普通美国民众很难观察最低工资上升引致的总体经济成本。例如，与经济周期中的就业波动或美国经济中的月度职位流动毛比率相比，即便更大的解聘效应估计值也是相形见绌。事实上，最低工资的支持者时常指出，在最低工资上升的特定年份，就业总水平有显著上升；这可能属实，但不足以阐明最低工资的效应。此外，尽管基于研究的证据表明在快餐店业存在价格转嫁，最低工资对总体价格水平的影响仍很小，其影响程度远远不及汽油和服装等产品价格的波动。

在很难从总体水平上观察最低工资效应的背景下，我们或许可以转而期待个人去依托他们自身的最低工资经历进行分析。但即便是在个人层面上，也会极有可能形成错误推断。在任何特定时期，要辨识最低工资的受益人相对容易；而且，事实上，大多数受影响的工人发现，他们的薪资收入随最低工资上升而提高（也就是说，赢家多于输家）。相反，最低工资对低技能就业者的负面影响大多或许反映了雇佣量缩减，而不是就业分化的加剧[6]。因此，通常很难明确辨识在最低工资没有上升时哪些人本来就该被雇佣。对此，Brown指出，“没有证据表明最低工资提高后出现了大范围的职员遣散现象，这就导致一些最低工资的支持者怀疑最低工资是否会导致就业的显著损失”；他认为这一观点存在“逻辑谬误”（1988，第143页）。

第三种错误认识导源于最低工资与穷人之间关系的陈腐看法。Burkhauser、Couch和Glenn（1996）估计，在上年导入联邦最低工资制的1939年，85%的低工资工人（其界定是工资水平不及私营部门平均工资的50%者）所在家庭的平均收入低于贫困线。因此，最低工资上升直接带来的大部分工资收益在当时似乎流向了穷人。但在随后数十年间，这种关系逐渐松散；截至20世纪70年代末，生活在贫困家庭的低工资工人的占比降至仅20%。当然，这种关联的弱化在很大程度上反映“婴儿潮”期间出生者开始加入青少年劳动力市场，以及成年妇女的劳动力参与度急剧上升。但根本要义在于，与公众认识和一些经济学家的信念相反，最低工资提高的受益者不再主要来自于贫穷的居民户。

8.3 最低工资的政治经济学

或许有人认为，既然对最低工资的支持度一直位居如此高位，联邦和各州层级的最低工资立法必然会定期商议通过，而且基本上没有阻力。事实则相反，几乎每次导入新的立法总会就最低工资的优缺点产生激烈的论争，有时还必须经历相当长的时期才能再次提高名义工资下限。而且，最低工资水平及其存续在各州（各国）之间仍有显著的差异。

这种表里相背的成因何在？Waltman（2000）引述的系列统计数据表明，尽管绝大多数美国人支持最低工资，但多数人对最低工资的感受不太强烈，实际上也不会因此改变他们的投票行为；这或许是因为最低工资对他们的经济处境鲜有或没有直接影响；而且，最多也只有轻微的间接影响。与这种思路相似，West（1974）认为，基本不受最低工资影响的个人集团构成了选举人中的中间集团，因此，法律提案成功通过的时空差异必定还有其他成因。

由此，一些政治学家和经济学家转而假定：最低工资政策一直受驱于有组织的选民集团的诸多努力，这些选民集团根据他们自身利益而支持或反对最低工资。这类集团能对立法者施加过大的压力，既是因为它们有能力针对特定事项组织庞大的选举人集团，也是因为它们有能力通过竞选献金的方式提供巨大的财力支持。至于在最低工资政策中具有特定利益的集团类型，学者们早就意识到工会有动机支持最低工资，因为，最低工资将劳动力需求转向技能更高的工会工人（Tyler，1959）[7]。类似地，Simons（1944）将美国北部纺织行业为降低来自南方诸州的竞争而支持《公平劳工标准法案》，作为工会存在此类动机的例证。最近，倡导小型企业雇佣大量低工资工人的全国餐饮业协会以及全美独立企业联盟（NFIB）一直在按例行程式反对提高最低工资；一些大型企业，包括沃尔玛，则表示支持提高最低工资[8]。Keech（1977）更宽泛地将最低工资工人之外的潜在选民集团划分为三大类：（1）薪资高于最低工资的工人，他们支持最低工资是为了减少来自低工资工人的竞争；（2）高工资工人的雇佣者，他们支持最低工资是为了减少来自支付低工资的竞争者的竞争；（3）最低工资工人的雇佣者，他们反对提高最低工资。

Cox和Oaxaca（1982）包含着可供以阐释最低工资的政治经济学的良好理论样例。两位作者在一般均衡模型中正式描述了对竞争性利益集团的直观认识，该模型包括三类生产要素（非熟练工、熟练工和资本）以及加入工会的、未加入工会的两类经济部门——这两个部门的产品在消费中互为总替代品。假定加入工会的部门的熟练工密集度高于未加入工会的部门，并且，加入工会的熟练工的工资率比未加入工会的熟练工的工资率高出一个固定的百分比。在这个模型中，致使非熟练工之工资率提高的名义工资上升，不仅导致熟练工替代非熟练工，而且导致加入工会的熟练工替代未加入工会的熟练工；其原因在于工会部门在膨胀，而非工会部门在收缩。此外，最低工资上升削减了资本的实际租金率。因此，基于它们自身利益的需要，工会有动机支持最低工资提高，工会部门的企业主和公司高管也有此动机。相反，非工会部门的企业主和公司高管则有动机反对最低工资立法[9]。

但这些不同的利益集团都不能直接设定最低工资，因此，它们必须借助在政治上支持或反对提高最低工资的方式，从它们的立法者那里获取“半成品”。根据这一分析框架，可将政治家们视为效用最大化者；无论他们个人的立场如何，这些政治家都会根据他们再次当选的概率，以一种可以预见的方式，对最低工资立法施加影响。这个模型中的均衡意味着，立法者对最低工资立法的支持力度，既取决于他们所处的选民集团的偏好，又取决于各个集团在帮助他们再次当选中的政治势力。

工会和支付高薪的雇主具有支持最低工资立法的经济动机，低工资工人的雇主有动机去反对最低工资——尽管这一想法通常依托于各种理论模型或虚实不详的信息，但也有一些间接的统计证据支持这一直观认识。第3章所讨论的、以最低技能工人的解雇效应为指向的证据，在某种程度上可以证明这一点；这就意味着雇佣这类工人的企业更容易受到最低工资上升的负面冲击。类似地，Sabia（2006a）发现，在——通常会雇佣低工资工人的百分比更高的市场构成——小企业和零售业中，青少年的岗位损失特别大。

此外，还有两篇论文在它们的分析中，包含有最低工资对非工会工人之影响的估计值。例如，Linneman（1982）的研究插补分析了1974年和1975年的最低工资上升对非工会工人的预期薪资收入的影响，具体方法是将他就最低工资对这些工人的工时效应和就业效应的估计值以及这两年的工资结构进行综合比较。他声称，大约85%的工会工人有望由于最低工资上升而获得更多的薪资收入，年薪资收入的平均预期增加额超过了400美元。正如第4章所指出的，我们有些担心这些估计所依托的假定是否成立。然而，在Neumark、Schweitzer和Wascher（2004）的早期文稿中，我们分别估计了最低工资对工会工人、非工会工人的工薪收入效应，并且发现工会工人总体上由于工资下限上升而受益[10]。具体而言，我们发现，低工资工会工人的工资收益是其非工会对手的2倍有余，而且低工资工会工人的总工时上升，而非工会工人的总工时则下降[11]。因此，最低工资上升通常会以部分地损害非工会最低工资工人的利益为代价，提高工会工人的薪资总收入。

最后，我们必须指出，整体经济实力也会影响立法者在最低工资立法上的投票行为。因为，对最低工资本身不持强烈倾向的选民会关心整体经济状况，从而良好的经济运行可能与再次当选的概率正相关（Kiewiet，1983）。因此，认为最低工资削减了就业（但他依然倾向于提高最低工资，或让其他选民倾向于如此）的立法者，或许在经济增长强劲（以及失业率较低）时比在经济增长疲弱（以及失业率较高）时，更愿意对提高工资下限投赞成票。这类考量既可依据全国经济状况，也可根据各州的经济运行实际而定。

一些经验研究还直接评估了最低工资的政治决策的影响因素。这类研究通常聚焦于选民集团的经济利益与联邦立法的投票模式之间的关联——并在某些情形下，研究那些促成1938年最初通过《公平劳工标准法案》的立法实践，还在另外一些情形下，重点探讨《公平劳工标准法案》的后续修正案。这一研究分支的最佳例证是Silberman和Durdun（1976），他们专门研究有哪些因素导致立法者投票赞成或反对1973年众议院通过的一份法案（HR7935）；这份法案建议分两步将最低工资水平从每小时1.60美元提高至2.20美元，并将最低工资的覆盖面扩展至额外的600万名职员，包括在联邦政府、州政府和地方政府效力的工人和雇员[12]。两位作者设计了一个变量来度量每位立法者对最低工资的政治支持水平，度量依据是与立法提案相联系的两种唱名表决方式：（1）投票赞成或反对HR7935法案，以及（2）在更早时期投票赞成或反对共和党政府所支持的呼声较小的替代法案。投票赞成替代法案、反对HR7935法案，即认定为对最低工资的最大可观测反对；投票反对替代法案、赞成HR7935法案，即认定为对最低工资提供最大的支持；投票支持这两个法案，则可认定其为对最低工资秉持适度支持立场的征兆[13]。

接着，Silberman和Durdun基于旨在刻画特定的特殊利益集团之偏好的一组代理变量——包括工会、高工资行业和低工资行业、小型企业、低工资工人以及青少年，对这些投票模式进行了多变量probit模型估计。估计结果表明，工会对投票行为施加的影响最大，两位作者认为这一结果“并不稀奇”，因为各类工会“迫切希望通过激进的最低工资法案，从而将相当数量的竞选献金捐给了议员代表”（1976，第326页）。像度量小企业组织提供的竞选献金的那一指标一样，代表南部诸州的地区指标也具有重要影响；这两个指标反映了南部低工资企业和小企业对最低工资的反对力度。低工资工人和青少年的偏好似乎一直都不重要，这表明这些群组要么对最低工资的偏好不甚强烈，要么影响立法者的能力较弱。

Kau和Rubin（1978）将这种分析思路拓展应用于考察最低工资立法的六次变化，考察范围从1938年最初通过的《公平劳工标准法案》直至1974年通过的该法案修正案。两位作者基于立法者所在州的工会化程度、黑人在所在州人口中的占比、该州制造业的平均工资、立法者所属党派以及度量立法者意识形态的一个指标，对每位立法者就最低工资立法的最终投票进行了简单的probit模型估计。针对各种投票情形而得的估计结果是相当一致的，从而表明：所在州工资水平更高的立法者相对更有可能投票赞成提高最低工资；而所在州黑人人口——他们占低工资工人的比例也很大——占比更高的立法者，则不太愿意对提高最低工资投赞成票，这或许是因为他们意识到此举将负面影响这一群组[14]。与Silberman和Durdun的发现相反，他们发现，工会化比例的系数为正，但在统计上不显著；但他们注意到，在他们的样本中，平均每小时薪资收入与工会化比率存在高相关关系。最后，他们还报告称，立法者的自由取向与其对提高最低工资的投票支持倾向之间呈现显著为正的相关性，这就意味着意识形态以及来自利益集团的压力影响对最低工资的立法支持[15]。

在篇幅较短的一篇论文中，Bloch（1993）除了考察参议员对1989年《公平劳工标准法案》修正案的投票——该投票导致1990年4月、1991年4月的最低工资提高——情况外，还考察了1977年修正案的投票情况。他还复述了他此前针对1966年和1974年修正案的分析[16]。Bloch在其模型设定中仅仅设置了两个变量：所在州的平均工资；各州加入工会的制造业工人占比。在所有投票情形下，工会化程度的系数为正，且在统计上显著。相反，最低工资的系数符号变为负，且从不显著。Bloch还根据首先限于民主党参议员、然后限于共和党参议员的样本，估计了他的模型。他发现，对民主党参议员的分析与上述结果相似，但将样本限定于共和党参议员时，则工会化程度和最低工资均无任何影响。

正如Waltman和Pittman（2002）所言，这类研究的缺陷之一是，它们过于关注那些导致相关最低工资立法最终获得通过的投票。然而，当时，美国的立法程序已经发生了显著变化，其中许多变化的催发动因就是赢得反对初始立法提案的那些立法者的赞成票。基于这些理由，Seltzer（1995）也对1938年通过《公平劳工标准法案》的前述研究（例如，Kau和Ribin，1978）提出了批评，他特地提到了该法案进入最终投票环节所经历的坎坷之路[17]。

为检验这些假说，Seltzer针对《公平劳工标准法案》的三轮投票构建了国会投票行为模型：（1）1937年7月，参议员投票通过该法案；（2）1937年12月，该法案提请议决时，众议院投票决定将该法案驳回到参议院法规与劳工委员会；（3）1938年5月，众议院投票通过该法案[18]。他在模型中设定了旨在捕捉议员所属党派和所奉意识形态的多个变量，还添设了很多变量用以证明各州层面之特殊利益集团的存在性。

在某些方面，Seltzer所得结果与前述研究是一致的。例如，在三轮投票中，南部议员相对更有可能投票反对最低工资立法，这主要是因为南部各州工会化程度低、农业生产占比更大，且在《公平劳工标准法案》施行前的工资水平更低。也就是说，美国北部的工会和高工资行业是支持最低工资立法的重要支柱。更宽泛地看，所在州小企业就业吸纳量占比更高、可能蒙受最低工资上升之负面影响的工人占比更大的议员，更有可能投票反对最低工资。但Seltzer还发现意识形态有其作用。因为，在控制了选区特征后，民主党人和更倾向于自由的议员更有可能支持《公平劳工标准法案》，共和党人和更保守的议员更有可能反对该法案。

Krehbiel和Rivers（1988）采用类似的方法，研究了最终导致《公平劳工标准法案》1977年修正案获得通过的两次参议院投票，该修正案分四步将最低工资提高至1983年的每小时3.35美元。参议员议决的第一次投票提案是将最低工资每年提高仅20美分，并在1980年达到2.90美元；

第二次投票的提案是将1980年的最低工资提高至3.05美元；两份议案均力图在其目前标准低于已经提交参议院议决的那份法案所规定之水准的最低工资提高额，达成妥协。两位作者依据两次投票得到了估计结果，他们发现：党派归属、所在地区及参议员所在州的工会化水平对议员们的立法偏好具有最大的影响。因为，民主党参议员和来自北部诸州的共和党参议员比其他参议员更有可能赞成提高最低工资。因此，无论如何去解读工会化水平的系数，这些结果均证明经济利益和政治意识形态影响最低工资政策。最后，与其他诸多研究相反，两位作者还设有各州专属的经济控制变量，但发现它们基本上不重要。

Poole和Rosenthal（1991）更加高调地强调了意识形态的作用。原因在于，他们对各种经济模型中关于特定事项的投票行为的辨识问题，提出了他们的关切；他们指出，要区分关乎最低工资的经济利益与更宽泛的工会利益或特定地区的利益，通常是十分困难的。因此，他们根据使用主成分分析法，对1789—1985年历次唱名表决进行了分析，并据此创设的1个或2个自由/保守维度，提出了投票行为的“空间模型”。他们提出的两个维度，大致是指“亲劳工/亲资方”以及“支持人权/反对人权”，故而主要是根据与最低工资无关的投票事项而创设的。

接着，两位作者的分析表明，较之Krehbiel和Rivers、Bloch或Silberman和Durdun进行估计所用的各种经济模型，他们提出的空间意识形态模型对1973年和1977年最低工资立法的实际投票行为的预测效果一直更好。而且，他们认为，他们分析中得到的最大残值似乎无须进行政治经济学解释；因为，这些残值与工会会员资格或经济变量显然毫不相关。最后，他们运用空间范式分析了导致1990年和1991年最低工资提高的那次立法的投票行为，并发现该模型对那次投票行为的预测正确率为大约90%。因此，两位作者虽未完全摒弃经济利益集团在制定最低工资政策中发挥了某些作用的假说，但他们的结论总体上则是：最低工资论争与其说是不同选区的议员因应特定选民集团诉求的必然行为，毋宁说是民主党人和共和党人之间展开的激烈党派之争。

与此思路相似，Bartels（2006）指出，尽管最低工资具有压倒一切的普遍接受性，但主要由于保守的共和党人的反对，联邦最低工资的实际价值一直低于它在20世纪60年代末的峰值。在相关的回归分析中，他发现：民主党总统和民主党在国会的势力更强，通常伴随着更高的最低工资实际价值；同时，即便控制了选区选民对最低工资事项的诉求后，民主党参议员更有可能投票赞成1989年的最低工资立法。接着，他将此与劳动所得税抵免（EITC）进行了比较；国会在20世纪90年代显著扩大了后者的标准，尽管公众对后者的支持倾向较为平淡。

Sobel（1999）采取了不同的范式，考察历史上国会设定的最低工资水平是否与最低工资政策公布的目标一致。首先，他对不同时期的最低工资水平与最低工资工人家庭摆脱贫困所需的工资水平进行了比较。其次，他考察了最低工资的设定水平是否能让针对最低工资工人的薪资转移支付最大化。他对家庭收入升至贫困线之上所需工资量的估计是相当简单直观的，因为这些估计的依据仅为家庭规模及家庭挣钱者人数的若干假定。具体而言，他计算的结果是：摆脱贫困所需的最低工资，对于有2位挣钱者的四口之家为每小时3.89美元（1996年美元），对有2个孩子、1位挣钱者的家庭为每小时6.07美元；他所考虑的各种不同组合所需的平均最低工资为每小时5.17美元。他对最低工资工人薪资收入最大化所需的最低工资水平的估计，是将最低工资工人的薪资总收入对实际最低工资及其平方、一些控制变量进行时间序列回归后计算得到的[19]。此间的直观认识是，提高工资下限将提高处于劳动力需求曲线上无弹性区间的最低工资工人的总收入，并在需求弹性大于1时削减他们的总收入。他对最优最低工资的点估计是每小时5.39美元，这一水平趋近于贫困线目标带的低端值。

接着，Sobel比较了最低工资的实际价值与不同时期这些最低工资的隐含目标值，并发现：在接近一半的时间内，最低工资均处于目标值的两个标准差区间之外。他对这些结果的解释是，这意味着最低工资水平设定不是为了实现某些重大政策目标；相反，最低工资水平设定受到了利益集团压力的重大影响。为检验这一假说，他将10年间实际最低工资的平均变化，对度量工会和企业集团之相对势力的一个指标——工会会员在全体就业者的占比与1减去最高公司所得税率之差的比率——进行回归。该比率的值高则代表工会的势力更强大，该比率的值低则代表企业的势力更强大。他发现，实际最低工资变化与这一比率之间存在正向的显著关系，从而对相较于企业集团的政治势力而言，更强大的工会实力必然导致与实际最低工资上升的假说相吻合。

尽管我们赞同经济利益集团可能会影响最低工资政策，但我们仍不清楚Sobel的分析对于这一论争有何助益。其显著问题之一是他构造的目标工资下限。Sobel在计算摆脱贫困所需的最低工资时，忽略了最低工资的潜在解聘效应；但正如第5章所述，潜在解聘效应将抵消最低工资上升对贫困居民户的正效应。类似地，他对最大化最低工资工人之薪资收入所需的最低工资估计，又有悖于我们在第4章综述的这一论题方面的证据；这很可能是因为，他用所有青少年作为最低工资工人的代理变量，从而低估了最低工资对工资最低的工人的解聘效应（或负面工时效应）。例如，在Neumark、Schweitzer和Wascher（2004）中，我们发现：1979—1997年的最低工资上升通常导致同期最低工资工人的薪资收入下降；与此相反，Sobel的估计则是，那一时期的最低工资低于最大化（最低工资工人的）薪资收入所需的目标水平。最后，议员们可能会对这些参数秉持不同观点，又令Sobel对实际最低工资偏离他所构造的目标水平的解释变得复杂；从而，我们必须质疑他所做的这一部分分析对于理解最低工资的政治经济学是否密切相关。

其他数项研究也考察了关涉最低工资之政治经济学的若干假说，考察方式是剖析政策变动与各州竞争性利益集团的相对实力之间的关系，而不是解析联邦最低工资立法投票行为的决定因素。例如，Cox和Oaxaca

（1982）设定的模型将（高于和低于联邦最低工资水准的）州立最低工资的价值关联于两个变量：该州工会会员人数占非农业就业人数的比率；资本收入（以租金、股息和利息收入，或经营者收入来度量）对该州全部个人收入的比率。此外，他们还在他们的模型设定中添加了制造业平均工资变量，理由在于立法者经常会以最低工资的实际价值，或最低工资相对于该州通行工资的价值为目标。

由于有些州没有设定最低工资，两位作者采用1970年和1975年州横截面的Tobit设定，对这一模型进行了估计。两个年份所得的结果极具相似，这表明更强大的工会提高了该州最低工资的预期价值，而资本收入比率更高的各州则拥有较低的最低工资。两位作者还估计了这些变量对某州设立最低工资之概率的影响，结果发现：所在州若加入工会的工人占比更大，则更有可能设立最低工资；而资本收入比率更高的州设立最低工资的可能性更小。他们认为，这些结果支撑了他们的假说：竞争性经济利益集团的相对实力是决定最低工资政策的重要因素。

Cox和Oaxaca所用样本中的州立最低工资大多低于联邦水平，由此引发的问题自然就是：当时的州立最低工资水平是否对企业和工人具有较大作用，从而所得的估计结果对于作者提出的假说是否具有揭示意义[20]。然而，作者也注意到，1970年联邦最低工资仅仅覆盖了大约60%的劳动力，而各州最低工资的覆盖率平均为36%，这就表明各州法律是影响许多州低工资劳动力成本的一个相关因素。而且，在一篇姊妹篇论文（Cox和Oaxaca，1981b）中，两位作者对所在州仅被州立最低工资覆盖的工人占比，以及界定为州立最低工资水平与州内覆盖率的乘积的“有效”最低工资变量，进行了类似的模型估计[21]。这些模型所得的结果表明，覆盖水平对有组织的劳动力和企业的响应程度不及最低工资水平，但效应的作用方向是一致的，而且估计值大多是统计上显著的。然而，在上述两项研究中，两位作者均未试图评估在多大程度上，各州之间的经济条件或意识形态差异将影响州立最低工资立法，故而很难对他们的研究结果与对投票行为的研究结果进行比较。

新近有三项研究同样力图利用州立最低工资水平的变动数据。首先，Besley和Case（1995）所估计的模型，将1950—1986年各州最低工资的实际价值，关联于各州人均实际收入、州长所属的党派以及测度现任州长能否连任的一个变量。他们没有发现平均收入水平影响最低工资的证据，但他们的确发现了论据证明最低工资与他们所选政治变量之间的关联性。更重要的是，他们报告：不能获得连任的共和党州长更有可能容许州立最低工资的实际价值下降。他们认为，这一结果以及针对其他州立具体经济政策的类似估计结果表明：任期限制降低了现任者因应特殊利益集团压力的激励，进而对各州层面的经济政策具有重大影响。

其次，Zavodny（1996）在考察1979—1993年各州专属的最低工资变化的模型中，同时纳入了经济变量和政治变量。她设定的因变量是个指标变量：若州立最低工资高于联邦水平，它等于1；否则，它为0。她将这一变量，对各州专属的总失业率和青少年失业率、该州制造业的平均工资、代表该州民主党人在国会两院中占比以及州长所属政治党派的政治指标进行回归。所得结果表明，在经济状况有利时，各州更愿意将该州的最低工资提高到联邦水准之上；但政治党派的影响较小。然而，这一分析没有明确考察特定选民集团的影响，从而所得证据未能真正解答问题[22]。

Zavodny还考察了1988年在华盛顿举行的一场公民表决提案中的投票行为，该提案旨在将最低工资提高至1989年的每小时3.80美元、1990年的4.25美元[23]。在这一分析中，她将各郡县投票赞成这一提案的百分比，对一组各郡县专属的经济和政治意识形态指标进行了回归。与她先前所得结果相似，这一回归的估计值表明：经济因素是决定选举行为的重要因素；因为，收入更高的非农业郡县以及发展迅猛的郡县都更强烈地投票赞成提高最低工资。此外，她还发现，在对经济因素进行控制后，公开支持民主党候选人的郡县对公民表决提案的投票支持程度更高。

再次，Waltman和Pittman（2002）借助1988年的数据，考察了州立最低工资是否主要关联于该州的社会财富（这对应的理念是更富裕的群体更愿意支持福利之州）、民主党的政治势力或该州人口的相对自由主义倾向。具体而言，他们按照1988年的最低工资水平，将各州分为四类：没有实行最低工资制的诸州；最低工资低于联邦标准的诸州；最低工资与联邦标准持平的诸州；最低工资高于联邦标准的诸州。使用非参数方法，他们发现各州最低工资率最重要的影响因素是该州居民的相对自由主义倾向，但社会财富（以中位数的家庭收入来度量）也起作用。与此相反，民主党的实力与最低工资率之间基本上没有关系。由于他们将民主党的政治势力视为支持最低工资的特殊利益集团（特别是工会）的代理变量，故而将这些结果解释为反对特殊利益集团模型的证据。然而，如前所述，部分企业也有动机反对提高最低工资，因此，Waltman和Pittman的结论所依托的似乎是局限过多的政治经济学模型。

最后，少数学者对加拿大最低工资的决定因素进行了跨辖区的研究；加拿大自然适合进行此类研究的原因在于，最低工资是由各省决定的。例如，Blais、Cousineau和McRoberts（1989）对1975—1982年加拿大9个省份的最低工资进行了横截面的时间序列研究[24]。他们采用相对于制造业工资的最低工资作为他们的因变量，理由在于：利益集团和立法者通常愿意关注相较于熟练工人工资的非熟练工人工资。他们设计了一系列解释变量，以捕捉各种经济因素、特殊利益集团、各省政治倾向的影响。此外，他们还增设了一个以一省平均工资与全国平均工资的比率来度量的“趋同性”变量，其基本理念在于：各省采用极为相近的名义最低工资率之倾向，必然导致低工资省份的最低工资变量更高。他们得到的研究结果表明，小企业、妇女和青年——更有可能蒙受最低工资之害的群体——占比更大的省份，通常愿意施行更低的最低工资，从而说明这些省份的立法者意识到最低工资可能伤害此类群体。此外，政府系由保守党组建的省份通常会设定更低的最低工资水平。与许多针对美国的研究发现相反，他们所得的结果没有证实工会化程度对最低工资水平具有任何影响。但是，地区经济条件的确重要，因为更低的最低工资一般伴随着更高的失业率和通胀率。

Dickson和Myatt（2002）将这一研究更新至1996年，并对其作了改进。首先，他们增设了年份和省份的固定效应，Blais、Cousineau和McRoberts的研究排除了这些构成。同时，他们扩充了解释变量清单，纳入了数量更多的意识形态指标、一个旨在捕捉大型企业之政治势力的指标，以及一个考察不同省份和不同时间失业保险（给付）金差异的指标。他们得到的许多结果在（正负）符号上出乎（他们的）意料，但一些结果相当接近于Blais、Cousineau和McRoberts的研究发现。例如，妇女和青年的占比越大，则最低工资越低；同理，失业率越高，最低工资率越低。同样与前述研究相似的是，Dickson和Myatt发现工会化水平对最低工资没有任何影响。其次，两个企业利益变量的估计系数均为正。此外，他们发现意识形态的确重要，因为，保守的社会信用党执政具有负面影响，而亲劳工的新民主党执政则能产生小幅的正向影响。

聚焦于加拿大的第三篇论文是St-Arnaud（2005）。这篇论文在许多方面类似于刚探讨过的那些论文，但将数据集更新至2003年。同时，还有两点重要区别。首先，St-Arnaud对采用相对最低工资变量提出了批评，理由在于该变量的分母项（制造业的平均工资）与众多其他协变量相关。例如，他证明了工会化程度与制造业的工资高度正相关，后者可能潜在地掩盖了工会对法定最低工资上升的影响。因此，他转而建议采用最低工资的实际价值作为因变量。其次，他极其审慎地拓展了模型中的合理计量经济学设定。然而，他所得的结果与此前研究所报告的那些结果大体相似。保守党政府推行高最低工资的可能性较低，而且，立法者不大可能在通胀率高企时提高最低工资。类似地，St-Arnaud没有发现工会密度导致最低工资上升的证据，这与许多美国文献的结论相反。

8.4 生活工资及其政治经济学

最低工资领域的最新动向是生活工资立法在许多城市或地方快速扩展。事实上，建立本地最低生活工资运动取得了惊人的政治成功。1994年，巴尔的摩市通过了全美第一个生活工资法律[25]。自那以后，生活工资迅速扩散至全国各地，目前美国各地方辖区有案可查的生活工资法律至少达到140个。一些生活工资法律在较小的城市实行，但它们也盛行于大城市。事实上，按2005年人口统计的美国10大城市中，有7个城市制定了生活工资法[26]。而且，Brenner（2005）估计，截至2003年，在居民超过10万的城市中，有40%的城市人口居住在订立了生活工资法的城市中——这一数字自此开始攀升。最低工资的政治经济学对于解答生活工资立法在地方政府层面的新近扩散具有启发意义。但在解析生活工资的政治经济学之前，我们首先必须评述生活工资法律及对其效应的研究。

8.4.1 生活工资

生活工资有三个核心特征令其区别于最低工资。首先，它们通常设定的工资下限比州立和联邦最低工资的普遍水平要高得多。例如，表8-1第1列标示了已经施行生活工资制的7个最大城市的生活工资水平。显然，此间许多生活工资比各自所在州的最低工资要高出许多，见第2列；而且，众多其他城市也设定了类似的高（尽管标准各异）生活工资。其次，生活工资水平一般会明确地钉住1位家人全年全职工作的家庭达到联邦贫困线所需的工资水平，尽管各个城市对参照家庭（1~2位成人）的认定各不相同[27]。因此，生活工资多为指数化的，这与联邦最低工资和大多数州立最低工资相反。生活工资法的第三特征是其覆盖面极为狭窄。正如表8-1第3列——而且也普遍适用于最低工资法律[28]——所示，几乎所有的生活工资法覆盖了该城市的承包商，而大约半数的生活工资法还覆盖那些接受城市提供的财政补贴和减税等财务援助的公司（少数生活工资法还将覆盖面扩大到租房者和接受援助之公司的承包商，例如接受政府发展补贴的购物中心里的零售商户）。与此形成对比的是，生活工资鲜有适用于城市雇员者，这部分导因于城市雇员的工会化程度及工资水平相对较高[29]。然而，最重要的是，生活工资一般不是覆盖广大私人部门的宽泛工资下限。生活工资覆盖率的估计很难得到，对于那些覆盖财务援助接受者的生活工资法尤其如此，因为各个城市关于财务援助接受者的信息通常是很分散的。但根据城市承包商条款而得的覆盖率估计一般低于1%~2%，然而在一些城市的覆盖率较高，这是由于承包商之覆盖面的具体规定存有差异[30]。

表8-1　　十大城市的生活工资法（截至2006年）

	生活工资水平	通行的最低工资	覆盖面
	(1)	(2)	(3)
纽约	10.00美元	5.15美元	服务承包商
洛杉矶	9.39美元	6.75美元	服务承包商、财务援助接受者
芝加哥	10.00美元	6.50美元	特定目录中的营利承包商
费城	比联邦或州立最低工资高150%	5.15美元	承包商、拥有城市租赁权/特许权/经营许可证的工商企业、城市雇员
圣迭戈	10.00美元	6.75美元	服务承包商、财务援助接受者
圣安东尼奥	70%的新工种雇员：11.14美元（耐用品方面的各种服务）；10.86美元（非耐用品方面的各种服务）；所有工人的最低生活工资是9.62美元	5.15美元	财务援助接受者（减税）
圣何塞	12.27美元	6.75美元	特定目录中的服务承包商、财务援助接受者

资料来源：本章所列举的各种资料来源。

注：在大多数情形下，如果不提供健康保险福利，则法定工资水平更高。本表报告的是提供这类福利的生活工资。"通行的最低工资"是取联邦最低工资或州立最低工资中的较高者。在十大城市中，没有设立生活工资法的三个城市是达拉斯、休斯敦、凤凰城。

生活工资方面的最新进展是出现了城市层级的最低工资——也就是，类似于州立最低工资，但仅适用于城市层级的广义最低工资下限。2003年和2004年，圣塔菲和旧金山分别施行了每小时8.50美元的城市层级最低工资，两者均在法律中规定了指数化和（圣塔菲市实行的）有计划的调升条款。威斯康星州的麦迪逊和其他小城镇近期也通过最低工资法，但它们随后便被该州立法机关废止。2002年新奥尔良选举人投票通过了城市最低工资，但随即便遭该州一项法令否决[31]。

8.4.2 生活工资法律的效应

生活工资的一些预期效应与最低工资的预期效应毫无差别。因为，受影响的工人的工资应该上升，但竞争性模型的预测是这些工人还会蒙受一些就业损失。至于家庭收入分配效应，目前尚无明确预测；就像最低工资的对应情形一样，这些效应取决于因生活工资法而获益和受损的工人所在家庭的分布情况。与此同时，我们预期可以发现若干效应上的量化差异，这有数个理由，包括：生活工资设定的工资下限更高；覆盖率更低；地方政府购买的商品和服务的需求弹性各异；各城市准许承包商转嫁生活工资法强加之更高成本的概率；以及——从最低工资的收入分配效应角度看——生活工资比最低工资更会对不同工人造成影响的可能性。Adams和Neumark（2004）评述了借助截至大约2002年的数据所进行的诸多研究。这里概述的是此类研究，以及新近研究提供的一些发现[32]。

Adams和Neumark的系列研究（参阅下文的论述）试图使用20世纪90年代中期到2001年或2002年的《人口现状调查》（CPS）数据，估计生活工资法的各种效应。由于使用这些数据不可能辨析那些被生活工资法直接覆盖的工人，两位作者被迫对包括未被覆盖工人在内的广义群组进行效应估计。他们希望考察的结果是个人层面的工资和就业水平以及家庭层面的贫困度。在所有情形下，他们通过对包括各个城市圈地区最低工资的对数值、最低工资的对数的最大值、生活工资的对数值的各种设定进行估计，得到对生活工资的效应估计值。这类设定将最低工资作为生活工资缺失时的工资下限，但又使得通过生活工资法规定之工资下限具有不同于通过最低工资法设定之工资下限的效应。这类设定还纳入了固定城市效应和固定时间效应，考虑了在生活工资法获准通过和未获通过的城市之间的线性趋势差异[33]。此外，这些设定还考虑了生活工资和最低工资存在滞后效应的可能性，这与第3章最低工资方面的证据是一致的；事实上，在后文表格中所报告的滞后效应（滞后1年），通常大于当期效应。最后，就工资效应和就业效应而言，为聚焦于最有可能被生活工资覆盖或受生活工资间接影响的最低技能工人，所用样本在工资设定中被限定为工资分布的底端10%，在就业设定中则被限定为预测就业分布的底端10%[34]。

表8-2概括了这一研究所得结果。正如第1列第1行所示，当生活工资被视为同质（参照目标仅为工资下限）时，工资对生活工资的估计弹性为0.04，该系数在10%的水平上不是统计上显著的。然而，对仅覆盖承包商的生活工资法和对财务援助型生活工资法（在几乎所有情形下后者的范围更广，因为它还涵盖了承包商）的估计结果存在差异，因为，附有财务援助条款的生活工资法所产生的效应要显著得多[35]。第1列另两行则表明，所得证据指向了财务援助型生活工资法对工资的显著影响，其估计弹性为0.067，并在10%的水平上显著。相反，仅覆盖承包商的生活工资法的估计影响较小，且在统计上不显著。

生活工资领域的其他研究通常也会发现证据，证实生活工资对潜在地受影响的工人的工资具有正向效应。这些研究包括Reich、Hall和Jacobs（2005）对旧金山国际机场生活工资项目的效应研究，Brenner（2005）对波士顿生活工资法的研究，以及Fairris（2005）对洛杉矶生活工资法的研究。这些研究与《人口现状调查》分析的区别在于，它们聚焦于实际被生活工资法覆盖的工人和雇员。CPS类分析的弊端是受生活工资法直接影响的工人数量很小，因此，CPS不太适用于研究企业如何应对生活工资的微观经济学。另外，《人口现状调查》更加适用于考察生活工资是否实现了帮助低工资工人和低收入家庭的政策目标，因为CPS类分析可以捕捉这些法律的净均衡效应或总体均衡效应[36]。

表8-2　　　　生活工资法的估计效应

因变量	工资的对数值，最低十分位的	就业，最低十分位的预测工	家庭收入低于贫困线的概率
	(1)	(2)	(3)
全部生活工资法			
生活工资的对数值，滞后12个月	0.040	−0.053*	−0.035*
财务援助型生活工资法			
生活工资的对数值，滞后12个月	0.067+	−0.076*	−0.024+
仅覆盖承包商的生活工资法			
生活工资的对数值，滞后12个月	−0.006	−0.027	−0.038
样本量N	46 374	116 466	142 421

资料来源：Adams和Neumark(2004)。

注：劳动力市场结果及其他与工人相关的特征数据来自1996年1月至2002年12月《人口现状调查》的月度"离职交流小组"(ORG)档案，以及1996—2002年《人口现状调查》的"年度人口统计档案"(ADFs)，数据统计的对象是居住在城市圈统计区(MSAs)、所在的城市1月份组合中拥有25个及以上观测值的个人或家庭。第1、2列数据的涵盖时期是1996—2002年，最后1列数据涵盖的是1995—2001年。相关回归式在工资和就业的设定中设有城市、年份、月份、最低工资和其他个人层面的控制变量，在贫困率的设定中设有城市、年份和最低工资的控制变量。所有设定还针对通过或未通过生活工资法的城市，或通过不同类型的生活工资法的城市，考虑了差异化的线性时间趋势。第1行的结果得自仅有单个生活工资变量的设定，第2、3行的结果得自生活工资变量与代表生活工资类型的虚拟变量交互作用的设定。对数工资方程式的系数得自对数-对数设定，故而是弹性值。根据就业和贫困率回归式估计得到的系数，衡量了就业份额变化或贫困率变化对生活工资的对数值上升1个单位(或上升100%)的反应程度。+和*代表统计显著性水平分别为10%、5%；计算的异方差标准误是稳健的，并在城市组合内是不独立的。

生活工资法的就业效应引发了更多的争议，这或许毫不奇怪。表8-2第2列报告了根据Adams和Neumark的研究所得到的《人口现状调查》数据结果。两位作者借助前述估计工资效应的基本框架，对处于预测工资分布底端10%的个人就业状况进行线性概率模型估计。正如第2列第1行所示，生活工资的总体估计解聘效应在5%的水平上是显著的；−0.053的估计系数意味着弹性值为−0.12。对财务援助型和仅覆盖承包商的生活工资法分别进行模型估计，所得的两个估计值均为负，但只有对财务援助型生活工资法的估计系数是显著的，弹性值为−0.17[37]。

Reich、Hall和Jacobs（2005）研究旧金山国际机场生活工资项目的结论是，该机场推行生活工资政策后，就业并没下降。他们的就业（它有两个不同的数据来源）估计值表明，1998—2001年的就业收益约为新增雇员1 150名——雇员数从大约7 350增至8 500[38]，但，这一研究没有设置控制组[39]；而且，作者们指出，还有一个潜在的重要困扰因素：在样本期间的2000年秋，该机场开通了新的航站楼。实际上，机场方最初预计新航站楼能带来11 000人的新增就业；而且，尽管对这一项目的就业前景或许过于乐观，新航站楼差不多算是创造了数量巨大的新工作职位。与此同时，由于经济衰退（而非“9・11”恐怖袭击，它发生在调研截止日之后），2001年的航空旅行量下降，这通常会导致反向的就业变化偏差。但这项研究提供的证据表明，经济衰退不是主要因素；因为，旧金山机场的旅客数量锐减，圣何塞机场却并非如此，即便圣何塞市的经济衰退更严重，而且圣何塞市的生活工资并未覆盖机场工人。无论如何，这类其他因素以及缺失控制组致使我们认为，这类研究并未就总体的就业效应提供令人信服的证据[40]。

Brenner（2005）使用2001年所收集且覆盖1998—2001年的调查数据，考察了1998年波士顿引入生活工资对该市承包协议签约企业的影响。他没有可以用作控制组的非承包商企业，但他区分了那些报告声称按照生活工资法规定提高了工资的企业（处理组）以及未作如此申报的那些企业（控制组，该组内企业的工业大概已经达到法定标准）；这一分类得到了工资结果的证实。所得数据表明，1998—2001年处理组和控制组的就业均有增长，但控制组的增速更快，从而双重差分估计值指向了受影响企业的相对就业下降。（这一下降的水平在统计上不显著；百分比变化的统计检验值没有报告。）当然，这些就业数字仅系针对这些承包商的总体劳动力而言，故而未必捕捉了生活工资对城市承包商直接雇佣之工人的效应，也未考察这些工人的就业变化[41]。估计值中隐含的相对就业变化为6%（也就是，处理组的就业增长11.2%，控制组则为17.2%）。在同一时期，生活工资和最低工资的百分比离差从0上升至35%。因此，隐含的就业弹性值是-0.17。

Brenner还对全职工时当量（FTE）就业者的模型进行了估计，但没有发现可测度的效应。这就意味着，生活工资法对由兼职工人构成的那部分劳动力造成了负面影响。削减兼职工人、增雇全职工人的明显转变或许表明，雇主为应对更高的工资成本而力图节省固定的就业成本。这样，从总体上，这一研究提供了解聘效应方面的证据，尽管生活工资未必导致劳动力需求总体下降。

Fairris（2005）研究了洛杉矶1997年颁行的生活工资法的诸多效应。他的研究依托于两个样本：对于受洛杉矶生活工资影响的承包商机构的调查，以及基于极为不同的目的而收集的机构样本，他将这一样本用作控制组。但这两个样本之间存在一些重大差别，包括它们的收集方式和响应比率。此外，承包商样本的调查设计不容直接测度就业变化；相反，承包商样本中的雇主需要回答职员数量是否因生活工资法而减少这一问题。

根据与控制组进行比较的结果，有证据表明：实行生活工资后，低工资工人的工资上涨了大约25%。至于就业水平，Fairris发现，18%的被覆盖机构报告了导因于生活工资法的就业下降；而且，他估计，承包商企业的总体就业水平下降了1.6%，受影响的工人的就业下降了2.6%[42]。在就业效应估计值给定时，Fairris认为"低工资工人的需求弹性大致为-0.10"（2005，第20页）。最后，Fairris还发现了工人流动率相较于控制组出现下降的证据，同时一项接续研究（Fairris和Bujanda，2006）就转向雇佣更熟练工人的替代效应报告了极具说服力的证据。因此，这一研究通常证实了竞争性模型的预测。

上述后三项研究聚焦于仅限承包商的生活工资法，但只有Adams和Neumark的系列研究将生活工资法效应的考察范围拓展至财务援助的接受者。针对Adams和Neumark的研究自然提出的问题是，为何所得证据表明财务援助型生活工资法的效应要大得多。其可能性之一是财务援助型生活工资法的覆盖面更广；但如前所述，这一更大的覆盖程度难以度量[43]。另一可能性则与仅覆盖承包商的生活工资法要求雇主只对纳入承包协议的工作事项支付规定工资的倾向有关。假定承包商的雇员在城市发包项目之外还从事一些其他工作，那么，雇主便可通过将技能更高或资历更老（从而工资更高）的工人调配到承包项目，将低工资工人调配到非承包项目，或者降低非承包项目的工资，来降低最低工资法的守法成本。与此相反，被财务援助条款覆盖的雇主在降低生活工资成本（及其效应）上能够获得的收益更少。例如，由某一城市提供的财务援助而扶持成立的机构，除了对所有雇员从事的所有工作支付不低于法定生活工资的工资外，似乎别无选择。最后，尽管承包商可通过降低与城市相关的业务占比来应对生活工资，但财务援助的接受者一旦接受了各城市为将受助企业留在本辖区而提供的债券融资或税收减免等长期支持，它们拥有的回旋余地就会变小。然而，这只是一种推测，只有进一步深入研究，才能增进对各类生活工资法的运作及条款规定的全面理解。

工资效应和就业效应方面的证据为考察生活工资对贫困的影响提供了良好基础。表8-2第3列报告了根据《人口现状调查》数据分析得到的结果。这里的设定与表中所示其他结果所依据的设定相似，但这一模型是对家庭进行估计，其中的因变量是个虚拟变量：它在家庭收入低于联邦政府设定的贫困线时等于1，在其他情形下等于0。对两种类型生活工资法的效应分析，均得到了符号为负的点估计（表示贫困率下降），但只有财务援助型生活工资法的估计效应是统计上显著的（显著性水平为10%）；估计系数为-0.024意味着生活工资提高1个对数单位（即100%）将使贫困率降低2.4%[44]。与18.6%的贫困率相比，这意味着贫困率下降了12%，或减贫弹性值为-0.12。由于低工资工人的工资弹性低于0.1，这似乎是个巨大的效应。当然，这一论断并不是指生活工资可将刚好处于贫困线下的家庭提升至贫困线之上。但生活工资能助推家庭跨过贫困线，而且这些平均工资效应或许反映少数家庭得到了大得多的收益[45]。

另有证据表明生活工资也为收入水平略低于和略高于贫困线的家庭输送了一些收益。例如，生活工资——特别是财务援助型的——压低了家庭收入低于3/4的贫困线的概率。而且，所得的估计效应属于同一方向，且在家庭收入1.5倍于贫困线时的效应值更大（也显著）。另外，生活工资似乎对最贫困家庭没有帮助，这毫不奇怪；因为，此类家庭拥有工人的可能性较低，即便有，此类家庭的工人更有可能由于生活工资上升而被人取代。

与第5章所述最低工资的中性分配效应或负面分配效应相反，生活工资法的分配效应似乎有利于穷人。但这一差异不应被视为彼此矛盾。尽管新古典经济理论预测：法定工资下限提高将导致就业削减——而且，最低工资和生活工资方面的证据大多支持这一预测——但切记，这一理论并未就法定工资下限对家庭收入分配的影响，或专门就其对贫困度的影响，作出任何预测。分配效应既取决于工资效应和就业效应（以及其他效应）的大小，又决定于工资效应和就业效应对家庭收入分配的影响范围与程度。因此，最低工资与生活工资的分配效应差异表明，与最低工资导致的损益相比，生活工资导致的损益程度不同，且分布于家庭收入分配的不同落点，这大致反映了受这两类强制性工资下限影响的工人类群是不同的。

事实上，受影响工人的总量确实存在某些显著差异。Fairris等（2005）根据他们在洛杉矶的调查，报告了对直接受生活工资影响的工人的描述性统计；结果表明，青少年占4%（见他们文中的表3-1）。我们抽取了同样年份（2002—2003）的《人口现状调查》数据，发现青少年在洛杉矶全部劳动力中的占比为4.2%，这与Fairris等人的生活工资样本极为相似。但当我们将样本限定为最低工资工人时，则青少年的占比就高得多了。例如，在时薪为5.15~7.25美元（州立最低工资为6.75美元，联邦最低工资为5.15美元）的那部分工人中，青少年占14.9%；类似地，在时薪恰好等于6.75美元者中，青少年占14%。因此，这些数据表明，与那些受最低工资影响的工人相比，受生活工资影响者更有可能是成人，这就有助于解释生活工资的正向分配效应为何大于最低工资。因为，生活工资法产生的利益被成人挣钱者分享的份额，似乎大于最低工资的滋生利益（而且前者由成人分摊的成本份额可能会更小）。深入理解两类工资下限是怎样造成了不同分配效应，显然是大有裨益的。

8.4.3 生活工资的政治经济学

某部名著的两位作者对市政生活工资推崇备至，认为“它为这个国家的社会和经济公正奠定了永恒的基础”（Pollin和Luce，1998，第193页）。而且，生活工资运动通常还将诉求这些同类目标的宗教社区裹挟其中，这得到了Figart（2001）的文献证实，并有“让生活工资运动张扬正义”作为例证[46]。我们没有任何理由怀疑的是，与倡导最低工资的意识形态支撑一样，这些力主生活工资者的动因部分导源于“经济公正”的关切，以及生活工资将助益低工资工人和低收入家庭的坚定信念。

但对生活工资运动更为奇特的视角则是，它们对于增进社区团体与劳工组织之间在其他经济公正事务方面的合作是个潜在催化剂，进而有利于增强劳工组织的政治实力（Levi、Olson和Steinman，2002；Reynolds，2004）[47]。Nissen（2004b）提供的一些证据表明：生活工资运动可在一定程度上促成并促进劳工组织和社区群体之间的联盟，无论这些联盟是否已经提出更广泛的激进议程，也无论这些联邦是否已经增强了劳工组织的实力。他依据得自佛罗里达南部的一个案例研究认为，生活工资运动促进了劳工–社区的联盟建设，但这些联盟能否成功地增强工会的势力，或有效地利用工会力量去代表更广泛的利益，最多不过是不甚明了。Reynolds（2004）就这些联邦对于关乎低工资工作的其他阵线的行动主义之作用，表达了更为乐观的观点。从更具体的层面上看，Reynolds和Kern（2001—2002）和其他学者注意到，部分生活工资法律的条款旨在促进工会化或制止反工会的行为，尽管这通常不是这些法律的主旨所在。

生活工资的政治经济学视野着力考察各类生活工资运动的参与者之经济动机如何改变他们的行为方式，一如前述最低工资之政治经济学所反映的视点。这一视野并不抹杀各群体由于消除不平等、贫困（无论生活工资能否实现这些目标）等经济公正之关切，或追求其他政治目标，而采取行动所发挥的作用。但就生活工资运动而言，详述为何卷入其中的所有群体均仅根据它们自身的经济利益而采取行动，就显得过于愤世嫉俗了。然而，过于愤世嫉俗可能不对，但“合理怀疑主义”也不对[①]；纳入经济动机考量的政治经济学视野或许再次有助于解释生活工资的兴起及发展，阐述生活工资法的一些特征。

Freeman从发起生活工资运动的众多组织的视角考察了这些事项。他将这些组织称为“非工人组织”（nonworker organizations，NWOs），认为它们是为其他人的工资而不懈努力，从而有别于结成组织并为组织内成员的工资而诉求的传统工会模式。Freeman将追求上述目标的非工人组织的发展，归因于美国经济中的工会化比率不断下降，同时认为NWOs“通过向雇主施加社区压力，要求后者向工人提供工会曾为他们

① “合理怀疑主义”(healthy skepticism)是成立于1983年(2001更为现名)、旨在“通过减少误导性药物促销的危害而促进健康”的非营利性国际组织。其本义是减少甚或摒弃有碍人体长远健康的药品促销、药品误导甚至滥用等经济利益。从上下文看，正文中的“合理怀疑主义”似乎是指排斥经济利益考虑。

争取到的部分权益，从而正在逐步填补工会组织缺失所留存的空白”(2005，第18页)。然而，这种因果关联很难建立，Freeman也提供了这方面的证据。

Freeman更全面地考察了生活工资运动方面的两个具体问题。首先，正如其论文题目所示，为什么人们选择为“其他伙伴”的工资而抗争。他考察了致力于生活工资运动——特别是针对学生而言——是否代表着在市场营销、组织变化等方面的人力资本投资。然而，根据Elliott和Freeman(2003)结合活动家们在参加有所不同却又彼此相关的领域——反“血汗工厂”运动——中的动机自述而报告的证据，Freeman否认了这一观点；进而得出结论：这些动机与金钱无关，纯系“在做他们认为在道义上正确的事”(Freeman，2005，第19页)。

其次，为什么众多非工人组织选择关注地方层面上狭小群组的工人工资？这一问题对生活工资运动为何兴起的关联性，低于这些运动所采取方式的相关性。一种论断是，立足于希望助力提高某些地方一些工人的生活标准，生活工资具有吸引力。其原因在于，它根据本地劳动力市场和政治状况而“量身定制”，从而取得成效的概率更大。表面上看，这既与美国已推行的生活工资水平发生了巨大变化相匹配，也与针对所得经济租金相对较大的雇主（诸如哈佛大学以及位于加州圣塔莫妮卡海滩地区的酒店和餐馆）之倾向相吻合[48]；但这一猜测仍需更严密的实证考察。类似地，Freeman认为，城市承包商也是生活工资的针对对象，因为它们的劳动力需求相对缺乏弹性，从而意味着更多的薪资收益和更少的就业损失，但现有的经验证据似乎并不支撑这一假定。与此同时，Freeman注意到，生活工资立足本土的狭小视野必然导致其效应局限于少数工人。在他看来，正是生活工资的若干动机与其着眼地方、局部发力的促狭之间的背离，导致了生活工资运动“既合乎逻辑，又有违逻辑”。

破解这一突出难题的方式之一，是将生活工资运动及其本土导向理解为旨在“逐步提挡升级”的初始发力。这一解释契合的视角是生活工资运动力图增强按照同类原则而组织的社区之能力建设。此外，地方努力或许是最佳发力点，因为小群体更容易影响地方政策，而地方上取得的成功又为更大范围的发力提供了良好基础。实际上，Pollin和Luce认为，生活工资法在城市层面生效后，“政治和经济教育进程随即必将为发动更宏大的平等主义的工资和就业政策运动，提供坚实的根基”（1998，第191页）。

这种“逐步提挡升级”有可能发生吗？Neumark（2004）考辩了地方生活工资为扩展此类政策提供了“入门第一步”的观点，但基于仅限城市承包商的狭隘生活工资法一般未能扩展为更通行之法律（纳入财务援助条款，或转换为更普遍的地方最低工资）的事实，又摈弃了这一观点。另外，新近的诸多事实更加符合这一假说，因为数个城市已经通过市政最低工资，而且州级最低工资立法在既往数年发展强劲（尽管在民主党赢得2006年国会选举之前，联邦最低工资一直不变，也可解释城市和州立最低工资的立法数量增加）。

更传统的政治经济学分析则着力考察了有望获益于生活工资法律的特别强势集团的各种动机。Neumark（2004）探究的假说是，各类市政工会是将生活工资法作为一种寻租方式而力促其议决通过。具体而言，通过强制提高城市承包商所雇劳动力的工资，市政工会削减甚或消除了各个城市将该工会会员所做工程对外发包的动机；据此行事也就增强了这类工会的谈判实力，提高了该类工会会员的工资。有充分的间接证据可以证实这一假说，因为市政工会是生活工资运动的强烈支持者。例如，美国州郡市雇员联合会（AFSCME）就是巴尔的摩生活工资运动的主要发起者之一（Osterman et al.，2001；Fine，2000—2001）。寻租行为还有助于解答Freeman所强调的生活工资法覆盖面狭窄之谜——具体而言就是，生活工资运动极力高举反贫困的大旗，但为何经常促成通过受益工人份额极小、仅覆盖承包商的生活工资法。

其他生活工资运动的观察家也注意到，市政工会工人的此类寻租行为有其合理性，但他们未必对此贴挂同名标签。例如，在描述巴尔的摩生活工资运动时，Fine写道："美国州郡市雇员联合会认为生活工资事项是阻止私有化的方式之一。"他还援引一位深度介入巴尔的摩生活工资运动的AFSCME代理律师Bob Linehard的话说，"私有化是公共部门的保税加工区（maquiladora）"（2000—2001，第67页）。Levi、Olson和Steinman指出，"在私有化时代，公共部门的劳工组织发现工程外包致使其会员数量减少，因此，强制工程承包商向其私人雇员支付生活工资，也就消除了公共部门、私人部门提供服务的成本竞争。生活工资法削减了各个城市推行服务提供私有化的吸引力，从而增强了工会的谈判实力"（2002，第114页）。而且，Martin宣称："巴尔的摩市雇佣的AFSCME会员从生活工资法中获益良多，因为生活工资法抬高了该市就市政雇员可以承担之工程与私人部门签订承包合同的成本。"（2001，第473页）

为更直接地辨析这一假说，Neumark（2004）考察了生活工资法对低工资市政工会工人（不包括教师、警察和消防队员，他们不会面临来自承包商雇员的竞争）的影响，主要分析结果见表8-3第（1）列。估计值表明，覆盖承包商的生活工资法的确提高了这些工人的工资，其弹性系数为0.19。与此相反，第（2）至（5）列显示了生活工资对于那些按照寻租假说不受任何影响之群体（诸如没有加入工会的城市工人，或加入工会的教师、警察和消防队员）的估计效应；在其他情形下，例如生活工资随着城市工资不断上涨而上升，将产生此类效应。因此，这些列次的功能是证伪练习——亦即根据寻租假说，在不应发现某种效应之处，的确没有发现某种效应。市政工会工人获得了收益，但其他未遭遇承包商竞争的工人群组没有显著的正估计值——这一事实增大了这一可能性：生活工资通过提高租金抬高了市政工会工人的工资。

表 8-3　仅覆盖承包商的生活工资法对工资低于中位数的工人工资的估计效应

工人	仅覆盖承包商的生活工资法					未覆盖承包商的生活工资法
	加入工会，市政工人，不含教师、警察和消防队员	加入工会，市政工人，仅限教师、警察和消防队员	加入工会，非市政工人	未加入工会，市政工人	未加入工会，非市政工人	加入工会，市政工人，不含教师、警察和消防队员
	(1)	(2)	(3)	(4)	(5)	(6)
生活工资的效应，12个月期限	0.188*	−0.074	0.018	0.011	0.026	−0.133+
样本量 N	2 025	848	9 807	5 407	124 478	1 395

资料来源：Neumark(2004)。

注：数据来自 1996 年 1 月至 2002 年 12 月《人口现状调查》的月度“离职交流小组”档案，数据统计的对象是居住在城市圈统计区、所在的城市-月份组合中拥有 25 个及以上观测值的个人。回归式中设有城市、年份、月份、最低工资和其他个人层面的控制变量。估计系数得自对数-对数设定，故而是弹性值。每列标题注明了所涵盖的特定工人类型。+和*代表统计显著性水平分别为 10%、5%；计算的异方差标准误是稳健的，并在城市组合内是不独立的。

最后，为对“正是承包商的覆盖面为市政工会工人带来收益”的解释进行检验，表 8-3 第（6）列仅仅针对没有覆盖承包商（它们本身十分稀少）的生活工资法，报告了它对此类工人的估计效应。在这种情形下，不存在正向工资效应的证据，而且，即便有，也是一些负效应证据。尽管对负效应的解释不甚明了，但正效应缺失表明，正是生活工资法的承包商覆盖面为市政工会的工人带来了更高的工资，恰如寻租假说所揭示的那样。

与这一观点相一致，Martin（2006）发现，1980—1990 年供职于地方政府的就业份额下降，昭示着 1994—2004 年间必将颁行生活工资法。他得出的结论是：这意味着是私有化促成了生活工资法。但这不能让人完全信服，因为地方政府吸纳的就业份额未必可以度量私有化水平，其变动还有其他成因，例如，这一份额变化有可能是由私人部门的整体就业变动导致的。要得出更具说服力的结论，就必须掌握私有化的第一手证据；但即便是此类证据，也未必能够捕捉私有化的当前威胁，这一威胁在理论上或许对——截至生活工资法颁行时——私有化水平较低城市具有更大的祸害。原来的人均市政采购额——服务外包的代理变量——与生活工资法通过之间毫无关联的证据，进一步加剧了这一结论的含混性。因此，与最低工资领域数量众多的同类研究相比，要直接检验各类参与主体的经济动机是否真的改变了生活工资法的进程，仍有更多的研究值得跟进。

然而，让市政工会工人受益的同类生活工资法是否还压低了城市贫困率，从而形成了让人愉悦的巧合[49]？本节的分析结果系针对承包商的生活工资法而言——也就是说，覆盖承包商的生活工资法，无论它们是否覆盖其他雇主。与此相反，此前的研究结果表明，城市贫困率的显著下降仅仅对应于覆盖范围扩展至财务援助接受者的生活工资法。因此，目前尚无可以检验的证据表明，其他工人可从仅仅覆盖承包商的生活工资法——目前最流行的生活工资类型——中获益。

8.5 结　论

最低工资的倡导者通常采用提高最低工资可让贫困家庭受益之类的措辞，表达他们的支持主张。正如我们在本章多处所述，我们并不认为最低工资是有效的反贫困工具，但我们也毫不怀疑当今社会那些将最低工资视为帮助欠富裕家庭的一种方式并加以推广的那些人的良苦用心。尽管如此，广大个人和组织群体基于自身利益具有支持最低工资的经济激励——这也是事实。例如，一些工会很可能从最低工资上升中获益，因为工资下限提高将导致劳动力需求转向薪资更高、技能更高的工人，而后者更有可能是工会会员。类似地，更能消化最低工资上升成本或向最低技能工人所付薪资已经高于最低工资的大公司将发现，最低工资上升提高了它们的竞争地位，因为所付工资低于它们的竞争对手的劳动力成本上升了。

最主要的政治经济学问题是，这些经济动机是否对于最低工资决策的政治进程具有影响。各种理论模型提供的指向是，这些经济动机对于议员进行的各种决策具有广泛的潜在影响；它们还表明，最低工资立法的重要决定因素是特定选民集团的势力，这些集团成员的经济结果将受工资下限提高的直接或间接影响。但政治家或许还需对其他影响因素作出反应，包括来自所在政党内部其他成员的压力，以及他们自身对于提高最低工资之合理性的看法。

这样，最终来看，政治经济学模型是否与最低工资的决定因素相关实为一个实证问题。就此而言，我们必须指出，特殊利益集团对于联邦和州立最低工资政策具有重要影响方面的证据是缺乏明确指向的。本章所探究的许多研究的确发现，劳工集团或工商集团的规模与国会议员的投票倾向或各州/各省最低工资的相对水平之间存在关系。但其他研究则强调意识形态或更广泛的经济考量的重要性。

然而，我们还必须强调的是，由于无法对各种假说进行明确辨识，评估此类文献所提供的证据变得十分复杂。各类研究中所包含的诸多变量通常高度相关，而且许多变量能有至少一种可能解释。例如，美国众多同类研究得到的相当明确的发现是，工会化水平与最低工资上升之间存在正向关系。此类发现显然符合对最低工资立法进程的政治经济学解释，在有证据表明工会工人获益于最低工资时尤其如此。然而，我们无法确知工会领袖的动机何在，因而我们不能排斥他们的初衷可能是为了更普遍地提高低工资工人的工薪收入[50]。

我们在本章中还评述了不断增多的生活工资法方面的文献。与最低工资方面的证据相类似，生活工资法似乎提高了那些直接受该法影响者的工资，但它也导致了一些解聘效应。然而，与最低工资相反的是，生活工资法的分配效应似乎是正向的，因为这类法律通常提高了位于贫困线附近的家庭收入。造成这一差异的主要原因，或许在于生活工资法更精准地针对低工资成人发力，而且不再着眼于高收入家庭的青少年。

至于生活工资法的政治经济学，我们的认识是：像支持最低工资的情形一样，对生活工资法的支持既有经济私利的诱因，也有非金钱方面的动机。此类证据表明，有可能对地方选举施加重大影响的特殊利益集团的成员，例如市政工会，通常会从生活工资法中受益。然而，似乎又很难将更为广泛的支持生活工资法运动，仅仅归因于特定选民集团的经济私利。

综括各类证据的明确结论是，最低工资（和生活工资）从帮助低收入家庭的意识形态愿景中获得了政治支持的假说尚无定论。当然，我们在此前数章提供的证据表明，最低工资更是不能实现这一目标；原因在于，它们主要是在低收入家庭之间（甚或偏离低收入家庭），而非针对低收入家庭进行再分配收入。更全面地理解最低工资上升的各种后果，是否将削减那些希望帮助贫困和低收入家庭的群体对最低工资上升的支持，目前仍有待观察。实际上，人们会认为，工会和其他组织在面对此类证据时仍继续支持提高最低工资，将有助于证实：这类支持更多地出自经济私利，而非利他主义。

第9章　总结与结论

9.1　引　言

我们已经评述和讨论了多个层面的最低工资效应，包括最低工资对就业、对工资和收入分配、对技能获取与在校教育、对价格和利润的影响。本书涉猎的主题广泛，同时我们提供的证据范围巨大，当然一些证据也彼此矛盾。然而，对大量文献进行梳理、整合的重要任务之一是力图概括一些总体结论——在公共政策研究中，这一任务尤其重要；因为，公共政策研究的目标最终是为决策者提供一些学术指引。为此，在全书收官之章中，我们将竭力简要总结依据此前各章所述研究得到的主要结论。任何力图将数量庞大之研究综括为数条主要结论的尝试，必定会遗漏这些研究所展现的复杂性和精巧之处。但我们同时相信，提炼各章得出的结论有助于全面评估最低工资的利弊。

在阅读本章时，务请牢记我们所讨论的证据大多依托于针对美国之研究这一限定条件十分重要。这些证据的切实程度却因效应类型而异。在一种极端情形下，最低工资的就业效应类文献在空间范围上极具国际性，因而我们更有信心提炼适用于其他国家的一般结论。而在另一类极端情形下，分配效应方面的文献几乎全部来自美国。正如第5章所强调的，即便解聘效应相似，最低工资对家庭收入分配的影响可以殊异，这取决于谁是最低工资上升的赢家和输家，因此，我们的预判是最低工资的分配效应因国而异。

9.2 最低工资的计分卡

我们对本书所述证据的综括见表9-1，该表可以视为最低工资的“计分卡”。我们列示了已经考察过的各种最低工资效应，扼要概括了各类证据，并就各类证据所得结果的强度提供了我们的评判。

我们考察了多类不同结果方面的证据，那么，这些结论能让我们相对清晰地辨识最低工资是否成为良好的社会政策吗？我们认为是的。事实上，我们还认为，考察表9-1中的计分卡，自然就会引发的问题是“我们为何需要提高最低工资”。

有三个结论尤其令人瞩目。首先，正如第3章所述，20世纪90年代初围绕最低工资的就业效应而发表的文献相当明确地——尽管存有几个显著的异常值——表明，低技能工人和直接受影响之工人的就业职位减少。其次，最低工资的分配效应方面的研究尽管样本范围有欠广泛，实际上并未发现证据表明最低工资压低了接近或低于贫困线的家庭占比，而且其中一些证据反倒表明最低工资对低收入家庭具有负面影响。最后，最低工资似乎通过降低学业完成度以及有可能削减培训，阻碍了技能获取，从而导致成人的工资和薪资收入下降。

我们从事并考察了范围广泛的众多研究，它们所确立的潜在正向影响之一是最低工资削减了工资不平等。但最低工资影响工资分布方面的证据忽略了任何类型的解聘效应，从而不能恰当地反映最低工资对低工资工人之薪资收入的影响。由于存在这些解聘效应，加之低工资工作与低家庭收入之间的关联较弱，最低工资对低工资工人之工资提振作用，不能递延转

表 9-1 **最低工资的平衡计分卡**

所考察的效应	证据辑要	结论强度
就业效应	最低工资削减了低技能工人的就业;若将研究对象聚焦于那些直接受最低工资影响者,则负面效应更明显	相当明确:有几项研究发现了正向效应,一些研究发现无影响;但主导证据明显地指向负效应,若着眼于最具说服力的证据,则更是如此
工资分配效应	最低工资提高了受具约束的工人的工资;对工资水平稍高的更高技能工人有一定的溢出效应;美国联邦最低工资实际价值下降则加剧了工资不平等	最低工资对受约束工人工资的效应是明确的;溢出效应强度的一些证据彼此冲突,这在发展中国家尤其如此。联邦最低工资下降导致工资不平等上升,已达成一致;但最低工资在导致工资不平等上的重要性是否大于其他已被强调的因素,仍存有争议
收入分配效应	没有令人信服的证据表明最低工资具有助力贫困家庭或低收入家庭的净效应,部分证据表明最低工资对这些家庭具有负面影响,并提高了贫困率;一些证据表明生活工资具有有利效应	从美国经济中可以得出的明确结论是:最低工资的效应范围处在无有利的分配效应到负面效应之间,但不存在有利分配效应的证据;发展中国家的证据相对稀少,且差异更大
技能获取效应		
——培训	有一些负面效应的证据,一些效应则暗示无效应;不存在令人信服的正向效应证据	各类证据是否支持负效应或无效应,不甚明了
——在校教育	多数证据指向负面效应	针对美国的证据是明确的;国际证据(加拿大)则有欠明确
——长期收入	年轻时经历最低工资上升的际遇对近30岁时的工资和工薪收入具有负面影响	证据确凿且稳健,但仅有1项研究
价格效应和利润效应	最低工资提高了低工资劳动力生产的商品和劳务的价格,但对通货膨胀无明显影响	结论明确

化为对低工资工人之薪资收入或低收入家庭之收入的有利效应。其他正向影响方面的证据则涉及生活工资的分配效应。然而，秉持这样的认识是十分重要的：为力争覆盖更多的工人而苦心孤诣地扩展最低工资法的涵盖范围，将使生活工资更加接近于最低工资；而最低工资没有正向的分配效应，可能还有负面效应。

9.3 后续研究趋向

尽管出现了本书所参阅的大量研究，但我们仍认为后续研究前景广阔，这些后继研究将增进我们对最低工资之经济效应的理解。我们在此前各章中强调了若干特定的关切事项，但在此针对值得跟进的最紧迫或最具前景的若干问题提供一些总体思路，或许不无裨益。

首先，而且或许最明显的是，大量现有的最低工资研究通常过分强调最低工资的就业效应。由此导致的结果是，最低工资对于其他结果的含义类文献，尽管在数量上不断增长，但仍远远落后于我们对就业效应的了解；而且，正如前述各章所作的明确阐释，此类文献有时相当稀少。聚焦于就业效应毫无疑问地既反映了就业结果数据具有更大的可得性，又折射了政策论争的常规重点，或许还映射了经济学家借助政府强制实施工资下限政策进行试验，以检验需求定律的浓厚兴趣。但正如我们反复强调的那样，在评估最低工资是不是有效的政策工具而必须进行的众多分析中，此类分析仅仅代表了一个侧面。

具体而言，我们认为，最低工资对工资、收入、人力资本积累的水平及分布的影响的后续研究，对于评估最低工资政策具有特殊重要性。例如，最低工资的家庭收入分配效应方面的文献大多采用截至20世纪90年代中期美国的数据。就这方面而论，将此类文献拓展至涵盖更为新近的福利改革时期和劳动所得税抵免扩张期，并将最低工资的各种效应与其他政策选择的各种效应进行比较（同时考察它们之间可能的交互作用），似乎有可能取得丰硕的成果。此外，就其他国家的最低工资对收入的影响获取更多证据——并进行国别比较——将有助于理解最低工资如何与当今世界的各种制度和政策发生交互作用。

类似地，对最低工资的人力资本积累效应的后续研究有利于增进我们对最低工资长期影响的理解。这一论题方面的证据相对单薄，且远未达成定论，其原因部分在于准确度量技能获取方面的诸多困境。因此，跟进类研究显然必须采用美国和其他国家的其他数据来源。而且，将更为长远的视角拓展应用于评估最低工资对贫困率和收入分配的影响，也是值得努力的方向。

其次，就业效应即便发表了大量的文献，仍有进一步研究的余地。在某一最低工资水平上，新近文献所提供的众多估计值表明，对不同的研究进行整合有助于理解最低工资的经济学。我们对此类差异提出了数个可能的解释理由——包括调整滞后期（lags in adjustment）、低技能群组内部的劳动力-劳动力替代以及同类商品之间的产品需求替代。但采用荟萃分析技术和其他方法系统评估不同研究所得估计值的差异根源，有助于增进我们对于如何解读这些文献的理解。此外，理论的各种预测通常是针对总体劳动投入而非具体的就业量，而且数项研究力图从就业效应中辨识工时效应，故而这一论题显然具有深入研究的余地。

最后，最低工资变化或许是经济条件和其他政策选择的内生变量。截至目前的大多数文献忽略了这一点，由此导致文献中报告的许多估计值存在一定程度的偏差。但就政治经济学文献而言，这一问题显然不能完全忽视。因此，着力对这一内生性进行解释，将增强我们对最低工资效应估计值的自信，进一步完善我们的知识。

9.4 最低工资的总结性思考

根据我们研究最低工资近20年得到的证据，辅以其他学者大量研究所积累的证据，我们发现，很难为持续实行更高的最低工资政策提供良好的经济学理论依据。我们意识到最低工资的工资效应和家庭收入分配效应（以及表9-1中的其他效应）不能直接、明确地转化为正式界定的经济福利。但若最低工资既无助于低收入家庭，也不能削减贫困率，我们实在难以提出令人信服的理由支持最低工资提高。

当然，支持最低工资提高或许还有其他理由；而且，事实上，一些拥护者甚至求诸最低工资的道义性之类的论断。例如，美国劳联-产联（AFL-CIO）主席就认为“每小时仅付薪5.15美元就是不道德的”[1]。类似地，《纽约时代》杂志在封面上推介一篇生活工资方面的最新报道时，就发问：“向工人付薪多少是个道义论题吗？”（Gertner，2006）。我们显然不能评判此类论断。但我们必须指出的是，在为构建社会福利函数而对经济体内收入的不同分配（或更广义的资源分配）方式进行评估时，诸多社会价值和经济分析的确存在交汇点。据此，最低工资对家庭收入分配之影响的社会福利含义，显然就取决于整个社会如何评判最低工资上升导致的赢家和输家。例如，Wu、Perloff和Golan（2006）表明，在处于分配底端者被赋予更大的权重时，最低工资上升将削减社会福利——这一发现就是依据具有此类特征的社会福利函数，反对提高最低工资下限的论断之一。无论如何，我们怀疑（但不确定）最低工资无助于且实际上有可能损害低收入家庭的证据，将调和最低工资上升之道义性论调。

我们的若干结论十分自然地引发了三大问题，我们将逐一解析，并以此作结。

9.4.1 我们应该废除最低工资吗?

我们的结论表明，最低工资上升将向低技能工人和低收入家庭强加各种成本，但又不能带来可以抵消这些成本的收益。当然，反之，我们的结果也说明削减最低工资将产生净收益。但这是否意味着，我们应该再前跨一步，废除最低工资政策呢?

在回答这一问题时，切记：本书所述各种最低工资效应的估计值大多依托于最低工资变化相对适度的经验事实。采用此类估计值来对幅度变化比现有数据大得多的最低工资变动效应进行预测，必将迅速导致这些预测的精准度急剧下降。因此，将我们的结论进行延伸推演，并假定如果适度削减最低工资将带来某一量值的福利，那么大幅调降最低工资必然产生相应更大的福利——这是几乎毫无依据的。例如，将最低工资从低于低技能劳动力之市场工资的现有水准进行调降，则可以预期的是，由于受此变动影响者极少，它对就业或收入几乎没有影响或完全没有影响。类似地，我们也不敢斗胆推论：只需按比例提高我们所述最低工资适度变化的效应值，就能理解幅度比我们的考察样本大得多的最低工资上升的相应后果。事实上，大幅度的最低工资上升可能导致根据已有历史经验无法捕捉的宏观经济溢出效应，从而在就业效应和收入效应上付出惨重代价。

然而，撇开我们的证据并采取略显投机的立场，我们同样怀疑：废除最低工资或将导致工资水准普遍降至仅够维持生存的水平，就像非经济学者偶尔“发声”的那样[2]。在大多数劳动力市场上，工资水平是由劳动力供给和劳动力需求决定的，而非由雇主毫无约束地自主提供。例如，Gonzales（2007）发现，加利福尼亚州的日薪散工——他们通常是没有技能的非法移民，在完全不受管制的劳动力市场上劳作——的平均工资超过了每小时11美元。而且，在废除最低工资政策的新近案例——英国解散了众多工资委员会——中，工资并没有出现急剧下降[3]。因此，尽管我们并不主张推行废黜之策，但我们仍心存疑虑的是：废除最低工资政策是否有利于改善这个国家受害最重、萧条至极的城镇地区的经济状况，因为在这些城镇地区很难认为目前采用的政策是成功的。

9.4.2 665位经济学家判断错了吗？

我们的结论引发的第二个问题是：如何理解对提高最低工资的众多支持，这些支持在令人瞩目的最低工资全国性论争中广为流布，且有数百位经济学家——其中许多人我们尊奉有加——签名襄助。2006年由665位经济学家签名呼吁的最新此类支持声称，“将联邦最低工资提高至每小时7.25美元，就恰好落在其对劳动力市场、工人和总体经济的效应为正的选择区间内”[4]。在读到这一支持和此前各种支持时，我们曾不止一次地停止阅读、反躬自问：难道我们疏漏了什么吗？显然，这一问题的答案是“没有”；而且，实际上，撰写本书进一步强化了我们自身在研究过程中得到的若干结论。

在反思最低工资政策论争时，我们对这些支持的根源提出了两个相关推测。首先，我们认为，在关涉最低工资之解聘效应这类问题上，人们过分看重了所报告的效应为正或没有效应的少数几份研究。学者们综述现有文献的通常方式是引述1~2个报告了正效应的研究，并辅以报告负效应的几个研究[5]。这给人的印象就是：劳动经济学对这一问题的两面性的研究结果是大致均等的，从而不应自信满满地秉持最低工资削减了就业的观点。然而，正如我们讨论过的，研究文献所得结论绝非如此简单地势均力敌、难分伯仲。相反，现有研究结论明显地偏向解聘效应这类发现。

其次，我们猜测，许多善良的经济学家支持最低工资提高，是因为他们并不熟悉最低工资的分配效应方面的大量文献。最新的一项支持声称“研究已经表明，大多数受益人是成人，其中女性占大多数，而且数量庞大的绝大多数受益人是低收入家庭的成员”。而且，正如我们在第5章所述，最低工资效应的仿真分析的确时常指向有益的分配效应——即便其目标对象境遇糟糕。但我们已经指出，我们认为这些仿真结果是有问题的，因为它们通常依赖于基本不考虑解聘效应的参数值，并就最低工资如何影响处于家庭收入分布不同部位的工人提出了缺乏依据的若干假定。相反，在考察最低工资上升对收入分配的实际影响上，按理更为可靠的研究其实并未发现任何证据来证明工资下限提高将导致接近或低于贫困线的家庭占比下降，但它们发现了一些证据表明最低工资上升导致贫困家庭的数量上升。我们猜测，经济学家对于依托仿真方法的更长期研究历程颇为熟悉，但对更新的研究不太熟悉；后者根据在许多公共政策研究中使用普遍的同类事前–事后分析方法或面板数据分析方法，研究最低工资的分配效应并得出结论。

在阐释备受尊重的经济学家赞同提高最低工资的原因是他们没有全面掌握所有研究著述时，我们并不是说这些经济学家一直疏于跟踪研究进展。在着手撰写本书时，我们对于既往15年最低工资领域涌现的大量文献的把握也不全面。但在研读此类文献时，这些文献供以支撑最低工资之解聘效应的强有力证据，以及或为负、或不存在的分配效应研究（这类研究确实少得多）共识，仍让我们印象深刻。如果为撰写本书而作的研究，扭转了我们此前对于众多文献研究最低工资效应所得结论的看法，鉴于我们长期持续密切地跟踪研究最低工资，那么，毫不惊奇的是：经济学家若将最低工资作为他们次要的研究构成，自然就不了解有关证据的主导指向。

9.4.3 应该考虑哪些备择政策？

最低工资具有众多诱人的特征。它们简单易行。它们无须联邦政府或州政府拨付资金，从而不会陷入预算战（但最低工资的确将导致各种成本）。而且，它们还有引人瞩目的道义敏感性。但这些最低工资特征的诱人之处具有误导性。最低工资没有实现改善低工资工人、低技能个人和低收入家庭之生活的初衷。

如果最低工资不是帮助低工资工人和低收入家庭的有效工具，那么有哪些备择选项呢？我们认为，激励劳动经济学领域大多数政策导向型研究的首要问题，是如何最好地向家庭提供可接受的生活标准。而且，要么由于辩证理性的理由，要么由于激励方面的担心，各种政策存在着促使家庭经济自立——自主争取可接受的生活标准——的强烈倾向。

近几十年来力图增进经济自立的最突出的政策干预，一直着眼于劳动力市场的供给方。福利改革、劳动所得税减免扩围，将医疗救助和公共健康保险改造应用于儿童、针对低收入住户的所得税变革，显然均针对这一目标。

当然，最低工资（和生活工资）通常被视为增进经济自立的政策工具箱的重要构成[6]。事实上，人们有时认为，促进劳动力供给的各种政策有可能压低工资，故而需要借助提高最低工资进行中和。然而，由于最低工资力图通过强制提高低技能劳动力的工资，而非增加劳动力需求，来提高低技能工人的工薪收入；因此，任何试图通过提高工资下限来平衡劳动力供给上升的举措，或许只会对这些政策所着眼的目标个人造成负面影响。

旨在提高劳动力需求的另一可取政策是以低技能群体或弱势群体为目标的工资补贴方案。此类方案可以采取许多形式，这部分取决于它针对的目标群体，但它们共有的基本结构是对工资给予补助，以提高对工人的需求（将需求曲线外移），从而增加工人的就业和薪资收入[7]。

第三种方式是通过提高低技能工人的人力资本，提高他们的劳动生产率。通过众多渠道可以扩大技能获取，包括进修深造、提高在校教育质量以及培训。

我们绝非所有这些政策领域的专家。但几乎毫无疑问的是，立足供给方的政策干预对于增进目标群体的就业具有重要贡献（参见 Meyer 和 Rosenbaum，2001； Blank 和 Schmidt，2001；Blank，2002）。而且，第 5 章所述之劳动所得税减免方面的研究更是直接指向工薪收入上升。我们相信，有更多的研究将有序探索工资补贴方案的潜在好处，尽管此类方案显然也会存有缺陷、催生难题。最后，尽管我们不大相信每位劳动经济学家均认同增进人力资本的目标，但一直很难找到能提高劳动力技能的现实途径。例如，培训项目的既往效果差异较大，部分群体从中获益，其他群体则未能获益（参见 Heckman、Lalonde 和 Smith，1999）。而且，增加在校教育年限、提高教育质量的诸多政策通常成本昂贵，且颇具争议（Dynarski，2002；Cornwell、Mustard 和 Sridhar，2006; Neumark 和 Rothstein，2007）。

尽管如此，这一探讨表明，还有众多更可取的最低工资替代政策可用于增加低收入家庭可以支配的经济资源。或许，除劳动所得税抵免政策外，我们还没有很好地掌握如何最有效地使用其他此类政策杠杆。然而，其他此类政策的确潜能巨大，在持续的学术研究和实际执行不断增强其有效性时，就更是如此。因此，在我们的社会认同应不断付出努力，以便增加处于收入分配底端者可以支配的经济资源的意义上，我们必须着力探寻，并厚加奖赏那些可以增强我们的工作激励，并使所有社会成员更具生产性的各种政策。

注释

第1章　导　论

1. 各州可以为联邦最低工资覆盖的工人自主设定标准更高的最低工资，也可以为联邦最低工资没有覆盖的那些工人设定其选择的任一最低工资。
2. Neumark和Wascher(2007a)更详细地评述了最低工资的就业效应方面的文献，这一评述十分全面，也解答了为何我们发现本章所强调的诸多研究尤为重要或极具说服力。

第2章　美国的最低工资史

1. 对早期新西兰和澳大利亚最低工资的具体描述，参见Hammond(1913)和Verill(1915)。
2. 更多的细节参见Holcombe(1910)和Verill(1915)。根据Nordlund(1997)，"血汗"一词的使用通常应归功于Sydney (Beatrice) Webb。
3. 基督教社会改革者同样也支持推行最低工资，他们对个人在向雇主争取公平劳动条件时的商议能力表达了担忧。例如，Thies(1991，第721页)指出："John A. Ryan神父(后来的阁下)被认为是20世纪上半叶美国天主教界最主要的经济事务评论员。他在《生活工资论》中指出，雇主在道义上有责任向工人至少支付生活工资，他倡导各州通过各种法律采取同类威压方式，规定最低工资和最长工时、养老金、经济适用房，并禁用童工。"
4. 对于至少某些进步运动者支持最低工资的动议，Leonard有些不同看法。他认为，这些进步运动者"将最低工资引致的解聘效应视为一种社会福利"，因为解聘效应本来就有"区分失去工作的不称职者和保住工作的胜任者的有益属性"(2005，第213页)。
5. 事实上，Phelps认为，"1892年国会设定工资的第一次尝试采取了怪异的举措：在哥伦比亚特区之外的就业者，无论工作能力如何，每日最高工资为6美元；对他们发放的薪酬则从在建的公共建筑项目拨款中给付"(1937，第47页)。
6. 尽管部分州的确设立了工资委员会，向最低工资委员会提出最低工资率建议，但最低工资委员会本身也制定合理的工资率。
7. 然而，Lucas的结论是，虽然(最低工资的)水平较低且依然存在遵守难题，马萨诸塞州的最低工资法确实提高了在职妇女的工资，但并未提高到维持生计的标准。
8. Prasch将Clark的最低工资立场理解为有条件支持(2000，第257页)。然而，我们对Clark原文的理解更加接近于Leonard。
9. 与最低工资相关的更详尽的经济理论史概述，见Leonard(2000)和Prasch(1998)。

10. Webb意识到，能力最差者将被替代；但他认为"让这些人依然故我，并与素质全面者进行寄生性竞争，那就是在玷污劳动力市场"（第993页）。

11. Taylor和Selgin（1999）认为Filene的角色是大萧条时期普遍流行的"高工资论"的始作俑者。

12. 具体问题及其回答，见Verrill(1915，第179~180页)。但在总体上，英国行业委员会的回应是，尽管要得出明确的判断为时尚早，行业委员会的初步看法是最低工资对于就业只有很小的影响，而且导致受影响雇主的效率提高。

13. 部分此类研究承认，最低工资导入后，妇女的就业（无论是绝对量还是较之男性的相对量）下降，但这一下降的罪因是疲弱的经济状况，而不是新的最低工资法。

14. Thies（1991）和Kennan（1995）都强调了这一研究。

15. 俄勒冈的最低工资水平随工作经验而不同：1913年10月4日，它对16~18岁的女孩生效；1913年11月23日，它对波特兰市有经验的成年妇女生效；1914年2月7日，它对波特兰市之外有经验的妇女及所有无经验妇女生效。

16. Peterson（1959）对此解释提出了异议。他认为，妇女平均工资与就业之间的负相关关系，以及与男性相比更大幅度的妇女就业下降，符合最低工资对于成年妇女就业具有负面后果的假定。然而，Lester（1960）认为，幅度更大的妇女就业下降反倒可用于对妇女工时的监管规定变化，以及妇女就业比男性就业对于总体经济状况更加敏感的可能性进行解释。Peterson（1960）发现，Lester（1960）的观点没有说服力。另请参阅Kennan（1995）对Obenauer和Neinburg研究的更详细概述。

17. 对于最终导致《公平劳工标准法案》（FLSA）通过之前若干重大事件的详尽描述，见Grossman（1978）和Nordlund（1997）。

18. Robert投票赞成华盛顿州的最低工资法通常被称为"大转折"，见Samuel（2000）和Brinkley（2005）。

19. 最初的法案内容还包括每周工作最多40小时、最低16岁的工作年龄，某些行业例外。

20. 与当今相反，20世纪30年代的众多工会并非一致支持联邦最低工资立法。在《公平劳工标准法案》颁行之前，美国劳工联合会（AFL）拥有长期反对最低工资的历史，这部分是因为它们担心最低工资法将侵蚀众多工会在集体谈判中的作用。然而，1935年从AFL分离出来的工会集团——产业工会联合会（CIO）则大力支持最低工资。可参阅Samuel（2000）和Nordlund（1997）。

21. 此外，《公平劳工标准法案》（FLSA）最初还规定每周最多工作46小时，第3年降至每周工作40小时，同时禁用童工（16岁以下者）。

22. Nordlund提出，最初被《公平劳工标准法案》覆盖，但其工资和薪水未被监管的工人比例为大约40%（1997，第201页）。

23. 还可参见Leonard（2000，第128~130页）的阐述。

24. Lester承认其他因素或许可以解释这些结果，但他认为"没有必要对所得结果严重违背边际分析预期的那些个案进行分析"（第76页）。Peterson（1957）还具体论及了一些潜在的因素，包括恰好发生在第二次世界大战之前的国防建设，美国南部地区家具业就业的长期向上趋势，以及政府承包商在20世纪40年代下半叶偏爱南部服装生产业的趋势。

25. 1974年，国会将所有未纳入监管的联邦、州、地方政府雇员纳入《公平劳工标准法案》的管治范围。然而，1976年美国最高法院裁定最低工资以及FLSA的加班费条款并不适用于州府、地方政府雇员。这一裁定在1985年被废止。

26. 对于1966年前原本不应纳入覆盖范围者以及农场工人，最低工资的调升节奏更慢。

27. 此外，Brown、Gilroy和Kohen（1982）指出，这些研究通常没有对此前的各种趋势进行控制，而且由于过于关注某一时期的某一行业，它们没有充分利用现有数据。为弥补这些不足，在对结果进行重新分析后，Brown、Gilroy和Kohen报告了低工资就业对最低工资的弹性是负的、统计上显著的-0.24。

28. 在很大程度上，时间序列方法的使用不断增多可能表明20世纪60年代和70年代不存在最低工资的横截面差异。正如Brown、Gilroy和Kohen所指出的，就现有的横向研究而言，“最低工资的大多数变化……来自州际或地方之间的工资水平变动，（因此）人们无法确定所估计的效应到底是‘最低工资’效应，还是‘州立平均工资’效应”（1982，第510页）。

29. 尽管20世纪60年代开展了对最低工资的其他时间序列研究，这些研究通常采用了很简单的最低工资变量方程式，而且控制变量（如果有的话）很少。

30. Gramlich论文的两位评论人Robert Flanagan和Michael Wachter虽然对他聚焦于最低工资的分配效应议题恭维有加，但又认为他的实证结果并不像他认为的那样有利于最低工资。例如，Flanagan（1976，第454页）写道：“在接受该文的实证结果后，我开始阅读最后一段，我惊奇地发现最低工资‘不是特别有害，事实上甚至还对低工资工人和总体收入分配略有正向影响。’”类似地，Wachter的结论是“Gramlich赞同最低工资的论调没有得到证据支撑”（1976，第459页）。

31. 实际上，标题为“有效性最低的最低工资”的那篇社论十分鲜明地预见到了我们在第5章中提出的一些论断。例如，这篇社论在援引Gramlich（1976）的研究后坚信，“一些穷人获益，代价是其他穷人遭殃”，而且“许多青少年工人来自中产家庭”。

32. 《纽约时报》的社论也强调了这一事项，这篇社论认为：“有组织的劳工赞同高的最低工资，是因为高的最低工资可以减缓公司管理层对工会招募新人的排斥态度。对公司经理们而言，清除了廉价的备择劳动力资源后，索价高的工会劳动力看起来不再那么糟糕。”我们在第8章将回到这一议题。

33. 尽管《1997年修正案》命令该委员会研究12个议题，但该委员会认为其中一些议题彼此相关，从而将它们归结为六大领域（最低工资研究委员会，1981，第xiv页）。

34. 在联邦最低工资持续数年不变的更早时期，各州偶尔会采取类似行动。例如，Levy（1974）注意到，1974年1月12个州和哥伦比亚特区的最低工资率超过了联邦水平。然而，大多数此类州立最低工资很快就被当年5月调升至每小时2.00美元的联邦最低工资所超越。

35. 此外，1974年通过的康涅狄格州立法将该州的最低工资设定为比联邦水平高出0.5%（或大约2美分）。

36. 华盛顿特区的平均最低工资甚至更高，达到每小时4.38美元。

37. 在州立最低工资高于联邦水准的各州，州立最低工资适用于该州法律覆盖的所有工人，即使他们也被联邦法律覆盖。在最低工资设定为等于或低于联邦水平的各州，联邦工资下限适用于《公平劳工标准法案》覆盖的所有工人，州立最低工资适用于各州法律覆盖的其他工人。后面一类工人通常包括那些不从事州际商业业务、很小的企业所雇佣的工人，以及娱乐机构雇佣的季节性工人。

38. 科罗拉多州、佛罗里达州、蒙大拿州、俄勒冈州、佛蒙特州、华盛顿州的最低工资是与通胀挂钩的。此外，数个州已经通过立法，准备在随后数年进一步提高最低工资。亚利桑那州和密苏里州准备自2008年起对最低工资指数化。

第3章　最低工资的就业效应

1. 详见表2-3。

2. Card Krueger（1995a）、Kennan（1995）和Brown（1999）对于第一批此类文献，作了早期的精炼概述。

3. 更广泛的文献还包括针对城市最低工资的数项研究，本章对它们未予探讨（见Dube、Naidu和

Reich, 2007; Potter, 2006; Yelowitz, 2005)。此外,对于试图从更多结构性模型中获取最低工资效应之若干推断的一些更新的研究(Aaronson 和 French, 2007; Aaronson、French 和 MacDonald, 2006; Ahn、Arcidiacono 和 Wessels, 2005; Arcidiacono 和 Ahn, 2004; Flinn, 2006; van de Berg 和 Ridder, 1998),我们也未予更多的关注。但在第7章涉及最低工资的价格效应时,我们将讨论其他部分论文。最后,本章还探讨了我们的述评发表以后可以得到的几项研究。

4. 排除了我们的研究之后,这些数字几乎没有变化。因为,63%的剩余研究揭示了负面就业效应,而且在我们认为最可靠的那些研究中,有81%(而非85%)的指向是负面就业效应。
5. 此外,资本供给的弹性越大,资本价格因企业采用资本替代其他要素的上涨幅度就越小,从而劳动力需求的弹性就越大。
6. 后一种可能性主要是一种理论上的奇异性。大多数证据表明,低技能劳动力与资本在生产中的替代性大于高技能劳动力与资本的替代性(例如, Griliches, 1969; Bergström 和 Panas, 1992),尽管支撑这一假说的证据通常相对较弱或中性(例如, Hamermesh, 1993; Duffy、Papageorgiou 和 Perez-Sebastian, 2004)。然而,与其他类型的劳动力与资本相比,现有研究没有直接论及最低工资劳动力与资本之间的替代性,而是采用广义的熟练和非熟练劳动力总量指标。但有趣的是, Henderson(2005)以及 Duffy、Papageorgiou 和 Perez-Sebastian 使用国别横向面板数据发现,若采用相对低的阈值来定义熟练劳动力(从而非熟练劳动力的界定范围更窄),资本-技能之间的互补性得到了更多的证据支撑;此类证据或许更接近于在考察最低工资的就业效应时最为关注的生产函数参数。
7. 在 Kennan 提出的模型中,产品需求变动导因于收入分配变化,而不是相对价格变化。在这个被称为“饥饿的青少年理论”(1995,第1961页)的模型中,最低工资提高了更有可能消费快餐食品的工人(比如青少年)的收入,降低了其他人的收入,由此导致快餐食品需求上升,甚或提高这一行业的就业水平。更一般而言,学界过去有时认为,提高最低工资将通过提高收入的边际消费倾向高的那部分人的收入,去刺激总需求、促进就业(例如, Filene, 1923)。Taylor 和 Selgin(1999)对于这一“高工资论”的缘起及其在大萧条时期大行其道,作了饶有趣旨的考察。
8. Brown(1999)指出,最低工资有效地导致劳动力供给完全富有弹性地提高到工资水平不再足以吸引额外的工人加入劳动力市场的那个点上。
9. 正如我们在第7章将详述的那样,买方独家垄断模型还意味着,最低工资上升将导致产出更高和价格更低。
10. 正如第2章所述,依托于最低工资的效率工资模型由 Webb(1912)率先提出;但在他看来,最低工资所催生的额外劳动生产率将抵消工资下限提高的成本,而不是提高就业。Stigler(1946)也提及这一可能性:提高最低工资将激励雇员更加勤奋地工作,或促使企业迫于“冲击”而削减其他非效率环节。但他认为,在大多数低工资行业的竞争性环境下,这类可能性是不存在的。
11. 另见 Lang(1987),他提出了企业无法观测工人劳动生产率的讯号模型。在这个模型中,为低劳动生产率工人设定高于均衡工资水平的最低工资,将降低他们力图冒充高劳动生产率的动机,从而降低企业由此引致的雇佣成本。
12. Dickens、Machin 和 Manning(1999)提供了沿着这些思路的另一个模型。三位作者通过在每家企业的劳动力供给表中添设一个测度企业运行的总体吸引力的变量,引入了企业的异质性。他们提出的另一假定,即劳动力市场摩擦导致单个企业面临斜率向上的劳动力供给曲线,则营造了一个买方垄断竞争环境。
13. 对基于劳动力市场摩擦的买方独家垄断模型的更完整评述,见 Manning(2003)。

14. 也可参见Eckstein和Wolpin(1990)、Swinnerton(1996)、van den Berg(2003),以及Flinn和Mabli(2005)的研究。
15. 他的模型是根据两年的一阶差分进行估计的,因此遗漏了州别效应。
16. 比较样本包括亚利桑那州、佛罗里达州、佐治亚州、新墨西哥州和达拉斯-沃斯堡;选择它们的原因在于,1987年它们的劳动力参与率、就业-人口比率和失业率与加利福尼亚州类似。
17. 经济学家们从最低工资的多项研究中所得到的结果并不一致,加之对竞争性劳动力模型又得出了负面就业预测——这很可能就是Card和Krueger(1995a)在他们那部极具影响力的著作中,将许多经济学家提出的竞争性劳动力市场观视为"迷思"的成因。
18. 见Granthe和Hamermesh(1981)。此外,由于缺乏州级价格数据,故用平均工资作分母,也提供了测度实际最低工资差异的一种方法。
19. 在对数设定中,成人工资变化的限定是随着名义最低工资变化的,它对就业具有幅度相同、但符号方向相反的影响。在水平设定中,这一限定就是两个变量仅仅作为一个比率进入设定。
20. 在回应我们的发现时,Card、Katz和Krueger(1994)使用2年(1989—1991)的差分而非1年的差分,重新估计了Card的设定,但仍然发现1991年的最低工资上升对就业的正向效应。然而,正如我们在回应中所述,对2年的差分进行估计与在模型中加入一期滞后最低工资变量不是一回事,因为2年的差分依然忽略了最低工资的滞后影响。
21. Baker(2003)使用截至2000年而非截至1993年(两项研究的起始年份均为1983年)的数据,更新了最低工资的就业效应的主要结果。他发现了更强的解聘效应,并将这一结果归因于省级最低工资所约束的青少年占比提高。该文更多地关注了最低工资对培训和在校教育的影响,故而在第6章有更为详尽的探讨。
22. 然而,对16~24岁这一群体而言,解聘效应是显著的,且为负,无论包括还是排除学校入学率这一变量。
23. 这一发现回应了Evans和Turner(1995)对我们论文的评论,他们认为采用更广义的学校入学率定义,将导致对青少年的估计就业弹性变小且不显著。然而,这一入学率指标仅在10月份的《人口现状调查》中才能得到;Evans和Turner所得结果的依据,则是将每年10月的学校入学率数据与5月的最低工资信息加以综合的设定。正文中报告的结果是使用模型中全部变量的10月份观测数据而得到的估计值。Neumark和Wascher(2007)报告了这一转换的额外证据。
24. 净就业变化与最低工资是否削减了就业的常规讨论最为相关。然而,得自这类回归式而得的总体就业变化,对于理解最低工资如何影响它们旨在帮助的最低技能工人或许更有揭示意义。
25. 我们在后文探讨了根据他们优选的设定所得到的具体估计值。
26. 见http: // www. globalinsight. com/Perspective/PerspectiveDetail6081. htm(2007-11-06浏览)。
27. 劳动经济学家将这一范式称为添加了"第三阶差分",或采用了"三阶差分"估计量。这一程式被用于分析范围广泛的政策效应,但就最低工资政策而言,它是将最低工资确有提高和没有提高这两种情形下受影响的个人(或家庭)的结果变化(头两阶差分),与原本不应受影响的个人——通常是高技能或高工资个人(或高收入家庭)的同类结果变化进行比较;受影响群组和不受影响群组之间的比较就是第三阶差分。
28. Bertrand、Duflo和Mullainathan(2004)最初强调了这一事项(解释不同观察样本估计误差项的不独立性)对于最低工资研究中共同采用的面板数据分析的重要性。
29. 校正不独立性的通常方法是按地理区域对标准差进行"聚类"。这种方法假定回归模型中的误差项在不同地理区域之间是独立的,但在同一地理区域内是不独立的,因此其程式是对同类地理区域观测样本之间任意一种相关性以及异方差的稳健标准差进行估计。详见Bertrand、Duflo和Mullainathan(2004);进一步的讨论见Wooldridge(2003)。

30. 但许多早期研究的确考虑了序列相关误差(例如,Neumark和Wascher,1995a;Burkhauser、Couch和Wittenburg,2000a),这有助于解决同类难题。

31. Kim和Taylor分析的潜在不足是在他们采用的县域经营类数据中没有直接的工资指标(Card和Krueger,1995a;Kennan,1995)。因为,他们计算工资率的方法是,将每年第一季度的工资总额除以每年3月某一付薪期内的总就业量,这会引致与分子、分母的时期差异,付薪期内平均工时数变化相关的测度误差。Kim和Taylor对此数据问题心知肚明,指出在最低工资固定不变的年份不存在负相关的迹象;他们还表明,采用滞后工资和行业内平均企业规模作为工具的IV(工具变量)估计,得到了类似结果。Card和Krueger通过研究表明,在1989—1990年的最低工资变化期间存在负相关性(尽管这可能反映了1988年最低工资上升的滞后效应),解决了第一个问题。此外,他们指出,IV(工具变量)估计中的显著负相关系数依赖于工具变量中纳入的平均企业规模,他们认为这是不恰当的。

32. Katz和Krueger(1992)的研究可能存在同样的问题。尽管该文对于他们在考察得克萨斯州时用于获取就业数据的那些调查问题的性质语焉不详,但调查方式似乎纳入了一篇相关论文的附录(Katz和Krueger,1991),措辞与Katz和Krueger在研究新泽西州时的文笔相似。1992年那项研究中的图2也类似地揭示了一些重大的就业变化。

33. 总工时的估计值略为显著。全部四个估计值(对应于两类设定,以及按绝对量和百分比度量的工时变化)均为负,各州的双重差分估计值在5%的水平上是统计上显著的。但所得的估计值很大,它们隐含的弹性值范围是-0.85~-0.92。然而,这些作者们指出,由于测度问题,他们对于工时的估计结果不太自信。

34. 我们总结道:"工资总额数据对于CK(Card和Krueger)根据他们的数据得出的结论,提出了严重质疑;还为判定新泽西州的最低工资上升降低了该州……相对于控制组宾夕法尼亚州的快餐业就业,提供了合理的依据。结合CK根据ES202数据提供的新证据……,我们认为我们可以更加大胆地断定,新泽西州的最低工资上升没有提高该州快餐业的就业。"(2000,第1391页)

35. 小费抵免(tip credits)专指可由小费冲抵的最低工资美元数或百分比。例如,与每小时5.00美元的最低工资相对应的50%的抵免额意味着,只要每小时的小费超过2.50美元,雇主就只需支付每小时2.50美元的工资基数。该文在将小费抵免纳入州立最低工资界定时,没有提供参照标准,而且小费抵免额因州而异。见http://www.dol.gov/esa/programs/whd/state/tipped.htm(2007-11-06浏览)。

36. 实际上,Partridge和Partridge(1999)的早期著述指出,小费抵免的重要影响是使得对餐饮业的分析结果不能适用于其他行业。在他们的研究中,他们提出了一些证据表明,在整个零售部门以及不包括饮食机构的零售部门存在解聘效应。然而,对餐饮机构的估计效应虽然符号为负,但大多数不显著。尽管如此,我们对他们的分析仍存疑虑;因为他们发现,最低工资对所有非农就业增长率也有显著的负面效应,但这似乎不合情理。

37. 更具体而言,他们对Solon(1985)提出的模型设定进行了估计,这一设定同样包括季度性的季节虚拟变量与线性的、二次趋势项的交互项,以及一个标准自回归(AR(1))修正项。

38. 另一种可能是:由于州立最低工资的普及,此类研究对最低工资变量的误测度将逐渐提高。

39. 作为证据,他们重新考察了Card和Krueger对最低工资效应的时间系列分析,并且指出:使用标准设定,所估计的最低工资效应对于用来估计AR(1)(自回归)误差过程的方法极为敏感;而且,随着样本时间的延长,AR(1)的系数上升至接近1,这就意味着误差项中可能存在一个单位根。接着,他们使用增广迪基-福勒检验(ADF检验)统计量来测试数据中是否存在单位根,他们发现：青少年的就业-人口比率是I(0)，而凯茨指数(Kaitz index)是I(1)，这就意味着标准设定得到了不一致的估计值。

40. 两位作者的研究表明，其他模型对截至1979年估计的预测效果糟糕透了。

41. Wolfson和Belman(2004)使用时间序列数据，对青年工人占比相对较高或平均工资相对较低，且用三位数字标识、执行《标准产业分类》的单个行业，进行了最低工资的就业效应估计。大多数行业的就业效应估计值是统计上显著的，但它们通常为负而非为正，对于法定的最低工资上升(而不是其实际价值下降)更是如此。鉴于各种模型是高度解聚(disaggregated)的(而且也未检验聚合局限(pooling restriction))，许多结果缺乏显著性，或许不能为我们提供多少信息。两位作者还认为，竞争性模型的预测是若最低工资对平均工资的影响更大，则就业的削减会更加急剧，但这与他们提供的证据相矛盾。然而，这一证据却未必有悖于最低工资的标准模型。如果没有任何就业变化，则现行工资与新的最低工资之间的缺口最大的行业，其平均工资升幅将达到最大；而且，在这种情形下，最低工资的滤波器将筛选出受最低工资约束之工人数量最多的行业。然而，两位作者仅仅观测了与就业变化相伴随的工资变化，而且他们所得结果的原因，既可能是平均工资在最不可能裁撤掉低工资劳动力、改用非劳动力投入品的行业中上涨最多，也可能是更高技能的劳动力最容易替代更低技能的劳动力。无论是哪种情形，它们的滤波器通常将挑选出解聘效应更小而不是更大的那些行业。

42. Card和Krueger(1995a，第398页)也倡导这一范式。

43. 在样本期间，两个州的最低工资法都没有小费抵免条款。

44. 对基于招聘广告的证据解读也潜在地存有问题，因为招聘广告数量下降很可能是因为辞职者数量下降，而非受雇量下降(在这种情形下，就业将增加)。但鉴于还有就业下降的其他证据，至少在餐馆业如此，这似乎不是对研究发现的最合理解释。

45. 同样的理念促使学者们研究其他低工资群体。例如，Orrenius和Zavodny(2007)估计了最低工资对低技能移民的就业效应。他们没有检测到对这一群体的负面就业效应(但对青少年确实如此)。他们提供的证据印证了低技能移民从最低工资提高的所在州迁出，从而可能掩盖负面劳动力需求效应的观点。此外，如果移民打黑工，则最低工资提高或将引致雇主转而雇佣移民。

46. 将-0.1除以0.213系为调整常规弹性中的分子，以便求得受影响工人的就业下降百分比。再除以(10.8/21.2)就可校正常规弹性分母中的工资上涨百分比，以便反映受影响工人的平均工资涨幅小于最低工资涨幅的事实。

47. 另一方面，工资上涨对于薪资略高于最低工资的那些工人可能具有某些正的分配效应，这可能导源于劳动力的相对需求转向工资略高的工人，或者雇主面临相对工资约束(Gramlich，1976；Grossman，1983)。聚焦于就业效应还疏漏了工时的潜在变化，而工时可能延长，也可能缩短。

48. 请注意，与(正文)上述描述性统计相比，这一估计值较低。本节后文所报告的一些证据也是如此。然而，这一证据仍表明，工时削减对于薪资收入具有更加显著的负面影响。此外，这一弹性值没有考虑最低工资提高前未被雇佣者谋得职位的概率下降，也没有考虑方程式(3-2)所强调的实际工资上涨相对于最低工资上涨的调整过程。

49. 他们还研究了法国的数据(下节将论及)，他们从中发现了最低工资对于受影响工人具有解聘效应的强有力证据。

50. 尽管在方程式(3-3)中未显示，我们还设有R虚拟变量与第1年工资对第1年最低工资之比率的交互项，以更加灵活地反映各个收入分配点上的差异。

51. 为捕捉最低工资变化的滞后效应，我们调整了计量经济方程式。这使得估计过程略显复杂，因为《人口现状调查》对每个个体仅观测2年。

52. 我们还估计了纳入买方独家垄断的一个模型版本，导入了就业决定于供给曲线上点的移动的第三种情形。在这种情形下，在劳动力需求曲线与边际劳动力成本曲线的相交处出现了另外的转换点。

53. 对于新的、未发表的研究以及学术圈之外的研究著述(此类著述用英语交流的可能性更小)，语言障碍更是个难题。"偏宠"用英语著述的研究未必全然无害。例如，我们在研究OECD国家的最低工资效应(Neumark和Wascher，2004；见下文)时发现：在四个制度环境最有可能造成最低工资的负面就业效应的国家中，有三个国家是英语国家(美国、英国和加拿大)；而且，另两个英语国家(澳大利亚和新西兰)则属于各类制度相对有利于最低工资之解聘效应的国家集。

54. 我们再次提醒读者参阅Neumark和Wascher(2007a)以便掌握全面的评述。Dolado等(1996)提供了对许多欧洲国家早期证据的评述。还有一些新近之作研究转轨经济体的最低工资效应(如Eriksson和Pytlikova，2004)，但我们在正文中没有涉及。

55. 我们的实证分析采用了Coe和Snower(1997)提出的理论模型，在这个模型中，各种劳动力政策——包括最低工资——对劳动力市场结果具有相互补充的影响。

56. 工业化国家青年的准最低工资具有相当大的差异。近年来，英国、加拿大、葡萄牙、西班牙和新西兰要么取消了青年准最低工资，要么缩小了它与成人最低工资的差距。本章后文探讨了一些考察这一差异的研究。

57. 本章前文探讨了其他一些确凿证据。

58. 这一证据比根据Yuen(2003)提出的类似范式所得到的发现更有力。三位作者推断，这反映了20世纪90年代最低工资的实际价值比在Yuen的样本期间(它截至1990年)下降得更多。

59. 我们主要集中讨论更为新近的论文，这一论文依托于略长的样本时期，并在一些用于估计的设定中加入了滞后项。

60. 他们采用滞后的销售额作为销售额的工具变量。但我们对于在动态面板数据模型中采用这一范式表示怀疑，因为要辨识效应，就必须从感兴趣的方程式中剔除滞后值；然而，对于明确基本模型中的合理滞后时长，理论上几乎无法给予指导。

61. 同一因素可以解释，在我们使用不同国家、不同时期数据的2004年那篇论文中，为何在最低工资水平通过协商来确定时，只有少数证据证明最低工资具有解聘效应。

62. 各类工资委员会覆盖部门的就业增长了1.29%，工资委员会未覆盖部门的就业大致不变(下降了0.04%)(见他们的表10)。类似的结构在他们报告的雇佣率和离职率数据中十分明显。在各类工资委员会解散前三个季度，该委员会覆盖部门的平均雇佣率比其他行业的雇佣率高出2.69个百分点，而该委员会覆盖部门的平均离职率比其他部门的离职率高出2.58个百分点；也就是说，雇佣率和流动率都高出了大致相当的幅度——这对于低工资行业是不足为奇的。但在(工资委员会解散后的)后委员会时期，这两类部门的雇佣率差距急剧扩大至3.67个百分点，而离职率的差距仅仅上升至微不足道的2.88个百分点(见他们的表11)。工资委员会覆盖部门之雇佣率的相对上升，辅以离职率的相对没有变化，同样也表明最低工资具有解聘效应。

63. 两位作者采用两个数据集，即"劳动力调查"(LFS)和"新薪资收入调查"(NES)。正文中概述的结果是得自NES(两位作者强调了这一点)的若干发现。得自LFS的结果指向了同一方向，但更微弱。然而，LFS的数据存在问题，因为绝大多数工人的工资必须根据一个付薪期内的平常工时和薪资信息进行构建。在此应用中，工资误测与否就特别重要，因为最低工资的效应是根据低于和恰好高于最低工资的工时变化的差异来辨识的。

Stewart的一些早期论文(2002，2004a，2004b)采用这一框架估计了最低工资对就业的影响，但没有发现解聘效应；然而，这些研究没有考虑滞后的最低工资效应，但后者已被证明至少对于工时是十分重要的。鉴于必须求得工时的估计结果，采用纳入滞后项的设定来重新考察这些早期的就业效应估计值，就大有裨益了。

64. Strobl和Walsh（2007）考察了英国最低工资对工时的影响，但没有发现负面效应的证据。然而，他们仅聚焦于受限的次样本，而且更多地着力考察最低工资对于那些就“在现行工资水平下愿意工作多少小时”表达过不同偏好的工人的工时的影响（以便检验用于分析最低工资之工时效应的一个模型的各种预测，这些效应取决于它们是否处在正斜率或负斜率的工资-小时位置上）。

65. 他们还提供了借助其他来源的配对企业和个人的数据所得到的一些结果，这些结果没有揭示解聘效应，但这一配对产生了偏向大型企业的非代表性样本。我们在这里强调的是他们的两种范式使用了更有说服力的数据。

66. Abowd等（“双国记”，2000）将对法国的研究拓展至20世纪90年代，主要依据最低工资水平和工薪税、各种补贴，考察有效最低工资的影响，并就低工资劳动力成本上的政策变动的就业效应，得出了性质上类似的结论。

67. 针对17岁者的准最低工资也有提高，从成人最低工资的50%提高到75%。但Pereira只关注18~19岁者，因为在她的数据中，更年轻群组的工人数量寥寥无几，雇佣他们的企业也少得可怜。

68. Portugal和Cardoso（2006）对Pereira的著述提出了异议。他们采用同样的数据来源考察了同样的最低工资变化（但他们采用了几乎全域的企业层面数据，而Pereira使用的是30%的随机样本），还报告了青少年和其他年龄组的总体就业数，这些数字表明1988年和1989年青少年的就业增长率高于其他年龄组。然后，他们将这些数字与Pereira报告的数字（它表明青少年和其他所有年龄组的就业率在不断下降）进行比较，并且认为，就业增长率的差异意味着Pereira的样本“在受影响群组的实际就业趋势上存在严重偏误”（2006，第995页）。然而，Pereira只报告了幸存企业的就业水平，故而她的就业总量自然会下降。（Pereira同时还表明，无论是否考虑企业进入或退出，她的回归结果在性质上是类似的。）

69. 两位作者将工时效应的分析结果概括为：16~17岁者的工时增加了10%~20%，18~19岁者则“最高增至”10%。由于这些百分比变化超过了就业下降的百分比，他们的结论是，总体而言，对受影响工人的劳动力需求随着准最低工资的上升而增加（第227页）。但这些结果仅仅出现于剔除了商业周期控制变量（26~49岁者的失业率与年龄虚拟变量的交互项）的设定中。两位作者认为，这些控制变量“在考察就业后果的设定中十分重要，但它们对其他后果本该具有的重大影响并不明显”（第224页）。在我们看来，在就业模型中纳入这些优选控制变量的同一理由，也适用于分析工时效应的诸多模型。

70. 我们也倾向于在某种程度上对此证据的可信度打个折扣，因为，两位作者也质疑他们使用同一研究设计考察其他后果（特别是福利收益）所得到的结果，这就意味着这些结果证据“仅仅只是太大了，故而无法令人信服地唯一归咎于最低工资改革”（第227页）。这就自然提出了如何解读最低工资对就业和工时之影响的问题。

71. 她还提供了为校正未检测因素（它们对平均工资和就业具有正向影响）可能产生的内生性，而用实际最低工资变量作为相对最低工资变量的工具变量所得到的估计值。但与预期相反，她的工具变量估计值几乎总是更严重地为负。故而，探究的重心转向普通最小二乘法（OLS）估计。

72. 倡导提高最低工资的各类组织依托最低工资之研究证据所提出的主张，或许毫不稀奇地更为极端。例如，“最低工资之经济影响方面的最优秀、最新研究揭示了没有工作职位损失的正向效应”（Fox，2006），以及“根本就没有确凿的、基于研究支撑的理由可供以相信，州立最低工资导致了可测度的工作职位损失”（Chapman，2004，第2页）。

第4章 最低工资对工资和薪资收入分布的影响

1. 在英国，“溢出效应”“涟漪效应”有时也被称为“连锁反应”效应。
2. 尽管我们强调了最低工资对其他工资的正向效应，但在原理上，如果最低工资的解聘效应导致技能较低之家庭成员的收入下降，进而导致更高技能工人的供给增加，那么最低工资上升后，处于分布中更高档级的工资或将下降。
3. 例如，“一些经济学家一直在鼓噪最低工资具有涟漪效应，可以提高很大一部分劳苦穷人的薪资。如果他们的观点正确，那么涟漪效应将通过增多获助的潜在选举者人数，增强最低工资提高的政治吸引力”(Coy，2006)；而且，“薪资略高于最低工资的另外830万工人(即6%的劳动力)同样也会因‘溢出效应’而从最低工资提高中获益”(经济政策研究所，2007)。
4. 在发展中国家中产生的另一个议题是，由于存在大量的非正式部门或未(被最低工资)覆盖部门，在理论上，被覆盖部门的任何正向工资溢出效应，都将因劳动力从被覆盖部门流动到未覆盖部门，而被未覆盖部门的工资下降所抵消(Mincer，1976；Gramlich，1976)。
5. 这一模型应归功于Welch(1969)，Card和Krueger(1995a)对此有扼要概述。
6. 当然，在这种情形下，工人的境遇会更糟糕。最低工资提高前，工人选择了较低的努力水平与工资。但最低工资提高后，工人的选择就只有更高的努力-工资组合，否则就会待业。Teulings(2000)也提出了竞争性劳动力市场模型。在这个模型中，工人具有技能连续性，且被分派到具有复杂度连续性的各类工作，从而，由于工人之间的技能差异，工人之间的替代弹性下降。这一模型与Pettingill模型的类似之处在于，技能更熟练的工人在所有工作中的劳动生产率更高，但在更复杂中的工作中具有比较优势。尽管这一模型同时求得了最低工资处的概率质量和溢出效应，但该文的主要观点是要揭示技能水平不同的工人之间的互补性(它测度某些投入品的供给变化对其他投入品价格的影响)弹性值，要比其他估计所得出的弹性值要高得多，这就有助于解释Teulings为何诧异于相较于最低工资对低技能工人相对工资的巨大影响，最低工资的解聘效应很小。但正如我们在第3章所述，对受影响工人的解聘效应实际上可能不会那么小。而且，正如本章后文所示，这一证据表明最低工资对相对价格的影响小于Teulings引述的选择性文献(它仅限于DiNardo、Fortin和Lemieux，1996；Lee，1999)的暗含结果。
7. 按照同一思路，如果部分工人将他们的技能提高到工人受雇时必须达到的最低质量水准，那就会出现最低工资的尖峰，第6章将讨论这一点。
8. Card和Krueger(1994)同样考察了抵消问题，并报告称新泽西州的最低工资上升并没有导致餐饮机构向雇员提供免费餐或优惠餐的比例出现任何明显变化。但有意思的是，我们在向雇主们进行调研以便搜集第3章所述研究中的工资额数据时，一位特许店店主指出，免费餐并不是福利，而是在店歇(每日营业间歇)期间留住雇员，防止他们离店，进而失态或醉态地回店工作的一种方式。
9. 假定这一工资-努力协议无成本地得到了完美的执行。
10. 在为实现某些目标而刻意设定欠熟练工人与更熟练工人之间的工资差异的众多场景中，就会出现这类效应。例如，企业为了激励工人努力工作，或将根据工作年限确定工资差异(Lazear，1979)，或者鼓励低流动率的工人申请工作(Salop和Salop，1976)。
11. 一个例外是Dolado等(1996)，他们发现英国废除最低工资并没有导致低技能者的工资显著下降。
12. 没有办法从这些估计值中辨析在最低工资上方是否存在溢出效应，这是正文立即便会更详细探讨的论题。然而，尖峰本身显然就是通过掏空最低工资下方的尾部而形成的。
13. 两位作者还通过比较根据BHPS(英国住户面板调查)的薪资和工时数据构建的工资分布指标

与直接度量的时薪分布，解决了测度误差问题。与测度误差假说相一致，他们采用新构建的时薪数据，并没有在最低工资处发现明显的尖峰。两位作者随后思索，这一差别到底是反映了与“常规”工薪与工时数据（它们被用于计算工资）并不对应之时期的加班补贴，还是反映了BHPS捕捉到的额外付薪构成；他们的结论是，第二种解释是最有可能的祸因。

14. 在哥斯达黎加，他们发现，在预期最低工资约束更强的小型农场企业，此类尖峰更大；他们认为，这一结果令人吃惊，因为发展中国家的执法力度通常较弱，且注重于更大型的企业。后一种假说似乎适用于洪都拉斯，正如我们在第3章所述，在洪都拉斯他们发现在大型企业的被覆盖部门出现了大的尖峰，但几乎没有证据表明在小企业部门出现尖峰。
15. 这与Bell（1997）提供的证据——墨西哥的最低工资影响处于分配底端的工资——并不矛盾。首先，墨西哥的工资效应比哥伦比亚小得多；其次，20世纪80年代墨西哥的最低工资急剧下降。
16. Gramlich（1976）就最低工资对总体工资的影响提供了一些时间序列估计和粗略的计算。我们在第7章再来讨论这一问题，第7章将考察最低工资对总体价格的影响。
17. 将样本限定在非制造业，是为了避免工会的混淆效应。
18. 例如，他们的表9-4指出，在1990年调升之前的那个季度，7.4%的工人薪资在每小时3.35美元（原来的最低工资）和4.24美元（1991年的第二次调升将最低工资提高至4.25美元）之间。这是全国性数字，故而低工资诸州的百分比会更高。
19. 他们的确发现了对中位值具有正效应的一些证据，但他们指出，这一效应局限于加利福尼亚州，该州在他们的估计中占有很大的权重。
20. Lee的研究更多地关注最低工资对工资不平等的影响，故而本章后文再行讨论。
21. 正式而言，由于$w_m - w^*(F)$趋近0，方程式（4-2）中的比率限值是$1/\beta$。
22. 子图c概述了第3章第3.5节讨论的就业效应。我们在后文再来探讨本图其他子图所提供的证据。
23. 具体而言，我们报告了对薪资处于下述区间的工人的估计结果：低于最低工资10美分甚至更多，（比最低工资高出或低于）10美分之内，比最低工资高10美分到其110%之间，最低工资的110%~120%之间，最低工资的130%~150%之间，最低工资的150%~2倍之间，最低工资的2倍~3倍之间、3倍~4倍之间、4倍~5倍之间、5倍~6倍之间，以及最低工资的6倍~8倍之间。
24. 请注意，对低于最低工资之薪资的当期弹性估计值相对较高。但我们猜测，对这部分工资分布的估计结果不大可靠，其原因有两个：将对工资数据的平均数的回归值误报为低于最低工资；低于最低工资的工作（它们要么属于未被最低工资覆盖的部门，要么可以接受小费）与接受完全最低工资约束的工作之间出现转换。竞逐最低工资所覆盖的工作可能对这组薪资的估计结果具有特别重大的影响，因为，最低工资提高越多，则被覆盖工作的工资上调幅度就越大。我们同时还猜测，由于雇主和工人都更好地了解了现行最低工资，最低工资提高或将伴随最低工资执行率向上（或许是暂时的）提升。
25. 图4-1a所示的估计值表明，1年后工资对处于分布低端的最低工资的弹性值降至其初始效应的大约一半。这些变动幅度是相当合理的，因为这一时期的最低工资升幅平均约为10%，而工资上涨率平均略高于4%（这一时期反映零售业工资和薪水的“就业成本指数”大约每年上升3.8%，服务业为4.9%；参见美国劳工部，2000）。
26. 他们在2004a那篇论文中得出了同样的结论，该文使用了《劳动力调查》数据，但力图解释由于报告时薪额的工人比例较小所产生的度量难题。与此相反，在根据14个“工资委员会”所在行业数据所作的早期研究中，三位作者的结论是溢出效应很大，所得结果表明“工资委员会的最低工资率似乎显著抑制了薪资分配”（Dickens、Machin和Manning，1998，第117页）。对妇女的溢出效应似乎特别显著，三位作者就最低工资对高达工资分布第60百分位的妇女薪资的影响，得到了至少是略微显著的正效应的结论。更新近的研究没有调和这些迥异的分析结论。

27. Stewart和Swaffield提供了根据BHPS（英国住户面板调查）得到的证据，这个调查表明，在声明雇主执行新的最低工资后薪资并未提高的工人中，有2.1%的工人承认，他们的确又有加薪，"以保持你的工资与你所在组织内外受全国最低工资影响、薪资更低的工人工资之间的差距（缺口）"（2002，第652页）。当然，此中自然引发的问题是，这些工人是否知道给他们加薪的理由。

28. 请注意，这一证据不是直接针对工资而言，而是针对每月薪资。但巴西的最低工资是根据每月薪资来确定的。

29. 见Neumark、Cunningham和Siga（2006）对巴西通胀率和最低工资调升之间的背景阐述。

30. 除通货膨胀问题外，Fajnzylber研究的另一个问题是，在1982—1997年样本期的大部分时间，最低工资是全国性的（开始于1984年）。因此，模型的设定就包括2~3年的长期限虚拟变量。

31. 后一种情形下的更高数字具有说服力，因为更高的最低工资是相对于正式部门的工资分布而言的。Lemos（2006a）同样提供了后恶性通胀时期的证据，但仍发现最低工资对处于分布极高端者的工资具有正向效应，对正式部门更是如此。对于这些显然不一的结果，我们没法解释。

32. 对Krueger的研究，另参见Lang（2002）。Lang批评了该研究采用的方法，但指出其基本结论——计算机提高了对技能的需求——可能是正确的。

33. 这一方法遵循序贯进行的程序——例如，它首先会问如果最低工资没有下降，那么本来应出现何种情况；然后，再假设工会化程度没有下降，又会如何，等等。三位作者的定性分析结论对于不同的分解次序都是稳健的，但他们估计的实证分析量级保持不变。

34. 他们的非工作时间的价值很可能低于最低工资。如果非工作时间的价值更高，那么在最低工资提高前，他们就不会选择接受工作。

35. 然而，这一领域的很多研究没有指出这一差异，而是仅仅关注最低工资对工资不平等性的影响。Fortin和Lemieux（1997）是少数明确探讨这一论题的研究之一。就业效应的变化也会对DiNardo、Fortin和Lemieux（1996）提供的其他计算结果产生影响，这就触及最低工资分析中最重要的议题，因为最低工资存在就业效应。

36. 这些数字来自他们的表III，该表将最低工资视为序贯分解的第一步。他们的表V调换了序贯。在后种情形下，他们将33.9%的男性50/10差异（也就是第50和第10百分位工资的差异——译者补注）扩大归结为最低工资，但对女性同类差异的归因仅为13.0%。正如他们所指出的，这一百分比缩减的导因是，如果考虑供求的影响，那么对低技能工人之需求下降进行"扭转"，就意味着受最低工资影响、处于工资分布更低端的工人数量更少。

37. Teulings（2003）对此结论做了延伸，他认为根据结构模型所得到的估计值，最低工资可以解释20世纪80年代的全部工资不平等上升。这一结论的导源是，他所发现的工资溢出效应——涵盖了最低工资对人力资本收益的影响——比前已评述的其他研究结果大得多。

38. 在这种情形下，数据扩展至2003年，故而，如果忽略州立最低工资数据，必然产生对最低工资的度量是否可信的问题，正如第3章探讨最低工资的就业效应时所强调的总量时间系列研究难题一样。同时还需指出，高端不平等的这些分析结果与Lee（1999，表II）所报告的结果恰好相反。

39. 该图既未报告相关系数，也未说明时间系列，但我们从图中可以得出估计：截至1987年的相关系数是0.9，1998—2003年则为0.4。

40. 该文没有图示分离后的滞后效应，但在表2中报告了滞后效应的结果。

41. 根据第3章对受影响工人的就业弹性值的更早讨论，这些就业弹性似乎相对较小。这些结果没有结合实际工资上升与法定工资调升进行调整，但有鉴于最低工资附近的工资分布分解均匀，在此背景下的调整可能不太重要。当然，工时效应更加重要。

42. 由于采用多项式设定的大多数证据相当相似，同时由于在我们采用更小的样本截时多项式设定强加的限制甚至更加重要，我们采用多项式设定估计这些分解结果。采用非限制性设定得到了类似的定性结果——与全样本结果相当。

43. 我们还考察了对男人和妇女的各自分析结果。两类性别组所得结果相似，但略有差别的是最低工资对妇女的影响后果更严重。

第5章 最低工资对收入分配的影响

1. 这句引文来自一份新闻发布会的文字记录（http://www.cnn.com/ALLPOLITICS/1982/02/12/transcript/clinton，2007-04-16访问）。

2. 类似地，依托于国际背景，第4章中所述的《世界银行报告》在探究了最低工资的工资效应和就业效应后，做出总结，“最终……我们对最低工资对贫困的负面影响表示担忧”（World Bank，2006，第45页）。

3. Lang和Kahn（1998）的双边分析模型是个例外：他们的研究表明，提高最低工资不仅会增加总就业量，而且会导致就业需求由较低技能的工人转向更高技能的工人。总就业会增加的原因在于，最低工资提高将诱使更高技能的工人加入劳动力市场，与低技能工人竞争最低工资工作，由此驱动企业进入市场。但低技能工人的就业下降会导致他们蒙受福利损失（而且，在总体上，最终结果确实如此）。

4. 解聘效应未必就是最低工资导致之非效率的唯一源泉。例如，Luttmer（2007）指出，最低工资或将导致低效的工作配给；如果雇主可从具有同质技能、异质保留工资的超额雇员供给中挑选雇员，就会形成低效的工作配给。这一情形可由最低工资引起，因为正如Palda所言，工资下限“削弱了低保留工资的工人用价格进行竞争的能力”（2000，第752页）。如果为因应最低工资上涨，雇主雇佣了保留工资更高的工人，则这一工作配给是低效的，因为此时的在职工作者比暂未工作者更加珍视闲暇。低保留工资的工人或许有能力通过动用资源获得被配给的工作，但这只是意味着用不同方式支付了工作配给成本。（Palda还讨论了由于不遵守最低工资法而产生的社会成本，亦即善于规避最低工资法规定的低劳动生产率企业击败了不太善于规避规定的高劳动生产率企业；另外，遵守最低工资法也会产生社会成本。）

5. 此外，一些理论经济学家指出，如果不存在总量税（一次性征税），那么最低工资就是对收入进行再分配，以使社会福利最大化的“次优”税收和转移支付方案的构成之一。然而，最低工资对社会福利的增进能力关键取决于政府拥有何种税收体系，以及与最低工资相伴随的劳动力需求下降是如何在低收入住户中进行分配的。例如，Guesnerie和Roberts（1987）、Allen（1987）都表明，在最优线性所得税体系下，只要劳动力需求下降以工时缩减的方式在低技能工人之间进行均等的分配，最低工资就是进行收入再分配的有效方式。但若最低工资的就业效应集聚于小部分工人，或政府推行非线性税收方案，那么在这些模式中的最低工资通常不是合理的政策。

   Marceau和Boadway（1994）将这一分析拓展至涵盖失业保险的情境，结果表明：如果最低工资导致了非自愿的工作损失，那么最低工资和失业保险的组合政策将提高社会福利，即便失业率由于最低工资而提高。更一般而言，Boadway和Cuffu（1994）表明，最低工资与要求个人接受任何工作录用通知的传统福利体制相辅而行，将推动最低工资在最优线性所得税、最优非线性所得税方案下都能增进社会福利。这一政策组合有效地解除了工人至少必须像非工人一样富裕的限制，允许政府加大由就业者向失业者的收入再分配力度。但Boadway和Cuff指出，他们的分析结果依赖于数个信息类和执行类假定，这些假定若不属实，“将限制最低工资对本文所提目标的实现程度，就像偷税漏税削弱了政府借助税收转移支付体系进行收入再分配的能力一样"（第572页）。

6. 但务必牢记第4章所述的各种可能性，尤其是最低工资提高后的福利削减或工作努力度增强将抵消工资调升导致的效用提升。
7. 低工资与家庭收入之间的潜在弱相关关系，是由Stigler（1946）在更早时提出的。
8. Burkhauser和Sabia论文表12中的数字略有不同，因为他们只考察了薪资处于5.00~7.25美元之间的那些工人，我们考察了薪资低于7.25美元的所有工人。（7.25美元似乎就是有效的基准，因为这是国会通过的新近联邦最低工资的最终水平。）如何处理那些申报之工资刚好低于最低工资者，目前仍不明了。Burkhauser和Sabia假定他们未被最低工资覆盖，且最低工资对他们无甚助益。但第4章所述最低工资效应的证据表明，最低工资提高的确有助于那些工资低于最低工资者，这可能是由于最低工资提高后的遵守执行程度上升。无论如何，定性结论是一样的，而且定量的幅度极为相似。
9. 但除工资和薪水外，1939年的数据并不包括收入。
10. 低工资工作和低收入家庭之间的联系在20世纪90年代略有加强，因为作为贫困家庭户主的低工资工人占比从1989年的7%，上升至2003年的9%。此类上升大多表明单亲妈妈类工人占比上升。
11. 但请注意，这类分析的依据是将低工资工人界定为薪资为私人部门平均工资的一半者，如果我们聚焦于薪资为现行最低工资的那类工人，情况就完全不同。然而，Burkhauser和Sabia认为这是可以考虑的合理基准，因为美国劳联-产联（AFL-CIO）就倡导将最低工资定为这个水平（即私人部门平均工资的一半——译者补注）（第264页，脚注4）。
12. 尽管秉持这一观点，Card和Krueger（1995a）夸大了低工资工人与低收入住户之间的联系紧密度。采用20世纪90年代初期的数据，考察哪些工人或将受到1990—1991年联邦最低工资上升的影响，他们报告的结果是42.8%的受影响者（也就是薪资处在1989年执行的最低工资3.35美元与最低工资分两步提高至1991年的4.25美元之间的那些工人）来自处在收入分布最底端3个十分位的家庭。然而，Burkhauser、Couch和Wittenburg（1996）指出，这一分类没有真实地反映经济福利，因为它没有考虑家庭结构（主要是家庭规模）。联邦政府对单身成人之贫困线的界定比四口之家低很多，因此，处在收入分布第2十分位之类的家庭是否应归类为贫困家庭，就主要取决于家庭结构。这样，我们发现，对那类家庭而言，考察家庭收入-贫困线比率——家庭收入与该类家庭对应的贫困线比率——更有意义。为阐释这一差异，Burkhauser、Couch和Wittenburg重新考察了基于家庭收入-贫困线比率的数据，结果表明：受最低工资上升影响者来自贫困家庭或类贫困家庭的占比（35%），与来自家庭收入至少3倍于贫困线的家庭占比（32.8%）大致相当。
13. "类贫困"是指家庭收入为贫困线的1~1.5倍。对类贫困与贫困的分析受两类因素推动。首先，研究家庭是否陷入类贫困，可以加深对收入很低但可能并不贫困的家庭的理解。其次，贫困的界定多少有些随意（例如，可参见Formby、Bishop和Kim，2005，第2章），对贫困、类贫困进行综合考察，对于我们能够从使用更高的贫困家庭归类门槛中得到哪些结论，具有启示意义。
14. 例如，Card和Krueger报告的结果是，28.8%的处于底端十分位的工人受到了最低工资上升的影响，而处于第5十分位的受影响者比例为6.2%。但处在受影响的十分位的人数占比，底端十分位所对应的数字为6.7%，第5十分位则是3.7%。
15. 尽管作为贫困家庭户主的低工资工人占比有所上升，但这些占比变化依然发生。这部分是因为，在更近的时期内，生活在贫困家庭或类贫困家庭的工人在全部工人中的占比进一步下降。
16. 这一难题反映了本章注释5所讨论的一些同类论题，亦即在何种条件下，最低工资（与最优线性税收体系的组合)可以作为对收入进行再分配的次优方案构成。

17. 在涵盖州就业率变化和地区虚拟变量的回归式中,所得估计效应是-0.03,标准误为0.11。采用失业率作为控制变量得到的估计值更大(-0.14,标准误为0.12)。Card和Krueger没有显示在同一设定中加入失业率控制变量和地区控制变量的估计结果。
18. 决策者的一些表态——如果逐字推敲的话——可以解读为让更多的人关注他们的理念,即提高最低工资可以减少工人阶层内部而非工人阶层整体的贫困率,Card和Krueger对工人的分析或许与后者的关联更大。例如,2006年6月19日在美国参议院的一份声明中,参议员爱德华·肯尼迪指出:"为了生活而勤奋工作者绝不应该生活在贫困之中。"
19. 但解聘效应并未完全忽略,因为两位作者对工人的定义是在数据所涉年份的任何时间的劳作者。
20. Burkhauser和Sabia没有报告设有就业率控制变量的估计结果,Card和Krueger在他们报告的优选设定中加入了这类控制变量。
21. 帮助穷孩子的政策比帮助成年穷人的政策更能赢得广泛的政治支持,因为,即使有人认为成年穷人应对导致他们陷入贫穷的决策承担部分责任,但这显然不能适用于孩童。也就是说,可以认定的是,成年穷人根据他们自身的效用做出了效用最大化的各种选择,但没有将他们的决策对他们孩子的成本和收益内在化。而且,即使成人确实内化了这些成本和收益,但在孩童时期的贫困导致其成年时的结果更糟的意义上,避免贫穷也会产生大于私人收益的社会收益。Addison和Blackburn据以发现最有力证据来支撑最低工资诸多效应的那些特定群体——25岁及以上的初中辍学生——的年龄相对较大(根据1996年的《人口现状调查·离职交流小组》(CPS ORG)数据,这一群体的平均年龄是59.9岁,而25岁及以上的全部人口的平均年龄为47.9岁),从而更不可能与孩童生活在一起。此外,这一群体在16岁及以上的人口中的占比较小(1996年为6.6%)。
22. 他还估计了最低工资对单亲妈妈接受福利收益之概率的影响。
23. 这与Luttmer(2007)和Palda(2000)模型中出现的情形是相似的。
24. 他们优选了这一指标,因为它满足了两大特性。第一,贫困家庭的收入削减必定提高贫困率;第二,从某个贫困家庭向任何欠贫困家庭的收入转移同样必定提高贫困率。简单的贫困率(即贫困人口数)指标不能满足两者之中的任一特性。
25. 《人口现状调查》的样本设计让我们只能获得每个家庭连续两年的观察值。
26. 如果我们忽略滞后效应,重新估计模型,则单元格b中的计算结果意味着贫困家庭的比例上升了0.003,而且这一结果同样不显著。
27. 我们还发现,最低工资提高对家庭收入从至少2倍于贫困线下降至贫困线下的概率具有显著影响,但其中隐含的向下流动效应较小。
28. 与此相反,没有证据表明最低工资导致贫困家庭中每家的工人数量下降。
29. 另一方面,正如我们简要解释的那样,得出非参数估计得花点代价,其中最显著的是,要重新获得对最低工资当期上升和滞后上升的混合效应估计值,其复杂度必然增加;而且,还不能加入其他回归控制,无法完全利用最低工资的连续变动。在我们看来,非参数范式利大于弊。但无论人们对此问题的看法如何,非参数范式显然为参数范式提供了补充性证据。
30. 详细的估计程序见Neumark、Schweitzer和Wascher(2005)。
31. 如前所述,我们(2002b)的研究在参数回归框架中加入了众多控制变量,包括失业率、工资分布、AFDC(未成年子女家庭抚养补助)福利和福利改革。其他此类控制变量对定性结论的影响相对较小。但加入AFDC福利和放弃者(它降低了贫困率)的控制变量后,得到了略显严重的最低工资负面效应。这意味着,如果我们可用非参数框架解释这些因素,我们就会发现最低工资对于贫困率的负面效应大于5.3.3.2小节所报告的效应。

32. 因为，这一备择程序必然要舍弃3年的数据，因为我们还考虑了最低工资的滞后效应。

33. 我们采用百分比变化，因为家庭收入-贫困线比率水平的一阶差分不可能很好地应用于收入分布的任一尾部。此外，采用百分比变化，还可对劳动技能之价格变化（见第4章）所导致的家庭收入-贫困线比率分布发生移动的概率进行控制，而劳动技能的价格将成倍地影响收入。因为，劳动技能价格上涨在所有州中都普遍存在，但在更高工资、更高收入的那些州，它对收入分布左边尾部的"掏空"幅度更大。由于在更高工资、更高收入的那些州，最低工资提高可以提供相对更多（或更少）的辨识信息，在这个意义上，更大幅度的左边尾部"掏空"反过来会使我们对最低工资效应的估计产生偏误。由于我们采用了百分比变化，我们估计了具体州、具体年份的中位值而不是平均值，以避免每个家庭在州、年任一类别观测值中的家庭收入-贫困线比率值很高或很低导致的异常值。

34. 由于我们部分地依赖于州立最低工资上升来辨识最低工资的效应，由于州立最低工资变化会影响工人和公司迁入或迁出某一州的决策，因此根据州立最低工资上升而辨识的最低工资效应可能有别于联邦最低工资上升的效应。例如，Cushing（2003）发现，贫困家庭通常由于最低工资上升而迁入某一州；迁移响应的规模适中，相对于非迁移人口就更是如此，这就意味着迁移对我们的估计很可能仅有很小的影响。而且，在我们的数据中，任何效应都将大幅减缓，因为迁移人口没有纳入对应的《人口现状调查》；故而，我们只考察人口迁移对那些已在某州居住者的间接影响。然而，人口迁移现象可能导致我们的估计夸大了联邦最低工资上升的负面效应。如果贫困家庭迁入最低工资最近刚刚提高的某州，那么已在迁入州定居的贫困家庭将面临略微激烈的劳动力市场竞争，而留驻在迁出州的贫困家庭所面临的竞争就稍弱，这样就会恶化处理组（即最低工资提高的州——译者补注）的各种结果，改善控制组（即最低工资不变的州——译者补注）的各种结果。另外，近年来州级最低工资变化迅速增加，同时我们的样本又涵盖了部分联邦最低工资变化，因此，对于这些最低工资上升，我们的分析方法可能（同样只是小幅地）低估了最低工资的各种效应。

35. 也就是说，我们在处理组和控制组中都排除了与这些上升（即正文中的最低工资上升、失业率急剧上升——译者补注）相对应的观察值。

36. 对于这一估计，自助法（bootstrapping）含有对固定州效应和固定年份效应的估计。

37. 在我们没有舍弃任何年份数据的估计（图5-1以及图5-2中的子图c、子图d）中，各图中所示的估计效应量级在低于类贫困线时是最大的，而在高于贫困线3倍（图5-2中的子图a、子图b）时则相当小，且几乎总是不显著。但在舍弃数个年份数据的估计中，情形不再如此。我们推测，后一类估计中的异常表明，排除多次最低工资上升导致了辨识信息的损失，因而我们将这些结果解读为：它们反映了利用全部现有信息的重要性，而不是暗示我们在识别最低工资效应之外的其他因素。

38. 当然，正如本章早先所述，对最低工资的批评之一是许多最低工资工人来自高收入家庭，这就意味着最低工资提高带来的部分收益流向了这些家庭。然而，高收入家庭的低工资工人的收入在家庭总收入中仅占很小的比例。根据我们的数据计算的结果表明，即使所在家庭之收入-贫困线比率为2~3的最低工资工人的收入也仅占此类家庭总收入的5%，因此，对于收入-贫困线比率高于3的家庭而言，最低工资对收入-贫困线比率分布的影响很可能很小。

39. 当然，伴随未来政策变化的观察效应是合理的，但最低工资的就业效应类文献并未确证这些效应。

40. 由于我们发现抽取纯当期效应和纯滞后效应几乎不会对我们的基本结果产生定性差异，因此我们没有从这个稳健分析的混合效应中抽取纯效应。同样地，由于所得估计与州固定效应和年份固定效应极为相似，或与为考虑失业率变化差异而重新赋权的估计结果极为相似，故而这一分析及本小节随后的分析都是以图5-1采用的范式为基础的。

41. 这一分解导致了不同分组之间巨大的样本量差异，为此，我们根据Marron和Schmitz(1992)的方法，混合了初始的带宽选择数据。这就使得平滑水平等于对处在不同初始收入-贫困线比率类别的家庭的分析结果，而标准规则将会对更小的样本量形成更平滑的估计。
42. 我们报告的只是使用全部配对数据集，没有控制变量、重新赋权等设定的分析估计结果。
43. 他们采用税后收入估计值除以成人数量。他们报告称，如果将税后收入估计值除以家庭总人数，或直接使用家庭收入，他们的结果也基本不变。
44. 尽管加入年份虚拟变量可能导致无法辨识一些联邦政策变化，但大多数政策变化效应仍可辨识。此外，借助时间趋势或许足以捕捉持续变化的工资不平等效应。
45. 截至目前所探讨(以及文中表格所报告)的结果是指税后收入。三位作者指出，就税前收入而言，所有结果通常表明最低工资对工资不平等具有统计上显著的正效应。
46. 根据不同版本的阿特金森指数(Atkinson Index)，三位作者估计最低工资上升10%，将导致福利损失220亿~970亿美元(1981年的标准)。
47. 虽然《世界银行报告》中探讨的著述大多涉及不同国家的微观层面数据，该报告也探究了两项早期研究(Lustig和McLeod，1997；Morley，1995)，它们使用国别数据，报告了一些证据说明提高最低工资降低了贫困率。但在随后的著述中，这类研究设计似乎一直无人问津。
48. "贫困"水平是根据家庭人均薪资收入来界定的。"贫困线"的确定依据是包括住房、教育和食物在内的基本商品篮。"极端贫困线"的确定依据是能提供最低热量水平的基本商品篮。
49. 显然，在分辨是否产生此类分配效应时，纵向数据或有助益。
50. 哥伦比亚没有经历在巴西发生的恶性通货膨胀，因此对这些结果的解释必定存在不实之处。但两位作者并未探究这一事项，也没有提供更多的信息以试图辨析哪些因素导致了这些估计。
51. 这些参数决定了抵免额降至0的收入水平，对于育有两个孩子的家庭而言，这一收入水平在2006年是36 348美元。
52. 这也适用于那些没有孩子的家庭，但这一群体常被忽视，因为单身个人只能获得少量的EITC(劳动所得税抵免)支付额(而且是仅自1993年起施行)。
53. 事实上，有一些证据表明EITC对于不能享受这一福利(或仅能享受其适量福利)的低工资工人具有负面影响，因为(新的工人)加入劳动力市场所导致的劳动力供给曲线外移，压低了已在劳动力市场就业的低工资工人的工资。例如，Leigh采用联邦和州立EITC比率的变动进行分析发现，提高EITC的优厚度将极大地削减低技能工人的工资，从而导致已就业者的工资下降额"很可能超过抵免的全部价值"(2007，第18页)。(注意：这与后文讨论的、来源于Neumark和Wascher(2001a)的证据——由于EITC提高了已进入劳动力市场者的薪资收入，因此即便我们只关注工薪收入，更优厚的EITC也降低了贫困率——并不冲突。)Rothstein(2007)考察了1996年联邦EITC的扩展，这一扩展要求对技术变化和其他总体影响所导致的不同技能群组的工资趋向进行控制，并同样得出结论：EITC对低技能工人的工资施加了相当大的向下压力。
54. 这一证据依托的各种设定仅仅依赖于EITC参数的州级水平变动。因此，很难将联邦EITC政策的影响与其他政策变化和其他总体变化的效应区分开来。
55. 正如该文所述，我们发现减贫效应随着EITC优厚度上升而递减。
56. 与他们对最低工资的处理相一致，他们采用州、联邦最大福利的对数值之差，但它对应于哪类家庭，或是否为每个州-年组别(cell)所有家庭的平均数，都不清楚。
57. Wu、Perloff和Golan(2006)的结论是，更高的边际税率具有比EITC更大的有利的再分配效应。此外，他们发现，AFDC(未成年子女家庭抚养补助)或食物券要么没有任何效应，要么只能导致负面效应，原因在于它们降低了工作激励。

58. 对于没有工人的那些家庭，或EITC没有促成就业的那些人而言，EITC当然不会带来任何好处。

59. 比较等成本政策变化是为了从中抽取效率因素。但实际上，这些政策的一般均衡效应很难进行充分度量，因而他们所考虑的具体政策的负担社会净损失（deadweight loss，又称“无谓损失”）可能存在巨大差异。

60. 他们的研究结果表明，工资税退税相对于EITC或最低工资的二阶占优结果不成立，但EITC三阶占优于退税。三阶占优的依据是更坚定的转移支付原则，也就是从高收入家庭向低收入家庭的同一转移支付，如果发生在收入分布的更低端，就更有助于提高福利水平。这就会影响EITC较之工资税退税的效果排序，因为EITC将更大幅度地提高收入更低之家庭的收入，但对收入为贫困线的150%~200%的家庭的收入提升幅度略小。最低工资和工资税退税不能根据三阶占优结果来排序。

61. 与此同时，Formby、Bishop和Kim的研究有颇多值得推崇之处，包括从福利角度评估收入分布变化（以及对这些变化的统计推断），以及十分关注减贫的备择举措。

第6章　最低工资对技能获取的影响

1. 这也适用于最低工资对家庭收入和贫困率的更长时期效应，这一效应至今仍未得到研究。

2. 另一方面，在更长时期内的更高工资或薪资未必意味着受影响的工人所获效用将提高，因为他们的工资得以提高是以投资更大为代价的，而且收入（很有可能还包括消费）的时间路径也受到了影响。

3. 例如，Cahuc和Michel（1996）提出了人力资本产生正外部性的一个模型。在这种情形下，提高最低工资将激励工人获取更多的净技能，从而增进社会福利。按照类似思路，Agell和Lommerud（1997）提出了双部门模型，在此模型中，偏离最优方案的决策所导致的结局是，最低工资将增加一些工人的教育，减少另一些工人的教育；而且，最低工资即使削减了平均在校教育年限，也会提高社会福利。

4. 《美国联邦监管法令》（第785.27~785.32节）规定，必须进行补偿，除非培训是在常规工作时间之外进行的，是自愿的，不会带来生产性工作，而且与雇员的工作并不直接相关。因此，作为例证，由雇主提供、让工人获得从事其他工作的技能而非提高现有工作技能的培训，未必需要进行补偿。

5. 或许是为了反映这一关切，各类最低工资法有时设有“培训工资”条款，该条款允许在工人聘期最初的某一特定期间执行更低的工资。例如，明尼苏达州的现行最低工资，对大型雇主的规定是每小时6.15美元，对小型雇主的规定是5.25美元，19岁以下工人最初90天聘期的最低工资则是4.90美元（http://doli.state.mn.us/minwage.html，2007年1月1日访问）。审决同意提高1990年和1991年最低工资的联邦法律为20岁以下的青年设立了（工资为标准最低工资的）85%的青年准最低工资，1993年废止了这一规定；1996年和1997年联邦最低工资调升时，设立了每小时4.25美元的青年准最低工资，它适用于工人被某一雇主聘用后的最初90天期间（http://dol.gov/esa/minwage/coverage.html，2007年1月1日访问）。英国为接受新工作并在最初6个月聘期内接受认证培训的18~21岁青年，设立了更低的“发展工资率”（每小时4.45英镑，而最低工资为5.35英镑），并为16~17岁者设立青年准最低工资（每小时3.30英镑）（http://www.hmrc.gov.uk/employer/rates_and_limits.html; http://www.hmrc.gov.uk/nmw/#b，2007年1月1日访问）

6. 在这个模型中，只要工人承担部分成本，最低工资仍将削减培训量。

7. 他们依托在校教育决策（本章后文将详述）的背景，提出了这一可能性，但这一可能性同样十分适用于培训。

8. 第2篇论文（即Loewenstein和Spletzer，1999——译者根据正文补注）也提供了证据表明从其他雇主处获取的专项培训具有收益，这同样与标准模型相抵牾，但与最低工资的效应事项不甚相关。
9. 就是说，存在相对于边际生产率的“工资压制”。
10. 两位作者提供了数个能导致工资压制（它对这一结果尤为关键）的市场不完美例证，包括劳动力市场存在交易成本，工人的现任雇主与其他潜在雇主对工人的工作能力和受培训水平存在信息不对称，雇主和工人对工人努力程度的信息不对称，以及通用培训与专项培训彼此干扰。尽管我们承认这些因素在理论上将导致工资压制，但我们同样也指出，研究工资前景相对于劳动生产率前景之上升斜率的众多文献大多认为，工资上升像劳动生产率提高一样快，或前者的速度快于后者。例如，可参见Hellerstein和Neumark（2007）以及Kotlikoff和Gokhale（1992）。
11. 与此相反，在竞争性模型中，企业不会挽留边际产品低于最低工资的工人。企业或许选择对此类工人进行培训，直至他的劳动生产率提高至（其边际产品等于最低工资的）某个点，且无须给他加薪。但雇佣劳动生产率等于最低工资的工人则成本更低廉。
12. 此外，雇主在理论上首先将提高最低工资以执行更高的最低工资要求，然后通过持续培训将工人的劳动生产率提高到与更高的当前工资相匹配的水平。在这种情形下，最低工资将导致更多的培训和更平坦的工资曲线。
13. 当然，即使对这些研究而言，培训的度量也绝非易事，因为，正如Schiller（1994）所言，已报告的各种培训指标值可能低估了非正式培训，这在针对非熟练青年工人的培训上可能尤为普遍。
14. 论文中的其他资料描述了（通过工资上涨实现的）最低工资工作的晋升率，这也是Carrigton和Fallick（2001）以及早期的Smith和Vavrichek探讨过的问题。
15. 对于获得现有工作的培训，受访者还被问及在校培训之类的问题。
16. 我们不想对工人的行业进行明确控制，因为在理论上，就业的行业构成会受最低工资及其培训效应的影响。
17. 回归模型中还设有其他个人层面的控制变量。
18. 有可能是最低工资的就业效应导致了当前已就业工人的工作年限变化，而且这一年限变化对于与最低工资相伴随的已观测培训差异具有多种启示。我们猜测，这是一个二阶难题，但即便如此，它也不会否定最低工资如何影响工人的平均培训频率方面的相关结论。由于青年工人之间的工作流动率很高，故而明确解答这一问题需要极为详细的工作年限信息。
19. Acemoglu和Pischke（2003）对此做了进一步延伸，他们认为我们的估计结果大得难以置信。但正如我们在Neumark和Wascher（2001a）中所述，我们相信他们展示的隐含结果被夸大了，而且我们报告的隐含结果也不是毫无道理的。
20. 培训方面的问卷问题还存在其他差异，但这些差异如何影响估计结果却不太清楚。
21. 如果我们还能在表6-1中展示对NLSY79（《全国青年纵览》1979年样本对象）中20~24岁者的分析证据，那么这一证据（指根据CPS数据得到的结果——译者补注）就更具说服力，因为前一证据指向了显著为负的最低工资效应。但他们的数据所覆盖的这一年龄组的观测样本极少，更年轻端的观测样本尤其如此。具体而言，无20~21岁的观测样本，1987年只有对22岁者的观测样本，1987—1988年仅有对23岁者的观测样本，1987—1989年只有对24岁者的观测样本。
22. 这很可能是针对接受培训的工人而提出的，尽管调查问题没有明确这一点。
23. 事实上，调查问题问到工人们是否加薪、工资是否提高到新的最低工资水平，“或者，他们的工资保持不变？”。我们不太确定的是，那些工资已经调升到超过新的最低工资水平（不管他们的初始工资是多少）的工人，是如何回答这一问题的。

24. 在篇幅更长的未发表版论文（Arulampalam、Booth和Bryan，2004b）中，三位作者同时还采用了Acemoglu和Pischke（2003）提出的更复杂的设定，从而最低工资的培训效应可以随着租金（他们采用行业工资差异为租金构建了一个代理变量）而变化。尽管所得结果不太显著，但估计值的方向与Acemoglu和Pischke（2003）相反，亦即最低工资对低工资行业的工人培训具有正效应；反之亦然。他们还利用不同地区劳动力市场规模的变动，进行了相关检验，并且发现在更小的劳动力市场上最低工资的培训效应更大；他们认为，这一结果与企业拥有的买方独家垄断权势越大、培训正效应越大的发现是一致的。我们不知道，劳动力市场规模与买方独家垄断权势之间的假设关系实际上是否成立，在大型、小型劳动力市场以50万人为规模临界点时就更是如此。
25. 注意：这一结果与Neumark和Wascher（2001b）的发现截然相反。
26. 最低工资提高也可能削减在校教育，因为，如果青少年目光短浅（或他们具有很高的时间贴现率），他们就会过分看重当前最低工资部门的更高工薪收入的诱惑力，从而不太在意接受更多教育必然带来更高收入的（弃学机会）成本。
27. 而且，在技术上，确实有人既全职参加工作，同时又进行教育投资。
28. 最低工资对来自不同收入水平家庭之青年入学率的影响有哪些变化，这类问题十分重要，但后续研究一直未对此进行求解。
29. 正如第3章所述，这一调查的部分缘起是Card、Katz和Krueger（1994）对我们在1992年的分析中采用的入学率提出了批评。
30. 这里报告的估计值取自Neumark和Wascher（2003）的表1，该文校正了我们1995a那篇论文中的一个微小程序失误。
31. 不入学且就业者的平均每周工时高于那些入学且兼职者。此外，从入学且兼职者转化为不入学且就业者的平均每周工时增加量为11.8小时。
32. 我们根据上年的工资数据，得到了一些类似结果，但样本量相当小，而且估计值更不准确。
33. 针对这一目标而采用"收入和项目参与调查"（SIPP）数据的潜在优势是，较之得自配对的《人口现状调查》（CPS）数据，它对青少年的纵向覆盖面更好，CPS数据没有涵盖住址发生变更的青少年。
34. 在这一时期，有8个州提高了最低工资，但其中的4次调升发生于"收入和项目参与度调查"（SIPP）无法识别的小州，从而没有纳入这一分析中。
35. 他们依据按种族或年龄分别估计效应的各种设定所报告的结果显然存在不少问题，其中一些标准误的值过大。
36. 他们确实发现了解聘效应，但它反映了加拿大学生群体和非学生群体能够获得的就业机会减少。
37. 与Baker的研究采用得自加拿大劳动力调查的数据不同，Landon的研究似乎采用了多个来源的数据。它们之间的差异更加令人吃惊，因为（根据Baker，2003，第27页），Landon的入学率数据以每年9月为截止期，而Baker采用以每年4月和10月为截止期的入学率数据，而且截止期为每年4月的数据会产生更加负面的估计值。
38. 考察葡萄牙数据的Portugal和Cardoso（2006）就最低工资对入学率的影响提供了一些间接证据。因为，他们报告的证据表明，最低工资调高降低了青少年的离职率和入职率（job separation and accession）；同时，他们指出，我们发现的美国入学率和就业的变化类型意味着离职率提高和入职率上升。当然，葡萄牙的中等教育与青少年就业之间的关系可能迥异于美国，因此我们没有期望所得结果可以延伸至他国，但我们有理由相信加拿大和美国之间具有更大的相似性。

39. 如果最低工资致使培训加强或在校教育延长，那也有可能存在可以抵消部分潜在负面短期效应的长期效应。但此前两个节次提供的证据让人没有理由相信会产生这些正效应。Pettengill(1981)也指出了这一可能性：最低工资提高通过引导工人更加努力地工作，将促使青年人养成良好的工作习惯。

40. 这一研究采用的数据来自1979—2001年的《人口现状调查·离职交流小组》(CPS ORG)档案，但回溯最低工资至1973年以便还原最低工资经历。它没有考察最低工资对年龄超过29岁者的更长时期效应，因为对这些人而言，年轻时的最低工资经历应该来自样本期的早期阶段，此时州立最低工资的变动非常小。例如，在样本期最后1年为34岁的最后一批出生者，在1987年告别青少年时代，但多数州立最低工资变化发生于1987年后。即使不存在这一难题，针对这些能完全追溯至16岁的年长群体的观察样本集仍相对珍稀。

41. 最低工资经历必定是以个人当前所在州为依据，因为《人口现状调查》没有人口迁移信息。由于人口存在跨州迁移，这就导致了对最低工资实际经历的度量偏误问题。然而，两位作者提供的证据表明，这类度量偏误不会对其结果解释产生偏差。跟踪个人从一州迁往另一州的纵向数据，能更好地刻画他们的最低工资经历，但也可能会受到更多的迁移内生性困扰。而且，现有的纵向数据集提供的观察值相对稀少，或者没有涵盖在州立最低工资通常高于联邦水准的那些时期的青少年和年轻成人。

42. 然而，对于那些只有高中文凭及高中以下文凭的年轻成人而言，当期最低工资也存在显著的负向就业效应。

43. 与此相反，当期就业效应的现有文献(主要是更早时期的时间序列研究)在证实最低工资对少数族裔具有更强的解聘效应上几乎无所进益(Brown，1999)。在使用这些数据以及与方程式(6-4)类似的设定进行估计，但只关注当期效应的各类估计中，对黑人年轻成人的估计值表明最低工资具有更大的解聘效应和工时效应，但这些估计值都不显著。

44. 为避免内生性，他们忽略了当期失业率。

45. 年轻成人劳动力市场经历的另一相关影响集是福利和税制的变化。20世纪90年代下半叶的福利和税收政策发生了急剧变化，并对单亲妈妈们的工作激励产生了严重影响，但它不可能催发这类结果。对25~29岁者而言，20世纪90年代末期提供的辨识信息极少，因为样本期截至2001年，而且，回归式估计的是数年前的最低工资效应。此外，如果最低工资效应反映了其他此类政策变化，那我们便可预期它们对于妇女的影响会更加明显。与此相反，最低工资对男性和女性在更长时期的影响是相对一致的，如果确有差异的话，那就是它对男性的影响略强。

46. 详见Neumark和Nizalova(2007)。

47. 最低工资的更长时期效应也定性地符合Mroz和Savage(2006)的著述结论，后者表明——在考虑了或将导致个人在不同年龄段的就业经历之间存在相关性的异质性后——青年经历的一段早期失业阶段导致薪资下降；薪资下降仅随时间推移而缓慢终止，其过程可以延续至10年之后(但一些强化培训和工作业务减缓了早期失业效应)。然而，Mroz和Savage不是专述最低工资效应，同时，Neumark和Nizalova所探究的最低工资效应也不仅限于通过削减青少年和年轻成人就业而发挥作用的那些效应，但在这些发现中存在相当大的结论重叠，即致使青年劳动力市场变得更加糟糕的诸多因素具有时效更长的负面效应。

第7章　最低工资对价格和利润的影响

1. 美国的联邦最低工资没有实行指数化，它是否应该指数化是一个永恒的话题，而且立法提案有时也纳入了指数化的内容。

2. 例如，参见Chasanov(2004)。

3. 对"高工资信条"的客观评述，参见Taylor和Selgin(1999)。
4. 例如，参见Hamermesh(1993)、Card和Krueger(1995a)、Aaronson和French(2007)，以及其他论著。
5. 低技能者的就业下降，既取决于低技能劳动力和其他生产要素之间的替代弹性，又取决于产出需求的弹性。
6. 然而，Bhaskar和To(1999)也表明，在买方垄断竞争模型中纳入企业退出状况的结果是，企业层面的就业和价格水平随最低工资上升而提高。因为，在这个模型中，调高最低工资将导致单个雇主提高雇佣量，但工资下限(即最低工资——译著补注)提高将导致部分企业退出这一行业，从而该行业产品市场上的垄断程度上升。在这种情形下，留存企业由于拥有更大的定价势力，其价格和就业将逐步上升；行业层面的就业量可能提高，也可能降低，这主要取决于资本和劳动力的替代性。另参见Shepherd(2000)。

   Wessels(1997)提供了另一种途径来证明餐饮业的就业和价格随最低工资上升而同时提高。因为，他指出，在服务生可收受小费的模型中，小费收入与服务生的数量成反比，因此在雇佣数上升后，所有员工的基本工资必须提高。这一模型意味着，针对可收受小费的员工而提高最低工资，将在一定限度内提高就业，但由于平均工资成本上升，它还会导致价格上升。
7. Stigler(1946)同时简要地探讨了最低工资的效率工资理论和冲击理论。
8. 例如，Nordlund(1997)指出，1961年和1966年《公平劳工标准法案(FLSA)修正案》通过后，美国劳工部评估了最低工资与数个行业价格水平之间的关系。
9. Friedman(1968)最初的假说是，最低工资将抬高非加速通胀型失业率(NAIRU)。更为新近的考察，见Tulip(2004)，但与第3章所报告的最低工资之解聘效应的估计值范围相比，他所估计的效应值又显得太大了。
10. Sellekaerts将她的工资和价格双方程式并入众多针对美国经济进行MPS大规模经济计量分析的模型中①。采用真实的MPS模型，Falconer(1978)报告了类似的结果。
11. 在一篇接续论文中，Gorden(1981)报告了类似幅度但统计上不显著的效应。
12. 此外，为获取雇主对1979年和1980年最低工资上升的反应信息，密歇根大学社会研究所还展开了针对企业的调查。根据Converse等人的研究，大约1/3的拥有按最低工资付薪之雇员的受访者表示他们已经"提高价格以应对最低工资上升，同时接近2/3的受访者将价格提高到足以覆盖新增成本的水平"(1981，第243页)。当然，有人自然会就针对某一政策变化后的雇主行为进行事后调查的结果提出质疑，而且在这一特定研究中，某一组织机构中最低工资工人占比与其提高价格倾向之间缺乏关联，也是值得警醒的问题。
13. 明确考察另一工业化国家最低工资的通胀效应的研究，我们只发现了一项。由L´Horty和Rault(2004)承担的这项研究，对法国的各种价格、工资和最低工资进行了单向量自回归模型估计，他们没有发现任何证据表明法国的最低工资变化对于1970—1981年高通胀时期、1981—1999年非通胀时期的价格上涨产生了任何影响。
14. 例如，可参见Hooker(2002)。
15. 例如，可参见Brayton等(1997)。
16. Spriggs和Klein(1994)在1991年4月联邦最低工资调升之前大约1个月以及调升之后1个

---

① MPS是麻省理工学院、宾夕法尼亚大学和美国社会科学研究会(MIT-Penn-Social Science Research Council)的英文缩写。MPS模型是美联储用于短期预测和财政政策、货币政策评价的宏观经济计量模型——译者注。

月，对密西西比州杰克逊市（州首府——译者补注）、北卡罗莱纳州格林斯博罗市（位于该州中北部的城市——译者补注）的快餐馆进行了类似的调查。他们所得的分析结果和研究结论与Katz和Krueger的著述相似。

17. 回归式中还设有城市层级的劳动力市场变量。
18. Aaronson的推测是：比萨店的守法率更低，这可以解释为何在该价格构成中没有价格响应。
19. 有关零售部门的此前研究就营业税上升是否完全转嫁给消费者的问题得出了各种不同的结论，Poterba（1996）报告了1对1的转嫁结果，而Besley和Rosen（1999）发现的证据表明，部分商品是完全转嫁，另一些商品则向消费者过度转嫁了新增的营业税。
20. 较低的转嫁系数可能还意味着，雇主通过削减总薪酬中的非工资构成来抵消最低工资上升。
21. 完全转嫁有时被误读为最低工资上升对于利润毫无影响。但竞争性模型已说明，由于产出价格上涨导致对产品的需求下降，行业利润会因最低工资上升而下降。
22. 依托那些表明快餐业价格将上涨的诸多研究，O´Brien MaCurdy（2000）根据完全转嫁以及无就业效应的假定，模拟分析了最低工资上升的福利含义。采用加利福尼亚州居民户的收入和支出数据，他们发现最低工资的价格效应是极不合理地由低收入居民户承担的，因为这些居民户用于购买低工资工人提供的商品和服务的收入占比更高。
23. 请注意，这与我们在第3章中提出的建议——与Card和Krueger（1994）所研究的快餐店进行竞争的餐馆的提价幅度会更大——并不一致。然而，全部完全服务部门的规模显然大于潜在的快餐店竞争者的总和。
24. 由Machin、Manning和Rahman（2003）完成的另一项研究主要考察英国的安老院行业，这个行业由众多雇佣很大比例的最低工资工人、基本同质的小企业构成。然而，政府为这些机构中的大部分养老者支付看护成本，但在最低工资上升后，这些成本支付额没有增加。因此，相较于考察最低工资上升成本的转嫁规模，这一研究对于考察在企业无法转嫁大部分最低工资上升引致成本时的就业效应，更加具有揭示意义。
25. 三位作者还报告说，在82个最低工资变化的观测样本中，只有19个样本显示价格水平在最低工资提高后下降，同时只有2个样本（它们都来自丹佛）显示价格降幅大于0.2%。
26. 事实上，在一些版本的这一模型中，最低工资上升后就业甚至还会提高（Rebitzer和Taylor，1995）。但此类模型也会预测价格下降，而价格下降则与Aaronson、French和MacDonald报告的实证结果不符。
27. 当然，这一结果否定的并不是竞争性低工资劳动力市场模型，而是与异质性消费者相伴随的潜在从属效应。
28. 他们还提到了企业也可能通过削减利润来抵消最低工资上升的冲击。但他们认为，此类效应与他们所得之大幅价格响应的证据不符。
29. Lemos（2008）根据她的研究，就哥斯达黎加的最低工资与通货膨胀之间关系报告了初步结果。这一研究所采用的方法与她对巴西的研究方法总体相似，但她采用的是1987—1994年行业价格和工资的年度面板数据。在这一研究中，她几乎没有发现最低工资影响价格的证据，但这可能是因为该研究使用了年度数据，且样本期偏短。
30. 按照这类文献的标准做法，超额收益是指将某一特定股票的日收益对常数项和当日市场总收益（它的度量指标是NYSE和AMEX指数的平均收益）进行回归后的预测偏误。在Card和Krueger的分析中，第一个事件研究中的平均市场收益是用1987年的数据进行估计的，针对1993年之事件研究中的平均市场收益是用1992年的数据进行估计的。
31. 然而，他们在对1992—1993年这一时期的回归中也发现了显著为正的系数，这意味着最初工资低的企业，在这一时期的工资增速更快。这一结果招致了人们质疑他们的证据，但三位作者似乎无意进行解释。

32. 该数据集包含了可让三位作者对每家企业的总收益和总成本进行估计的所有信息。
33. 在两种情形中，为使企业的其他特征更具可比性，控制组均被限定为平均工资高于1.2万英镑、低于2万英镑的企业。
34. 最低工资导入后的头三年期间，最低工资还有2次调升，工资下限因此提高至2001年10月的每小时4.10英镑。
35. 三位作者还估计了最低工资对受其冲击最大之企业的退出与进入概率的影响。尽管最低工资对企业的利润率具有负面影响，他们没有发现任何证据表明最低工资对企业退出和进入具有显著影响。

第8章　最低工资的政治经济学

1. 见http://www.livingwagecampaign.org/index.php?id=1958(2006年11月11日访问)。
2. 例如，1987年《纽约时报》发表了一篇题为"正确的最低工资：0美元"的社论。
3. 例如，参见http://www.epi.org/intent.cfm/minwagestmt2006(2007年7月9日访问)。
4. 例如，参见Keech(1997)。然而，Stigler提醒人们谨防"非经济学家在接受合理可靠的科学发现时反应迟钝且偏于谨慎"之类的解读，他指出"物理学家在公众接受他们的科学发现上，并未遭遇我们经济学家面临的困境"(1976，第348页)。他转而将公众的困惑归因于"每个公众部门希望从知识界得到有利于他们所在部门利益的各种服务"的倾向(第349页)。
5. 有意思的是，尽管经济学家普遍认同劳动所得税抵免(EITC)政策，但它受公众欢迎的程度仍不及最低工资。例如，根据Bartels的研究，"在2003年的美国国家公共电台(NPR)/凯撒(Kaiser)基金会/肯尼迪学院组织的调查中，大约40%的受访者承认他们从未听说过EITC，也不知道EITC的具体内容。1995年，共和党人提议削减EITC时，仅有微弱多数的受访者反对此举，25%的受访者同意削减EITC"(2006，第419~420页)。我们猜测，美国人在受访时对EITC反应冷淡，说明了两个事实：EITC比最低工资更加难以理解，更加优厚的EITC将导致联邦财政赤字增大。
6. 例如，1995年8月《华尔街杂志》刊发的一篇文章指出，最低工资上涨90美分后打算削减雇佣量的企业数量，是自称被迫裁减工人的企业数量的2倍。
7. 显然，这一激励更适用于那些代表低工资行业(例如纺织业或保洁业)工人的工会，而不是那些代表高工资(例如汽车业或钢铁业)行业工人的工会。
8. 例如，参见http：/ money. cnn. com/2005/10/25/news/fortune500/walmart_wage/(2007年11月15日访问)。沃尔玛通常被视为低工资雇主，但调查所得证据表明它支付的工资刚好高于最低工资("全球视野"专栏2015)，而且它还与其他支付最低工资的零售商进行竞争。
9. Saint-Paul(1996)提出了类似的模型，但他的关注点是不同类型的非熟练劳动力之间的替代性。因为，在他的模型中，非熟练劳动力是由"内部人"和"外部人"构成的，而最低工资抬高"内部人"工资的途径，是它减少了(最低工资不变时)本可受雇的低技能"外部人"的就业机会。
10. Neumark、Schweitzer和Wascher(2000)报告了这些结果。
11. 这些结果表明，为应对最低工资上升，企业将用加入工会的劳动力取代未加入工会的劳动力，而不是采用最低工资作为集体谈判的"参照工资"。另见Farber(1981)。
12. 参议院随即通过了极其相似的议案，但被尼克松总统否决。然而，总统的影响力被"水门丑闻"削弱后，提高最低工资水平并扩大其覆盖面的议案最终获准通过，并于1974年4月签署为法律(Nordlund，1997)。
13. 有五位众议院议员投票否决了这两份议案，但两位作者将他们排除在分析之外，原因在于：他们人数较少，且两位作者认为国会辩论主要集中于最低工资的覆盖范围及最低工资提高的时机。

14. 两位作者强调：他们得到的平均时薪的正系数（这意味着工资与最低工资议案支持度之间正相关）与Silberman和Durdun得到的对该州最低工资工人占比的正系数（Kau和Rubin对此的解读是，它意味着工资与最低工资议案支持度之间负相关）之间存在差异。但除了Silberman和Durdun注意到他们设定中的效应量级较小外，他们的分析中还存在可能与平均工资相关的其他变量（比如小企业份额和地区），两者共同导致这两篇文献中的系数难以比较。
15. 与此相反，他们没有发现党派归属与投票类型之间存在任何独立关系；他们认为，这折射了南部、北部民主党人对最低工资的观念对立。
16. Bloch（1980）涵盖了对1966年和1974年修正案的初始分析。
17. Seltzer还认为，某些立法者——例如，当前并不谋求连任的更资深的国会议员和参议员——可能觉得根据他们所在选区利益集团的偏好进行投票的压力较小，对于重要性不及选举所涉事项的立法就更是如此。Kalt和Zupan（1984）在分析煤炭露天开采政策的投票事项时，提出了类似的论断。
18. 在这一分析中，投票决定将该议案驳回该委员会重议，无异于投票否决最低工资。
19. 这一设定据以推导的方程式，将最低工资工人的薪资（Y）与最低工资产品（MW）和按最低工资雇佣的工人数量（E）相关联，并假定就业是最低工资的线性函数（$Y=MW\cdot E(MW)=MW\cdot(\alpha+\beta\cdot MW)$）。Sobel还强调，劳动力需求因应最低工资的调整时滞，将导致不同的短期和长期最低工资最优值，进而导致目光短浅的政客追求高得离谱的最低工资目标。
20. 例如，1970年仅有三州（阿拉斯加州、加利福尼亚州和纽约州）的最低工资水平高于联邦最低工资。
21. 在这一分析中，两位作者加入了企业所有者所积累的个人收入份额，作为其商业利益的代理指标，以便捕捉更有可能遭受州立最低工资负面冲击的那些企业。
22. Zavodny这一分析的主旨是为了获得可靠的最低工资工具变量，而非解析最低工资的政治经济学。
23. 将这一提案纳入投票表决，是为了应对诸州立法机关一再拒绝提高最低工资，并最终以76%的赞成票获准通过。
24. 由于数据缺失，爱德华王子岛被排除在外。
25. Nissen（2004a）指出，艾奥瓦州得梅因市（该州首府——译者补注）、印第安纳州加里市通过不同版本的《生活工资法》的时间更早，但通常认为1994年马里兰州巴尔的摩市通过的《生活工资法》是现代生活工资运动的发端。
26. 10大城市的排序依据是人口统计数据的估算值。
27. 我们认为，对"生活工资"这一词汇的最佳解读是，经过多方努力、强制推行一个足以将家庭收入提升到贫困线或提升到高于贫困线——这与"最低工资"相反——的工资下限。但其对立面仍较含混，因为一些城市的生活工资水准极低，另一些城市专设的最低工资（见下文）一直就自称为生活工资。
28. 生活工资法律的具体条款，详见Adams和Neumark（2005a）、Neumark（2004）、Reynolds（2004）。
29. 例如，参见Neumark（2004）的表2。
30. 对覆盖面估计的概述，见Neumark和Adam（2003a）、Freeman（2005）。对洛杉矶、旧金山《生活工资法》覆盖面的更系统估计，见Fairris等（2005）、Alunan等（1999）。
31. 华盛顿特区也设立了自己的最低工资，但在分析各州最低工资的效应时，它像前述各章描述的各州那样，也被当作一个州来处理。

32. 一系列论文报告了相关结果，包括Neumark和Adam（2003a，2003b）以及Adams和Neumark（2005a，2005b，2005c）。

33. 纳入城市固定效应和年份固定效应有助于控制城市间结果的固定差异，以及恰好与生活工资变化相关的所有城市的共同变化，这就正如第3章所述最低工资研究对各州和各年份的处理。Adams和Neumark（2005c）进一步改进了对生活工资效应的辨识，其方法是将控制组限定为此类城市：生活工资运动几近成功，或曾经取得成功，但随后生活工资法被法庭裁决或州立法律废止。这一方法更好地使得那些可能与生活工资运动相关，从而与生活工资法律相关的各种因素保持不变。但各种估计值对于采用这一限制性控制组并不敏感。

34. 对于这种工资效应估计方法的批评，以及作者的回应，见Brenner、Wicks-Lim和Pollin（2002）以及Adams和Neumark（2005b）。

35. Adams和Neumark（2005a）考察了生活工资法律的诸多效应如何由于这些法律的其他特征而不同。

36. 这一简要评述没有涉及对生活工资法律效应的一组事前模拟分析。在生活工资法律处于酝酿初期，且无历史记录用以进行前后对比分析（Pollin（2005）评述了诸多此类分析）时，这类模拟分析极为盛行（而且也是唯一可行的选择）。

37. 高于工资第10百分位或被预测工资分布的工资效应和就业效应的证据是微弱的，但确有一些迹象表明生活工资对处于第10~50百分位之间者的工资效应和就业效应为正，这与改雇更高技能劳动力的取代情形是一致的（Adams和Neumark，2005b，表7）。

38. 一些此类探究的依据是对这一研究（Reich、Hall和Jacobs，2003）结果的长篇描述。

39. 在他们所做的雇员流动效应等其他一些分析中，三位作者比较了生活工资政策引致更大或更小工资升幅的工作职位所受影响的结果；但在就业效应分析中，他们没有进行此类比较。

40. 这项研究还提供了一些证据表明，生活工资降低了工人流动性，增进了工作努力度——这就部分抵消了工资下限上升所抬高的劳动力成本。另外，下文即将讨论的Brenner（2005）没有发现波士顿生活工资提高后的员工流失或缺勤率出现下降；而且，如果确有差异的话，那么所得证据也是指向相反。Nissen（2004a）提供了来自迈阿密州的一些坊间证据，这些证据表明该州推行生活工资后，至少有些雇主报告称职员的忠诚度和工作干劲提高了，同时雇佣工人的标准也更严格了。然而，由于无法解释企业为何一开始就不选择可以实现利润最大化的更高工资水准，我们不敢奢望上述效应可完全补偿企业新增的劳动力成本。

41. 这项调查还直接提出一些问题，询问城市承包商的人员配备水平是否发生变化，但所得结果显然没有提供任何迹象表明人员配备水平由于城市生活工资政策而下降。然而，由于这一数据只是确认受影响企业的就业增长更慢，而不是就业出现下降，因此我们未必可以预期城市承包商提供的就业出现了绝对量下降。

42. 这一分析不太理想，这既是因为对处理组样本所提出的就业变化问题具有主观性，又是因为缺乏控制组样本就业变化的任何信息，故而在这部分的分析未予采用。

43. 我们对财务援助条款所覆盖的工人数量的任何综合性估计均不了解，而且现有文献对覆盖范围的论断似乎彼此矛盾。就洛杉矶市而言，Fairris等（2005）报告称，经由财务援助条款的覆盖面是最小的——这条途径仅影响几家企业，从而仅对占比较小的受生活工资法约束的工人发挥作用。因为，他们声称，大部分经济补贴是通过社区重建局发放的，但最初于1997年通过的洛杉矶生活工资法直到2003年才适用于这一机构，而且即便是在2003年也未覆盖重建开发商的租户。另外，Luce考察了如何将洛杉矶生活工资法运用于该市的主要经济开发，包括开发完成后得到雇佣的零售业工人（2004，第122页）。有关财务援助覆盖面的证据彼此矛盾，对它的进一步探讨参见Brenner、Wicks-Lim和Pollin（2002）以及Adams和Neumark

(2005b)。此外，Nissen报告称，在迈阿密州戴德郡(Miami-Dade)被生活工资法覆盖的工人中，超过半数是“经郡县当局批准后”在机场工作的工人(2004a，第168页)。这些工人未必与该市财务援助接受者所雇佣的工人相同，但他们未被承包商条款覆盖；而且，Nissen估计承包商部门的覆盖面远低于它应有的程度，原因在于法律执行不严或对该法覆盖面的解释偏窄。

44. 乍看起来，仅仅覆盖承包商的生活工资法的估计值(提高1个对数单位的减贫效果——译者补注)更大可能看似让人困惑，因为此类法律的工资效应和就业效应更小。可能性之一是它反映了仅仅覆盖承包商的生活工资法对更高薪资工人的工资的影响，下文将详加探讨。此外，财务援助型生活工资法律的正工资效应、负就业效应彼此抵消，这就意味着此类法律的减贫效应未必更强。
45. 更一般而言，鉴于生活工资法的覆盖面相对较低，Adams和Neumark估计的一些效应数值似乎大得令人吃惊。就减贫效应而言，Adams和Neumark(2004)则辩称，他们的估计与Brenner(2005)研究波士顿生活工资所报告的那些估计处于同一量级。就工资效应和就业效应而言，覆盖率估计既定时的估计值很大。对此，一种可能解释是，生活工资法对社区的工资标准产生了影响，导致该法所覆盖者之外的其他工人的工资上升；这类溢出效应的经由途径之一，是渴望得到未来承包协议或开发补贴的企业相信，支付更高工资能赢得优势(Bartik，2004)。即便如此，一些评论者也显然夸大了这些估计对于就业下降的内在含义。例如，Fairris和Reich(2005，第10页)不恰当的计算结果是，Adams和Neumark的估计意味着超过90%的巨大就业损失。实际上，Adams和Neumark依托财务援助型生活工资法所做的考察和估计表明，生活工资上升35%将导致处于技能分布底端十分位者的就业下降6%(0.35乘以表8-2第(2)列所报告的-0.076的就业效应值，再除以0.44的处于技能分布底端十分位者的就业率)。
46. 见http://www.letjusticeroll.org/member.html(2006年11月8日访问)。
47. 见http://www.livingwagecampaign.org/index.php?id=2071(2006年11月8日访问)。正如Levi、Olson和Steinman所言，“劳工组织支持生活工资法，促使该法将此前被忽略的部门纳入覆盖目标，包括妇女和有色人种占主导地位的低工资服务部门，以及所在组织的雇主对工会组织抵制尤甚的雇员群体”(2002，第113页)。
48. 其背后的论调很可能是，由于已赚得高租金，负面的经济后果是微不足道的。但高租金不能排除裁撤替换低技能工人的强烈响应。
49. 与此类似的是，加入工会的汽车工人支持实施贸易进口限制，此举最终也会让部分低技能工人受益。
50. 例如，各类工会倾向于支持联邦劳动所得税抵免(EITC)、州级EITC政策扩大覆盖面，尽管更高的EITC可能会将更多的非工会工人提供给与加入工会的工厂竞争业务的雇主。

第9章　总结与结论

1. 见http://www.sevendaysatminimumwage.org/site/?page_id=25(2007年6月4日访问)。
2. 在互联网上各种经济类博客的滚动评论中很容易发现此类论断。
3. 另外，如果追溯最低工资的设立初衷之一，那么合法的工资下限有时能提供一种有效方式，来防止极少数雇主向弱势或脆弱的劳动力群体支付低于这些工人之劳动生产力可以确保的工资。
4. 见http://www.epi.org/minwage/epi_minimum_wage_2006.pdf(2007年6月4日访问)。
5. 新近的例证包括Aaronson和French(2007)，Ahn、Arcidiacono和Wessels(2005)，Hyslop和Stillman(2007)，Lemos(2004a)，Singell和Terborg(2007)，Skedinger(2006)以及Stewart和Swaffield(2006)。更极端的例证则是，Flinn(2006)在最初构建他的搜寻模型时，仅仅引用

Card和Krueger提供的研究证据，来描述各类文献对最低工资效应的阐释内容。

6. 这里存在语义学问题。劳动所得税抵免（EITC）和最低工资都力图通过向其他人有效征税，来提高（低技能劳动力的）薪资收入。然而，我们认为，有理由将这些政策解读为通过提高劳动报酬而增进经济自立度，这有别于向未参加工作者提供收入的转移支付。
7. 美国工资补贴的最新代表是工作机会税收抵免，它针对的目标是年轻工人和领取贫困家庭临时补助金（TANF）的家庭成员，以及其他一些群体（参见 http://www.uses.doleta.gov/wotcdata.cfm，2007年5月2日访问）。

参考文献

Aaronson, Daniel. 2001. "Price Pass-through and the Minimum Wage." *Review of Economics and Statistics* 83, no. 1 (February): 158–169.

Aaronson, Daniel, and Eric French. 2007. "Product Market Evidence on the Employment Effects of the Minimum Wage." *Journal of Labor Economics* 25, no. 1 (January): 167–200.

Aaronson, Daniel, Eric French, and James MacDonald. 2006. "The Minimum Wage, Restaurant Prices, and Labor Market Structure." Working Paper 2004–21, Federal Reserve Bank of Chicago.

Abowd, John M., Francis Kramarz, Thomas Lemieux, and David N. Margolis. 2000. "Minimum Wages and Youth Employment in France and the United States." In *Youth Employment and Joblessness in Advanced Countries*, ed. David Blanchflower and Richard Freeman, 427–472. Chicago: University of Chicago Press.

Abowd, John M., Francis Kramarz, David N. Margolis, and Thomas Phillipon. 2000. "The Tail of Two Countries: Minimum Wages and Employment in France and the United States." Discussion Paper no. 203, Institute for the Study of Labor (IZA).

Acemoglu, Daron, and Jörn-Steffen Pischke. 1999. "Beyond Becker: Training in Imperfect Labour Markets." *Economic Journal* 109, no. 453 (February): F112–F142.

Acemoglu, Daron, and Jörn-Steffen Pischke. 2003. "Minimum Wages and On-the-job Training." *Research in Labor Economics* 22:159–202.

Adams, Scott, and David Neumark. 2004. "The Economic Effects of Living Wage Laws: A Provisional Review." Urban Affairs Review 40, no. 2 (November): 210–245.

Adams, Scott, and David Neumark. 2005a. "When Do Living Wages Bite?" *Industrial Relations* 44, no. 1 (January): 164–192.

Adams, Scott, and David Neumark. 2005b. "Living Wage Effects: New and Improved Evidence." *Economic Development Quarterly* 19, no. 1 (February): 80–102.

Adams, Scott, and David Neumark. 2005c. "The Effects of Living Wage Laws: Evidence from Failed and Derailed Living Wage Campaigns." *Journal of Urban Economics* 58, no. 2 (September): 177–202.

Addison, John T., and McKinley L. Blackburn. 1999. "Minimum Wages and Poverty." *Industrial and Labor Relations Review* 52, no. 3 (April): 393–409.

Agell, Jonas, and Kjell Erik Lommerud. 1997. "Minimum Wages and the Incentives for Skill Formation." *Journal of Public Economics* 64, no. 1 (April): 25–40.

Ahn, Tom, Peter Arcidiacono, and Walter Wessels. 2005. "Minimum Wages and Positive Employment Effects in General Equilibrium." Unpublished paper, Duke University.

Akerlof, George A. 1982. "Labor Contracts as a Partial Gift Exchange." *Quarterly Journal of Economics* 97, no. 4 (November): 543–569.

Alatas, V., and L. Cameron. 2003. "The Impact of Minimum Wages on Employment in a Low Income Country: Exploiting a Quasi-Natural Experiment." World Bank Policy Research Working Paper no. 2985.

Allen, Stephen P. 1987. "Taxes, Redistribution, and the Minimum Wage: A Theoretical Analysis." *Quarterly Journal of Economics* 102, no. 3 (August): 477–490.

Alunan, Susan, Lisel Blash, Brian Murphy, Michael J. Potepan, Hadley Roff, and Odilla Sidime-Brazier. 1999. *The Living Wage in San Francisco: Analysis of Economic Impact, Administrative, and Policy Issues.* San Francisco: San Francisco Urban Institute.

Arango, Carlos A., and Angelica Pachon. 2004. "Minimum Wages in Colombia: Holding the Middle with a Bite on the Poor." Unpublished paper, Banco de la Republica, Colombia.

Arcidiacono, Peter, and Tom Ahn. 2004. "Minimum Wages and Job Search: What Do Employment Effects Really Measure?" Employment Policies Institute, Washington, D.C.

Arellano, Manuel, and Stephen Bond. 1991. "Some Tests of Specification for Panel Data: Monte Carlo Evidence and an Application to Employment Equations." *Review of Economic Studies* 58, no. 2 (April): 277–297.

Arulampalam, Wiji, Alison L. Booth, and Mark L. Bryan. 2004a. "Training and the New Minimum Wage." *Economic Journal* 114, no. 494 (March): C87–C94.

Arulampalam, Wiji, Alison L. Booth, and Mark L. Bryan. 2004b. "Work-related Training and the New Minimum Wage in Britain." Unpublished paper, University of Warwick.

Autor, David H., Lawrence F. Katz, and Melissa S. Kearney. 2005. "Trends in U.S. Wage Inequality: Re - Assessing the Revisionists." NBER Working Paper no. 11627.

Autor, David H., Lawrence F. Katz, and Melissa S. Keamey. 2006. "The Polarization of the U.S. Labor Market." *American Economic Review Papers and Proceedings* 96, no. 2 (May): 189–194.

Baker, Michael. 2003. "Minimum Wages and Human Capital Investments of Young Workers: Work Related Training and School Enrolment." Unpublished paper, University of Toronto.

Baker, Michael, Dwayne Benjamin, and Shuchita Stanger. 1999. "The Highs and Lows of the Minimum Wage Effect: A Time-Series Cross-Section Study of the Canadian Law." *Journal of Labor Economics* 17, no. 2 (April): 318–350.

Barron, John M., Mark C. Berger, and Dan A. Black. 1999. "Do Workers Pay for On-the-Job Training?" *Journal of Human Resources* 34, no. 2 (Spring): 235–252.

Bartels, Larry M. 2006. "A Tale of Two Tax Cuts, a Wage Squeeze, and a Tax Credit." *National Tax Journal* 59, no. 3 (September): 403–423.

Bartik, Timothy J. 2004. "Thinking About Local Living Wage Requirements." *Urban Affairs Review* 40, no. 2 (November): 269–299.

Bazen, Stephen. 2000. "The Impact of the Regulation of Low Wages on Inequality and Labour-Market Adjustment: A Comparative Analysis." *Oxford Review of Economic Policy*, 16, no. 1 (Spring): 57–69.

Bazen, Stephen, and Velayoudom Marimoutou. 2002. "Looking for a Needle in a Haystack? A Re-examination of the Time Series Relationship between Teenage Employment and Minimum Wages in the United States." *Oxford Bulletin of Economics and Statistics* 64, Supplement (December): 699–725.

Becker, Gary S. 1993. *Human Capital*. 3rd edition. Chicago: University of Chicago Press.

Bell, Linda. 1997. "The Impact of Minimum Wages in Mexico and Colombia." *Journal of Labor Economics* 15, no. 3, part 2 (July): S102–S135.

Bergstrom, Villy, and Epaminondas E. Panas. 1992. "How Robust is the Capital-Skill Complementarity Hypothesis?" *Review of Economics and Statistics* 74, no. 3 (August): 540–546.

Berman, Eli, John Bound, and Zvi Griliches. 1994. "Changes in the Demand for Skilled Labor Within U.S. Manufacturing: Evidence from the American Survey of Manufactures." *Quarterly Journal of Economics* 109, no. 2 (May): 367–398.

Bertrand, Marianne, Esther Duflo, and Sendhil Mullainathan. 2004. "How Much Should We Trust Differences-in-Differences Estimates?" *Quarterly Journal of Economics* 119, no. 1 (February): 249–275.

Besley, Timothy, and Anne Case. 1995. "Does Electoral Accountability Affect Economic Policy Choices? Evidence from Gubernatorial Term Limits." *Quarterly Journal of Economics* 110, no. 3 (August): 769–798.

Besley, Timothy J., and Harvey S. Rosen. 1999. "Vertical Externalities in Tax Setting: Evidence from Gasoline and Cigarettes." NBER Working Paper no. 6517.

Bhaskar, V., and Ted To. 1999. "Minimum Wages for Ronald McDonald Monopsonies: A Theory of Monopsonistic Competition." *Economic Journal* 109, no. 455 (April): 190–203.

Blackburn, McKinley L., David E. Bloom, and Richard B. Freeman. 1990. "The Declining Economic Position of Less Skilled American Men." In *A Future of Lousy Jobs? The Changing Structure of U.S. Wages*, ed. Gary Burtless, 31–67. Washington, D.C.: The Brookings Institution.

Blais, Andre, Jean-Michel Cousineau, and Kenneth McRoberts. 1989. "The Determinants of Minimum Wage Rates." *Public Choice* 62, no. 1 (July): 15–24.

Blank, Rebecca M. 2002. "Evaluating Welfare Reform in the United States." *Journal of Economic Literature* 40, no. 4 (December): 1105–1166.

Blank, Rebecca M., and Lucie Schmidt. 2001. "Work, Wages, and Welfare." In *The New World of Welfare*, ed. Rebecca M. Blank and Ron Haskins, 70–102. Washington, D.C.: The Brookings Institution.

Bloch, Farrell E. 1980. "Political Support for Minimum Wage Legislation." *Journal of Labor Research* 1, no. 2 (Fall): 245–253.

Bloch, Farrell E. 1993. "Political Support for Minimum Wage Legislation: 1989." *Journal of Labor Research* 14, no. 2 (Spring): 187–190.

Boadway, Robin, and Katherine Cuff. 2001. "A Minimum Wage Can Be Welfare-Improving and Employment-Enhancing." *European Economic Review* 45, no. 3

(March): 553–576.

Bound, John, and George Johnson. 1992. "Changes in the Structure of Wages in the 1980s: An Evaluation of Alternative Explanations." *American Economic Review* 83, no. 3 (June): 371–392.

Brayton, Flint, Eileen Mauskopf, David Reifschneider, Peter Tinsley, and John Williams. 1997. "The Role of Expectations in the FRB/US Macroeconomic Model." *Federal Reserve Bulletin* 83, no. 4 (April): 227–245.

Brenner, Mark D. 2005. "The Economic Impact of the Boston Living Wage Ordinance." *Industrial Relations* 44, no. 1 (January): 59–83.

Brenner, Mark D., Jeannette Wicks-Lim, and Robert Pollin. 2002. "Measuring the Impact of Living Wage Laws: A Critical Appraisal of David Neumark's 'How Living Wage Laws Affect Low-Wage Workers and Low-Income Families.'" Political Economy Research Institute Working Paper 43, University of Massachusetts, Amherst.

Brinkley, Alan. 2005. "Introduction to the Debate over the Constitutional Revolution of 1937." *American Historical Review* 110, no. 4 (October): 1046–1051.

Broda, Rudolph. 1928. "Minimum Wage Legislation in the United States." *International Labour Review* 17, no. 1 (January): 24–50.

Brown, Charles. 1988. "Minimum Wage Laws: Are They Overrated?" *Journal of Economic Perspectives* 2, no. 2 (Summer): 133–145.

Brown, Charles. 1995. "Myth and Measurement: The New Economics of the Minimum Wage: Comment." *Industrial and Labor Relations Review* 48, no. 4 (July): 828–830.

Brown, Charles. 1999. "Minimum Wages, Employment, and the Distribution of Income." In *Handbook of Labor Economics*, vol. 3, ed. Orley Ashenfelter and David Card, 2101–2163. Amsterdam: Elsevier Science B.V.

Brown, Charles, Curtis Gilroy, and Andrew Kohen. 1982. "The Effect of the Minimum Wage on Employment and Unemployment." *Journal of Economic Literature* 20, no. 2 (June): 487–528.

Brown, Charles, Curtis Gilroy, and Andrew Kohen. 1983. "Time-Series Evidence of the Effect of the Minimum Wage on Youth Employment and Unemployment." *Journal of Human Resources* 18, no. 1 (Winter): 3–31

Brown, James. 1989. "Why Do Wages Increase with Tenure?" *American Economic Review* 79, no. 5 (December): 971–991.

Burdett, Kenneth, and Dale Mortensen. 1998. "Wage Differentials, Employer Size, and Unemployment." *International Economic Review* 39, no. 2 (May): 257–273.

Burkhauser, Richard V., Kenneth A. Couch, and Andrew J. Glenn. 1996. "Public Policies for the Working Poor: The Earned Income Tax Credit Versus the Minimum Wage." *Research in Labor Economics* 15:65–109.

Burkhauser, Richard V., Kenneth A. Couch, and David C. Wittenburg. 1996. "'Who Gets What' from Minimum Wage Hikes: A Re-Estimation of Card and Krueger's Distributional Analysis in 'Myth and Measurement: The New Economics of the Minimum Wage.'" *Industrial and Labor Relations Review* 49, no. 3 (April): 547–552.

Burkhauser, Richard V., Kenneth A. Couch, and David C. Wittenburg. 2000a. " A Reassessment of the New Economics of the Minimum Wage Literature with Monthly Data from the Current Population Survey." *Journal of Labor Economics* 18, no. 4 (October): 653–680.

Burkhauser, Richard V., Kenneth A. Couch, and David C. Wittenburg. 2000b. " Who Minimum Wage Increases Bite: An Analysis Using Monthly Data from the SIPP and the CPS." *Southern Economic Journal* 67, no. 1 (January): 16–40.

Burkhauser, Richard V., and T. Aldrich Finegan. 1989. "The Minimum Wage and the Poor: The End of a Relationship." *Journal of Policy Analysis and Management* 8, no. 1 (Winter): 53–71.

Burkhauser, Richard V., and Joseph J. Sabia. 2007. "The Effectiveness of Minimum Wage Increases in Reducing Poverty: Past, Present and Future." *Contemporary Economic Policy* 25, no. 2 (April): 262–281.

Cahuc, Pierre, and Philippe Michel. 1996. "Minimum Wage Unemployment and Growth." *European Economic Review* 40, no. 7 (August): 1463–1482.

Campolieti, Michele, Tony Fang, and Morley Gunderson. 2005a. "Minimum Wage Impacts on Youth Employment Transitions, 1993-1999." *Canadian Journal of Economics* 38, no. 1 (February): 81–104.

Campolieti, Michele, Tony Fang, and Morley Gunderson. 2005b. "How Minimum Wages Affect Schooling-Employment Outcomes in Canada, 1993—1999." *Journal of Labor Research* 26, no. 3 (Summer): 169–182.

Campolieti, Michele, Morley Gunderson, and Chris Riddell. 2006. "Minimum Wage Impacts from a Prespecified Research Design: Canada 1981—1997." *Industrial Relations* 45, no. 2 (April): 195–216.

Card, David. 1992a. "Using Regional Variation in Wages to Measure the Effects of the Federal Minimum Wage." *Industrial and Labor Relations Review* 46, no. 1 (October):22–37.

Card, David. 1992b. "Do Minimum Wages Reduce Employment? A Case Study of California, 1987—1989." *Industrial and Labor Relations Review* 46, no. 1 (October): 38–54.

Card, David, and John E. DiNardo. 2002. "Skill-Biased Technological Change and Rising Wage Inequality: Some Problems and Puzzles." *Journal of Labor Economics* 20, no. 4 (October): 733–783.

Card, David, Lawrence F. Katz, and Alan B. Krueger. 1994. "Comment on David Neumark and William Wascher, 'Employment Effects of Minimum and Subminimum Wages: Panel Data on State Minimum Wage Laws.'" *Industrial and Labor Relations Review* 47, no. 3 (April): 487–496.

Card, David, and Alan B. Krueger. 1994. "Minimum Wages and Employment: A Case Study of the Fast-Food Industry in New Jersey and Pennsylvania." *American Economic Review* 84, no 4 (September): 772–793.

Card, David, and Alan B. Krueger. 1995a. *Myth and Measurement: The New Economics of the Minimum Wage.* Princeton, N.J.: Princeton University Press.

Card, David, and Alan B. Krueger. 1995b. "Time-Series Minimum Wage Studies: A Meta-analysis." *American Economic Review Papers and Proceedings* 85, no. 2 (May): 238–243.

Card, David, and Alan B. Krueger. 2000. "Minimum Wages and Employment: A Case Study of the Fast-Food Industry in New Jersey and Pennsylvania:Reply." *American Economic Review* 90, no. 5 (December). 1397–1420.

Carrington, William J., and Bruce C. Fallick. 2001. "Do Some Workers Have Minimum Wage Careers?" *Monthly Labor Review* 124, no. 5 (May): 17–27.

Chaplin, Duncan D., Mark D. Turner, and Andreas D. Pape. 2003. "Minimum Wages and Skill Acquisition: Another Look at Schooling Effects." *Economics of Education Review* 22, no.1 (February): 11–22.

Chapman, Jeff. 2004. "Employment and the Minimum Wage: Evidence from Recent State Labor Market Trends." Economic Policy Institute Briefing Paper, Washington, D.C.

Chasanov, Amy. 2004. "No Longer Getting By: An Increase in the Minimum Wage Is Long Overdue." Economic Policy Institute Briefing Paper, Washington, D C.

Clark, John Bates. 1913. "The Minimum Wage." *The Atlantic Monthly* 112, no. 3 (September): 289–297

Clymer, Andrew. 1999. *Edward M. Kennedy: A Biography*. New York: William Morrow & Co.

Coe, David T., and Dennis J. Snower. 1997. "Policy Complementarities: The Case for Fundamental Labor Market Reform." *IMF Staff Papers* 44, no. 1 (March): 1–35.

Converse, Muriel, Richard Coe, Mary Corcoran, Maureen Kallick, and James Morgan. 1981. "The Minimum Wage: An Employer Survey." In *Report of the Minimum Wage Study Commission*, vol. 6, 241–341. Washington, D.C.: U.S. Government Printing Office.

Cornwell, Christopher, David B. Mustard, and Deepa J. Sridhar. 2006. "The Enrollment Effects of Merit-Based Financial Aid: Evidence from Georgia's HOPE Program." *Journal of Labor Economics* 24, no. 4 (October): 761–786.

Couch, Kenneth A., and David C. Wittenburg. 2001. "The Response of Hours of Work to Increases in the Minimum Wage." *Southern Economic Journal* 68, no. 1 (January): 171–177.

Cox, James C., and Ronald L. Oaxaca. 1981a. "Effects of Minimum Wage Policy on Inflation and on Output Prices, Employment, and Real Wage Rates by Industry." In *Report of the Minimum Wage Study Commission*, vol. 6, 171–210. Washington, D.C.: U.S. Government Printing Office.

Cox, James C. and Ronald L. Oaxaca. 1981b. "The Determinants of Minimum Wage Levels and Coverage in State Minimum Wage Laws." In *The Economics of Legal Minimum Wages*, ed. Simon Rottenberg, 403–428. Washington, D.C.: American Enterprise Institute.

Cox, James C, and Ronald L. Oaxaca. 1982. "The Political Economy of Minimum Wage Legislation." *Economic Inquiry* 20, no. 4 (October): 533–555.

Coy, Peter. 2006. "More Ammo for a Higher Minimum." *Business Week*, November 27, p. 38.

Cunningham, James. 1981. "The Impact of Minimum Wages on Youth Employment, Hours of Work, and School Attendance: Cross-Sectional Evidence from the 1960 and 1970 Censuses." In *The Economics of Legal Minimum Wages*, ed. Simon Rottenberg, 88–123. Washington, D.C.: American Enterprise Institute.

Currie, Janet, and Bruce Fallick. 1996. "The Minimum Wage and the Employment of Youth: Evidence from the NISY." *Journal of Human Resources* 31, no. 2 (Spring):

404-428.

Cushing. Brian. 2003."State Minimum Wage Laws and the Migration of the Poor." Research Paper 2003-3, Department of Economics, West Virginia University.

Dalton, Hugh. 1920."The Measurement of the Inequality of Incomes." *Economic Journal* 30, no. 119 (September): 348-361.

Deere, Donald, Kevin M. Murphy, and Finis Welch. 1995."Employment and the 1990—1991 Minimum-Wage Hike." *American Economic Review Papers and Proceedings* 85, no. 2 (May): 232-237.

Dickens, Richard, Stephen Machin, and Alan Manning. 1998."Estimating the Effect of Minimum Wages on Employment from the Distribution of Wages A Critical View." *Labour Economics* 5, no. 2 (June): 109-134.

Dickens, Richard, Stephen Machin, and Alan Manning. 1999."The Effects of Minimum Wages on Employment: Theory and Evidence." *Journal of Labor Economics* 17, no. 1 (January): 1-22.

Dickens, Richard, and Alan Manning. 2004a."Has the National Minimum Wage Reduced UK Wage Inequality?" *Journal of the Royal Statistical Society. Series A* 167, no. 4 (November): 613-626.

Dickens, Richard, and Alan Manning. 2004b."Spikes and Spill-Overs: The Impact of the National Minimum Wage on the Wage Distribution in a Low-Wage Sector." *Economic Journal* 114, no. 494 (March): C95-C101.

Dickson, Vaughan, and Tony Myatt. 2002."The Determinants of Provincial Minimum Wages in Canada." *Journal of Labor Research* 23, no. 1 (Winter): 57-67.

Dimock, Michael. 2006."Maximum Support for Raising the Minimum." Pew Research Center for the People and the Press, April 19.

DiNardo, John, Nicole M. Fortin, and Thomas Lemieux. 1996."Labor Market Institutions and the Distribution of Wages, 1973—1992: A Semiparametric Approach." *Econometrica* 64, no. 5 (September): 1001-1044.

Dolado, Juan, Francis Kramarz, Stephen Machin, Alan Manning, David Margolis, Coen Teulings, Gilles Saint-Paul, and Michael Keen. 1996."The Economic Impact of Minimum Wages in Europe." *Economic Policy* 11, no. 23 (October): 317-372.

Douglas, Dorothy W. 1919."American Minimum Wage Laws at Work." *American Economic Review* 9, no. 4 (December): 701-738.

Douty, H. M. 1941."Minimum Wage Regulation in the Seamless Hosiery Industry." *Southern Economic Journal* 8, no. 2 (October): 176-190.

Douty, H. M. 1960. "Some Effects of the $1.00 Minimum Wage in the United States." *Economica* 27, no. 106 (May): 137–147.

Draca, Mirko, Stephen Machin, and John Van Reenan. 2005. "The Impact of the National Minimum Wage on Profits and Prices: Report for the Low Pay Commission." London: Low Pay Commission.

Draca, Mirko, Stephen Machin. and John Van Reenon. 2006. "Minimum Wages and Firm Profitability." Discussion Paper no. 1913, Institute for the Study of Labor (IZA).

Dube, Arindrajit, T. William Lester, and Michael Reich. 2007. "Minimum Wage Effects Across State Borders: Estimates Using Contiguous Counties." Unpublished paper, Institute for Research on Labor and Employment, University of California, Berkeley.

Dube, Arindrajit, Suresh Naidu, and Michael Reich. 2007. "The Economic Effects of a Citywide Minimum Wage." *Industrial and Labor Relations Review* 60, no.4 (July): 522–543

Duffy, John, Chris Papageorgiou, and Fidel Perez- Sebastian. 2004. "Capital- Skill Complementarity? Evidence from a Panel of Countries." *Review of Economics and Statistics* 86, no.1 (February); 327–344.

Dynarski, Susan. 2002. "The Behavioral and Distributional Implications of Aid for College." *American Economic Review Papers and Proceedings* 92, no. 2 (May): 279–285.

Eccles, Mary, and Richard B. Freeman. 1982. " What! Another Minimum Wage Study?" *American Economic Review Papers and Proceedings* 72, no 2 (May): 226–232.

Eckstein, Zvi, and Kenneth I. Wolpin. 1990. "Estimating a Market Equilibrium Search Model from Panel Data on Individuals." *Econometrica* 58, no. 4 (July): 783–808.

Economic Policy Institute. 2007. "Minimum Wage: Facts at a Glance." Washington, D.C.

Ehrenberg, Ronald G., and Alan J. Marcus. 1980. "Minimum Wage Legislation and the Educational Outcomes of Youths." *Research in Labor Economics* 3:61–93.

Ehrenberg, Ronald G., and Alan J. Marcus. 1982. "Minimum Wages and Teenagers' Enrollment-Employment Outcomes: A Multinomial Logit Model." *Journal of Human Resources* 17, no. 1 (Winter): 39–58.

Elliott, Kimberly Ann, and Richard B. Freeman. 2003. "Can Labor Standards Improve under Globalization?"Institute for International Economics,Washington,D.C.

Ellwood,David T. 1982."Teenage Unemployment: Permanent Scars or Temporary Blemishes?"In *The Youth Labor Market Problem: Its Nature, Causes and Consequences*,ed. Richard B. Freeman and David A. Wise,349–390. Chicago: University of Chicago Press.

Ericksson, Tor, and Mariola Pytlikova. 2004. "Firm-Level Consequences of Large Minimum-Wage Increases in the Czech and Slovak Republics." *Labour* 18, no. 1 (March): 75–103.

Evans,William N.,and Mark Turner. 1995."Minimum Wage Effects on Employment and School Enrollment: Comment."Unpublished paper,University of Maryland.

Fairris, David. 2005."The Impact of Living Wages on Employers. A Control Group Analysis of the Los Angeles Ordinance." *Industrial Relations* 44, no. 1 (January): 59–83.

Fairris, David, and Leon Fernandez Bujanda. 2006. "The Dissipation of Minimum Wage Gains for Workers through Labor-Labor Substitution." Unpublished paper, University of California,Riverside.

Fairris, David, and Roberto Pedace. 2004."The Impact of Minimum Wages on Job Training: An Empirical Exploration with Establishment Data." *Southern Economic Journal* 70,no. 3 (January):566–583.

Fairris,David,and Michael Reich. 2005."The Impacts of Living Wage Policies: Introduction to the Special Issue."*Industrial Relations* 44,no. 1 (January): 1–13.

Fairris,David,David Runsten,Carolina Briones,and Jessica Goodheart. 2005. Examining the Evidence: *The Impact of the Los Angeles Living Wage Ordinance on Workers and Businesses.* http://www.losangeleslivingwagestudy.org (viewed November 6,2006).

Fajnzylber,Pablo 2001."Minimum Wage Effects throughout the Wage Distribution: Evidence from Brazil's Formal and Informal Sectors." Discussion Paper no. 151, Universidade Federal de Minas Gerais, Faculdade de Ciensias Economicas, Centro de Desenvolvimento Planejamento Regional.

Falconer, Robert T. 1978. "The Minimum Wage: A Perspective." *Federal Reserve Bank of New York Quarterly Review* 3,no 3 (Autumn): 3–6.

Farber, Henry S. 1981."Union Wages and the Minimum Wage." In *Report of the Minimum Wage Study Commission*,vol. 6,105–134. Washington,D.C.: U.S. Government Printing Office.

Feldstein, Martin. 1973."The Economics of the New Unemployment." *Public Interest* 33 (Fall): 3–42.

Feliciano, Zadia M. 1998."Does the Minimum Wage Affect Employment in Mexico?" *Eastern Economic Journal* 24, no. 2 (Spring): 165–180.

Figart, Deborah M. 2001."Ethical Foundations of the Contemporary Living Wage Movement." *International Journal of Social Economics* 28, nos. 10/11/12: 800–814.

Filene, Edward A. 1923."The Minimum Wage and Efficiency." *American Economic Review* 13, no. 3 (September): 411–415.

Fine, Janice. 2000– 2001."Community Unionism in Baltimore and Stamford: Beyond the Politics of Particularism." *WorkingUSA* 4, no. 3 (Winter): 59–85.

Flanagan, Robert J. 1976."Comment on 'Impact of Minimum Wages on Other Wages, Employment, and Family Incomes.'" *Brookings Papers on Economic Activity*, no. 2:452–454.

Flinn, Christopher J. 2002."Interpreting Minimum Wage Effects on Wage Distributions: A Cautionary Tale." *Annales D'Economie et de Statistique* nos. 67–68 (July/December): 309–355.

Flinn, Christopher J. 2006."Minimum Wage Effects on Labor Market Outcomes under Search, Matching, and Endogenous Contact Rates." *Econometrica* 74, no. 4 (July): 1013–1062.

Flinn, Christopher J., and James Mabli. 2005."On-the-Job Search, Minimum Wages, and Labor Market Outcomes in an Equilibrium Bargaining Framework." Unpublished paper, New York University.

Formby, John P., John A. Bishop, and Hoseong Kim. 2005. *Minimum Wages and Poverty: An Evaluation of Policy Alternatives*. Amsterdam: Elsevier Science B.V.

Fortin, Nicole M., and Thomas Lemieux. 1997."Institutional Changes and Rising Wage Inequality: Is There a Linkage?" *Journal of Economic Perspectives* 11, no. 2 (Spring): 75–96.

Fox, Liana. 2006."Minimum Wage Trends: Understanding Past and Contemporary Research." Economic Policy Institute Briefing Paper #178, Washington, D.C.

Freeman, Richard B. 1995."Myth and Measurement: The New Economics of the Minimum Wage: Comment." *Industrial and Labor Relations Review* 48, no. 4 (July): 830–834.

Freeman, Richard B. 1996."The Minimum Wage as a Redistributive Tool." *Econom-*

ic Journal 106, no. 436 (May): 639–649.

Freeman, Richard. 2005. "Fighting for Other Folks′ Wages: The Logic and Illogic of Living Wage Campaigns." *Industrial Relations* 44, no. 1 (January): 14–31.

Friedman, Milton. 1953. "The Methodology of Positive Economics." In *Essays on Positive Economics*, ed. Milton Friedman, 3–43. Chicago: University of Chicago Press.

Friedman, Milton 1968. "The Role of Monetary Policy." *American Economic Review* 58, no. 1 (March). 1–17.

Frye, Jon, and Robert J. Cordon. 1981. "Government Intervention in the inflation Process: The Econometrics of Self-Inflicted Wounds." *American Economic Review Papers and Proceedings* 71, no. 2 (May): 288–294.

Gali, Jordi, and Mark Gertler. 1999. "Inflation Dynamics: A Structural Econometric Analysis." *Journal of Monetary Economics* 44, no. 2 (October): 195–222.

Galindo-Rueda, Fernando, and Sonia Pereira. 2004. "The Impact of the National Minimum Wage on British Firms." Final (Draft) Report to the Low Pay Commission on the Econometric Evidence from the Annual Respondents Database.

Gertner, Jon. 2006. "What Is a Living Wage?" *New York Times Magazine*, January 15, pp. 38–45, 62, 68, and 72.

Gindling, T. H., and Katherine Terrell. 2005. "The Effect of Minimum Wages on Actual Wages in Format and Informal Sectors in Costa Rica." *World Development* 13, no. 11 (November): 1905–1921.

Gindling, T. H., and Katherine Terrell. 2007a "The Effects of Multiple Minimum Wages throughout the Labor Market: The Case of Costa Rica." *Labour Economics* 14, no. 3 (June): 485–511.

Gindling, T. H., and Katherine Terrell. 2007b. "Minimum Wages and the Welfare of Workers in Honduras." Discussion Paper no. 2892, Institute for the Study of Labor (IZA).

Gindling, T. H., and Katherine Terrell. 2007c. "Minimum Wages, Globalization and Poverty in Honduras." Unpublished paper, University of Maryland, Baltimore County.

Global Insight. 2005. "The Economic Impact of Wal-Mart." Waltham, Mass.

Gonzalez, Arturo. 2007. "Day Labor in the Golden State." *California Economic Policy* 3, no.2(July). San Francisco: Public Policy Institute of California.

Gordon, Robert J. 1988. "The Role of Wages in the Inflation Process." *American Eco-*

nomic Review Papers and Proceedings 78, no. 2 (May): 276–283.

Gramlich, Edward M.1976. "Impact of Minimum Wages on Other Wages, Employment, and Family Incomes." *Brookings Papers on Economic Activity*, no. 2:409–451.

Grant, James H., and Daniel S. Hamermesh. 1981. "Labor Market Competition Among Youths, White Women, and Others ." *Review of Economics and Statistics* 63, no. 3 (August): 354–360.

Griliches, Zvi. 1969. "Capital-Skill Complementarity." *Review of Economics and Statistics* 51, no. 4 (November): 465–468.

Grossberg. Adam J., and Paul Sicilian. 1999. "Minimum Wages, On-the-job Training, and Wage Growth." *Southern Economic Journal* 65, no. 3 (January): 539–556.

Grossman, Jean Baldwin. 1983. "The Impact of the Minimum Wage on Other Wages." *Journal of Human Resources* 18, no. 3 (Summer) 3–18.

Grossman, Jonathan. 1978. "Fair Labor Standards Act of 1938:Maximum Struggle for a Minimum Wage." *Monthly Labor Review* 101, no. 6 (June): 22–30.

Guesnerie, Roger, and Kevin Roberts. 1987. "Minimum Wage Legislation as a Second Best Policy." *European Economic Review* 31, no. 1 (February): 490–498.

Gunderson, Craig, and James P. Ziliak. 2004. "Poverty and Macroeconomic Performance Across Space, Race, and Family Structure." *Demography* 41, no. 1 (February): 61–86.

Hamermesh, Daniel S. 1993. Labor Demand. Princeton, N.J.: Princeton University Press.

Hamermesh, Daniel S. 1995. "Myth and Measurement: The New Economics of the Minimum Wage: Comment." *Industrial and Labor Relations Review* 48, no.4 (July): 835–838.

Hammond, M. B. 1913. "Judicial Interpretation of the Minimum Wage in Australia." *American Economic Review* 3, no. 2 (June): 259–286.

Harrison, Ann, and Jason Scorse. 2005. "Moving Up or Moving Out? Anti-Sweatshop Activists and Libor Market Outcomes." NBER Working paper no. 10492.

Hashimoto, Masonari. 1982. "Minimum Wage Effects on Training on the Job." *American Economic Review* 72, no. 5 (December): 1070–1087.

Heckman, James J., Robert J Lalonde, and Jeffrey A. Smith. 1999. "The Economics and Econometrics of Active Labor Market Programs." In *Handbook of Labor Economics*, vol. 3, ed. Orley Ashenfelter and David Card, 1865—2097. Amsterdam:

Elsevier Science B.V.

Hellerstein, Judith, and David Neumark. 2007."Production Function and Wage Equation Estimation with Heterogeneous Labor: Evidence from a New Matched Employer- Employee Data Set."In *Hard-to-Measure Goods and Services: Essays in Memory of Zvi Griliches*, ed. Charles Hulten and Ernst Bemdt, 31–71. Chicago: University of Chicago Press.

Henderson, Daniel J. 2005."A Nonparametric Examination of Capital-Skill Complementarity."Unpublished paper, SUNY-Binghamton.

Hinrichs, A. F. 1940."Effects of the 25-Cent Minimum Wage on Employment in the Seamless Hosiery Industry." *Journal of the American Statistical Association* 35, no. 209 (March): 13–23.

Hoffman, Saul D., and Laurence S. Seidman. 2003. *Helping Working Families: The Earned Income Tax Credit.* Kalamazoo, Mich.: W. E. Upjohn Institute for Employment Research.

Hoffman, Saul D., and Diane A. Trace. 2007."NJ and PA Once Again: What Happened to Employment When the PA-NJ Minimum Wage Differential Disappeared?"Working Paper 2007–08, Department of Economics, University of Delaware.

Holcombe, A. N. 1910."The British Minimum Wage Act of 1909."*Quarterly Journal of Economics* 24, no. 3 (May): 574–588.

Hooker, Mark A. 2002. "Are Oil Shocks Inflationary? Asymmetric and Nonlinear Specifications versus Changes in Regime."*Journal of Money, Credit, and Banking* 34, no. 2 (May): 540–561.

Horrigan, Michael W., and Ronald B. Mincy. 1993."The Minimum Wage and Earnings and Income Inequality." In *Uneven Tides: Rising Inequality in America*, ed. Sheldon Danziger and Peter Gottschalk, 251–275. New York: Russell Sage Foundation.

Hotz, V. Joseph, and John Karl Scholz. 2003."The Earned Income Tax Credit." In *Means-Tested Transfer Programs in the United States*, ed. Robert A. Moffitt, 141–197. Chicago: University of Chicago Press.

Hyslop, Dean, and Steven Stillman. 2007."Youth Minimum Wage Reform and the Labour Market in New Zealand."*Labour Economics* 14, no. 2 (April): 201–230.

International Labour Organization. 2006. Minimum Wage Fixing Convention, 1970. http:// www.ilo.org/ilolex/cgi-lex/convde.pl?C131 (viewed July 25, 2007).

Johnson, William R., and Edgar K. Browning. 1983. "The Distributional and Efficiency Effects of Increasing the Minimum Wage: A Simulation." *American Economic Review* 73, no. 1 (March): 204–211.

Juhn, Chinhui, Kevin M. Murphy, and Brooks Pierce. 1993. "Wage Inequality and the Rise in Returns to Skill." *Journal of Political Economy* 101, no. 3 (June): 410–442.

Kaitz, Hyman 1970. "Experience of the Past: The National Minimum." In *Youth Unemployment and Minimum Wages*. Bureau of Labor Statistics Bulletin no. 1657: 30–54. Washington, D.C.: United States Department of Labor.

Kalt, Joseph P., and Mark A. Zupan. 1984. "Capture and Ideology in the Economic Theory of Politics." *American Economic Review* 74, no. 3 (June): 279–300.

Katz, Lawrence F. 1998. "Wage Subsidies for the Disadvantaged." In *Generating Jobs: How to Increase Demand for Less-Skilled Workers*, ed. Richard B Freeman and Peter Gottschalk, 21–53. New York: Russell Sage Foundation.

Katz, Lawrence F., and Alan B. Krueger. 1991. "The Effect of the New Minimum Wage Law in a Low-Wage Labor Market." *Industrial Relations Research Association Proceedings*, 254–265.

Katz, Lawrence F., and Alan B. Krueger. 1992. "The Effect of the Minimum Wage on the Fast Food Industry." *Industrial and Labor Relations Review* 46, no. 1 (October): 6–21.

Katz, Lawrence F., and Kevin M. Murphy. 1992. "Changes in Relative Wages, 1963—1987: Supply and Demand Factors." *Quarterly Journal of Economics* 107, no. 1 (February): 35–78.

Kau, James B., and Paul H. Rubin. 1978. "Voting on Minimum Wages: A Time-Series Analysis." *Journal of Political Economy* 86, no. 2 (April): 337–342.

Keech, William R. 1977. "More on the Vote Winning and Vote Losing Qualities of Minimum Wage Laws." *Public Choice* 29, no. 1 (March): 133–137.

Keil, Manfred, Donald Robertson, and James Symons. 2001. "Minimum Wages and Employment." CEPR Working Paper no. 497.

Kennan, John. 1995. "The Elusive Effects of Minimum Wages." *Journal of Economic Literature* 33, no. 4 (December). 1950–1965.

Kiewiet, D. Roderick. 1983. *Macroeconomics and Micropolitics: The Electoral Effects of Economic Issues*. Chicago: University of Chicago Press.

Kim, Taeil, and Lowell J. Taylor. 1995. "The Employment Effect in Retail Trade of California's 1988 Minimum Wage Increase." *Journal of Business and Economic*

Statistics 13, no. 2 (April): 175–182.

Kotlikoff, Laurence J., and Jagadeesh Gokhale. 1992. "Estimating a Firm's Age-Productivity Profile Using the Present Value of Workers' Earnings." *Quarterly Journal of Economics* 107, no. 4 (November): 1137–1160.

Krehbiel, Keith, and Douglas Rivers. 1988. "The Analysis of Committee Power:An Application to Senate Voting on the Minimum Wage." *American Journal of Political Science* 32, no. 4 (November); 1151–1174.

Krueger, Alan B. 1993. "How Computers Have Changed the Wage Structure:Evidence from Microdata, 1984—1989." *Quarterly Journal of Economics* 108, no. 1 (February). 33–60.

Landon, Stuart. 1997. "High School Enrollment, Minimum Wages, and Education Spending." *Canadian Public Policy—Analyse de Politiques* 23, no. 2 (June): 141–163.

Lang, Kevin. 1987. "Pareto Improving Minimum Wage Laws." *Economic Inquiry* 25, no. 1 (January): 145–158.

Lang, Kevin. 2002. "Of Pencils and Computers." Unpublished paper, Boston University.

Lang, Kevin, and Shulamit Kahn. 1998. "The Effect of Minimum-Wage Laws on the Distribution of Employment:Theory and Evidence." *Journal of Public Economics* 69, no. 1 (July): 67–82.

Lazear, Edward P. 1979. "Why Is There Mandatory Retirement?" *Journal of Political Economy* 87, no. 6 (December): 1261–1284.

Lazear, Edward P., and Frederick H. Miller. 1981. "Minimum Wage versus Minimum Compensation." In *Report of the Minimum Wage Study Commission*, vol. 5, 347–380. Washington, D.C.: U.S. Government Printing Office.

Lee, Chinkook, and Brian O'Roark. 1999. "The Impact of Minimum Wage Increases on Food and Kindred Product Prices: An Analysis of Price Pass-through." Technical Bulletin no. 1877, United States Department of Agriculture.

Lee, David S. 1999. "Wage Inequality in the United States during the 1980s: Rising Dispersion or Falling Minimum Wage." *Quarterly Journal of Economics* 114, no. 3 (August): 977–1023.

Lees Smith, H. B. 1907. "Economic Theory and Proposals for a Legal Minimum Wage." *Economic Journal* 17, no. 68 (December): 504–512.

Leigh, Andrew. 2007. "Who Benefits from the Earned Income Tax Credit? Incidence

Among Recipients, Coworkers and Firms." Unpublished paper, Australian National University.

Leighton, Linda, and Jacob Mincer. 1981. "The Effects of Minimum Wages on Human Capital Formation." In *The Economics of Legal Minimum Wages*, ed. Simon Rothenberg, 155–173. Washington, D.C : American Enterprise Institute.

Lemieux, Thomas. 2006. "Increasing Residual Wage Inequality; Composition Effects, Noisy Data, or Rising Demand for Skill?" *American Economic Review* 96, no. 3 (June): 461–498.

Lemos, Sara. 2004a. "Minimum Wage Policy and Employment Effects: Evidence from Brazil." *Economia* 5, no. 1 (Fall): 219–266.

Lemos, Sara. 2004b. "Do Minimum Wage Price Effects Hurt the Poor?" Unpublished manuscript, University of Leicester.

Lemos, Sara. 2006a. "Minimum Wage Effects in a Developing Country." Unpublished paper, University of Leicester.

Lemos, Sara. 2006b. "Anticipated Effects of the Minimum Wage on Prices." *Applied Economics* 38, no. 3 (February): 325–337.

Lemos, Sara. 2008. "A Survey of the Effects of the Minimum Wage on Prices." *Journal of Economic Surveys* 22, no. 1 (February). 187–212.

Leonard, Thomas C. 2000. "The Very Idea of Applying Economics: The Modem Minimum-Wage Controversy and Its Antecedents." *History of Political Economy* 32, Supplement: 117–144.

Leonard, Thomas C. 2003. "'A Certain Rude Honesty': John Bates Clark .is a Pioneering Neoclassical Economist." *History of Political Economy* 35, no. 3 (Fall): 521–558.

Leonard, Thomas C. 2005. "Eugenics and Economics in the Progressive Era." *Journal of Economic Perspectives* 19, no. 4 (Fall): 207–224.

Lester, Richard A. 1946. "Shortcomings of Marginal Analysis for Wage-Employment Problems." *American Economic Review* 36, no. 1 (March): 63–82.

Lester, Richard A. 1947. "Marginalism, Minimum Wages, and Labor Markets." *American Economic Review* 37, no. 1 (March): 135–148.

Lester, Richard A. 1960. "Employment Effects of Minimum Wages: Comment." *Industrial and Labor Relations Review* 13, no.2 (January): 254–264.

Levi, Margaret, David J. Olson, and Erich Steinman. 2002. "Living-Wage Campaigns and Laws." *WorkingUSA* 6, no. 3 (Winter): 111–132.

Levy, David A. 1974. "State Labor Legislation Enacted in 1973." *Monthly Labor Review* 97, no. 1 (January): 22–31.

Levy, Frank, and Richard J. Murnane. 1992. "U.S. Earnings and Earnings Inequality: A Review of Recent Trends and Proposed Explanations." *Journal of Economic Literature* 30, no. 3 (September): 1333–1381.

L'Horty, Yannick, and Christophe Rault. 2004. "Inflation, Minimum Wage and Other Wages: An Econometric Study on French Macroeconomic Data." *Applied Economics* 36, no. 4 (March): 277–290.

Liebman, Jeffrey B. 1998. "The Impact of the Earned Income Tax Credit on Incentives and the Income Distribubon." In *Tax Policy and the Economy*, vol. 12, ed. James Poterba, 83–199. Cambridge, Mass.: MIT Press.

Linneman, Peter. 1982. "The Economic Impacts of Minimum Wage Laws: A New Look at an Old Question." *Journal of Political Economy* 90, no. 3 (June): 443–469.

Loewenstein, Mark *A.*, and James R. Spletzer. 1999. "General and Specific Training: Evidence and Implications." *Journal of Human Resources* 34, no. 4 (Fall): 710–733.

Lucas, Arthur Fletcher. 1924. "A Recommendatory Minimum Wage Law: The First Decade of the Massachusetts Experiment." *American Economic Review* 14, no. 1 (March): 39–51.

Luce, Stephanie. 2004. *Fighting for a Living Wage*. Ithaca, N.Y.: ILR Press.

Lustig, Nora, and Darryl McLeod. 1997. "Minimum Wages and Poverty in Developing Countries: Some Empirical Evidence." In *Labor Markets in Latin America*, 62–103. Washington, D.C: Brookings Institution Press.

Luttmer, Erzo F. P. 2007. "Does the Minimum Wage Cause Inefficient Rationing?" *The B.E. Journal of Economic Analysis & Policy; Contributions* 7, no. 1, article 49.

MacDonald, James, and Daniel Aaronson. 2006. "How Firms Construct Price Changes: Evidence from Restaurant Responses to Increased Minimum Wages." *American Journal of Agricultural Economics* 88, no. 2 (May): 292–307.

Machin, Stephen, and Alan Manning. 1994. "Minimum Wages, Wage Dispersion and Employment: Evidence from the UK Wages Councils." *Industrial and Labor Relations Review* 47, no. 2 (January): 319–329.

Machin, Stephen, Alan Manning, and Lupin Rahman. 2003. "Where the Minimum Wage Bites Hard: Introduction of Minimum Wages to a Low Wage Sector." *Journal of the European Economic Association* 1, no. 1 (March): 154–180.

Machlup, Fritz. 1946. "Marginal Analysis and Empirical Research." *American Economic Review* 36, no. 4 (September): 519–554.

Maloney, W. F., and J. Nunez Mendez. 2004. "Measuring the Impact of Minimum Wages: Evidence from Latin America." In *Law and Employment: Lessons from Latin America*, ed. James J. Heckman and Carmen Pages, 109–130. Chicago: University of Chicago Press.

Manning, Alan. 2003. *Monopsony in Motion: Imperfect Competition in Labor Markets.* Princeton, N.J.: Princeton University Press.

Marceau, Nicolas, and Robin Boadway. 1994. "Minimum Wage Legislation and Unemployment Insurance." *Scandinavian Journal of Economics* 96, no. 1 (March): 67–81.

Marron, J. S., and H. P. Schmitz. 1992. "Simultaneous Density Estimation of Several Income Distributions." *Econometric Theory* 8, no. 4 (December): 476–488.

Martin, Isaac. 2001. "Dawn of the Living Wage: The Diffusion of a Redistributive Municipal Policy." *Urban Affairs Review* 36, no. 4 (March): 470–496.

Martin, Isaac. 2006. "Do Living Wage Policies Diffuse?" *Urban Affairs Review* 41, no. 5 (May): 710–719.

Matilla, J. Peter. 1978. "Youth Labor Markets, Enrollments, and Minimum Wages." *Industrial Relations Research Association Proceedings*, 134–140.

Matilla, J. Peter. 1982. "Determinants of Male School Enrollments: A Time-Series Analysis." *Review of Economics and Statistics* 64, no. 2 (May): 242–251.

Meyer, Bruce D., and Dan T. Rosenbaum. 2001. "Welfare, the Earned Income Tax Credit, and the Labor Supply of Single Mothers." *Quarterly Journal of Economics* 116, no. 3 (August). 1063–1114.

Michl Thomas R. 2000. "Can Rescheduling Explain the New Jersey Minimum Wage Studies?" *Eastern Economic Journal* 26, no. 3 (Summer): 265–276.

Mincer, Jacob. 1974. *Schooling, Experience, and Earnings.* New York: Columbia University Press.

Mincer, Jacob. 1976. "Unemployment Effects of Minimum Wages." *Journal of Political Economy* 84, no.4, Supplement (August): S87–S104.

Minimum Wage Study Commission. 1981. *Report of the Minimum Wage Study Commission.* Washington, D.C.: U.S. Government Printing Office.

Moloney, John F. 1942. "Some Effects of the Federal Fair Labor Standards Act Upon Southern Industry." *Southern Economic Journal* 9, no. 1 (July): 15–23.

Morley, Samuel. 1995."Structural Adjustment and the Determinants of Poverty in Latin America."In *Coping with Austerity, Poverty and Inequality in Latin America*, ed. Nora Lustig. 42–70. Washington, D.C.: Brookings Institution Press.

Mroz, Thomas A., and Timothy H. Savage. 2006."The Long-Term Effects of Youth Unemployment."*Journal of Human Resources* 41, no. 2 (Spring): 259–293.

Nelson, Richard R. 1990."State Labor Legislation Enacted in 1989."*Monthly Labor Review* 113, no 1 (January): 35–56.

Neumark, David. 2001. "The Employment Effects of Minimum Wages: Evidence from a Prespecified Research Design." *Industrial Relations* 40, no. 1 (January): 121–144.

Neumark, David. 2004. "Living Wages: Protection For or Protection From Low-Wage W′orkers?" *Industrial and Labor Relations Review* 58, no. 1 (October): 27–51.

Neumark, David, and Scott Adams. 2003a. "Detecting Effects of Living Wage Laws."*Industrial Relations* 42, no. 4 (October): 531–564.

Neumark, David, and Scott Adams. 2003b."Do Living Wage Ordinances Reduce Urban Poverty?"*Journal of Human Resources* 38, no 3 (Summer): 490–521.

Neumark, David, Wendy Cunningham, and Lucas Siga. 2006."The Effects of the Minimum Wage in Brazil on the Distribution of Family Incomes: 1996—2001." *Journal of Development Economics* 80, no. 1 (December): 136–159.

Neumark, David, and Olena Nizalova. 2007."Minimum Wage Effects in the Longer Run."*Journal of Human Resources* 42, no. 2 (Spring): 435–452.

Neumark, David, and Donna Rothstein. 2007."Do School-to-Work Programs Help the ′Forgotten Half′?" In *Improving School-to-Work Transitions*, ed. David Neumark, 87–133. New York: Russell Sage Foundation.

Neumark, David, Mark Schweitzer, and William Wascher. 2000."The Effects of Minimum Wages throughout the Wage Distribution."NBER Working Paper no. 7519.

Neumark, David, Mark Schweitzer, and William Wascher. 2004."Minimum Wage Effects throughout the Wage Distribution." *Journal of Human Resources* 39, no. 2 (Spring): 425– 450.

Neumark, David, Mark Schweitzer, and William Wascher. 2005."The Effects of Minimum Wages on the Distribution of Family Incomes."*Journal of Human Resources* 40, no. 4 (Fall): 867–894.

Neumark, David, and William Wascher. 1992."Employment Effects of Minimum and Subminimum Wages: Panel Data on State Minimum Wage Laws." *Industrial and Labor Relations Review* 46, no. 1 (October): 55–81.

Neumark, David, and William Wascher. 1994. "Employment Effects of Minimum and Subminimum Wages: Reply to Card, Katz, and Krueger." *Industrial and Labor Relations Review* 47, no. 3 (April): 497–512

Neumark, David, and William Wascher. 1995a. "Minimum Wage Effects on Employment and School Enrollment." *Journal of Business and Economics Statistics*13, no. 2 (April): 199–206.

Neumark, David, and William Wascher. 1995b. "Minimum Wage Effects on School and Work Transitions of Teenagers." *American Economic Review Papers and Proceedings* 85, no. 2 (May): 244–249.

Neumark, David, and William Wascher. 1996a. "Minimum Wage Effects on Employment and School Enrollment: Reply to Evans and Turner." FEDS Working Paper 1996–28, Board of Governors of the Federal Reserve System.

Neumark, David, and William Wascher. 1996b. "The Effects of Minimum Wages on Teenage Employment and Enrollment: Evidence from Matched CPS Surveys." *Research in Labor Economics* 15:25–64.

Neumark, David, and William Wascher. 1998. "Is the Time-Series Evidence on Minimum Wage Effects Contaminated by Publication Bias?" *Economic Inquiry* 36, no. 3 (July): 458–470.

Neumark, David, and William Wascher. 2000. "Minimum Wages and Employment: A Case Study of the Fast-Food Industry in New Jersey and Pennsylvania: Comment." *American Economic Review* 90, no. 5 (December): 1362–1396.

Neumark, David, and William Wascher. 2001a. "Using the EITC to Help Poor Families: New Evidence and a Comparison with the Minimum Wage." *National Tax Journal* 54, no.2(June): 281–317.

Neumark, David, and William Wascher. 2001b. "Minimum Wages and Training Revisited." *Journal of Labor Economics* 19, no. 3 (July): 563–595.

Neumark, David, and William Wascher. 2002a. "State-Level Estimates of Minimum Wage Effects: New Evidence and Interpretations from Disequilibrium Models." *Journal of Human Resources* 37, no. 1 (Winter): 35–62.

Neumark, David, and William Wascher. 2002b. "Do Minimum Wages Fight Poverty?" *Economic Inquiry* 40, no. 3 (July): 315–333.

Neumark, David, and William Wascher. 2003. "Minimum Wages and Skill Acquisition: Another Look at Schooling Effects." *Economics of Education Review* 22, no. 1 (February): 1–10.

Neumark, David, and William Wascher. 2004. "Minimum Wages, Labor Market Institutions, and Youth Employment: A Cross-National Analysis." *Industrial and Labor Relations Review* 57, no. 2 (January): 223–248.

Neumark, David, and William L. Wascher. 2007a. Minimum Wages and Employment. *Foundations and Trends in Microeconomics* 3, nos. 1–2:1–182

Neumark, David, and William Wascher. 2007b. "Minimum Wages, the Earned Income Tax Credit, and Employment: Evidence from the Post-Welfare Reform Era." NBER Working Paper no. 12915.

New York Times. 1977. "The Minimally Useful Minimum Wage." March 21, p. 26

New York Times. 1987. "The Right Minimum Wage: $0.00." January 14, p. A26.

Nissen, Bruce. 2004a. "The Miami Living Wage Ordinance: Primary and Secondary Effects." In *Living Wage Movements: Global Perspectives*, ed. Deborah M. Figart, 157–170. London: Routledge.

Nisscn, Bruce. 2004b. "The Effectiveness and Limits of Labor-Community Coalitions: Evidence from South Florida." *Labor Studies Journal* 29, no. 1 (Spring) 67–89.

Nordlund, Willis J. 1997. *The Quest for a Living Wage*. Westport, Conn.: Greenwood Press.

Obenauer, Marie L, and Bertha von der Nienburg .1915. "Effect of Minimum-Wage Determination in Oregon." Bureau of Labor Statistics Bulletin no. 176 Washington, D.C.: United States Department of Labor.

O'Brien-Strain, Margaret, and Thomas MaCurdy. 2000. *Increasing the Minimum Wage: California's Winners and Losers*. San Francisco: Public Policy Institute of California.

Orrenius, Pia M., and Madeline Zavodny. 2007. "The Effect of Minimum Wages on Immigrants." Unpublished paper, Federal Reserve Bank of Dallas.

Osterman, Paul, Thomas A. Kochan, Richard M. Locke, and Michael J. Piore. 2001. *Working in America: A Blueprint for the New Labor Market*. Cambridge, Mass. MIT Press.

Pacheco, Gail A., and Amy A. Cruickshank. 2007. "Minimum Wage Effects on Educational Enrollments in New Zealand." *Economics of Education Review* 26, no. 5 (October): 574–587.

Palda, Filip. 2000. "Some Deadweight Losses from the Minimum Wage: The Cases of Full and Partial Compliance." *Labour Economics* 7, no. 6 (November): 751–783.

Partridge, Mark D., and Jamie S. Partridge. 1999. "Do Minimum Wage Hikes Reduce Employment? State-Level Evidence from the Low-Wage Retail Sector." *Journal of Labor Research* 20, no. 3 (Summer): 393–413.

Pereira, Sonia C. 2003. "The Impact of Minimum Wages on Youth Employment in Portugal." *European Economic Review* 47, no. 2 (April): 229–244.

Peterson, John M. 1957. "Employment Effects of Minimum Wages: 1938–1950." *Journal of Political Economy* 65, no. 5 (October): 412–430.

Peterson, John M. 1959. "Employment Effects of State Minimum Wages for Women: Three Historical Cases Re-Examined." *Industrial and Labor Relations Review* 12, no. 3 (April), 406–422.

Peterson, John M. 1960. "Employment Effects of Minimum Wages: Reply." *Industrial and Labor Relations Review* 13, no. 2 (January): 264–273.

Peltengill, John S. 1981. "The Long-Run Impact of a Minimum Wage on Employment and the Wage Structure." In *Report of the Minimum Wage Study Commission*, vol. 6, 63–104. Washington, D.C: US. Government Printing Office.

Phelps, Orme W. 1939. "The Legislative Background of the Fair Labor Standards Act." *Journal of Business* 12, no. 2 (April): 1–71.

Pollin, Robert. 2005. "Evaluating Living Wage Laws in the United States: Good Intentions and Economic Reality in Conflict?" *Economic Development Quarterly* 19, no 1 (February): 3–24.

Pollin, Robert, and Stephanie Luce. 1998. *The Living Wage: Building a Fair Economy*. New York: The New Press.

Poole, Keith T., and Howard Rosenthal. 1991. "The Spatial Mapping of Minimum Wage Legislation." In *Politics and Economics in the Eighties*, ed. Alberto Alesina and Geoffrey Carliner, 215–246. Chicago: University of Chicago Press.

Portugal, Pedro, and Ana Rute Cardoso. 2006. "Disentangling the Minimum Wage Puzzle: An Analysis of Worker Accessions and Separations." *Journal of the European Economic Association* 4, no. 5 (September): 988–1013.

Poterba, James 1996. "Retail Price Reactions to Changes in State and Local Sales Taxes." *National Tax Journal* 49, no. 2 (June): 165–176.

Potter, Nicholas. 2006. "Measuring the Employment Impacts of the Living Wage Ordinance In Santa Fe, New Mexico." Unpublished paper, University of New Mexico Bureau of Business and Economic Research.

Powers, Elizabeth T., Ron Baiman, and Joseph Persky. 2007. "Impacts of the Illinois Minimum Wage on the Fast Food Industry: A Report to the Russell Sage Foundation." University of Illinois at Urbana-Champaign.

Prasch, Robert E. 1998. "American Economists and Minimum Wage Legislation During the Progressive Era: 1912—1923." *Journal of the History of Economic Thought* 20, no 2 (June): 161–175.

Prasch, Robert E. 1999. "American Economists in the Progressive Era on the Minimum Wage." *Journal of Economic Perspectives* 13, no. 2 (Spring): 221–230.

Prasch, Robert E. 2000. "John Bates Clark's Defense of Mandatory Arbitration and Minimum Wage Legislation." *Journal of the History of Economic Thought* 22, no. 2 (June): 251– 263.

Rebitzer, James B., and Lowell J. Taylor. 1995. "The Consequences of Minimum Wage Laws: Some New Theoretical Ideas." *Journal of Public Economics* 56, no. 2 (February): 245–255.

Reich, Michael, Peter Hall, and Ken Jacobs. 2003. "Living Wages and Economic Performance: The San Francisco Airport Model." Unpublished paper, Institute of Industrial Relations, University of California, Berkeley.

Reich, Michael, Peter Hall, and Ken Jacobs 2005. "Living Wage Policies at the San Francisco Airport: Impacts on Workers and Businesses." *Industrial Relations* 44, no.1 (January): 106–138.

Reynolds, David B. 2004. "The Living Wage Movement Mushrooms in the United States." In *Living Wage Movements: Global Perspectives*, ed. Deborah M. Figart, 69–84. London: Routledge.

Reynolds, David, and Jen Kern. 2001—2002. "Labor and the Living-Wage Movement." *WorkingUSA* 5, no. 3 (Winter): 17–45.

Rice, Patricia. 2006. "Wages and the Education and Employment Choices of Young People: Empirical Evidence for England and Wales." Discussion Paper Series in Economics and Econometrics no. 0612, Economics Division, University of Southampton.

Robinson, Joan. 1933. *The Economics of Imperfect Competition*. London: Macmillan and Co., Ltd.

Rosen, Sherwin 1972. "Learning and Experience in the Labor Market." *Journal of Hu-*

man Resources 7, no. 3 (Summer): 326–342.

Rothstein, Jesse. 2007. The Unintended Consequences of Encouraging Work: Is the EITC as Good as an NTT?"Unpublished paper, Princeton University.

Royalty, Anne Beeson 2000. "Do Minimum Wage Increases Lower the Probability that Low-Skilled Workers Will Receive Fringe Benefits?" Unpublished paper, Indiana University-Purdue University Indianapolis.

Sabia, Joseph J. 2006a. "The Effect of Minimum Wage Increases on Teenage, Retail, and Small Business Employment."Unpublished paper, University of Georgia.

Sabia, Joseph J. 2006b. "The Effect of Minimum Wage Increases on Single Mothers′ Labor Supply, Wage Income, and Poverty." Unpublished paper, University of Georgia.

Saint-Paul, Gilles. 1996. "Exploring the Political Economy of Labour Market Institutions."*Economic Policy* 11, no. 23 (October): 265–315.

Salop, Joanne, and Steven Salop. 1976. "Self-Selection and Turnover in the Labor Market."*Quarterly Journal of Economics* 90, no. 4 (November): 619–627.

Samuel, Howard D. 2000. "Troubled Passage: The Labor Movement and the Fair Labor Standards Act."*Monthly Labor Review* 123, no. 12 (December): 32–37.

Schiller, Bradley R. 1994. "Moving Up: The Training and Wage Gains of Minimum-Wage Entrants."*Social Science Quarterly* 75, no. 3 (September): 622–636.

Scholz, John Karl. 1994. "The Earned Income Tax Credit: Participation, Compliance, Antipoverty Effectiveness."*National Tax Journal* 47, no. 1 (March): 63–87.

Sellekaerts, Brigitte. 1981. "Impact of Minimum Wage Legislation on Wage and Price Inflation."In *Report of the Minimum Wage Study Commission*, vol. 6, 1–17. Washington, D.C.: U.S. Government Printing Office.

Seltzer, Andrew J. 1995. "The Political Economy of the Fair Labor Standards Act of 1938."*Journal of Political Economy* 103, no. 6 (December): 1302–1342.

Shapiro, Carl, and Joseph E. Stiglitz. 1984. "Equilibrium Unemployment as a Worker Discipline Device."*American Economic Review* 74, no. 3 (June): 433–444.

Shepherd, A. Ross. 2000. "Minimum Wages and the Card–Krueger Paradox."*Southern Economic Journal* 67, no. 2 (October): 469–478.

Silberman, Jonathan I., and Garey C. Durden. 1976. "Determining Legislative Preferences on the Minimum Wage: An Economic Approach."*Journal of Political Economy* 84, no. 2 (April): 317–329.

Simon, Kosali Ilayperuma, and Robert Kaestner. 2004. "Do Minimum Wages Affect

Non-Wage Job Attributes? Evidence on Fringe Benefits." *Industrial and Labor Relations Review* 58, no. 1 (October):52–70.

Simons, Henry C. 1944. "Some Reflections on Syndicalism." *Journal of Political Economy* 52, no. 1 (March): 1–25.

Singell, Larry D., and James R. Terborg. 2007. "Employment Effects of Two Northwest Minimum Wage Initiatives." *Economic Inquiry* 45, no. 1 (January): 40–55.

Skedinger, Per. 2006. "Minimum Wages and Employment in Swedish Hotels and Restaurants." *Labour Economics* 13, no. 2 (April): 259–290.

Smith, Ralph E., and Bruce Vavrichek. 1992. "The Wage Mobility of Minimum Wage Workers." *Industrial and Labor Relations Review* 46, no. 1 (October): 82–88.

Sobel, Russell S. 1999. "Theory and Evidence on the Political Economy of the Minimum Wage." *Journal of Political Economy* 107, no.4 (August): 761–785.

Solon, Gary. 1985. "The Minimum Wage and Teenage Employment: The Role of Serial Correlation and Seasonality." *Journal of Human Resources* 20, no. 2 (Spring): 292–297.

Spriggs, William E., and Bruce W. Klein. 1994. "Raising the Floor. The Effects of the Minimum Wage on Low-Wage Workers." Economic Policy Institute, Washington, D.C.

St-Arnaud, Sebastien. 2005. "The Rise and Fall of Provincial Minimum Wages: Labor Movements, Business Interests and Partisan Theory." Unpublished paper, University of Toronto.

Stewart, Mark B. 2002. "Estimating the Impact of the Minimum Wage Using Geographical Wage Variation." *Oxford Bulletin of Economics & Statistics* 64, Supplement (December): 583–605.

Stewart, Mark B. 2004a. "The Impact of the Introduction of the U.K. Minimum Wage on the Employment Probabilities of Low-Wage Workers." *Journal of the European Economic Association* 2, no. 1 (March): 67–97.

Stewart, Mark B. 2004b. "The Employment Effects of the National Minimum Wage." *Economic Journal* 114, no. 494 (March): C110–C116.

Stewart, Mark B., and Joanna K. Swaffield. 2002. "Using the BHPS Wave 9 Additional Questions to Evaluate the Impact of the National Minimum Wage." *Oxford Bulletin of Economics and Statistics* 64, Supplement (December): 633–652.

Stewart, Mark B., and Joanna K. Swaffield. 2006. "The Other Margin: Do Minimum Wages Cause Working Hours Adjustments for Low-Wage Workers?" Unpublished paper, University of Warwick.

Stigler, George J. 1946. "The Economics of Minimum Wage Legislation." *American Economic Review* 36, no. 3 (June): 358–365.

Stigler, George J. 1976. "Do Economists Matter?" *Southern Economic Journal* 42, no. 3 (January): 347–354.

Strobl, Eric, and Frank Walsh. 2007. "The Ambiguous Effect of Minimum Wages on Hours." Unpublished paper, Ecole Polytechnique Paris.

Swinnerton, Kenneth. 1996. "Minimum Wages in an Equilibrium Search Model with Diminishing Returns to Labor in Production." *Journal of Labor Economics* 14, no. 2 (April): 340–355.

Taussig, Frank W. 1916. "Minimum Wages for Women." *Quarterly Journal of Economics* 30, no. 3 (May): 411–442.

Taylor, Jason, and George Selgin. 1999. "By Our Bootstraps: Origins and Effects of the High-Wage Doctrine and the Minimum Wage." *Journal of Labor Research* 20, no. 4 (Fall): 447–462.

Teulings, Coen N. 2000. "Aggregation Bias in Elasticities of Substitution and the Minimum Wage Paradox." *International Economic Review* 41, no. 2 (May): 359–398.

Teulings, Coen N. 2003. "The Contribution of Minimum Wages to Increasing Wage Inequality." *Economic Journal* 113, no. 490 (October): 801–833.

Thies, Clifford F. 1991. "The First Minimum Wage laws." *Cato Journal* 10, no. 3 (Winter): 715–746.

Tulip, Peter. 2004. "Do Minimum Wages Raise the NAIRU?" *Topics in Macroeconomics* 4, no. 1, article 7.

Turner, Mark D., and Berna Demiralp. 2001. "Do Higher Minimum Wages Harm Minority and Inner City Teens?" *Review of Black Political Economy* 28, no. 4 (Spring): 95–121.

Tyler, Gus. 1959. *A Legislative Campaign for a Federal Minimum Wage* (1955). New York: Henry Holt and Co.

US. Department of Labor. 1942. *Annual Report for Fiscal Year 1941*. Washington, D. C.: Government Printing Office.

US. Department of Labor. 1954. *Results of the Minimum Wage Increase of 1950*. Washington, D.C.: Wage and Hour and Public Contracts Division.

U.S. Department of Labor. 1959. *Studies of the Economic Effects of the $1 Mini-*

mum Wage. Washington, D.C: Wage and Hour and Public Contracts Division.

US. Department of Labor. 2000. *Employment Cost Indexes*, 1975–99. Washington, D.C.: Bureau of Labor Statistics.

US. Department of Labor. 2007. "History of Changes to the Minimum Wage Law." http://www.dol.gov/esa/minwage/coverage.htm (viewed July 25, 2007).

van den Berg, Gerard J. 2003. "Multiple Equilibria and Minimum Wages in Labor Markets with Informational Frictions and Heterogeneous Production Technologies." *International Economic Review* 44, no. 4 (November): 1337–1357.

van den Berg, Gerard J., and Geert Ridder. 1998. "An Empirical Equilibrium Search Model of the Labor Market." *Econometrica* 66, no. 5 (September): 1183–1221.

Verill, Charles H. 1915. "Minimum Wage Legislation in the United States and Foreign Countries." Bureau of Labor Statistics Bulletin no. 167. Washington, D.C.: United States Department of Labor.

Wachter, Michael L 1976. "Comment on 'impact of Minimum Wages on Other Wages, Employment, and Family Incomes'." *Brookings Papers on Economic Activity*, no. 2:454–459.

Wachter, Michael L, and Choong-Soo Kim. 1982. "Time-Series Changes in Youth Joblessness." In *The Youth Labor Market: Its Nature, Causes, and Consequences*, ed. Richard Freeman and David Wise, 155–185. Chicago: University of Chicago Press.

Waltman, Jerold. 2000. *The Politics of the Minimum Wage*. Urbana, Ill.: University of Illinois Press.

Waltman, Jerold, and Sarah Pittman. 2002. "The Determinants of State Minimum Wage Rates: A Public Policy Approach." *Journal of Labor Research* 23, no. 1 (Winter): 51–56.

Webb, Sidney. 1912. "The Economic Theory of a Legal Minimum Wage." *Journal of Political Economy* 20, no. 10 (December): 973–998.

Welch, Finis. 1969. "Linear Synthesis of Skill Distribution." *Journal of Human Resources* 4, no. 3 (Summer): 311–327.

Welch, Finis. 1976. "Minimum Wage Legislation in the United States." In *Evaluating the Labor Market Effects of Social Programs*, ed. Orley Ashenfelter and James Blum, 1–38. Princeton, N.J.: Princeton University Press.

Welch, Finis. 1978. "The Rising Impact of Minimum Wages." *Regulation* 2 (November/ December): 28–37.

Welch, Finis. 1995. " Myth and Measurement: The New Economics of the Minimum Wage: Comment." *Industrial and Labor Relations Review* 48, no. 4 (July): 842–849.

Wellington, Alison. 1991. "Effects of the Minimum Wage on the Employment Status of Youths: An Update." *Journal of Human Resources* 26, no. 1 (Winter): 27–46.

Wessels, Walter J. 1997. "Minimum Wages and Tipped Servers." *Economic Inquiry* 35, no. 2 (April): 334–349.

West, E. G. 1974. "Vote Earning Versus Vote Losing Properties of Minimum Wage Laws." *Public Choice* 19, no. 1 (September): 133–137.

Whaples, Robert. 2006. "Do Economists Agree on Anything? Yes!" *Economists' Voice* 3, no. 9 (November), article 6.

Williams, Nicolas, and Jeffrey A. Mills. 2001. "The Minimum Wage and Teenage Employment: Evidence from Time Series." *Applied Economics* 33, no. 3 (February): 285–300.

Wolff, Edward N., and M. Ishaq Nadiri 1981. "A Simulation Model of the Effect of an Increase in the Minimum Wage on Employment, Output, and the Price Level." In *Report of the Minimum Wage Study Commission*, vol. 6, 217–232. Washington, D.C.: US Government Printing Office.

Wolfson, Paul, and Dale Belman. 2004. "The Minimum Wage: Consequences for Prices and Quantities in Low-Wage Labor Markets." *Journal of Business and Economics Statistics* 22, no. 3 (July): 296–311.

Wooldridge, Jeffrey M. 2003. "Cluster-Sample Methods in Applied Econometrics." *American Economic Review Papers and Proceedings* 92, no. 2 (May): 133–138.

World Bank. 2006. "Minimum Wages in Latin America and the Caribbean. The Impact on Employment, Inequality, and Poverty." Office of the Chief Economist, Washington, D.C.

Wu, Ximing, Jeffrey M. Perloff, and Amos Golan. 2006. "Effects of Taxes and other Government Policies on Income Distribution and Welfare." Unpublished paper, University of California, Berkeley.

Yelowitz, Aaron S. 2005. "How Did the $8.50 Citywide Minimum Wage Affect the Santa Fe Labor Market?" Employment Policies Institute, Washington, D.C.

Yuen, Terence 2003. "The Effect of Minimum Wages on Youth Employment in Canada: A Panel Study." *Journal of Human Resources* 38, no. 3 (Summer): 647–672.

Zavodny, Madeline. 1996. "Controlling for Endogeneity in Estimates of Minimum Wage Effects." Ph.D. dissertation, Massachusetts Institute of Technology.

Zavodny, Madeline. 2000. "The Effect of the Minimum Wage on Employment and Hours." *Labour Economics* 7, no. 6 (November): 729–750.

译者后记

受任翻译《最低工资》，是我们与东北财经大学出版社的第二次“亲密接触”，也是一段不断纠偏矫枉、释疑解惑的充实旅程。

依译者愚见，著述译介应“达其意，通其欲”，力避“三愆”：言未及之而言之“躁”，言及之而不言之“隐”，未见颜色而言之“瞽”。以此“应”和“避”来衡量，翻译《最低工资》当属不太难。因为，较之同类著作，《最低工资》虽然视野更广、维度更多，但主题凝练清晰，论题分解明晰，篇章逻辑严谨，行文简括平实。故而，译者领命之初，即有此“不难”的自信。

逮至正式落笔，尤其是自翻译第3章起，这种自信锐减甚至消失。一则，原著所涉的劳动经济学、公共政策等领域，译者虽有所了解，但研习不多，更非“术业专攻”，不自信也就由此滋生。其表征之一便是专业词汇不敢擅断，至今心存惴惴。原文中的full-time equivalents，在线搜索便有“全职人力工时”“全勤率”等参考翻译，我们的初译是“全职工作时数”“全职工作当量”，最终根据“维基百科”于2015年底给出的词条解释，校译为“全职工时当量”，且为避免讹误，添加了译者注。

信心跌落的另一诱因在于，原著以实证为基础，定量分析贯穿始终，而这恰好是译者的“短板”。译者知拙而补，参加所在学院组织的暑期培训，“恶啃”了古扎拉蒂和波特的《计量经济学基础》(第5版)，由此习惯了“估计了模型”等表达。而且，我们团队中三位博士（生）的统计学、计量经济学功底尚较扎实。然而，短板未补齐，终归是“软肋”，过招自然胆怯。所以，对于计量分析类语句，译者是恭请好友、同事确证，或经由他们审校之后，才敲定译句；原文中的in log points等表述，更是反复讨教，直至求诸原著者方罢。

这样，为减少“硬伤”、自求慰勉，《最低工资》从领命试译到交齐译稿，前后历时2年；它是翻译团队分工协作、好友与同事倾力支持、原著者及时回应的集体结晶。

全书的分工协作如下：第3章、第5章、第8章，由郭虹霞主译；其他篇章的主译，以及全部书稿的校译、补正与行文处理，由王年咏承担。中南财经政法大学10名研究生（含3位毕业生）参与了初译，他们是：王磊（第1、2章，第9章），刘毅、孙碧莹（第3章），贾铃玲（第4章），刘方（第5章），张焕焕（第6章），黄书一（第7章），陈明珏（第8章），胡蕊、魏全强（“注释”）。其中，王磊为行政管理专业硕士生，刘方博士、刘毅博士、陈明珏硕士现分别供职于云南师范大学经济与管理学院、招商银行成都分行、中国农业银行武汉市武昌支行，另6位参译者均为金融学专业硕士生。王磊、张焕焕两位同学协助译者做了大量的原文录入、文献查证、表格处理工作。

在翻译、校译过程中，我的亲朋好友、同学同事垂注了热情鼓励，奉献了热诚襄助。广东财经大学金融学院胡新明副教授，中南财经政法大学统计与数学学院朱喜安教授及金融学院李志生教授、胡宏兵教授、顾露露副教授、张洁博士、鲁臻博士，以及我的内弟、在异域打拼的温冬生先生，多次以微信、邮件、面谈等方式，严谨细致地解答了译者求教的数学、统计学、计量经济学问题。顾露露副教授、张洁博士分别于2015年1月、2015年12月，应邀悉心审校了第3章、第4~8章译稿中的计量经济学、数学词汇及表述，颜色各异的审读标记、校正批注，尽显学识与潜心，令人感铭不已。

原著者之一戴维·纽马克（David Neumark）教授，对于译者不敢妄断、邮件求解的10个问题，如“塞特勒诉奥哈拉案（Settler v. O’ Hara）、MPS等，作了及时、扼要的回复，提供了参阅网页链接和数页PDF文档。中南财经政法大学金融学院刘冬姣教授、袁辉教授、余洋副教授就“健康保险利益”之类的保险术语，美国佐治亚大学金融学终生副教授舒涛就美国消费者物价指数（CPI）计算方式的改进、建校百周年教授等教席的背景，进行了耐心查证与通俗解释。

“虽未量岁功，即事多所欣。”《最低工资》付梓之际，我们的心情有如初春躬耕，充满喜悦和期待。同时，我们深知，译著中肯定还存有失当、谬误。“过而不改，是谓过矣。”改过，必先知过、识错、辨误。因此，我们以闻过则喜的态度，切问于方家、有识之士、读者。任何发送至nearing5@aliyun.com的评议、意见，都会让译者获益，增益后续之努力。

最后，还要特别感谢东北财经大学出版社国际合作部主任李季女士、责任编辑吉扬先生以及他们所在的团队。他们以敏锐独到的眼光、慎始敬终的定力，精选并出版了《通货膨胀目标制：国际经验》《大萧条》《金融危机：成因、背景与后果》等译著；对于匡正学术浮躁，亦具“有风自南，翼彼新苗”之功德。他们对译者的信任、薄责，更是最大的奖赏与鞭策。

王年咏

2015年末于中南财经政法大学文泉楼